司法書士試験

松本の新教科書 5ヶ月合格法

リアリスティック⑥

会社法・商法・商業登記法Ⅰ

第3版

辰已専任講師
松本雅典
Masanori Matsumoto

辰已法律研究所

初版はしがき

会社法・商業登記法は、受験生の方を最も悩ませる科目です。その原因は、主に以下の2つです。

①イメージが湧かず遠い世界のハナシに思える
会社に勤めたことがある方は多いと思います。しかし、会社法で定められているルールは、会社の作り方、株式、組織など、経営陣が考えるべきことであり、会社員の方からは少し距離のあることです。
②規定がかなり細かい
学習を始めると「細かいな……」と感じるのが、会社法・商業登記法です。単純に暗記しようとしても、太刀打ちできません。

このテキストでは、これらを克服するための工夫をしました。

①についてですが、会社とはどのようなものなのかを知っていただくため、会社の実態を色々な形で記載しました。イメージが湧くようになっていただくため、試験には出ないデータなども記載しました。また、私自身が株式会社を経営しているので、それを中小企業の典型例として挙げています。私の株式会社の実際の書類も示しています。

②についてですが、会社法は「非取締役会設置会社では◯◯の決定、取締役会設置会社では◯◯の決議」などと会社形態によってルールが分かれていることが多いです。これらを"整理"できるかが、勝負所です。整理するためには「表」が最適です。よって、民法や不動産登記法のテキストと異なり、表を多用しました。しかし、単なるまとめ教材になるとテキストとして意味がないので、表には理由付けも入れています。「表と理由のハイブリッドテキスト」といえると思います。

このテキストの商業登記の申請例は、「開示請求答案の分析に基づく減点されないと思われる最小限の記載」を示したものです。司法書士試験においては、記述式の採点方法は公表されていません。そこで、毎年、択一の基準点を突破し、記述の答案が採点された合格者の方と受験生の方に開示請求答案と成績通知書をご提供いただいています。採点前の答案ですが、本試験で書いた答案を法務省から開示してもらうことができます。その数は、毎年 100～200 通になります。8年間この分析を続けたことで、「この記載なら減点されないと思われる」というものを導き出せています。記述は時間制限が厳しく、解答を記載する時間を少しでも短縮したいです。このテキストの申請例はそれを実現するものとなっています。

『司法書士試験 リアリスティック1 民法I［総則］』『司法書士試験 リアリスティック 不動産登記法』のはしがきにも記載しましたが、私が辰已法律研究所で担当しているリアリスティック一発合格松本基礎講座を受講していただいたすべての方に改めて感謝の意を表したいと思います。受講生の方が私に寄せてくださった数千件のご質問や本気で人生をかけて合格を目指し闘っている姿を見せてくださるおかげで、私はこれまで講師を続けることができましたし、このテキストが完成しました。

令和元年8月
辰已法律研究所 専任講師
松本 雅典

第2版はしがき

令和元年 12 月に会社法・商業登記法の改正が行われました。根本的な考え方を大きく変える改正ではありませんが、機関、新しい組織再編（株式交付）の創設、印鑑届の義務の廃止など、多岐にわたる改正ではあります。令和3年1月までに、この改正に伴う会社法施行規則および商業登記規則の改正、通達の発出がされました。そこで、第2版では、これらの改正、通達を反映させました。

本書の初版の出版後、「ずっとよくわからなかった会社法がやっと理解できました」「組織再編を克服できました」など多数のお言葉を頂きました。このような読者の方や受講生の方のお言葉が執筆の励みになりました。

令和3年2月
辰已法律研究所 専任講師
松本 雅典

第３版はしがき

令和３年 12 月、『リアリスティック憲法』の発刊をもって、『リアリスティックテキスト』シリーズが全科目完成しました。読者の方に、改めて御礼を申し上げます。

全科目完成したこともあり、本書をお使いいただいた方からのご感想や合格報告を頂くことが一層増えました。本書は私が担当しているリアリスティック一発合格松本基礎講座の指定テキストにもしていますが、全科目完成してから合格者の方がかなり増加しました。

書籍の執筆は、正直筆が進まない日もありますが、上記のようなお声や頂く合格報告が筆を進める何よりの原動力になります。今後も、頂いたお声や合格報告を原動力にして、さらにわかりやすく、そして、使いやすくなるよう、改訂を進めて参りたいと思います。

この度、令和４年９月施行の株主総会参考書類などの電子提供措置の新設および支店所在地における登記の廃止、令和４年３月のオンライン手続の拡充の改正、令和４年６月の管轄外の本店移転の登記の印鑑の提出の明文化、令和４年８月の住所非表示措置の改正、令和４年８月の旧氏の記録の改正を受け、本書の改訂を行いました。これらの改正は、令和５年度の試験から出題範囲となります。また、よりわかりやすいテキストとなるよう、全体にわたって表現の微修正を行いました。

本書が今後も多数の方の合格の助けになることを祈念しております。

令和５年１月
辰已法律研究所 専任講師
松本 雅典

目　次

実際の書面を見てみよう

コラム

索引

本テキストご利用にあたっての注意

1．略称

・会社施行規　→　会社法施行規則
・会社計算規　→　会社計算規則
・商登法　→　商業登記法
・商登規　→　商業登記規則
・商登準則　→　商業登記等事務取扱手続準則
・整備法　→　会社法の施行に伴う関係法律の整備等に関する法律
・振替法　→　社債、株式等の振替に関する法律
・法人法施行規　→　一般社団法人及び一般財団法人に関する法律施行規則
・法登規　→　一般社団法人等登記規則
・登免法　→　登録免許税法
・登免法施行規　→　登録免許税法施行規則
・民訴法　→　民事訴訟法
・民保法　→　民事保全法
・最判平 20.6.10　→　最高裁判所判決平成 20 年 6 月 10 日
・平 29.3.17 民商 41　→　平成 29 年 3 月 17 日法務省民商第 41 号
・登研 325P72　→　「登記研究」誌 325 号 72 ページ

2．民法、不動産登記法、民事訴訟法・民事執行法・民事保全法、供託法・司法書士法、刑法、憲法のテキストの参照箇所

「―― 民法Ⅰのテキスト第2編第2章第1節2②」などと、他の科目のテキストの参照箇所を示している場合があります。この他の科目のテキストは、以下のテキストです。

・『司法書士試験リアリスティック1　民法Ⅰ［総則］』（辰已法律研究所）
・『司法書士試験リアリスティック2　民法Ⅱ［物権］』（辰已法律研究所）
・『司法書士試験リアリスティック3　民法Ⅲ［債権・親族・相続］』（辰已法律研究所）
・『司法書士試験リアリスティック4　不動産登記法Ⅰ』（辰已法律研究所）
・『司法書士試験リアリスティック5　不動産登記法Ⅱ』（辰已法律研究所）
・『司法書士試験リアリスティック8　民事訴訟法・民事執行法・民事保全法』（辰已法律研究所）
・『司法書士試験リアリスティック9　供託法・司法書士法』（辰已法律研究所）

・『司法書士試験リアリスティック10 刑法』(辰已法律研究所)
・『司法書士試験リアリスティック11 憲法』(辰已法律研究所)

3. 説明順序

会社法と商業登記法は、別の法律です。そのため、別々のテキストで説明しているものもあります。しかし、私は併せて学習するべきであるという考えです。主に民法の登記について定めたのが不動産登記法、会社法の登記について定めたのが商業登記法です。しかし、民法と不動産登記法以上に、会社法と商業登記法は近い関係にあります。たとえば、民法の知識のみで解ける不動産登記法の問題はあまりありませんが、会社法の知識のみで解ける商業登記法の問題は多いです。

よって、このテキストでは、会社法と商業登記法を併せて扱い、基本的に各分野について「会社法の説明→商業登記法の説明」の順で説明しています。

なお、商業登記法は、不動産登記法と同じく、大きく「総論」「各論」に分かれます。「総論」とは、基本的にすべての登記に関係する分野です。「各論」とは、設立の登記、取締役の登記など登記ごとの分野です。商業登記法の最も一般的な説明順序は、「総論」→「各論」です。

しかし、このテキストは以下の説明順序にしています。

・「(各論に入る前に必要な)総論」(Ⅰのテキスト第2編)
・「各論」(Ⅰのテキスト第3編〜Ⅱのテキスト第11編)
※各論では、分野ごとに会社法(商法)と併せて説明
・「(残りの)総論」(Ⅱのテキスト第12編)

総論はすべての登記に関係する分野であるため、抽象的なハナシが中心となります。具体的なハナシ(各論)を知らないまま、ずっと抽象的なハナシばかりを学習していても、理解できません。また、会社法と関係のない純粋な手続のハナシもあります。よって、このテキストでは、まず各論に入る前に必要な総論のみを説明し、早めに各論に入る手法を採っています。

なお、「(各論に入る前に必要な)総論」(Ⅰのテキスト第2編)においても、各論の学習後にお読みいただいたほうがよい項目も少しあります。体系的な問題から、「(残りの)総論」(Ⅱのテキスト第12編)に掲載できなかった項目です。その項目については、以下のような注をつけています。

＊印鑑届は、論点がいくつもあるのですが、まだ序盤ですので、上記1.と2.の最も重要な本人確認の仕組みの理解に留めてください。下記3.～8.のその他の論点は、Ⅱのテキストの最後までお読みになった後にお読みください。

その他の箇所も同じですが、注で示した順番でお読みいただく前提で説明を記載していますので、最初にお読みになる際は、必ず上記のような注に従ってお読みください。

4. 表

会社法では、「非取締役会設置会社では◯◯の決定、取締役会設置会社では◯◯の決議」などと会社形態によってルールが分かれていることが多いです。よって、このテキストで出てくる表は、一貫して以下の配置にしています。

表の左	表の右
・非取締役会設置会社（小規模の株式会社） ・非公開会社（小規模の株式会社） ・株券不発行会社	・取締役会設置会社（大規模の株式会社） ・公開会社（大規模の株式会社） ・株券発行会社

また、これは本シリーズの他のテキストと同じですが、「当たる」「認められる」などその事項に該当するもの（積極事項）は表の左に、「当たらない」「認められない」などその事項に該当しないもの（消極事項）は表の右に配置する方針で作成しています。

これらは、試験で理由付けから知識を思い出せなかったとしても、「この知識はテキストの表の左に書いてあったな。だから、非取締役会設置会社の規定だ。『当たる』だ。」といったことをできるようにするためです。

5. 参照ページ

このテキストでは、できる限り参照ページをつけています。これは、「記載されているページを必ず参照してください」という意味ではありません。すべてを参照していると、読むペースが遅くなってしまいます。わかっているページは、参照する必要はありません。内容を確認したい場合のみ参照してください。その便宜のために、参照ページを多めにつけています。

また、ページの余白に表示している参照ページの記号の意味は、以下のとおりです。

P50＝　：　内容が同じ

P50≒　：　内容が似ている

P50　┌　P50　┐　：　内容が異なる
└　P50　┘　P50

6．Realistic rule

「Realistic rule」とは、試験的にはそのルールで解答してしまって構わないというルールです。

—第1編—

会社法の世界
Companies Act

第1章 会社法とは？

会社法の１つ１つの規定に入る前に、この第１編で会社法の世界を概観しましょう。大きな視点で会社法の世界を見ることで、みなさんの頭の中に知識を入れるボックスができます。この第１編は、知識を入れるボックスを作るためのものです。

1 会社についての法

「会社法」というくらいですから、会社法は会社についての法です。「会社」には、株式会社、合名会社、合資会社および合同会社の４つがあるのですが（会社法２条１号）、最初のうちは株式会社でイメージしてください。株式会社にお勤めの方も多いと思います。もしかしたら有限会社にお勤めかもしれませんが、有限会社も株式会社の一種です（整備法２条１項）。

会社についての法なのですが、会社法で定められているルールに、会社の従業員についてのハナシはほとんどありません。会社法で定められているルールは、会社の作り方、株式、組織、経営陣など、従業員からするとちょっと遠いハナシです。

— Realistic 1　会社法は民法の特別法か？ —

同じ事項について規定がある場合に、優先して適用される法令を「特別法」、特別法がない事項について適用される法令を「一般法」といいます。「会社法は民法（一般法）の特別法である」と説明されることが多いです。しかし、（正解があるわけではありませんが）あまりそう考えないほうがいいです。実は、会社法には、民法の特別法となっている規定がほとんどないんです。民法とは少し距離を置いて学習していったほうがいいです。

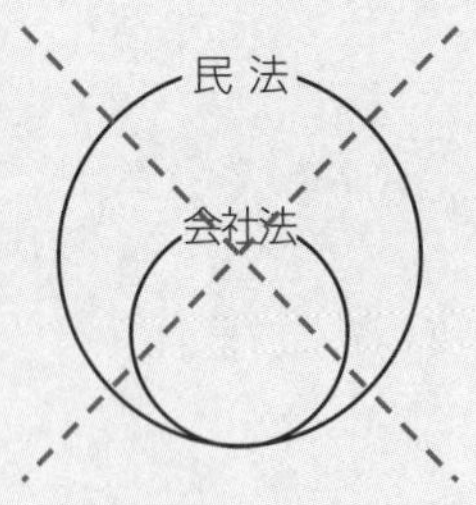

2 会社法の制定・改正

1．制定 ―― 平成 17 年

会社法は、平成 17 年７月に商法が改正されてできた法律です（施行は平成 18 年５月です）。その最大のテーマは、**規制緩和**でした。当時は、小泉さん・竹中さんが政権を担っていた時代ですからね。「規制緩和」とは、会社の自由度が上がるということです。これは、色々なところに現れています。

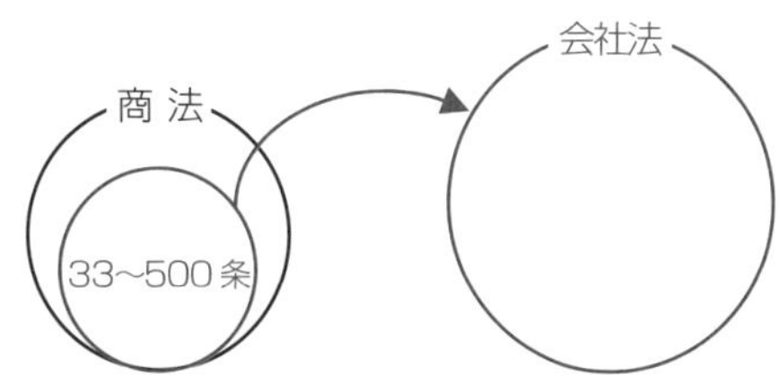

2．改正① ── 平成26年

会社法は、平成26年6月に一部が改正されました（施行は平成27年5月です）。この改正は、改正事項を以下の4つに分類して捉えることができます。

①大企業のコーポレート・ガバナンスの改正

平成17年の会社法制定後、大企業の不祥事が相次ぎました。社名は挙げませんが、ニュースで聞かれたことがあると思います。この大企業の不祥事の対策として、コーポレート・ガバナンスに関する改正がされました。「コーポレート・ガバナンス」とは、「企業経営の仕組み」「企業統治」などと訳されますが、簡単にいうと、「どのような組織で企業を運営していくか？」といったことです。

ex. 監査等委員会設置会社（P481～495）の創設

②親子会社関係の整備

会社法制定時から親会社と子会社の関係の規制には問題があるといわれており、その課題が残されたまま会社法は制定されました。そこで、その改正がされました。

ex. 特定責任追及制度（Ⅱのテキスト第6編第4章2）の創設

③その他会社法施行後に浮かび上がった問題点の改正

上記①および②以外にも、会社法には問題点がありました。そこで、「その問題点も一緒に改正してしまおう」ということで一緒に改正されました。

④できる限り各制度の規定を統一

明確な理由なく制度ごとに規定が異なるものがありました。法律の不備です。平成17年は「何でもぶち壊せ」の時代でしたから、急いで会社法が創られました。だから、不備がけっこうあったんです……。その不備が直り、各制度の統一がされました。

3．改正② ── 令和元年

会社法は、令和元年12月にも一部が改正されました。

この改正は、改正事項を以下の3つに分類して捉えることができます。

①株主総会の規定の改正

ex. 議案の要領通知請求権の制限、株主総会参考書類等の電子提供措置の新設

②取締役などの規定の改正

ex. 取締役の報酬の明確化、上場企業などの社外取締役の設置の義務化、補償契約・役員等のために締結される保険契約の明文化

③その他の規定の改正

ex. 印鑑届の義務の廃止、株式交付（新しい組織再編）の創設

第2章　個人事業主と法人

「個人事業主と法人の違いは？」と聞かれて、わかるでしょうか。個人事業主は試験では出ません。しかし、この第1編は会社法の世界を見渡すことが目的なので、視野を広げて、個人事業主と法人の違いから考えてみましょう。

登場人物

全体像を説明する第1編・第2編では、以下の登場人物が出てくる物語も挟みつつ説明をしていきます。

・資産太郎：資産はあるが、事業のアイデア力や経営能力はない70代の資産家
・秀英一郎：資産はないが、事業のアイデア力と経営能力はある20代の青年

1　個人事業主

大学生である秀英一郎は、自宅でスマホのアプリの開発をしていました。それなりに収益も上がるようになり、従業員として同じく大学生である後輩を何人か雇う余裕まで出てきたため、秀英一郎は「就職するよりも、この事業で食っていこう」と考え始めました。

このような経緯で事業主になることがあります。この秀英一郎は、事業の年商が100億円だろうが、従業員を1万人雇おうが、丸の内にビルを建てようが、株式会社などになる手続（登記など）をしなければ、個人事業主です。つまり、「個人事業主と法人の違いは？」という問の答えは、株式会社などになる手続（ex. 次のページの登記）をしているかしていないかなのです。個人事業主の例としては、以下のような者が挙げられます。

ex. 八百屋、理容室、司法書士、予備校講師

次のページの登記は、「商業登記」というものです。商業登記は、会社などの基本情報を公示するものです。不動産登記法でも出てきた登記所に、申請書、添付書面などを提出します。そして、登記所にいる登記官が審査をし、問題がなければ登記が作られます。今は、このようなザックリとした理解で構いません。

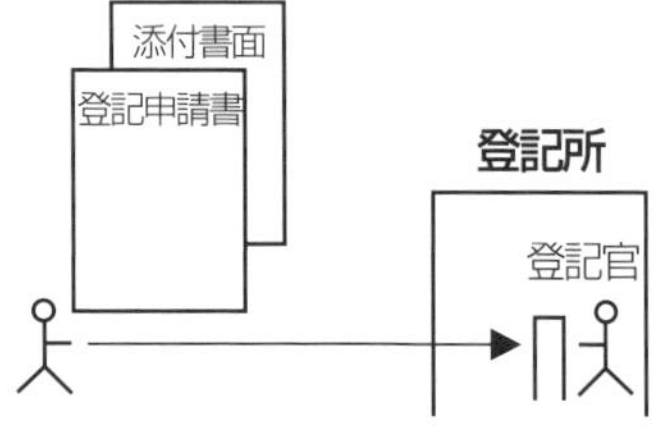

商業登記も、登記所ごとに管轄があります。登記所は、管轄内に営業所がある法人などの登記のみを扱います（商登法1条の3）。東京23区でいえば、大雑把にいうと、区ごとに1つ登記所があります（複数の区を管轄している登記所もあります）。

実際の書面を見てみよう１ —— 株式会社の登記事項証明書

履歴事項全部証明書

横浜市[redacted]
[redacted]株式会社

会社法人等番号	[redacted]
商　号	[redacted]株式会社
本　店	横浜市[redacted]
公告をする方法	官報に掲載してする
会社成立の年月日	平成25年2月5日
目的	1. 講師の委託業務 2. 講師のスケジュール管理及びマネジメント 3. 講演 4. コンサルタント業務 5. 書籍の執筆、監修及び校正 6. 教材作成、監修、校正及びその委託業務 7. 前各号に附帯する一切の業務
発行可能株式総数	3000株
発行済株式の総数並びに種類及び数	発行済株式の総数 300株
資本金の額	金300万円
株式の譲渡制限に関する規定	当会社の株式を譲渡によって取得するには、株主総会の承認を受けなければならない。
役員に関する事項	取締役　松本雅典
	横浜市[redacted] 代表取締役　松本雅典
登記記録に関する事項	設立 平成25年2月5日登記

この登記は、実は私が経営している株式会社のものです。自宅の住所がわかってしまう（ことにつながる）部分を黒塗りにしている点は、ご了承ください。予備校講師は、通常は個人事業主なのですが、私はちょっと変わっていて、株式会社を作って講師の仕事をしています。

2 法人

株式会社などになる手続（ex. 前ページの登記）をすると、法人となります。たとえば、秀英一郎がリアリスティックジャパン株式会社を作ることにし、その登記をすれば、法人ができます。「リアリスティックジャパン株式会社」という新しい人が生まれるんです。法人は「法」で特別に認められた「人」なので、権利能力を有します。

── 民法Ⅰのテキスト第2編第2章第1節2②

法人には様々なものがありますが、主要なものを挙げておきます。

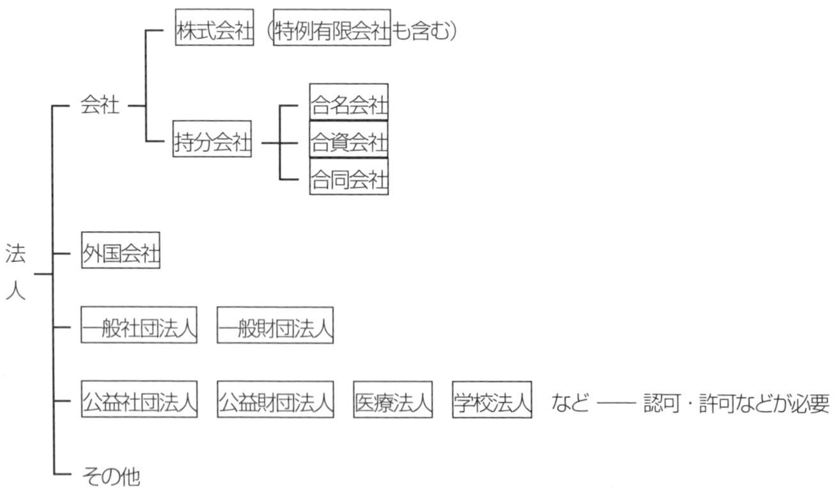

会社は法人の一種にすぎず（会社法３条）、このように会社以外にも多数の法人があります。

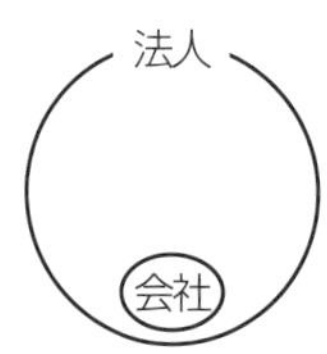

第3章 会社とは？

1 会社

法人の一種である「会社」は、株式会社（特例有限会社も含みます）と合名会社・合資会社・合同会社（これら3つを総称して「持分会社」といいます〔会社法575条1項かっこ書〕）のことをいいます（会社法2条1号）。このように4つあるのですが、株式会社が最もよく出題され、最初に学習するものなので、まずは株式会社でイメージしてください。

では、「会社」とはなんでしょうか。一般的な会社のイメージは、「高校や大学を卒業して入るところ」だと思います。しかし、法律的には、以下のように定義されます。

会社：「営利性」（下記①）「社団性」（下記②）「法人性」（下記③）のある団体（営利社団法人）

①営利性

会社とは、そもそも効率的に金儲けをすることを主眼として作られたものです。つまり、個人の資力や能力などでは限界があるので、会社という組織を作り、より効率良く金儲けをするわけです。そして、会社の持ち主である社員（株式会社の場合は株主）に利益（剰余金など）を分配します（会社法105条1項1号、453条、621条1項）。営利性には、「金儲けをすること」と「会社の持ち主である社員に利益を分配すること」の2つの意味があります。

会社法の裏には、この営利性があることを意識してください。

「社員」とは、「社」団の構成「員」（メンバー）のことです。株式会社の場合は、「株主」といいます。法人の持ち主であると捉えておけばOKです。

＊日常用語でいう「社員」とは異なるので注意してください。日常用語でいう「社員」（従業員）は、法律的には「使用人」「被用者」などといいます。

②社団性

「社団」とは、共通の目的を有する人の集まりであるということです。ただし、合資会社を除いて、「一人会社（いちにんがいしゃ）」（社員が1人の会社）も認められるため、社団性があるとはいい難い会社もあります。私の株式会社も、一人会社です。しかし、いつでも社員が複数になり得るので、潜在的には社団であるといえます。

③法人性

これは、民法で学習した「権利能力」のハナシです。会社は法人ですので（会社法3条）、独立した権利義務の帰属主体となることができます。── **民法Ⅰのテキスト第2編第2章第1節1、2②**　秀英一郎がリアリスティックジャパン株式会社を作り、株主も代表取締役も秀英一郎のみであったとしても、秀英一郎が代表者として締結した契約は、秀英一郎ではなく、リアリスティックジャパン株式会社がした契約となります。

2　法人格否認の法理

1．意義

上記1③のとおり、会社には法人格があり、会社の行為は、社員（株主など）の行為とは区別されます。よって、たとえば、会社が負担した債務は、会社の債務であって、社員の債務ではありません。

しかし、特定の事案の解決のために、会社の法人格を否認し、会社がした行為が社員がした行為とされることがあります（最判昭 44.2.27）。これが、「法人格否認の法理」です。会社法には規定がなく、判例で認められた法理です。

2．趣旨

明らかに法人格を悪用している、たとえば、社員が本来は自分が負担すべき債務であるにもかかわらず、会社に負担させ、「会社が責任を負うから、私は責任を負いません」と言って逃げている場合があります。このような場合に、社員に責任を取らせて債権者を保護しようとするのが、この法人格否認の法理です。

3．要件

以下の①または②の場合に、法人格が否認されることがあります（最判昭 44.2.27）。「　　」にしたワードがキーフレーズです。空欄補充問題であれば、空欄になると思われます。

①法人格がまったくの「形骸」にすぎない場合

ex1. 会社と社員の財産の区別がついていない場合、会社の法人格が否認され、社員が責任を取らされることがあります。会社の預金と社員個人の預金は別物なのですが、ゴチャゴチャになってしまっていることがあります。

ex2. 親会社が子会社を現実的に支配し、親会社と子会社の間の会計区別が欠如している場合、子会社の法人格が否認され、親会社が責任を取らされることがあります。

親会社と子会社の定義は P21 の1.で説明しますが、親会社は子会社の株主であって、親会社と子会社は別会社です。しかし、実際には違いがなく、実質的には1つの会社である場合があります。

②法人格が法律の適用を回避するために「濫用」されている場合
ex. 強制執行を免れるためや財産隠匿のために会社を設立した場合、会社の法人格が否認され、社員が責任を取らされることがあります。

法人格は、団体が権利主体と認めるに値する場合に、国から与えていただくものです（強調するためにあえてへりくだった言い方をしています）。与えていただくにふさわしくない上記①または②の場合には、否認されるべきなのです。

ただ、法人格否認の法理は、慎重に使われるべきであると考えられています（最判昭 49.9.26）。「法人と社員は別人格である」という原則をひっくり返すことだからです。民法1条と同じく、最後の裏ワザ的な位置づけなんです。── **民法Ⅰのテキスト第2編第1章**

第4章 株式会社とは？

この第４章からは、会社（P７）のうち「株式会社」に絞ってみていきます。

1 株式会社の一生

まず、株式会社の一生を概観しましょう。

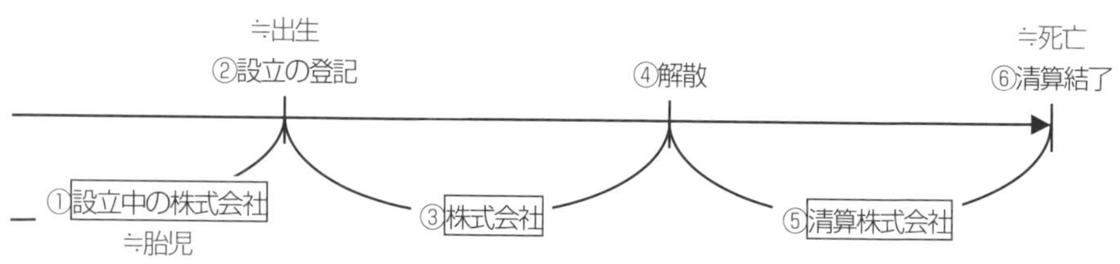

上記の図の青字は、「自然人（人間）でいうと」ということです。

人間でいうところの出生が設立の登記（上記②）です。出生の前の胎児の状態が、設立中の株式会社（上記①）です。

人間の場合は借金や財産を残して死にますが、株式会社の場合はそれが認められません。債権者や株主への責任がありますので、すぐには死なせてくれないんです（上記④）。債権者に債務を弁済したり、株主に残った財産を分配したりして（上記⑤）、やっと死ぬことができます（上記⑥）。

2 株式会社はどのようにできたか？

１．そもそもの株式会社 ―― 所有（資本）と経営の分離

資産太郎は、70代の資産家で資産はありますが、経営能力はありません。

秀英一郎は、20代なので資産はありませんが、どんな企業も考えつかなかったスマホのアプリを開発するなど経営能力はあります。

事業は、資産と経営能力が合わさって効率良くお金を生み出します。しかし、資産太郎と秀英一郎がバラバラでは、効率良くお金を生み出せません。

そこで、「これらを組み合わせてみよう」ということでできたのが、株式会社です。

資産太郎は、出資をして株主となります。

秀英一郎は、経営をします（取締役といわれる経営者となります）。

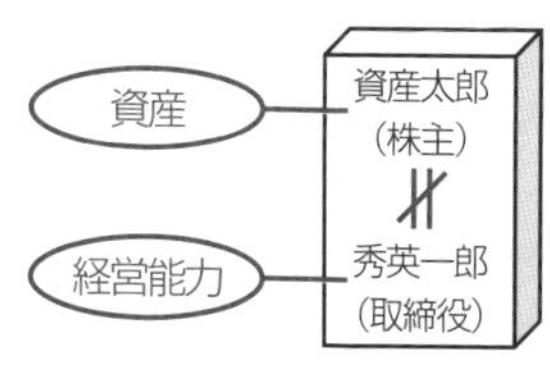

会社法を見る重要な視点

「効率良くお金を生み出す」というハナシが出てきましたが、会社法は、民法と異なり、法律的な視点だけでなく**経済的な視点**も含めて創られた法律です。つまり、「法をいかに守るか」（法律）ということと、「いかに効率よくお金を生み出すか」（経済）という争いの中にある法律なのです。

法律 VS 経済

2．現実のほとんどの株式会社 ―― 所有（資本）と経営の未分離

上記1.のように設立される株式会社が、本来の株式会社です。ですが、現実には、上記1.のような構造で存在している株式会社は、かなり少ないです。上場企業のすべておよび非上場企業のごく一部には、上記の構造が当てはまります。

しかし、それ以外の日本に存在するほとんどの株式会社は、「株主（出資者）＝取締役（経営者）」です。秀英一郎が、自分で出資をして株主となり、経営もします(取締役となります)。私の株式会社も、このパターンです。私の株式会社のような中小企業に出資してくれる人なんて、いませんから……。

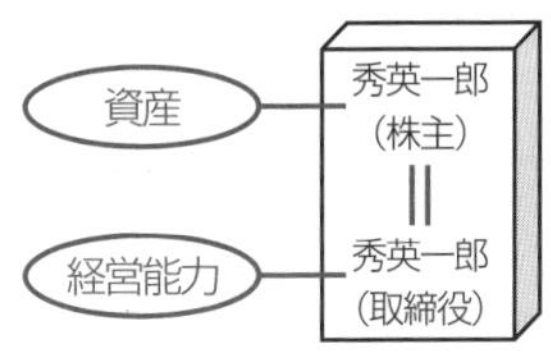

つまり、ほとんどの株式会社が、所有（資本）と経営が分離していないわけです。

上記1.の「そもそもの株式会社」と上記2.の「現実のほとんどの株式会社」をイメージ図にすると、次のページのようになります。

＊監査役会や会計参与など他の機関も掲載していますが、それらは第3編第3章で説明します。今は、株主と取締役のみをご覧ください。

このテキストでは、株式会社を船にたとえて考えていきます。株式会社という船が、経済社会を航海していきます。株主が出資をし、船の大枠（目的地、乗組員を誰にするかなど）を決定します。取締役が乗組員となり、実際に船の舵（かじ）をとります。

上記1.の「そもそもの株式会社」は、株主が船の大枠を決める、取締役が船の舵をとる、ときちんと役割分担がされています。

それに対して、上記2.の「現実のほとんどの株式会社」は、株主が船に乗っています。

【そもそもの株式会社】（P10～11の1.）　ex. 上場企業

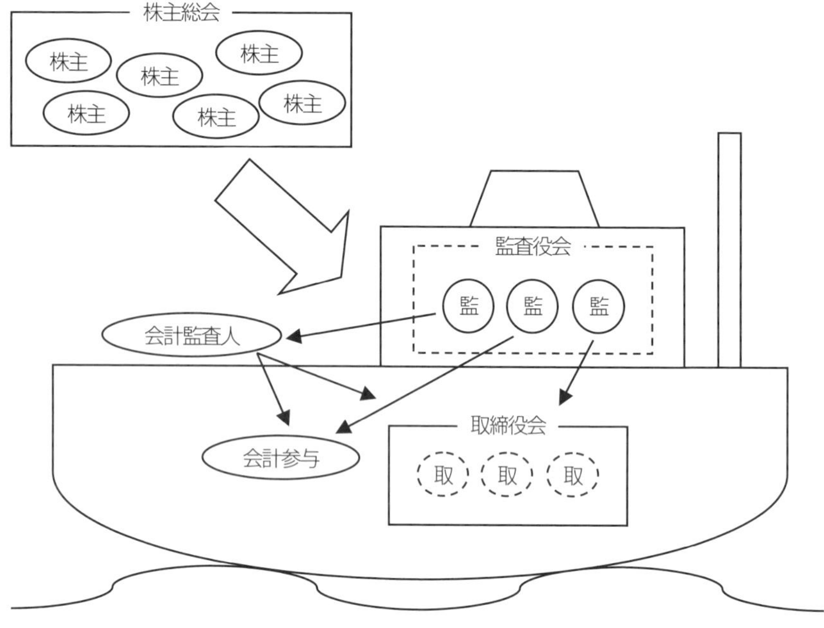

【現実のほとんどの株式会社】（P11の2.）　ex. 中小企業

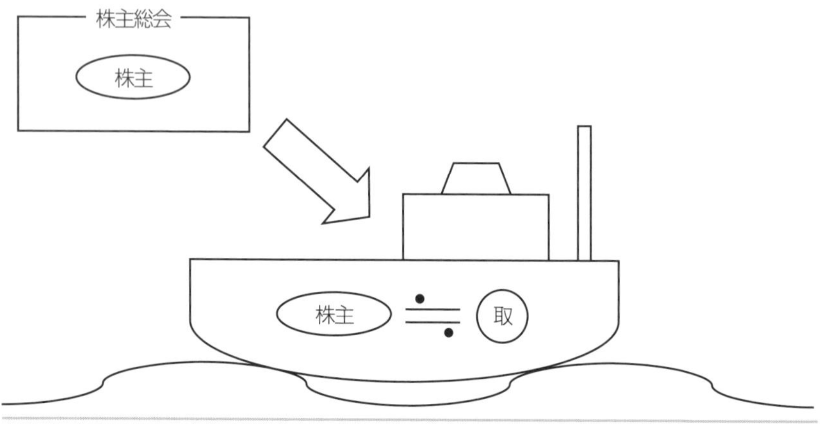

＊以下、3→4→5→6→7の流れを意識することが極めて重要です。

3 間接有限責任（株主の責任）

1．意義

資産太郎は、秀英一郎の事業に 1000 万円を投資しようと考えています。しかし、資産太郎に「秀英一郎の事業が失敗したら……」という不安がよぎりました。秀英一郎の事業が失敗し、たとえば、秀英一郎が経営しているリアリスティックジャパン株式会社が 10 億円の負債を抱えた場合（法人ですからあり得ます）、出資者である資産太郎は 10 億円の負債の返済をしなければならないのでしょうか。

ご安心ください。会社法には、以下の条文があります。

会社法 104 条（株主の責任）

株主の責任は、その有する株式の引受価額を限度とする。

これは、株主の責任が間接有限責任であることを定めた条文です。「間接有限責任」とは、株主は、株式会社の債権者に対して、株式の引受価額を限度としてしか責任を負わないということです（会社法 104 条）。簡単にいうと、責任は出資した額がゼロになって終わりということです。

これは、右の図でイメージしてください。**この図が極めて重要**です。資産太郎は、1000 万円の出資をすると、株式を取得します。このとき、資産太郎とリアリスティックジャパン株式会社の間にシャッターが下ります。このシャッターが間接有限責任です。債権者は、リアリスティックジャパン株式会社にある1000万円から債権を回収することはできます。しかし、シャッターがあるため、資産太郎から債権を回収することはできません。資産太郎に請求しようとすると、シャッターで跳ね返されるんです。

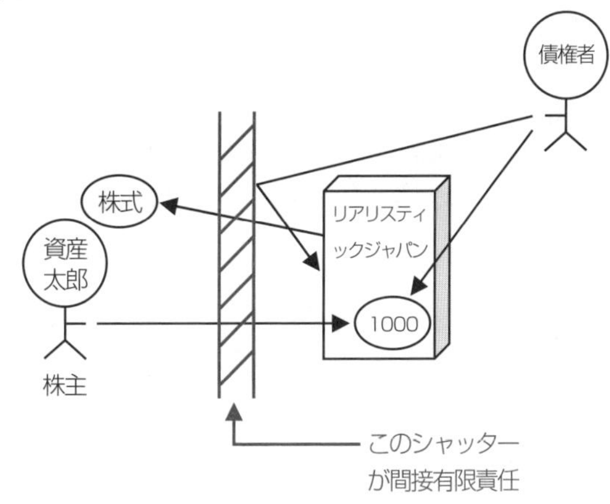

なお、法人の債権者とは、たとえば、取引先の企業や融資をした銀行のことです。私の株式会社だと、私が講義をしている辰已法律研究所は取引先ですので債権者ですね。

※「有限責任」とは？　「無限責任」とは？

漢字からわかるとおり、「責任」に「限」りが「有」るか「限」りが「無」いかということです。この「責任」は、法人が負債を抱えたときに問題となります。

法人が負債を抱えたときに、有限責任しかない社員は、出資額を超えて責任を負いません。

それに対して、無限責任のある社員は、法人が負債を抱えたときに法人に弁済する資力のない場合には、出資額に関係なく、代わりに弁済しなければなりません。つまり、最悪の場合、自分の預貯金から支払ったり、マイホームを売り払ったりしてでも支払わなければならなくなるわけです。

— Realistic 2　感情を入れる —

有限責任と無限責任の違いを知って、「無限責任はイヤだな～」と思ったと思います。こういった「感情」を大事にしてください。感情を伴ったほうが記憶しやすいことは科学的にも明らかになっています。みなさんも、高校で学んだ数学は思い出せなくても、文化祭などの思い出は思い出せますよね。感情を伴い、心で記憶しているからです。心で記憶したことは、思い出せるんです。

2．趣旨

株主の責任が間接有限責任とされているのは、安心して株式会社に出資をしてもらうためです。株式会社の負債まで負担する可能性があるなら、怖くて出資する人がいなくなってしまいます。

余談ですが、「株式投資をすると借金を抱える」というのはウソです。このように、出資した額がゼロになることはあります。しかし、自己資金で行っていれば（借金をして資金を用意していたり信用取引をしていたりしなければ）、出資した額以上の責任はありません。

3．間接有限責任と異なる定めの可否

定款や株主総会の決議によっても、間接有限責任（会社法104条）と異なる定めをすることはできません（強行法規）。株主の責任が間接有限責任であることは、株式会社の本質だからです。

会社法の基本スタンス

会社法の規定よりも**株主に不利な**定款などの定めは、**基本的には禁止**されます。株主は、そもそもは資産はあるが経営能力はない者が想定されています（P10～11の1.）。よって、経営能力のある（頭の良い）取締役に出し抜かれる可能性がありますので、株主を保護しようという姿勢が会社法にあるわけです。

※「定款」とは？

定款とは、法人の組織・活動に関する根本規則です。……といわれても、わかりにくいですよね。定款は、国でいうところの「憲法」のようなものです。憲法には、国の根本的なルールが書かれています。日本の憲法で1番有名なのが9条ですが、文言どおり読むと「戦争をしない国ですよ」「戦力を持ちませんよ」と書かれています。定款も、法人の根本的なルールが書かれます。たとえば、何をする法人なのか（目的）や取締役会を置くか（機関）などが書かれます。

定款は、書面または電磁的記録（データ）で作成します（会社法26条）。普通は、WordやPDF（電磁的記録）で作成します。

― Realistic 3　個人事業主が株式会社を作るワケ ―

一般的な会社法のテキストでは、個人事業主が株式会社を作るワケとして、以下の2点が挙げられます。

①事業資金の調達のため（P10～11の1.）
②無限責任から逃れるため（この3）

しかし、上記①ですが、P11の2.で説明したとおり、この国で中小企業に出資をしてくれる人はほとんどいません。また、上記②ですが、株式会社が融資を受ける際、株主である代表取締役（いわゆる社長）が保証人になることが条件とされ、結局は無限責任を負わされることが多いです。よって、実際に株式会社を作るワケとして多いのは、以下の2点です。

③節税のため

これが多いですね。私が株式会社を作ったのは、これが理由です。法人にすると、役員報酬の額を調整して所得税や住民税を低くしたり、生命保険の掛金の半分を経費にできたりと（保険商品によります）、節税の幅が広がるんです。

④信用力を上げるため

みなさんがネットショップで何かを買うとき、販売者が「松本 雅典」と「株式会社マツモトカンパニー」であれば、どちらのほうが安心しますか。後者だと思います。実際は、株式会社だから信用できるわけでもないんですが、個人名よりは信用する人が多いのが現実です。また、法人以外に対しては発注できないという内規がある企業もあります（最近は減ってきましたが）。

4 資本金

会社法445条（資本金の額及び準備金の額）

1　株式会社の資本金の額は、この法律に別段の定めがある場合を除き、設立又は株式の発行に際して株主となる者が当該株式会社に対して払込み又は給付をした財産の額とする。

2　前項〔設立又は株式の発行時〕の払込み又は給付に係る額の２分の１を超えない額は、資本金として計上しないことができる。

3　前項の規定により資本金として計上しないこととした額は、資本準備金として計上しなければならない。

1．資本金とは？

（1）意義

上記3でみたとおり、株主は有限責任しか負いません。そうすると、債権者にとっては、株式会社の財産のみが最後の拠り所なわけです。そこで、債権者のためにあるのが「資本金」です。

（2）資本金の額

（a）原則

資本金は、株式会社の設立または株式の発行の際に、株主が株式会社に払込みまたは給付をした財産の額です（会社法445条1項）。P13～14の1.の例でいうと、資産太郎が出資した1000万円が資本金となります。

このように、株主は出資と引き換えに株式をもらいます。設立時に出資をする場合と、設立後に出資をする場合（いわゆる増資）があります。出資の内容は、金銭に限らず、現物（不動産、債権など）もあるのですが、今は金銭でイメージしてください。

（b）例外

株式会社は、株主が株式会社に払込みまたは給付をした財産の額のうち、1/2までの額を資本金として計上しないことができます（会社法 445 条2項）。資本金として計上しなかった額は、資本準備金となります（会社法 445 条3項）。P13～14 の1.の例でいうと、資産太郎が出資した1000万円のうち、500万円までは資本金とせずに、資本準備金とすることができます。「準備金」も、債権者のために存在します。詳しくは、Ⅱのテキスト第3編第5章第3節3で説明しますが、現時点では、資本金よりは少しイジりやすいものであるというイメージを持ってください。

資本金の額が高くなりすぎると株主に配当するのが難しくなるといった理由から、払込みまたは給付された財産の額のすべてを資本金に計上したくない株式会社もあります。これは、その要請に応えた規定です。

2．資本充実の原則・資本維持の原則

資本金は債権者の拠り所です。よって、以下の原則があります。

①資本充実の原則（入口の規制）：株式会社の設立または株式の発行の際には、資本金として定めた額をきちんと株式会社に入れる必要があるという原則

②資本維持の原則（出口の規制）：株式会社に入った資本金は、出ていってしまわないようにしなければならないという原則

①の資本充実の原則は、法律上守られています。しかし、②の資本維持の原則は、現在の制度では法律上守られていません。たとえば、「資本金の額　金1000万円」と登記されている株式会社に、実際に 1000 万円の財産があるとは限りません。株式会社を作った直後は、事務所を借りたり商品を仕入れたりと費用が出ていくばかりですから、出資された 1000 万円は減っていきます。そのまま赤字が続けば、ずっと資本金の額の財産がない状態となります。

資本金とは？

「では、資本金ってなんなの？」と思われたと思います。資本金とは、**「これ以上の純資産がない限り、株主に配当しません」**という**株式会社の器**を表すものです（準備金も同じです）。たとえると、資本金と準備金は**コップ**です。コップに水（純資産）が入っている場合もあれば、入っていない場合もあります。純資産が資本金の額を下回っていると、株主への配当ができません。株主への配当ができないと、株主から文句がくることがあります。つまり、資本金とは、「これくらいの純資産を築く気がある」という株式会社の意気込みでもあるわけです。

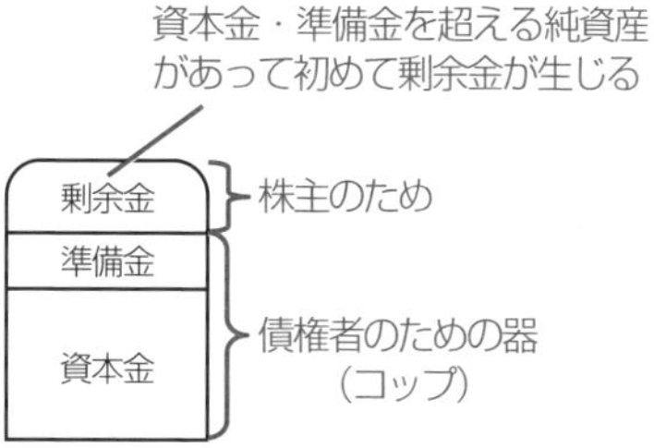

このように、資本金の額の純資産が株式会社に実際にあるとは限らず、債権者は株主から回収することもできませんので（P13～14 の1.）、債権者は結局は泣きを見る（保護されない）こともよくあります。だから、銀行が融資をする際には、泣きを見ないように担保を取るのです。

5　出資の払戻し

株主は、株式会社に対して、出資の払戻しを請求できるでしょうか。「出資の払戻し」とは、たとえば、出資をして株主になった資産太郎の孫が私立の医学部に進学することになったためにまとまった金が必要となり、資産太郎が、リアリスティックジャパン株式会社に対して、「株式は返すから出資した1000万円を返してくれ！」と言うことです。

これは、原則として禁止されています。

株主が出資した資本金は、債権者の拠り所です。そして、株主は有限責任しか負いません。その拠り所（出資金）を株主に返すことまでは認められないのが原則です。

6 株式譲渡自由の原則

しかし、資産太郎の孫は３浪してまで医学部に合格しました。何とか医師にしてあげたいと思うでしょう。

出資の払戻しをすることは、原則として禁止されています。しかし、それでは株主は投下資本（投資したお金など）を回収することができません。そこで認められているのが、株式を譲渡することです（会社法127条）。これを「株式譲渡自由の原則」といいます。「株式を譲渡する」とは、東京証券取引所などの取引所でする株式の売買が典型例です。資産太郎は、リアリスティックジャパン株式会社の株式が欲しいと思っている人に株式を売り渡すことによって、投下資本を回収することができます。

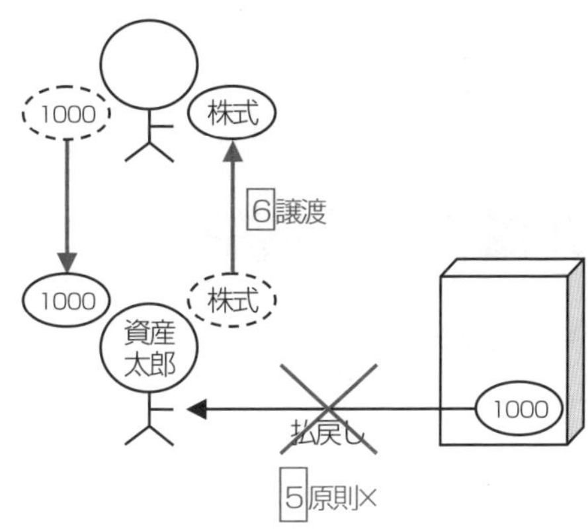

7 株式の譲渡制限規定

資産太郎は、株式を譲渡して出資した1000万円を回収できますので（株式が1000万円で売れればですが）、ハッピーです。

しかし、リアリスティックジャパン株式会社の他の株主からすると、どうでしょう。資産太郎から株式を譲渡された者が、敵対的買収を企てている者やちょっとコワモテの人かもしれません。他の株主の中には、株式が誰にでも譲渡されると困ると考えている者もいるかもしれないんです。そこで、以下の定款規定を定めることが認められています。

会社法107条（株式の内容についての特別の定め）

1　株式会社は、その発行する全部の株式の内容として次に掲げる事項を定めることができる。

　一　譲渡による当該株式の取得について当該株式会社の承認を要すること。

この定款規定を設けておけば、資産太郎が株式を譲渡するには、株式会社の承認が必要となります（会社法107条１項１号）。このように譲渡に制限がある（株式会社の承認が必要な）株式のことを「譲渡制限株式」といいます（会社法２条17号）。譲渡制限株式が正式名称なのですが、このテキストではイメージしやすいように「非公開株」と呼ぶことがあります。それに対して、譲渡制限のついていない株式のことを、このテキストでは「公開株」と呼ぶことがあります。

実際、ほとんどの株式会社の株式が、非公開株です。P11の2.の「現実のほとんどの株式会社」の株式は、非公開株です。

非公開株の基本イメージ

非公開株は、**「家族以外の株主を入れたくない」**とイメージしてください。実際にも、家族だけで非公開株を保有していることはよくあります。この場合に、その１人が第三者に株式を譲渡したら、家族以外の者が株主になりますから、他の家族からするとイヤですよね。

※非公開株だと投下資本を回収できないのか？

「とすると、資産太郎が保有していたのが非公開株だと、株式会社が承認しないと資産太郎は株式を売れず、投下資本を回収できなくなってしまうのでは？」と思われたかもしれません。しかし、株主が投下資本を回収できないことはあってはなりません。

そこで、株主は、株式会社に対して、譲渡承認請求ができます（会社法136条）。このとき、株主は、もし株式会社が譲受人を気に入らず承認しないのであれば、「株式会社が買い取るか、誰か買い取る者を指定しろ！」とまで言うことができます（会社法138条１号ハ）。このハナシは、P157～162の4.で説明します。現時点では、「非公開株でも、株式を手放し、投下資本を回収する方法はあるんだな」ということを頭の片隅に置いておいてください。

このように、株主が投下資本を回収できないことはあってはならないので、譲渡を「禁止」することはできません。できるのは、あくまで制限（株式会社の承認を必要とする）です。

8　株式会社の分類

この第１編の「会社法の世界」を終えるにあたって、最後に株式会社の分類をみます。３つの視点から株式会社を分類することができます。会社法と商業登記法には色々なルールがありますが、「◯◯会社にはこのルールが適用される」ということが多々あります。その「◯◯会社」に入るのが、下記1.～3.です。

1．親会社・子会社

親会社：株式会社を子会社とする会社など（会社法２条４号）

子会社：他の会社に総株主の議決権の過半数を保有されている株式会社など（会社法２条３号）

＊「など」は、細かいので無視してください。

子会社の定義から考えてください。

「議決権」については、P289～294 5 で説明します。すべての株式に議決権があるとすると、株式の過半数を保有している会社があれば、保有している会社が「親会社」で、保有されている株式会社が「子会社」です。

2．公開会社・公開会社でない株式会社 —— 株主との関係性

公開会社：一部でも公開株を発行する旨の定めのある株式会社（会社法２条５号）

公開会社でない株式会社（非公開会社）：すべての株式が非公開株である株式会社

公開会社の定義の「一部でも」ですが、株式は種類株式というものを発行できます。「種類株式」とは、A種類株式、B種類株式など、内容の異なる株式です（P127 1）。たとえば、A種類株式とB種類株式を発行する旨の定めがある場合、A種類株式とB種類株式のどちらかが公開株であれば公開会社です。これが、「一部でも」の意味です。なお、A種類株式が非公開株、B種類株式が公開株で、まだ実際にはA種類株式（非公開株）しか発行していなくても、公開会社です。公開株（B種類株式）を発行する旨の定めがあれば、公開会社となります。

実際に発行していなくても「○○会社」

このように、**実際に発行していなくても「○○会社」となる**のが、会社法の基本的な考え方です。

それに対して、すべての株式が非公開株である株式会社が、公開会社でない株式会社です。「公開会社でない株式会社」が正式名称なのですが、このテキストではイメージしやすいように「非公開会社」と呼んでいきます。

３．大会社・大会社でない株式会社 ―― 債権者との関係性

（１）意義

大会社　　　　　　　：以下の①または②のいずれかの要件を充たす株式会社（会社法２条６号）

①最終事業年度にかかる貸借対照表に資本金として計上した額が５億円以上である

②最終事業年度にかかる貸借対照表の負債の部に計上した額の合計額が200億円以上である

大会社でない株式会社：上記①および②のいずれの要件も充たさない株式会社（非大会社）

上記①ですが、資本金とは株式会社の器を表すものでした（P18の「資本金とは？」）。資本金の額が多額であるということは、それだけ大規模な株式会社です。

上記②ですが、負債の額が多額であるということは、それだけ債権者に対する責任の大きい大規模な株式会社です。

※「貸借対照表」とは？

「貸借対照表」とは、一定の時点（ex. 事業年度の末日）の財産の状況を表したものです。ある時点においてどのような資産や負債があるかや、ある時点における資本金や剰余金の額が記載されます。Ⅱのテキスト第３編第５章第２節1１.に見本がありますので、ご覧ください。

「大会社でない株式会社」が正式名称なのですが、このテキストではイメージしやすいように「非大会社」と呼んでいきます。

（２）いつから大会社または非大会社になるか？

たとえば、資本金の額が４億円（負債の額は200億円未満）の株式会社が、令和６年１月10日に、資本金の額を５億円に変更した場合、令和６年１月10日から大会社となるでしょうか。

なりません。大会社または非大会社となる基準時は、貸借対照表が定時株主総会において承認または報告された時です。定時株主総会とは、年に１回開催する株主総会で（会社法296条１項）、株主が貸借対照表の承認などをします（会社法438条２項）。定時株主総会に提出された貸借対照表は、監査などを経た正確性が担保されたものなので、それを定時株主総会で正式に承認または報告した時が基準とされているのです。

上記の例の株式会社の事業年度（※）が４月１日から３月 31 日までであったとして、令和５年４月１日から令和６年３月31日の事業年度についての定時株主総会が、令和６年６月28日に開催されて貸借対照表が承認された場合、令和６年６月28日から大会社となります。

このように、貸借対照表が定時株主総会において承認または報告された時が基準なので、たとえば、令和６年３月30日に資本金の額を４億9000万円に変更したら、大会社とはならないことになります。令和６年６月 28 日の定時株主総会で承認または報告するのは、令和６年３月31日時点の貸借対照表だからです。

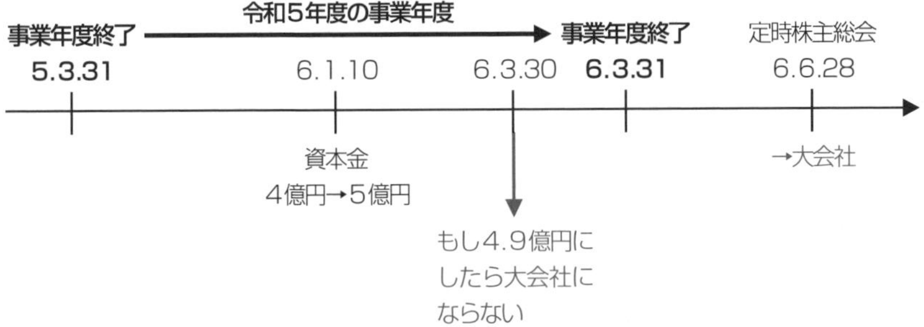

※事業年度とは？

「事業年度」とは、法人の財産および損益の計算の単位となる期間のことです（法人税法13条１項）。法人は、毎年税務申告をするのですが（私の株式会社もしています）、原則として事業年度ごとに申告をします。個人の計算期間は、基本的に「１月１日～12月31日」です。しかし、株式会社の場合、事業年度を選ぶことができます。「４月１日～３月31日」としている株式会社が多いです（「３月決算」という言葉を聞いたことがあると思います）。「１月１日～12 月 31 日」の株式会社もそれなりにあります（私の株式会社はこれです）。辰已法律研究所は、かつては司法試験に特化した予備校だったので、司法試験が行われる５月を１年の終わりと考え、「６月１日～５月 31 日」としています。このように、株式会社の事情に合わせて、事業年度を決められるんです。

ですが、事業年度は１年を超えることはできません。１年に１回は税務申告をしろということです。ただし、事業年度の変更をした場合、変更後の最初の事業年度は、１年６か月を超えない期間とすることができます（会社計算規59条２項後段）。たとえば、令和５年２月１日に、事業年度「１月１日～12 月 31 日」を「４月１日～３月31 日」に変更する場合、「変更後の最初の事業年度は令和５年１月１日から令和６年３月31日とする」（１年３か月）といった調整が必要となるからです。

【MEMO】

第2編

商業登記法の世界
Commercial Registration Act

第１章　商業登記とは？

1　商業登記の目的

Ｐ５で商業登記が出てきましたが、この第２編で商業登記の基本をみていきます。まず、商業登記が何のためにあるのかですが、それは商業登記法１条に書かれています。

商業登記法１条（目的）

この法律は、商法、会社法その他の法律の規定により登記すべき事項を公示するための登記に関する制度について定めることにより、商号、会社等に係る信用の維持を図り、かつ、取引の安全と円滑に資することを目的とする。

商業登記の目的は、「商号、会社等に係る信用の維持を図（ること）」と「取引の安全と円滑に資すること」です（商登法１条）。

「商号、会社等に係る信用の維持を図（ること）」ですが、国が「こういう会社などがありますよ～」と公証することで、会社などは信用を得られます。みなさんも、国が認めた会社であれば安心しますよね。

「取引の安全と円滑に資すること」ですが、たとえば、商業登記は、取引先や融資を検討している銀行が、問題のない会社なのかを確認するために使うことがあります。会社の銀行口座を開設するときも、銀行は登記を確認します。きちんと登記がされている会社であれば、一定の信用が得られるんです。それによって、取引が安全かつスムーズにできるようになります。

商業登記にはこの２つの目的があることを常に意識してください。……といわれても、勉強していると意識しなくなってしまうのが普通なので、たまにこのページに戻って再確認してください。

2　商業登記の効力

不動産登記は、民法で登記の効力（民法 177 条）を学習した後に学習します。商業登記は、まだ登記の効力を学習していませんので、会社法に定められている登記の効力からみていきます。「リアリスティックジャパン株式会社が、取締役の秀英一郎を解任した」という事例で考えていきましょう。なお、取締役の氏名は、株式会社の登記事項です（会社法911条3項13号）。

> **会社法908条（登記の効力）**
> 1　この法律の規定により登記すべき事項は、登記の後でなければ、これをもって善意の第三者に対抗することができない。登記の後であっても、第三者が正当な事由によってその登記があることを知らなかったときは、同様とする。

1．登記前 ―― 消極的公示力

会社法によって登記すべきとされている事項は、登記をした後でないと、善意の第三者に対抗できません（会社法908条1項前段）。

ex. リアリスティックジャパン株式会社は、取締役の秀英一郎を解任しても、取締役の解任の登記をしなければ、秀英一郎が解任されたことを知らない取引先などに、「もううちの取締役ではないので関係ないんですよ」とは言えないんです。

これは判決があっても同じです。

ただし、対抗できないのは「善意の第三者」なので、登記をする前でも、悪意の第三者には対抗できます（会社法908条1項前段反対解釈）。これは、不動産登記（民法177条）との違いです。

商業登記は善意者保護

商業登記は、基本的に**善意者を保護**し、悪意者は保護しません。商業登記の目的は、取引の安全だからです（商登法1条。上記1）。「取引の安全」は、善意者を保護する考え方です。―― 民法Ⅱのテキスト第3編第1章第3節22．（2）

※取引の相手方からの主張

登記をする前でも、取引の相手方から会社に対して主張することはできます（大判明41.10.12）。会社法908条1項前段は取引の相手方を保護するためのルールですので、相手方が「登記をしていなくても大丈夫」と言うのなら問題がないんです。

2. 登記後 ―― 積極的公示力

登記をした後は、もちろん、善意の第三者に対しても対抗できます（会社法908条1項前段）。

ex. リアリスティックジャパン株式会社は、取締役の秀英一郎を解任し、取締役の解任の登記をすれば、秀英一郎が解任されたことを知らない取引先などにも、「もううちの取締役ではないので関係ないんですよ」と言えます。

登記がされて公開されていますので、「登記を確認しなかったほうが悪いよね」となるわけです。

しかし、なんと、登記の後でも、第三者が正当な事由によって登記があることを知らなかったときは、第三者に対抗できないという規定があります（会社法908条1項後段）。登記をしたのに対抗できないとされる可能性があるんですね。ただ、この「正当な事由」は、かなり狭く解されています。たとえば、交通の途絶で商業登記を確認することがまったくできないといった余程の場合でなければ、正当な事由があるとはされません。

3. 不実登記

会社法908条（登記の効力）

2　故意又は過失によって不実の事項を登記した者は、その事項が不実であることをもって善意の第三者に対抗することができない。

故意または過失によって不実の事項を登記すると、不実であることを善意の第三者に対抗できません（会社法908条2項）。

ex. リアリスティックジャパン株式会社は、取締役の秀英一郎を解任していないにもかかわらず、故意または過失によって取締役の解任の登記をした場合、秀英一郎が解任されていないことを知らない取引先などに、「実はまだ取締役だったんですよ」とは言えないんです。

自らウソの登記をしているわけですから、当たり前ですよね。

ただし、やはり対抗できないのは「善意の第三者」なので、不実の事項を登記しても、悪意の第三者には対抗できます（会社法908条2項反対解釈）。商業登記は、善意者を保護し、悪意者は保護しないんです（P27の「商業登記は善意者保護」）。

第2章 株式会社の登記事項

1 登記される事項とは

会社などの情報のすべてが登記されるわけではなく、公示すべきと考えられている事項のみが登記事項とされています。

株式会社の登記事項は、会社法911条3項などに規定されています。以下の登記記録に、記述で問われる登記事項を記載します。以下のすべての事項が登記されることはあり得ず、他の登記事項との整合性がない事項もあります。よって、以下の登記記録は、実際には存在し得ないものです。

なぜこのような登記記録を示しているかというと、本試験までに、**何が株式会社の登記事項であるかは 0.1 秒も考えることなく判断できるようになる必要がある**からです。何が登記事項であるかは、択一を解く前提となります。また、記述でも、登記事項を把握していることが大前提ですし、たとえば、定款が何ページにもわたって示され、その定款から登記事項を答案用紙に写す問題が出ることがあります。その対策として、以下の登記事項をソラで全部言えるようにする必要はありませんが、「これは登記事項か？」と聞かれて、「Yes」か「No」かは答えられるようにしてください。

「そんなこと、できるようになるの？」と思われたかもしれません。しかし、本試験までに徐々にできるようになればOKです。「『これは登記事項か？』と聞かれて、『Yes』か『No』かは答えられるようにならないといけない」と最初から意識してテキストを読んだり問題を解いたりしていると、本試験当日には自然とできるようになっています。

会社法人等番号	1111-01-111111
商　号	リアリスティックジャパン株式会社
商号譲渡人の債務に関する免責	当会社は令和6年6月28日商号の譲渡を受けたが、譲渡会社である株式会社辰巳商事の債務については責に任じない。
本　店	東京都新宿区新宿一丁目1番1号
電子提供措置に関する規定	当会社は株主総会の招集に際し、株主総会参考書類等の内容である情報について、電子提供措置をとるものとする。
公告をする方法	官報に掲載してする
	日本新聞に掲載してする
	電子公告の方法により行う。 https://www.realistic.co.jp/koukoku/index.html 当会社の公告は、電子公告による公告をすることができない事故その

	他のやむを得ない事由が生じた場合には、官報に掲載してする。 貸借対照表の公告 https://www.realistic.co.jp/kessan/index.html
貸借対照表に係る情報の提供を受けるために必要な事項	https://www.realistic.co.jp/kessan/index.html
会社成立の年月日	平成25年2月5日
目的	1. スマートフォンアプリの開発 2. 前号に附帯する一切の業務
単元株式数	100株
発行可能株式総数	3000株
発行済株式の総数並びに種類及び数	発行済株式の総数 　300株 各種の株式の数 　普通株式　200株 　優先株式　100株
資本金の額	金300万円
発行する株式の内容	当会社は、当会社が別に定める日が到来したときに、当会社の株式を時価で取得することができる。 「時価」とは、当該取得請求日に先立つ45取引日目に始まる30取引日の株式会社東京証券取引所における毎日の終値の平均値をいう。
発行可能種類株式総数及び発行する各種類の株式の内容	普通株式　2000株 優先株式　1000株 　剰余金の配当については、優先株式を有する株主に対し、普通株式を有する株主に先立ち、1株について100円の剰余金を支払う
株式の譲渡制限に関する規定	当会社の株式を譲渡によって取得するには、株主総会の承認を受けなければならない。
株券を発行する旨の定め	当会社の株式については、株券を発行する。
株主名簿管理人の氏名又は名称及び住所並びに営業所	東京都千代田区千代田一丁目1番1号 A信託銀行株式会社本店

役員に関する事項	取締役　　　　　A
	取締役　　　　　B （社外取締役）
	取締役・監査等　C 委員
	東京都新宿区新宿一丁目２番２号 代表取締役　　　A
	会計参与　　　　D税理士法人 （書類等備置場所）東京都新宿区新宿四丁目４番４号
	監査役　　　　　E
	監査役　　　　　F （社外監査役）
	監査役の監査の範囲を会計に関するものに限定する旨の定款の定めがある
	特別取締役　　　G
	指名委員　　　　H
	監査委員　　　　I
	報酬委員　　　　J
	執行役　　　　　K
	東京都新宿区新宿一丁目２番２号 代表執行役　　　K
	会計監査人　　　L監査法人
	清算人　　　　　A
	東京都新宿区新宿一丁目２番２号 代表清算人　　　A
取締役等の会社に対する責任の免除に関する規定	当会社は、会社法第 426 条第 1 項の規定により、取締役会の決議によって、取締役、監査役の負う同法第 423 条第 1 項の責任を法令の限度において免除することができる。
非業務執行取締役等の会社に対する責任の制限に関する規定	当会社は、会社法第 427 条第 1 項の規定により、取締役（業務執行取締役等であるものを除く）または監査役との間に、同法第 423 条第 1 項の責任を限定する契約を締結することができる。ただし、当該契約に基づく責任の限度額は、500 万円以上であらかじめ定めた金額または法令が規定する額のいずれか高い額とする。

支配人に関する事項	東京都新宿区新宿一丁目２番２号　M 営業所　横浜市神奈川区鶴屋町二丁目２番地２号
支　店	1 横浜市神奈川区鶴屋町二丁目２番地２号
新株予約権	第１回新株予約権 新株予約権の数 100個 新株予約権の目的たる株式の種類及び数又はその算定方法 普通株式　1000株 募集新株予約権の払込金額若しくはその算定方法又は払込を要しないとする旨 無償 新株予約権の行使に際して出資される財産の価額又はその算定方法 10万円 金銭以外の財産を各新株予約権の行使に際して出資する旨並びに内容及び価額 証券取引所に上場されている有価証券であって、当該証券取引所の開設する市場における当該新株予約権の行使の前日の最終価格により算定して10万円に相当するもの 新株予約権を行使することができる期間 令和８年４月１日から令和８年９月30日まで 新株予約権の行使の条件 新株予約権を行使する新株予約権者は、当会社の役員等でなければならない。 会社が新株予約権を取得することができる事由及び取得の条件 当会社は、新株予約権者が「新株予約権の行使の条件」により権利を行使する条件に該当しなくなった場合には、その新株予約権を無償で取得することができる。 令和６年６月28日発行 令和６年７月３日登記
会社継続	令和６年６月28日会社継続 令和６年７月３日登記
吸収合併	令和６年６月28日横浜市中区羽衣一丁目１番１号株式会社辰巳商事を合併 令和６年７月３日登記

会社分割	令和６年６月28日横浜市中区羽衣一丁目１番１号株式会社辰已商事から分割 令和６年７月３日登記
	令和６年６月28日東京都千代田区千代田二丁目２番２号株式会社ＬＴＩに分割 令和６年７月３日登記
存続期間	会社成立の日から満30年
解散の事由	当会社は、群馬県利根郡中岡村に建設中の群馬ダムが竣工したときに解散する
取締役会設置会社に関する事項	取締役会設置会社
会計参与設置会社に関する事項	会計参与設置会社
監査役設置会社に関する事項	監査役設置会社
監査役会設置会社に関する事項	監査役会設置会社
特別取締役に関する事項	特別取締役による議決の定めがある
監査等委員会設置会社に関する事項	監査等委員会設置会社
重要な業務執行の決定の取締役への委任に関する事項	重要な業務執行の決定の取締役への委任についての定款の定めがある
指名委員会等設置会社に関する事項	指名委員会等設置会社
会計監査人設置会社に関する事項	会計監査人設置会社
清算人会設置会社に関する事項	清算人会設置会社
解　散	令和６年６月28日株主総会の決議により解散 令和６年７月３日登記
	令和６年６月28日存続期間の満了により解散 令和６年７月３日登記

	令和６年６月28日定款所定の解散事由の発生により解散 令和６年７月３日登記
登記記録に関する事項	設立 平成25年２月５日登記
	令和６年6月28日清算結了 令和６年７月３日登記 令和６年７月３日閉鎖
	令和６年６月28日リアリスティックジャパン合同会社を組織変更し設立 令和６年７月３日登記
	令和６年６月28日東京都新宿区新宿一丁目１番１号リアリスティックジャパン合同会社に組織変更し解散 令和６年７月３日登記 令和６年７月３日閉鎖
	令和６年６月28日東京都千代田区千代田二丁目２番２号株式会社ＬＴＩに合併し解散 令和６年７月３日登記 令和６年７月３日閉鎖
	横浜市中区羽衣一丁目１番１号株式会社辰巳商事及び横浜市中区羽衣二丁目２番２号株式会社辰巳サービスの合併により設立 令和６年７月３日登記
	東京都新宿区新宿一丁目１番１号リアリスティックジャパン株式会社から分割により設立 令和６年７月３日登記
	令和６年６月28日リアリスティックジャパン有限会社を商号変更し、移行したことにより設立 令和６年６月28日登記
	令和６年６月28日東京都千代田区千代田二丁目２番２号に本店移転 令和６年７月３日登記 令和６年７月３日閉鎖
	令和６年６月28日横浜市中区羽衣一丁目１番１号から本店移転 令和６年７月３日登記

※定款記載事項と登記事項との関係

定款記載事項と登記事項との関係は、右の図のとおりです。定款記載事項かつ登記事項である事項もありますが、定款にしか記載されない事項も登記記録にしか記録されない事項もあります。

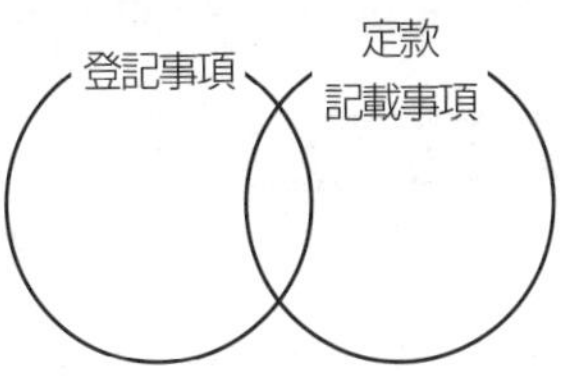

2 登記事項証明書

1．登記事項証明書とは？

会社であれば、会社ごとに登記記録が作成されます。登記記録を見たい場合、登記官に対してＰ５のような登記事項証明書の交付を請求できます。

登記事項証明書には、以下の種類があります。

①現在事項証明書　：現に効力を有する登記事項などを記録したもの（商登規 30 条１項１号）

②履歴事項証明書　：以下の２つの事項を記録したもの（商登規 30 条１項２号）

・上記①の現在事項証明書に記載される事項

・請求日の３年前の日の属する年の１月１日（基準日）から請求日までの間に抹消する記号を記録された登記事項、および、基準日から請求日までの間に登記された事項で現に効力を有しないもの

要は、３年ちょっとの履歴も記録されるということです。

③閉鎖事項証明書　：閉鎖した登記記録に記録されている事項を記録したもの（商登規 30 条１項３号）

④代表者事項証明書：会社の代表者の代表権に関する登記事項で現に効力を有するものを記録したもの（商登規 30 条１項４号）

2．登記事項証明書の交付の請求方法

登記事項証明書の交付の請求は、数百円の手数料さえ納付すれば、誰でもできます（商登法 10 条１項）。銀行や取引先だけでなく、たとえば、マスコミが、問題を起こした会社の代表者の自宅に取材に行くため、代表者の住所を調べる目的で取得したりすることもあります。商業登記の趣旨も公示ですので（商登法１条。P26 1）、このように公開されているのです。

なお、登記申請（商登法１条の３。Ｐ４）と異なり、他管轄の会社などの登記事項証明書の交付の請求をすることもできます。登記記録に記録されている事項の証明にすぎないので、全国のどこにある会社などの登記事項証明書でも請求できるんです。

第3章 登記の流れ（申請～完了）

不動産登記と類似

商業登記の流れは、**不動産登記に類似**します。まあ同じ登記所での手続ですから。

第１節　登記の申請から完了までの大まかな流れ

登記の申請から完了までの大まかな流れは、以下のとおりです。

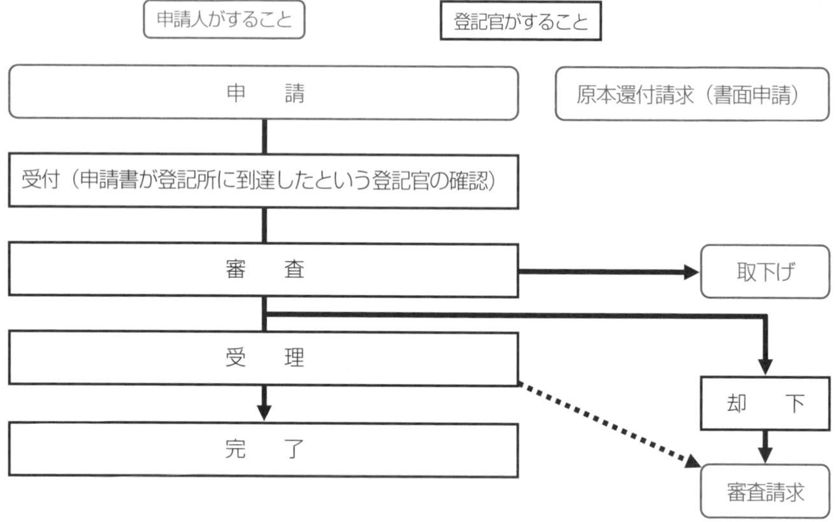

この第３章では、上記の左のラインの「申請」（第２節）→「受付→審査→受理→完了」（第３節）をみていきます。

それ以外は、以下の箇所で説明します。

・「原本還付請求（書面申請）」

　→　P70 3

・「取下げ」（申請後、登記が完了するまでに、申請人の意思で申請を取り下げること）、「却下」（申請に不備があるため登記官が申請を却下すること）、「審査請求」（登記官の処分に不服を申し立てることなど）

　→　Ⅱのテキスト第12編第１章

第2節　申請（申請人がすること）

1　登記手続の開始

1．原則

商業登記がどのようにされるかですが、以下の行為があって初めて登記手続が始まります（申請主義。商登法14条）。

①当事者の申請
②官庁の嘱託

「官庁」とは、国の機関のことです。裁判所書記官の嘱託によって登記がされるのが典型例で（会社法937条、938条）、このテキストでも何回も登場します。

②は公的機関が嘱託しますが、登記官が職権でする（下記2.）わけではありませんので、これも申請主義です。

2．例外

法令で登記官が職権ですると定められている登記は、例外的に登記官が職権でできます（職権主義）。

上記1.および2.の構造（原則：申請主義、例外：職権主義）は、不動産登記と同じです。── 不動産登記法Ⅰのテキスト第1編第5章第2節1

しかし、大きく異なることがあります。不動産登記の権利に関する登記と異なり、商業登記は当事者に登記義務があります（会社法909条）。会社は、登記をすることで、国から法人格を与えていただいています（P8③）。よって、正確な情報を公示すべき義務があるんです。

＊上記1.が原則であり、そのうち、不動産登記と同じく上記1.①の「当事者の申請」が学習のメインとなりますので、以下、基本的には当事者の申請について説明します。

3．登記期間

上記のとおり、商業登記には登記義務がありますので、原則として「◯◯以内に登記をしなければならない」という登記期間があります。

（1）原則

会社法915条（変更の登記）
1　会社において第911条第3項各号〔株式会社の設立の登記の登記事項〕又は前3条各号〔持分会社の設立の登記の登記事項〕に掲げる事項に変更が生じたときは、2週間以内に、その本店の所在地において、変更の登記をしなければならない。

登記期間の原則は、効力が生じた日から2週間以内です（会社法915条1項、916条、919～929条）。

（2）例外

登記期間の起算点について、以下の3つの例外があります。
＊いずれもまだ学習していない登記なので、サラっと眺めるだけで結構です。

①取得請求権付株式の取得と引換えにする株式または新株予約権の発行の登記
　→　取得請求がされた月の末日から2週間以内（会社法915条3項2号）
②払込期間・給付期間を定めた募集株式の発行等の登記
　→　払込期間・給付期間の末日から2週間以内（会社法915条2項）
③新株予約権の行使の登記
　→　行使がされた月の末日から2週間以内（会社法915条3項1号）

※登記懈怠

では、登記期間を過ぎてしまうと（「登記懈怠」といいます）登記申請ができなくなるのかというと、そうではありません。事業が忙しく、登記まで気が回らずに登記期間を過ぎてしまう中小企業は多いです。私の株式会社も、1度登記期間を過ぎてしまいそうになりました……。ギリギリ間に合いましたが。登記期間が過ぎても、登記は受理されます。登記期間が過ぎても、正確な情報を公示したほうがいいからです。

ただ、登記期間が過ぎると、代表者は過料（行政罰）に処せられます（会社法976条1号）。

2　申請構造

不動産登記には、共同申請、合同申請、単独申請と3種類の申請構造がありましたが（―― 不動産登記法Ⅰのテキスト第1編第5章第2節2）、商業登記には単独申請しかありません。基本的に1つの会社などのハナシであり、不動産登記のように対立構造にならないからです。ある株式会社の役員が変わったといったハナシですから。

3 申請をする者

1. 本人申請

商業登記も、会社など自身が申請するのが原則です。ただ、会社は物理的に存在するわけではありませんので、代表者（代表取締役など）が会社を代表して登記申請をします。

これを「本人申請」といいます。

2. 代理人申請

商業登記も、登記の申請を司法書士などの代理人に委任できます。会社の場合には、代表者が会社を代表して司法書士などに委任します。

4 申請方法

1. 申請方法の種類

申請方法には、以下の種類があります。これも、不動産登記と同じです。── 不動産登記法Ⅰのテキスト第1編第5章第2節4

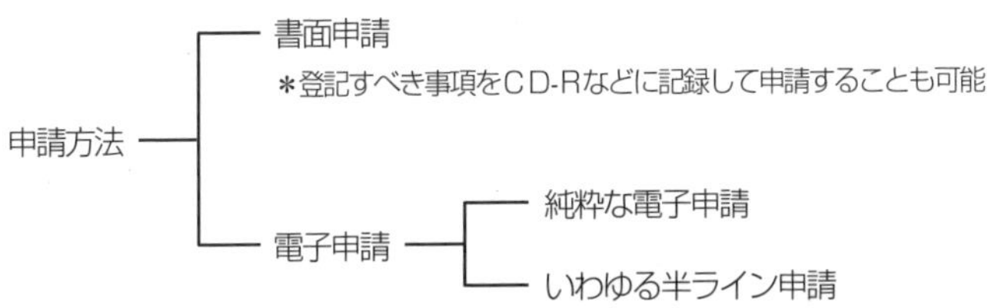

2. 書面申請

申請書と添付書面（書面）を提出するのが、「書面申請」です（商登法17条1項）。登記すべき事項をCD-Rなどの記録媒体に記録して申請することもできます（商登法17条3項、商登規35条の3第1項1号）。

「申請書」には、商業登記法17条2項の事項を記載するのですが、実際の申請書をみて、どのような事項を記載するのかを確認してみましょう。

実際の書面を見てみよう2 —— **申請書（資本準備金の資本組入れ）**

株式会社変更登記申請書

1．会社法人等番号	1111−01−111111
フリガナ	リアリスティックジャパン
1．商号	リアリスティックジャパン株式会社
1．本店	東京都新宿区新宿一丁目1番1号
1．登記の事由	資本準備金の資本組入れ
1．○○大臣の許可書到達年月日	令和6年6月28日
1．登記すべき事項	令和6年6月28日変更 資本金の額　金2000万円
1．課税標準金額	金1000万円
1．登録免許税	金7万円
1．添付書面	株主総会議事録　1通 株主リスト　1通 減少に係る資本準備金の額が計上されていたことを証する書面　1通 ○○大臣の許可書　1通 委任状　1通

上記のとおり、登記の申請をします。

令和6年7月3日

東京都新宿区新宿一丁目1番1号
申請人　リアリスティックジャパン株式会社
東京都新宿区新宿一丁目2番2号
代表取締役　秀　英　一　郎
東京都新宿区大久保一丁目1番地1号
上記代理人　司法書士　法　務　太　郎

連絡先の電話番号　03-0000-0000

東京法務局新宿出張所　御中

「○○大臣の許可書到達年月日」は、登記すべき事項につき官庁の許可を要する場合には記載しますが（商登法17条2項5号）、通常は記載しません。

「課税標準金額」は、資本金の額が課税標準となる場合（P60～64の3.）に記載します（商登法17条2項6号）。

「代理人」の氏名と住所は、代理人申請の場合に記載します（商登法17条2項2号）。上記の申請書は、代理人申請なので、代理人を記載し、代理人が申請書に記名押印しています（商登法17条2項柱書）。本人（代表者）が記名押印する箇所は、本人申請の場合は申請書（商登法17条2項柱書）、代理人申請の場合は委任状です。不動産登記と同じです。―― **不動産登記法Ⅰのテキスト第1編第6章第4節③1.**

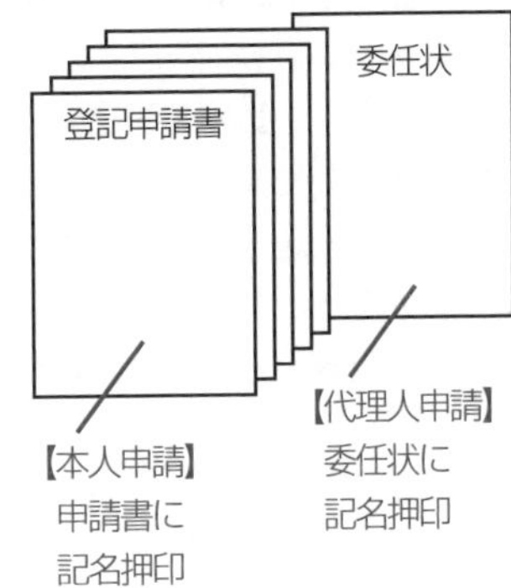

申請書には前ページの事項を記載するのですが、基本的に試験で問われるのは青でくくった部分です。このテキストの申請例も、基本的には青でくくった部分のみを表示しています。これらのうち、「登記の事由」（商登法17条2項3号）、「登記すべき事項」（商登法17条2項4号）、「添付書面」は、以下のような意味で申請書に記載します。

申請書の記載事項の意味

・登記の事由　　　：**「登記申請の内容（概要）」**
・登記すべき事項：**「こう登記事項が変わったんです」**（これが登記されます）
・添付書面　　　　：**「登記すべき事項が変わったのは本当ですよ～」**

登記所にいる登記官からすると、申請書だけでは信用できないので、登記すべき事項が変わったことを証する書面を添付するのです。申請書の後ろにホッチキスやクリップで添付書面を付けます。

― Realistic 4　商業登記の原則は書面申請 ―

不動産登記は、原則が電子申請となりました。―― **不動産登記法Ⅰのテキスト第1編第5章第2節④3.のRealistic 6**　しかし、商業登記は、「申請書」「添付書面」というとおり、まだ原則は書面申請です。

年月日の記載

商業登記には、大きく分けて以下の2つの種類があります。種類によって、年月日を記載する箇所が異なります。

①**新設型**：登記記録を新たに起こす登記

ex. 設立の登記

原則として、**登記の事由**に年月日を記載します。

②**変更型**：登記記録を新たに起こさず、登記事項の一部を変更する登記

ex. 取締役の就任の登記

原則として、**登記すべき事項**に年月日を記載します。

記載する年月日は、登記期間（P37～38の3.）の起算日です。

3．電子申請

電子申請は、以下の2つに分かれます。

①純粋な電子申請（商登規101条1項1号）

申請書と添付書面のすべてをデータとしてオンラインで送信する方法です（商登規102条1項、2項本文）。

②いわゆる半ライン申請（商登規102条2項ただし書）

申請書をデータとしてオンラインで送信して、添付書面は書面で提出する方法です。添付書面は、登記所に持参しても構いませんし、書留郵便などによって送付しても構いません（商登規102条2項ただし書）。

オンラインで送信する申請書情報と添付書面情報（半ライン申請の場合は申請書情報のみ）には、電子署名をし、電子証明書を送信する必要があります（商登規102条、33条の4）。なりすまし申請や情報の改ざんの可能性があるからです。

不動産登記と、ほとんど同じ仕組みです。―― **不動産登記法Ⅰのテキスト第1編第5章第2節4 3.**

なお、この「電子証明書」ですが、申請書情報に電子署名をすべき者（代表取締役など）は、登記所に電子証明書の発行の請求をすることができます（商登法12条の2第1項1号）。登記所に電子証明書を発行してもらえるんです。電子証明書は、データであり、データで発行されます。パソコンにダウンロードします。

＊登記所が発行する電子証明書以外に、個人番号カードの電子証明書などでも構いません。

電子証明書には、会社の代表者であれば以下の事項などが記録されます（商登規33条の8第2項）。

①商号
②本店
③資格
④氏名
⑤公開かぎの値
⑥電子証明書の証明期間

「証明期間」とは、登記所が電子証明書の有効性を証明する期間のことですが、実質的に電子証明書を使用できる有効期間となります。証明期間は3か月から 27 か月の間で選ぶことができますが、3か月刻みで発行手数料が変わります。3か月だと1300円ですが、27か月だと9300円します……。

第3節　受付→審査→受理→完了（登記官がすること）

1　登記の申請後の流れ

登記の申請がされると、「受付→審査→受理→完了」という流れで登記官が登記を実行していきます（P36）。

「受付」は、申請書が登記所に到達したという登記官の確認です（商登法 21 条1項）。まだ登記が実行されるとは限りません。

登記官の「審査」を経たうえで、登記官が申請が適法であると判断した場合に登記が実行されます。

登記を実行することを相当とする登記官の措置を「受理」といいます。

2　登記官の審査権限

「受付→審査→受理→完了」のうち、「審査」について、不動産登記と同じく「登記官の審査権はどこまで及ぶのか？」という問題があります。

1．原則 ―― 形式的審査主義

（1）意義

登記官は、登記記録および申請人が提供した申請書・添付書面のみを資料として審査できる形式的審査権しか有していません（実質的審査権を有していません。登研305P39）。簡単にいうと、紙とデータしか審査できないということです。これを「形式的審査主義」といいます。

（2）趣旨

登記官が毎回、申請人に「本当にこんな決議があったんですか？」などと電話で問い合わせたりしていては、登記が渋滞してしまうからです（迅速性の要請）。また、登記官が疑問に思った申請のみを審査するとなると、審査が不公平になってしまうからという理由もあります（公平性の要請）。

※実体上の審査をすることができないのか？

登記官には原則として実質的審査権がありませんが、実体上の審査はできます。登記記録および申請書・添付書面から判断できる事項については、実体上の審査をすることができます。「実質的」と「実体上」は、意味が違います。「実質的」とは、電話などで真意を調べたりすることです。「実体上」とは、会社法などの実体です。

ex. 登記官は、取締役の就任の登記の申請において、添付書面として提供された株主総会議事録に記載された取締役の選任の決議要件が充たされているかを審査することはできます。取締役の選任の決議をするのに足りない議決権数の賛成しか得られていないと記載されているのであれば、登記官は登記を実行しません。

2．例外 ―― 実質的審査主義

（1）意義

例外的に申請人の本人確認については、登記官は実質的審査権を有しています。

登記官は、申請人となるべき者以外の者が申請していると疑うに足りる相当な理由があると認めるときは、申請を却下すべき場合を除き、申請人またはその代表者もしくは代理人に対し、出頭を求め、質問をし、または、文書の提示その他必要な情報の提供を求める方法により、その申請人の申請の権限の有無を調査しなければならないとされています（商登法 23 条の 2 第 1 項)。「しなければならない」とありますとおり、これは登記官の義務です。

※申請人などが遠隔の地に居住している、申請人などの勤務の都合がある場合など

登記官が本人確認の調査のため申請人などの出頭を求めた場合に、申請人などが遠隔の地に居住していることや申請人などの勤務の都合などを理由に、他の登記所に出頭したい旨の申出があり、その理由が相当と認められるときは、登記官はその他の登記所の登記官に本人確認の調査を嘱託することができます(商登法23条の2第2項、商登準則 48 条 1 項)。

（2）趣旨

登記の申請は、オンラインでも可能です（電子申請)。書面申請の場合でも、登記所に申請書・添付書面を提出するときに本人確認は行われません。また、そもそも登記所に申請書と添付書面を持参せず、郵送によって申請することも可能です。

このように登記所に申請書・添付書面を提出する時点で本人確認が行われないため、審査の中で本人確認について登記官に実質的審査権が与えられているのです。

また、登記官から見て明らかに怪しい申請人がいたそうなので、本人確認について実質的審査権を明記する改正がされた、という経緯もあります。法人のなりすまし申請がされ、犯罪に使われたりすることもあるんです。

（3）「相当な理由がある」とは？

申請を却下すべき場合でなく、申請人となるべき者以外の者が申請していると疑うに足りる相当な理由があることが、本人確認の要件です（商登法 23 条の2第1項）。この「相当な理由」があると認められるのは、以下の①〜④のいずれかの場合です。細かい知識なので、「それは怪しいだろうな〜」という視点でざっとみてください。

①捜査機関その他の官庁または公署から不正事件が発生するおそれがある旨の通報があったとき（商登準則 47 条1項1号）

②申請人となるべき者本人からの申請人となるべき者に成りすました者が申請をしている旨またはそのおそれがある旨の申出に基づき、所定の措置を執った場合において、その申出の日から3か月以内に、その申出にかかる登記の申請があったとき（商登準則 47 条1項2号）

この申出を「不正登記防止申出」といいます。

不正登記防止申出は、申請人等が登記所に出頭してするのが原則ですが、申請人等が登記所に出頭することができないやむを得ない事情があると認められる場合には、申請人の委任による代理人（ex. 司法書士）が登記所に出頭してすることができます（商登準則 49 条1項）。

③同一の申請人にかかる他の不正事件が発覚しているとき（商登準則 47 条1項3号）

④上記①〜③に掲げる場合のほか、登記官が職務上知り得た事実により、申請人となるべき者に成りすました者が申請していることを疑うに足りる客観的かつ合理的な理由があると認められるとき（商登準則 47 条1項4号）

以上みてきましたこの2の登記官の審査権限も、不動産登記とほとんど同じです。

── 不動産登記法Ⅰのテキスト第1編第5章第3節2

第4章 商業登記の本人確認の方法

1 なりすまし申請の防止

商業登記は、会社の場合は代表者（代表取締役など）が会社を代表して登記申請をします（P39 3 1.）。なりすまし申請もありますので（たまにニュースになります）、真の代表者が申請しているかを確認しなければなりません。

本人確認の方法は、日常生活では免許証や健康保険証の提示が多いです。不動産登記では、登記識別情報が登記名義人の本人確認に使われています。── **不動産登記法Ⅰのテキスト第1編第6章第3節 1 1.** 商業登記の本人確認は、また別の方法によります。以下の①または②のいずれかの方法です。

①登記の申請書に押印すべき者があらかじめ提出した印鑑と申請書または委任状に押印した印鑑を照合する方法（下記 2 ）── 書面申請
印影で本人確認をする方法です。どういう仕組みなのか、下記 2 で説明します。
②登記の申請書情報に電子署名をすべき者の電子署名と電子証明書で確認する方法（P58 3 ）── 電子申請

かつては、登記申請を電子申請でしかしない場合でも、上記①の書面申請のときに必要となる印鑑届（下記 2 ）がマストでした（旧商登法20条）。しかし、令和元年の改正で、印鑑届をしないことも認められました（旧商登法 20 条の削除）。「うちの会社は印鑑届をしない。登記申請は電子申請でしかしないよ。」という選択ができるようになったんです。「すべての手続をオンラインで！」という政府の政策に基づくものです。しかし、しばらくは印鑑届をする会社が多いままであると思われます。

2 印鑑届

1．印鑑を提出する者

登記の申請書に押印すべき者は、印鑑を登記所に提出することができます（商登法12条1項1号）。書面申請をするのであれば、印鑑届をする必要があります。

「登記の申請書に押印すべき者」とは、会社であれば代表者です。司法書士が代理して登記申請をする場合は司法書士が申請書に押印しますが（P40）、この場合は、司法書士が印鑑を提出するのではなく、委任状に押印する（P41）会社の代表者が印鑑を提出します（商登法12条1項1号かっこ書）。代表者のなりすまし防止のためですし、その後に登記申請をするのは会社の代表者ですから、司法書士ではなく代表者が印鑑を提出するんです。なお、提出の手続は、委任状を添付して司法書士などの代理人に任せることができます（商登規9条の6）。司法書士が設立の登記の依頼を受けた場合は、印鑑の提出も司法書士が代理して行います。ただ、これは代理しているだけであり、あくまで提出者は会社の代表者です。

印鑑の提出をする時期についての規定はありませんが、通常は設立の登記の申請と同時に提出します。

「印鑑を……提出」とありますが、ハンコ（物体）自体を提出してしまったら、その後、そのハンコを使えなくなってしまいます。これは、「印影を提出する」（印鑑届書に押印して印鑑届書を登記所に提出する）という意味です。

※代表取締役が複数である場合

代表取締役が複数いる場合（代表取締役は1人でなくても構いません）、そのうちの1人の代表取締役が印鑑を提出すればOKです（登研251P69）。1人しか印鑑を提出していなくても、その後の登記申請において、その印鑑を提出した代表取締役が申請書または委任状に提出した印鑑で押印すればよいからです。

なお、もし提出したければ、複数の代表取締役が印鑑を提出してもOKです。ただし、複数の代表取締役が同じ印鑑を提出することはできません（昭43.1.19民事甲207）。

その提出者の印鑑

登記所に提出する印影は、下記2.の図にあるようなもので、代表取締役の氏名は通常は記載されません。しかし、あくまで**提出した者の印鑑**なのです。よって、複数の代表取締役が印鑑を提出する場合は、別の印鑑を用意する必要があります。

2．印鑑による本人確認の仕組み

以下のような仕組みで本人確認が行われます。

①（通常は）設立の登記の申請と同時に印鑑（印影）を提出する
②提出された印影は、登記所に保存される
③その後、登記された事項の変更の登記などがされる。この際、登記官は「本当にこの会社の代表者なのか？」を確認する必要がある。そこで、会社の代表者は、①で提出した印鑑で申請書または委任状に押印する（商登規35条の2）。

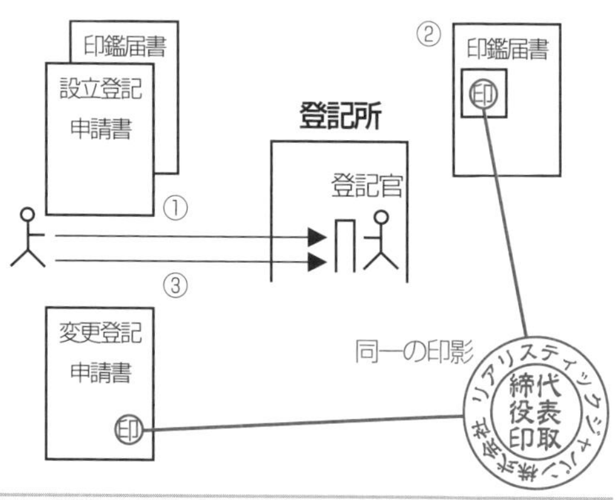

なお、この印鑑が、法人の実印であり、不動産登記法Ⅰのテキスト第1編第6章第4節1の「登記所届出印」です。

＊印鑑届は、論点がいくつもあるのですが、まだ序盤ですので、上記1.と2.の最も重要な本人確認の仕組みの理解に留めてください。下記3.～8.のその他の論点は、Ⅱのテキストの最後までお読みになった後にお読みください。

3．印鑑提出者

上記1.と2.では、印鑑を提出できる者の例として会社の代表者を挙げていました。それ以外にも印鑑を提出できる者がいます。印鑑を提出できる者は、下記（1）と（2）に分けることができます。

なお、印鑑を提出すると、原則としてその印鑑（登記所届出印）についての印鑑証明書の交付を請求できるので（商登法12条1項）、印鑑証明書の交付請求の可否についても併せてみていきます。

（1）組織のトップ（商登法12条1項1号）

ex. 株式会社の代表取締役・代表執行役、清算株式会社の代表清算人（特別清算の場合でも監督委員ではなく代表清算人）、持分会社の代表社員、清算持分会社の代表清算人、外国会社の日本における代表者、商号の登記をする商人、未成年者の登記をする未成年者、後見人の登記をする後見人

組織のトップが申請書または委任状に押印するため、書面申請をする場合には、本人確認のために印鑑を提出しておく必要があります。

これらの者は印鑑を提出し、その印鑑（登記所届出印）についての印鑑証明書の交付を請求できるのですが、印鑑証明書の交付を請求できない場合もあります。

印鑑証明書の交付を請求できる場合（◯）	印鑑証明書の交付を請求できない場合（×）
・**任期満了後であるが退任の登記がされていない代表取締役**（登研166P54） 権利義務代表取締役もいるため（P386～388（1））、退任の登記がされていないと、まだ代表取締役であると判断されるからです。 ・**代表取締役の職務執行が停止された場合の職務代行者**（昭40.3.16民事甲581）	・**存続期間満了後の代表取締役**（昭40.3.16民事甲581） 存続期間が満了すると清算株式会社となりますので（会社法475条1号）、代表取締役がいないことは明らかだからです。同じ理由から、代表者事項証明書（P35④）についても交付を請求できないとされてい

代表取締役の職務代行者は、代表取締役の職務を代行するからです（P396～397 7）。 **・代表取締役の職務執行停止および職務代行者の選任の登記がされた後に選定された代表取締役** 代表取締役の職務執行停止および職務代行者の選任の登記がされた後に、代表取締役を選定することもできます（昭 47.3.28 民事甲 1335）。この代表取締役は、職務執行が停止されていませんので、印鑑証明書の交付を受けることができます。	ます（昭 42.1.31 民甲 244）。 **・代表取締役の職務執行が停止された場合の代表取締役**（昭 40.3.16 民事甲 581） 職務執行が停止されていますので（P396 の 1.）、印鑑証明書の交付を受けるとマズイからです。

（2）組織のトップ以外の者

上記（1）の者と違い、この（2）でみる下記①～⑤の者は、書面申請をする場合でも印鑑を提出しなくても OK です。「必要だったらしてもいいよ」という者です。組織のトップではないので、申請書または委任状に押印しません。しかし、銀行での手続で印鑑証明書の提出を求められたりすることがあるので、印鑑を提出できると助かる場合もあるんです。

なお、下記②～⑤は、**経営難カンケー**という共通項があります。思い出すきっかけにしてください。

①支配人（商登法 12 条1項2号）

②破産法の規定により会社につき選任された破産管財人または保全管理人（商登法 12 条1項3号）

③民事再生法の規定により会社につき選任された管財人または保全管理人（商登法 12 条1項4号）

④会社更生法の規定により選任された管財人または保全管理人（商登法 12 条1項5号）

ただし、更生会社の機関の権限回復の登記がされていると、管財人は印鑑証明書の交付を受けられません。機関の権限が回復すると、管財人は監督機関に移行するからです。

破産、民事再生、会社更生の違いは以下のとおりです。

・破産　　：会社が支払不能に陥ったため、会社財産を清算する
・民事再生：会社が経営難に陥ったため、従前の経営陣で会社を再生させる

従前の経営陣で会社を立て直すのが基本なので、管財人などを選任しないといけないわけではありません。しかし、従前の経営陣に任せられない場合などには、裁判所が管財人を選任することがあります。

・会社更生：会社が経営難に陥ったため、裁判所に選任された管財人が会社を再生させる

「管財人」「保全管理人」には、通常はいずれも弁護士が選任されます。「管財人」が会社の財産管理などを行うのですが、「保全管理人」は管財人が選任されるまでのつなぎです。保全管理人は、管財人が選任されるまで会社の財産管理などを行います。

なお、弁護士法人（弁護士事務所が法人化したもの）が管財人または保全管理人に選任されることもあります。その場合、弁護士法人が職務を行うべき者（要は担当弁護士）を指名します。この職務を行うべき者（担当弁護士）が印鑑を提出して、印鑑証明書の交付を請求することができます（商登規9条5項7号、8号参照。平12.3.31民四.802）。

※代表取締役の印鑑証明書の交付請求の可否

株式会社について破産手続開始の決定、再生手続開始の決定または更生手続開始の決定がされた場合でも、代表取締役は印鑑証明書の交付を請求できます（代表者事項証明書〔P35④〕についても同様です）。なお、この印鑑証明書（代表者事項証明書）には、株式会社について破産手続開始の決定、再生手続開始の決定または更生手続開始の決定がされている旨が付記されます（平23.4.1民商816、平12.3.31民四.802、平15.3.31民四.936）。

株式会社について破産手続開始の決定、再生手続開始の決定または更生手続開始の決定がされても、代表取締役は退任しないからです。たとえば、破産手続開始の決定がされた株式会社の代表取締役も、株式会社の組織にかかる行為（ex. 株主総会の招集）などについては権限を行使できるため、退任しないんです（最判平21.4.17参照）。

⑤外国倒産処理手続の承認援助に関する法律の規定により会社につき選任された承認管財人または保全管理人（商登法12条1項6号）

４．印鑑の提出の方法

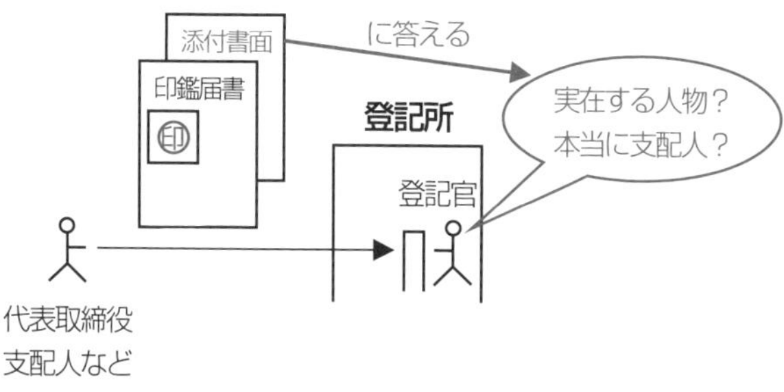

印鑑の提出は、印鑑届書によってします（商登規９条１項柱書前段）。

しかし、印鑑届書だけだと、登記官には、提出している代表取締役や支配人などが、「実在する人物なのか？　本当に支配人なのか？」といったことがわかりません。よって、以下の表のような書面を添付する必要があります。印鑑届書にも添付書面があるんです。

以下の表の添付書面をみる前提として知っていただきたいのは、**印鑑の提出は提出者自身がする**ということです。代表取締役の印鑑の提出をするのなら代表取締役が、支配人の印鑑の提出をするのなら支配人が、印鑑の提出をします。よって、登記申請をする者と一致しないこともあります。登記申請は、組織のトップがします。たとえば、支配人の登記であれば、会社の代表者や商人が申請します（Ⅱのテキスト第８編第１章第３節②１.、第 10 編第４章⑤２.）。しかし、支配人の印鑑の提出をするのは支配人です。登記所届出印は提出した者の印鑑なので（P48 の「その提出者の印鑑」）、印鑑の提出は提出者自身がするんです。

印鑑証明書・代表者の資格を証する書面→作成後３か月以内

先に以下の表の共通点をまとめておくと、印鑑証明書と登記所の作成した法人の代表者の資格を証する書面を添付する場合には、いずれも**作成後３か月以内のもの**でなければなりません（商登規９条５項各号）。

組織のトップが提出する場合	
組織のトップ（商人、代表取締役など）が印鑑を提出する場合、提出者自身が印鑑届書に個人の実印または登記所届出印で押印します。そして、個人の実印で押印したときは、その印鑑証明書を添付します。登記所届出印で押印した場合に印鑑証明書の添付が不要なのは、登記所のほうで登記所届出印であることを確認できるからです。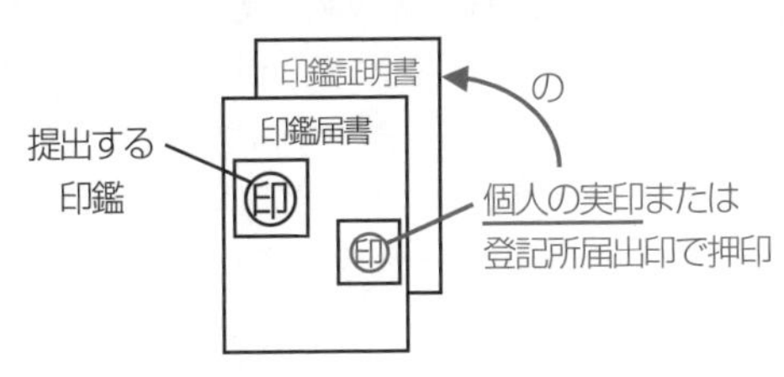	
①・**会社の代表者（法人を除く）** ・**商号使用者** **ex. 商号の登記をする商人** ・**未成年者** ・**後見人（法人を除く）** **ex. 司法書士** ・**支配人を選任した商人（会社を除く）**	・印鑑届書に押印した印鑑の印鑑証明書（市区町村長が作成したもの） （商登規9条5項1号）
②**会社の代表者が法人である場合におけるその職務執行者（その法人の代表者に限る）** これは、持分会社の代表社員が法人であり、職務執行者がその法人の代表者（トップ）である場合です。代表社員が法人だと、職務執行者が選任されます（会社法598条1項）。	・登記所の作成した法人の代表者の資格を証する書面※ 具体的には、登記事項証明書が当たります。 ・（登記所に印鑑届をしていない場合）印鑑届書に押印した印鑑の印鑑証明書（市区町村長が作成したもの） 職務執行者が登記所に印鑑届をしていれば登記所届出印で押印し、登記所に印鑑届をしていなければ個人の実印で押印して市区町村長が作成した印鑑証明書を添付します。 （商登規9条5項4号）
③**後見人（法人。ex. 司法書士法人の代表者）**	・登記所の作成した代表者の資格を証する書面※ 具体的には、登記事項証明書が当たります。 ・（登記所に印鑑届をしていない場合）印鑑届書に押印した印鑑の印鑑証明書（市区町村長が作成したもの） 後見人が登記所に印鑑届をしていれば登記所届出印で押印し、登記所に印鑑届をしていなければ個人の実印で押印して市区町村長が作成した印鑑証明書を添付します。 （商登規9条5項2号）

<table>
<tr><th colspan="2">組織のトップでない者が提出する場合</th></tr>
<tr><td colspan="2">組織のトップでない者（支配人など）が提出するので、組織のトップ（商人、代表者など）が「うちの支配人の印鑑で間違いないよ」といった保証書を添付し、保証書に組織のトップが個人の実印または登記所届出印で押印します。そして、個人の実印で押印したときは、その印鑑証明書を添付します。登記所届出印で押印した場合に印鑑証明書の添付が不要なのは、やはり登記所のほうで登記所届出印であることを確認できるからです。</td></tr>
<tr><td>④支配人</td><td>・商人が支配人の印鑑に相違ないことを保証した書面
・（登記所に印鑑届をしていない場合）上記の保証書の印鑑の印鑑証明書（市区町村長が作成したもの）
　商人が保証書を作成し、商人がその保証書に、登記所に印鑑届をしていれば登記所届出印で押印し、登記所に印鑑届をしていなければ個人の実印で押印して市区町村長が作成した印鑑証明書を添付します。
（商登規９条５項３号）</td></tr>
<tr><td>⑤会社の代表者が法人である場合におけるその職務執行者（その法人の代表者以外の者）
　これは、持分会社の代表社員が法人であり、上記②と異なり、職務執行者がその法人の代表者以外の者（従業員など）である場合です。</td><td>・登記所の作成した代表者の資格を証する書面※
　具体的には、登記事項証明書が当たります。
・法人の代表者が職務執行者の印鑑に相違ないことを保証した書面
・（登記所に印鑑届をしていない場合）上記の保証書の印鑑の印鑑証明書（市区町村長が作成したもの）
　代表社員である法人の代表者が保証書を作成し、代表社員である法人の代表者がその保証書に、登記所に印鑑届をしていれば登記所届出印で押印し、登記所に印鑑届をしていなければ個人の実印で押印して市区町村長が作成した印鑑証明書を添付します。
（商登規９条５項５号）</td></tr>
</table>

※代表者の資格を証する書面は以下の①または②の法人である場合、添付する必要はありません（商登規９条５項柱書ただし書）。
①印鑑を提出する登記所において登記がされている法人
②印鑑届書に会社法人等番号を記載した法人
　これらの場合、登記所のほうで確認ができるからです。

5．被証明事項

印鑑提出者は、印鑑を提出する際に一定の事項を届け出る必要があります（商登規9条1項柱書後段)。これを「被証明事項」といいます。「被証明事項」は、印鑑提出者によって少し異なりますが、会社の代表者であれば以下の事項です（商登規9条1項4号)。

①商号
②本店
③資格（「代表取締役」など）
④氏名
⑤出生の年月日

氏名や出生の年月日も被証明事項なので、代表者が交替した場合、新たな代表者は引き続き書面申請をするのであれば、印鑑届をする必要があります。これは、新代表者が旧代表者と同じ印鑑を使用する場合でも同じです（広島高判昭56.9.10)。通常の会社では、印鑑を使い回します。登記所届出印の印影は、P48の図にあるようなものであり、通常は代表取締役の氏名は記載されていないので、使い回せるんです。しかし、それでも、新たな代表者は引き続き書面申請をするのであれば、印鑑届をしないといけません。被証明事項（氏名、出生の年月日など）が変わるからです。

このような理由なので、代表者が再任された場合には、印鑑届をする必要はありません（登研279P75)。再任であれば、被証明事項が変わらないからです。

※被証明事項について変更の登記または登記の更正をする

被証明事項の中には、登記事項であるものもあります。会社の代表者でいうと上記①の商号、②の本店などです。被証明事項のうち登記事項であるものについて変更の登記または登記の更正をするとき、被証明事項の変更の申請や再度の印鑑届をする必要があるでしょうか。

不要です（平10.5.1民四.876)。変更の登記または登記の更正をすると、登記官が職権で被証明事項を変えてくれます（商登規9条の2第2項)。親切ですね。変更の登記の申請などがされるため、登記官に明らかとなるからです。

6．印鑑の提出が要求されない場合

登記の申請書に押印すべき者（組織のトップ）が書面申請をする場合であっても、以下の場合には印鑑届が要求されません。

・登記の申請書に押印すべき者が外国人である場合（登研74P37）

外国人は、申請書または委任状に署名をし、「署名証明書」（P382※）を提供する方法が認められています（昭48.1.29民四821、平28.6.28民商100）。やはり不動産登記（不動産登記法Ⅰのテキスト第１編第６章第４節5）と同じ方法ができるわけです。印鑑という文化がない国も多いからです。なお、外国人が印鑑届をしてもOKです。

P382＝

7．印鑑カード

（1）印鑑カードとは？

印鑑カードとは、その所持人がそのカードで特定される印鑑を提出した者であることを証明するものです。銀行のキャッシュカードなどと同じくらいのサイズのカードです。

法務局
印鑑カード

印鑑カード番号　0000－0000000
本人識別欄

けっこうスゴイ

印鑑カードについては、けっこうスゴイというイメージを持ってください。

たとえば、印鑑カードさえあれば、印鑑証明書の交付の請求ができます（商登規22条２項）。司法書士などの代理人がお客様から印鑑カードを預かって印鑑証明書の交付の請求をすることがあるんですが、印鑑カードさえあれば、なんと委任状が不要となります（令3.1.29民商11）。印鑑カードって、スゴイんです。

（2）交付・承継・返納

（a）交付

印鑑を提出した者は、印鑑カードの交付を請求できます（商登規９条の４第１項前段）。通常は、設立の登記の申請時に印鑑カードの交付申請書も提出します。そうすると、設立の登記の完了後に印鑑カードが交付されます。

（b）承継

印鑑を提出した者が、その資格を喪失したまたは印鑑を廃止した場合、その者に替わって新たに印鑑を提出する者が、印鑑カードを承継して使用することができます（商登規9条の4第3項）。代表者が替わると、登記所届出印（P55 の5.）だけでなく、印鑑カードも使い回すのが通常です。

（c）返納

印鑑カードの交付を受けた者は、以下の①～③の場合には印鑑カードを返納する必要があります。

①その資格を喪失した場合（商登規9条の5第5項本文）

代表者が退任した場合などです。ただし、上記（b）で説明したとおり、後任の代表者が印鑑カードを承継するときは、返納しません（商登規9条の5第5項ただし書）。

②印鑑の廃止（下記8.）をする場合（商登規9条の5第5項本文）

たとえば、登記所届出印を盗まれてしまった場合、悪用されてしまいますので、廃止するべきです。このとき、印鑑カードを返す必要があります。

③印鑑カードの廃止の届出をする場合（商登規9条の5第5項本文）

印鑑カードは、それさえあれば印鑑証明書の交付の請求ができたりと、けっこうスゴイものです。よって、それが怖ければ、廃止の届出をすることもできます（商登規9条の5第3項前段）。

8. 印鑑の廃止

印鑑を提出した者は、印鑑の廃止の届出をすることができます。印鑑廃止届書というものを登記所に出すのですが、以下の3つの出し方があります。

①印鑑廃止届書に登記所届出印で押印する（商登規9条7項前段）

②印鑑カードを提示する（商登規9条7項後段）

印鑑カードを提示すると、上記①の登記所届出印での押印が不要となります。

③個人の実印で押印し、その実印の印鑑証明書（市区町村長が作成したもの）を添付する（令3.1.29民商11）

上記①②の方法によることができないとき（ex. 登記所届出印も印鑑カードもなくしてしまったとき）は、他に方法がないので、この③の方法が認められています。

3 電子署名と電子証明書

登記の申請を電子申請で行う場合は、申請人またはその代表者もしくは代理人は申請書情報に電子署名をする必要があります（商登規 102 条1項）。そこで、代表取締役などは、登記所に電子証明書の発行の請求をすることができるとされています（商登法 12 条の2第1項1号）。なお、電子申請を行う場合でも、この登記所に対する電子証明書の発行の請求はマストではありません。令和3年の改正で、個人番号カードの電子署名・電子証明書などでも電子申請ができるようになったからです（旧商登規 102 条6項の削除）。

第5章 登録免許税

1 意義

商業登記も、不動産登記と同じく、登記を受けるには原則として登録免許税を納付する必要があります（登免法2条、3条前段）。やっぱり税金がかかるんです……。

2 課税標準・税率

1. 登録免許税の決定方法

（1）課税標準×税率

登録免許税の額が、「課税標準」に「税率」をかけることで決まるのは、不動産登記と同じです（登免法別表）。商業登記の「課税標準」は、以下の3種類に分けることができます（「税率」は後記3.の表に掲載しています）。

①（増加した）資本金の額

ex. 株式会社の設立の登記の課税標準は「資本金の額」であり、税率は「7/1000」です（登免法別表第1.24.（1）イ）。よって、資本金の額が3000万円である株式会社の設立の登記を申請する場合、3000万円×7/1000＝21万円の登録免許税を納付する必要があります。

②申請件数

ex. 取締役会設置会社の定めの設定の登記の課税標準は「申請件数」であり、税率は「1件につき3万円」です（登免法別表第1.24.（1）ワ）。よって、取締役会設置会社の定めの設定の登記を申請する場合、3万円の登録免許税を納付する必要があります。

③本店、主たる事務所、支店または従たる事務所の数

ex. 支店の設置の登記の課税標準は「支店の数」であり、税率は「1箇所につき6万円」です（登免法別表第1.24.（1）ル）。よって、1個の支店の設置の登記を申請する場合、6万円の登録免許税を納付する必要があります。

（2）端数処理

登録免許税は、10円単位・1円単位で納める必要はないため、「端数処理」ということをします。端数処理の方法も、基本的に不動産登記と同じです。

（a）課税標準

1000円未満の端数は切り捨てます（国税通則法118条1項）。

（b）登録免許税

課税標準に税率をかけた額に100円未満の端数があるときは、その端数は切り捨てます（国税通則法119条1項）。登録免許税の額として10円単位・1円単位の金額を記載することはないということです。

2．申請書への記載

登録免許税の額は、申請書に記載します。

課税標準の額は、上記1．（1）①の場合（資本金の額が課税標準となる場合）のみ記載します（商登法17条2項6号）。

3．主な登記の課税標準・税率

登記によって、課税標準と税率が異なります。

主な登記の課税標準・税率は、以下の表のとおりです（登免法別表第1.24.（1））。

＊記憶は各論で各登記を学習する中でしていただければ結構ですが、以下の表の知識は、記述では毎年出題されます。ほぼ確実に得点につながる表ですので、以下の表はコピーして、自宅のお手洗いの壁などに貼り、毎日ご覧ください。

	課税標準	税率
イ　株式会社の設立の登記（ホ・トの登記を除く）	資本金の額	7/1000
	これによって計算した税額が15万円に満たないときは、申請件数1件につき15万円	
ロ　合名会社・合資会社または一般社団法人・一般財団法人の設立の登記	申請件数	1件につき6万円
ハ　合同会社の設立の登記（ホ・トの登記を除く）	資本金の額	7/1000
	これによって計算した税額が6万円に満たないときは、申請件数1件につき6万円	
ニ　株式会社または合同会社の資本金の増加の登記（ヘ・チの登記を除く）	増加した資本金の額	7/1000
	これによって計算した税額が3万円に満たないときは、申請件数1件につき3万円	

	課税標準	税率
ホ　新設合併または組織変更もしくは種類変更による株式会社または合同会社の設立の登記	資本金の額	新設合併消滅会社、組織変更をした会社または種類変更をした会社の新設合併、組織変更または種類変更の直前における資本金の額として財務省令（登免法施行規12条1項）で定める額の部分は資本金の額の1.5/1000 上記の財務省令で定める額（登免法施行規12条1項）を超える部分は資本金の額の7/1000
	これによって計算した税額が3万円に満たないときは、申請件数1件につき3万円	
へ　吸収合併による株式会社または合同会社の資本金の増加の登記	増加した資本金の額	吸収合併消滅会社の吸収合併の直前における資本金の額として財務省令で定める額（登免法施行規12条2項）の部分は資本金の額の1.5/1000 上記の財務省令で定める額（登免法施行規12条2項）を超える部分は資本金の額の7/1000
	これによって計算した税額が3万円に満たないときは、申請件数1件につき3万円	
ト　新設分割による株式会社または合同会社の設立の登記	資本金の額	7/1000
	これによって計算した税額が3万円に満たないときは、申請件数1件につき3万円	
チ　吸収分割による株式会社または合同会社の資本金の増加の登記	増加した資本金の額	7/1000
	これによって計算した税額が3万円に満たないときは、申請件数1件につき3万円	
ヌ　新株予約権の発行による変更の登記	申請件数	1件につき9万円
ル　支店または従たる事務所の設置の登記	支店または従たる事務所の数	1箇所につき6万円

	課税標準	税率
ヲ　本店もしくは主たる事務所または支店もしくは従たる事務所の移転の登記	本店もしくは主たる事務所または支店もしくは従たる事務所の数	1箇所につき3万円
ワ　取締役会、監査役会、監査等委員会もしくは指名委員会等または理事会に関する事項の変更の登記	申請件数	1件につき3万円 **ワ→「〇〇会（等）」** このワは、**すべて最後に「会」（または「等」）がつく機関**についての登記です。
カ　取締役、代表取締役もしくは特別取締役、会計参与、監査役、会計監査人、指名委員会等の委員、執行役もしくは代表執行役もしくは社員または理事、監事、代表理事もしくは評議員に関する事項の変更（会社または一般社団法人・一般財団法人の代表に関する事項の変更を含む）の登記	申請件数	・資本金の額が1億円超え　→　3万円 ・資本金の額が1億円以下　→　1万円 1億円を超えているかは、登記申請日ではなく、役員等の変更日、つまり、実体の変更日を基準とします。 **カ→「役員等カンケー」** 会計監査人、執行役、代表執行役、社員、理事、監事、代表理事、評議員も含むとおり、この「カ」は**かなり広い**です。よって、私は、この「カ」は「役員等カンケー」と呼んでいます。
ヨ　支配人の選任の登記またはその代理権の消滅の登記	申請件数	1件につき3万円
レ　会社または一般社団法人・一般財団法人の解散の登記	申請件数	1件につき3万円
ソ　会社または一般社団法人・一般財団法人の継続の登記など	申請件数	1件につき3万円
ツ　登記事項の変更、消滅または廃止の登記（これらの登記のうち上記ソまでのものを除く）	申請件数	1件につき3万円
ネ　登記の更正の登記	申請件数	1件につき2万円
ナ　登記の抹消	申請件数	1件につき2万円

※一の申請書による申請

商業登記では、1つの会社の登記であれば、一の申請書で（1件で）2以上の登記の申請をすること（一括申請）が基本的に問題なく認められます。不動産登記は、1個の不動産ごと、1個の権利ごとに申請するのが原則でした。そのほうがわかりやすく、誤った登記がされることが少なくなるからです。── 不動産登記法Ⅱのテキスト第5編第11章1 1. しかし、商業登記は、1つの会社の登記であれば、一の申請書で（1件で）してもわかりにくくなりません。その会社だけのハナシですから。

この場合の登録免許税は、以下のようになります。

①（増加した）資本金の額が課税標準の登記

（増加した）資本金の額が課税標準となります。

ex. 資本金の額が1000万円増加する募集株式の発行の登記と、資本金の額が1000万円増加する準備金の資本組入れの登記を一の申請書で（1件で）申請する場合の登録免許税は、（1000万円＋1000万円）×7/1000＝14万円となります（登免法別表第1.24.（1）ニ。登研409P80）。

②申請件数が課税標準の登記

上記の表の同じ区分に属する場合は、基本的に1件分の登録免許税で済みます（昭29.4.24民事甲866）。

ex. 取締役会設置会社の定めの設定の登記、監査役会設置会社の定めの設定の登記、資本金の額が1億円の株式会社の取締役の就任の登記および監査役の就任の登記を一の申請書で（1件で）申請する場合の登録免許税は、4万円となります。内訳は、以下のとおりです。

・3万円（登免法別表第1.24.（1）ワ） ← 取締役会設置会社の定めの設定
監査役会設置会社の定めの設定

・1万円（登免法別表第1.24.（1）カ） ← 取締役の就任
監査役の就任

取締役会設置会社の定めの設定の登記と監査役会設置会社の定めの設定の登記は、同じ区分（ワ）なので、3万円＋3万円＝6万円とはならず、3万円で済むわけです（取締役の就任の登記と監査役の就任の登記も同じ区分です）。同じ区分であれば、いくつの登記でも1件分の登録免許税で済むので、一気に申請するとお得ですね。

このように、その登記がどの区分に属するかで登録免許税の額が変わりますので、どの登記がどの区分に属するかを記憶する必要があります。

登録免許税の税率の記憶のコツ

・上記の表の「ツ」が圧倒的に多いので、「ツ」以外を明確に思い出せるようにしてください。明確に思い出せるようにしていない登記は「ツ」ということです。
・株式関連の登記は、増資を除いてほとんど「ツ」です。

③本店、主たる事務所、支店または従たる事務所の数が課税標準の登記
ex. 支店を２つ移転した旨の登記を申請する場合、３万円（支店１個）＋３万円（支店１個）＝６万円の登録免許税を納付する必要があります（登免法別表第1.24.（1）ヲ）。

第6章 添付書面

商業登記の申請は、P40のような申請書を登記所に提出してしますが、それだけでは信用できません。そこで、添付書面も提出する必要があります。具体的にどのような書面を添付するかは各登記ごとに説明しますが、この第6章では、添付書面の考え方を説明します（おまけとして原本還付の制度も説明します〔下記3〕）。

添付書面は、大きく下記1と下記2の2つのことを証するために提出します。

1 申請の内容が真実と合致すること

真実に合致する事項を公示する必要がありますので、これが添付書面で証することの中核です。真実と合致することを証する書面としてよく出てくるのは、以下の条文に規定されている書面です。

商業登記法46条（添付書面の通則）

1 登記すべき事項につき株主全員若しくは種類株主全員の同意又はある取締役若しくは清算人の一致を要するときは、申請書にその同意又は一致があったことを証する書面を添付しなければならない。

2 登記すべき事項につき株主総会若しくは種類株主総会、取締役会又は清算人会の決議を要するときは、申請書にその議事録を添付しなければならない。

特によく出てくるのが、（まだ学習していない用語が多いですが）取締役の過半数の一致があったことを証する書面（商登法46条1項）、株主総会議事録、取締役会議事録（商登法46条2項）です。会社法で「取締役が決定しろ」「株主総会で決議しろ」「取締役会で決議しろ」などと規定されていることが多いので、その決定・決議をしたことを証するために、これらの書面を添付するんです。

添付書面の基本的な考え方

ここで、添付書面の基本的な考え方を列挙しておきます。まだ各登記を学習していないので、「ふ～ん」という程度に眺めておいてください。この後、何度も参照箇所としてここを示しますので、その度に戻ってきてください。

①必ずしも登記事項のすべてを証する書面が要求されるわけではない

不動産登記の権利に関する登記では、ほぼすべての登記の申請に登記原因証明情報の提供が要求され、登記原因を証する必要があります（不登法61条）。

しかし、商業登記では、登記事項のすべてを証する書面が要求されるとは限りません。以下の３点から、登記の真正がある程度確保されているからです。

・商業登記には登記義務がある（P37）

・商業登記には原則として登記期間の制限がある（P37～38の3.）

・事前に提出した登記所届出印を押印して申請する方法、または、電子署名と電子証明書で確認する方法で本人確認が行われる（P47 1）

②登記事項でないことを証する必要はない

当たり前といえば当たり前ですが、登記すべき事項を証する書面が添付書面です。

③プラス要素があることを証する必要はあるが、マイナス要素がないことを証する必要はない（プラスを積み上げていく発想）

マイナス要素がないことまで証していては、キリがないからです。

ex. 取締役が４人登記されている取締役会設置会社において、１人の取締役の辞任の登記を申請するとき、定款を添付する必要はありません。取締役会設置会社においては、取締役は３人いればOKです。たしかに、定款に「取締役を４人以上置く」という定めがあれば、取締役が３人になってしまう取締役の辞任の登記はできません。しかし、定款にマイナス要素がないことを証する必要はないんです。

ただし、登記記録から確認できるマイナス要素がある場合は登記できません。

ex. 取締役会がないのに、監査役会を設置することはできません（会社法327条1項2号。P267 ルール4）。

④登記事項そのものではなく、１つ前を添付する必要がある

たとえば、定款記載事項が登記事項となることがよくあります。このときに添付するのは、定款ではなく、定款変更を決議した特別決議の要件を充たす株主総会議事録です。

ex1. 取締役会を置くという定款変更をした場合、取締役会設置会社の定めの設定の登記を申請します。このときに添付するのは、定款ではなく、定款変更を決議した特別決議の要件を充たす株主総会議事録などです。

それに対して、「◯◯ができる」という定款規定があったうえで、株式会社がその◯◯をし、登記事項が発生することもあります。このときには、定款も添付します。

ex2. 非取締役会設置会社においては、定款で「代表取締役を取締役の互選で定められる」とあれば、取締役が自分たちで代表取締役を選べます。この定款規定に基づ

いて取締役が代表取締役を選んだ場合、代表取締役の就任の登記においては、定款および取締役の互選を証する書面などを添付します。

「ex1.と ex2.の何が違うの？」と思われたかもしれません。要は、登記事項そのものではなく、1つ前を添付するんです。添付書面は、登記事項を「証する」ものなので、1つ前なんです。ex1.は定款の記載事項自体が登記事項です。それに対して、ex2.は定款の記載事項が登記事項ではありません。「代表取締役を取締役の互選で定められる」という定款規定があったとしても、取締役が代表取締役を選ぶのが 10 年後であっても構いません。

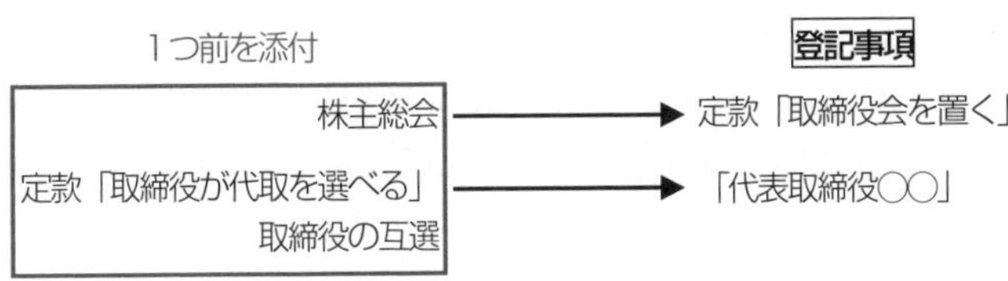

⑤「公告」「通知」の添付書面の考え方

株主などに**「通知をしたことを証する書面」は添付書面にならない**

株主が何万人もいる株式会社もあります。その場合に、何万枚もの配達証明書を持ってこられても、登記官が困るからです。ただ、通知をしたことを証する書面を添付書面として要求したとしても、何万枚もの配達証明書は要求しないでしょうから、これはあくまで記憶のための大げさな理由づけです。

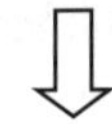

【株主などに対する公告または通知の場合】

会社法で、公告または通知をしなければならないと規定されていることが多いです。

→この場合、**「公告をしたことを証する書面」も「通知をしたことを証する書面」も添付書面になりません。**

公告でも通知でも構わないので、株式会社が通知を選択し、何万枚もの配達証明書を持ってこられたら登記官が困るからです。

【株主などに対する公告および通知の場合】

公告および通知をしなければならないと規定されていることも多いです。

→この場合、**原則として「公告をしたことを証する書面」のほうが添付書面になります。**

何万枚もの配達証明書は持ってこなくてよいが、「公告をしたことを証する書面」は持ってこいということです。

2 登記の申請が権限を有する者によってされていること

1．代理人の申請権限を証する書面

登記申請において、本人（会社の代表者など）かどうかの確認は、以下の①または②のいずれかの方法で行われます（P47 1）。

①登記の申請書に押印すべき者があらかじめ提出した印鑑と申請書または委任状に押印した印鑑を照合する方法 —— 書面申請

②登記の申請書情報に電子署名をすべき者の電子署名と電子証明書で確認する方法 —— 電子申請

本人申請だと、本人しかいませんので、この本人確認のみでOKです。しかし、代理人申請の場合は、代理人の申請権限を確認する必要があります。それを証する書面が委任状です（商登法18条）。不動産登記と同じ仕組みですね。

2．委任状の記載事項

商業登記の委任状は、次のページのようなものです。意外と記載事項が少ないのですが、それは「申請書の作成」などは1.の「変更登記を申請する一切の件」に含まれるからです。しかし、その下の2.の権限は特別に授権を受ける必要があるため、わざわざ記載しています。下記3で説明する原本還付の請求は、特別に授権を受ける必要があるんです（商登規49条4項）。これは、不動産登記と異なる点です。不動産登記の任意代理人は特別に授権を受けることなく原本還付の請求ができるので、不動産登記の委任状には原本還付についての記載がありませんでした。—— **不動産登記法Ⅰのテキスト第1編第6章第6節3実際の書面を見てみよう10**

実際の書面を見てみよう３ —— 委任状

委　任　状

東京都新宿区大久保一丁目１番地１号
司法書士　法　務　　太　郎

私は、上記の者を代理人と定め、以下の権限を委任する。

１．当会社の資本準備金の資本組入れによる変更登記を申請する一切の件
２．原本還付の請求及び受領の件

令和６年６月28日
東京都新宿区新宿一丁目１番１号
リアリスティックジャパン株式会社
代表取締役　秀英　一郎

3 原本還付

1．意義

原本還付：添付書面の原本の還付を請求すること（商登規49条1項）

商業登記にも、不動産登記と同じく原本還付の制度があります。── 不動産登記法Ⅰのテキスト第1編第6章第11節2

2．原本還付請求の方法

原本還付を請求する添付書面については、その原本とともに、「原本に相違ない」旨を記載した謄本（コピーのこと）を提出します（商登規49条2項本文）。登記官は、この請求に基づいて書類を還付したときは、添付書面の謄本、申請書または還付請求書に原本還付の旨を記載して押印します（商登規49条3項）。

【株主総会議事録の謄本】

株主総会議事録

原本に相違ありません
新宿区大久保一丁目1
番地1号
司法書士法務太郎

3．原本還付が認められる場合と認められない場合

（1）原則

添付書面の原本還付は、請求できるのが原則です（商登規49条1項）。商業登記では、不動産登記と比べて、原本還付の請求が広く認められています。

ex. 印鑑届書に添付した印鑑証明書も、原本還付の請求ができます（平11.2.24民四.379）。印鑑届書に添付する印鑑証明書については、P52～54の4.で説明します。

（2）例外

ただし、以下の場合は、商業登記でもさすがに原本還付の請求ができません。

・電子申請（いわゆる半ライン申請を除く）の方法により登記申請をする場合

P42の3.①の純粋な電子申請のハナシです。純粋な電子申請の場合には、データで添付情報を送信するため、添付情報のデータは申請人の手元に残っています。P42の3.②のいわゆる半ライン申請の場合が除かれているのは、いわゆる半ライン申請の場合、添付書面を書面で提出するからです。

第3編

株式会社
Stock Company

第1章　設立

＊会社法の世界（第1編）、商業登記法の世界（第2編）で全体像をみてきました。ここからは、より詳しく1つ1つの規定をみていきます。この第3編では、最も重要な株式会社をみていきます。テキストを読む順序は、必ず「第3章　機関　→　第2章　株式　→　第1章　設立」にしてください。設立から学習してしまうことが、会社法がわからなくなる1つの原因です。たしかに、時系列でいうと設立から始まります。しかし、たとえば、みなさんが人間について知ったのは、出生からではなく、出生後の身体からですよね。それと同じで、株式会社も、出生後の機関や株式から知るべきなんです。

第1節　株式会社を作るには？

1　準則主義

法人は、「法で認められた人」です。法で認めてもらう必要がありますので、勝手に「私たちは今日から株式会社です」と名乗って株式会社を作れるわけではありません。ただ、株式会社を作るには、行政の許可などは不要です。ルール（「則」）に「準」じれば当然に作れます。これを「準則主義」といいます。

2　2つの方法

株式会社は、登記をすることで成立します（会社法49条）。この登記というゴールに向かう道が2つあります。株式会社を設立するには、以下の表の2つの方法があります。違いは、設立時発行株式（株式会社の設立に際して発行する株式。会社法25条1項1号かっこ書）を引き受けて株主となる者が誰かです。

	①発起設立	②募集設立
設立時発行株式を引き受けて株主となる者	発起人 （会社法25条1項1号）	発起人＋設立時募集株式の引受人 （会社法25条1項2号）

実務における設立は、ほとんどが発起設立です。最初から第三者（設立時募集株式の引受人）を入れることはほとんどありません。また、募集設立は、第三者（設立時募集株式の引受人）が入るので、手続が厳格で大変です。株式会社を作る人は「早く作って事業を開始したい！」と思っていますので、面倒な募集設立を選択しないんです。発起設立なら、司法書士に依頼すれば、数日で株式会社を作ることもできます。

3 発起人とは？

発起人：定款に発起人として署名、記名押印または電子署名をした者（会社法26条、会社施行規225条1項1号。大判大3.3.12）

正確な定義は上記のとおりなのですが、雑にいうと「設立の言い出しっぺ」のことです。発起人はかつては「○人以上」という規制がありましたが、現在は1人でもOKです。私の株式会社は、発起人は私1人でした。これも規制緩和がされた点です。

この発起人には、どのような者がなれるでしょうか。

発起人になれる者（◯）	発起人になれない者（×）
①自然人（成年被後見人や未成年者でもOK） **②法人（発起人となることが明らかに法人の目的の範囲外でない場合。**昭56.4.15民四.3087） たとえば、会社が発起人となって子会社を作ることがあります。 会社法では、**発起人の資格に制限はありません。**よって、自然人や法人であれば当然になれます。 なお、発起人の住所にも制限はなく、海外に住所を有する者でも発起人になれます。	**①権利能力なき社団** **②民法上の組合** 発起人は、設立の言い出しっぺなので、重い責任を負わされます。これらの団体は、権利能力がなく、権利義務の主体になれません。よって、その重い責任を負えないので、発起人になれないと解されています。

4 設立時募集株式の引受人

設立時募集株式の引受人：発起人がした募集に応じて設立時発行株式を引き受けた者（会社法62条）

募集設立は、発起人が株式を引き受けて出資するだけでなく、第三者にも株式を引き受けてもらい出資を募ります。その第三者を「設立時募集株式の引受人」といいます。

厳格な手続

これから設立の手続を詳しくみていきますが、株式会社の設立は、会社法の中ではかなり**厳格な手続**が要求されています。法人は、国に権利能力を認めていただくので（あえてへりくだった言い方をしています）、それにふさわしいことを証する手続を経る必要があるんです。また、株式会社となれば、債権者や株主など多数の利害関係人が出てきます。債権者や株主に対して責任が取れないような株式会社が設立されては困るんです。

なお、設立の中でも、**募集設立のほうが**発起設立よりも**厳格な手続**が要求されます。募集設立は、設立時から第三者（設立時募集株式の引受人）が入るからです。

第2節　設立の手続

【手続の大枠】

まず、設立の手続の大枠をみましょう。設立の手続は厳格で規定も複雑です。途中で「いま何をやっているんだっけ？」となったら、このページに戻ってきて、以下の表のStep 1～4のどの段階かを確認してください。

	発起設立	募集設立
Step 1　定款（下記1）	定款の作成 ↓	
Step 2　株主（下記2）	発起人の出資 ↓	発起人の出資 ↓ 設立時募集株式の引受人の出資 ↓
Step 3　機関（下記3）	発起人による設立時役員等などの選任 ↓ 設立調査 ↓	創立総会による設立時役員等などの選任 ↓ 設立調査 ↓
Step 4　登記（下記4）	設立の登記	

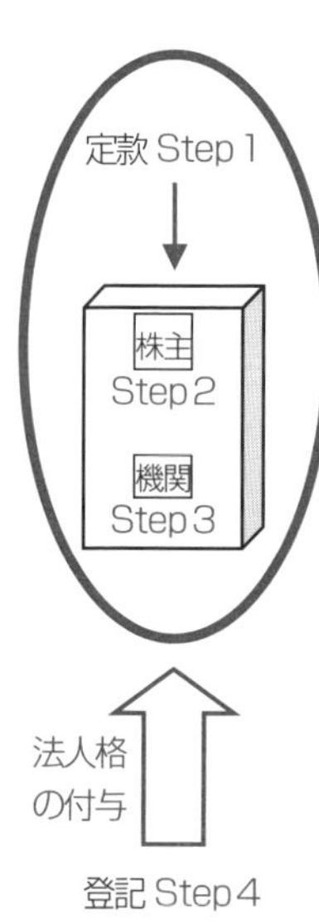

Step 1　定款を作成し、株式会社の骨格を作ります。

Step 2　出資をし、株式会社の持ち主である株主を確定します。発起設立は発起人のみが、募集設立は発起人と設立時募集株式の引受人が株主となります。

Step 3　株式会社の乗組員や監視をする者となる機関を備えます。

ここまでで、株式会社の実体ができました。

Step 4　このようにできた実体に、登記をすることで法人格が付与されます。これで完成です。

共通点と相違点を押さえる

設立の問題でよく問われるのが、「発起設立と募集設立に共通する規定なのか？異なる規定なのか？」です。区別できるようにするため、共通する規定を特に意識してください。発起設立・募集設立に共通して適用される会社法の設立の条文は、「会社法25条2項～37条、39条、47～56条」です。

＊これらの条文は、「(会社法26条2項前段)」などとグレーのマーカーを塗っておきました。お持ちの六法にもマーカーを塗っておいてください。

1　定款（Step 1）

発起設立・募集設立に共通

「定款の作成」の規定は、**基本的に発起設立・募集設立に共通**です。定款は、株式会社の根本規則であって、株主の集め方（←これが発起設立と募集設立の違いです）と関係がないからです。

1．意義

株式会社を設立するには、まずは株式会社の組織・活動に関する根本規則である定款を作成します。書面で作っても、電磁的記録（PDFなど）で作っても構いません（会社法26条2項前段）。書面で作ると4万円の印紙を貼る必要がありますが、電磁的記録（PDFなど）だと不要です。PDFに印紙は貼れませんから。なので、司法書士が依頼を受けた場合は、お得になる電磁的記録（PDFなど）で定款を作成します。

2．作成者

定款を作成するのは、発起人です。発起人が以下のように作成します。

・定款が書面　　　　→　発起人が署名または記名押印（会社法26条1項）
・定款が電磁的記録　→　発起人が電子署名
　　　　　　　　　　　　（会社法26条2項後段、会社施行規225条1項1号）

電磁的記録（PDFなど）で作ると、4万円の印紙を貼らなくて済みます。ただ、電子署名をしないといけません。電子署名ができる環境のお客様はあまりいないため、司法書士は「私たちに依頼していただければ、定款を電磁的記録（PDFなど）で作成し、印紙代4万円がお得になります」と宣伝をすることがあります。

発起人が成年被後見人や未成年者である場合、法定代理人が上記の署名、記名押印、電子署名などをすることができると解されています。

3. 記載事項

定款の記載事項は、以下の表の（1）～（3）の3つに分類されます。
以下の表の（1）～（3）の3つは、要は以下の意味です。

（1）　→　マスト（書かないと定款自体が無効となります）
（2）　→　あるならマスト（あるなら書かないと、その事項が無効となります）
（3）　→　書きたきゃ書けば（書かなくても問題ありません）

（1）絶対的記載事項：定款に必ず書かなければならない事項（会社法27条柱書、37条1項）
①目的（会社法27条1号） 法人が行う事業のことです。法人は、目的の範囲内において権利能力を有します（民法34条）。ただ、この目的はあまり厳密に解されていないので、目的に掲げていない事業を行っている法人もけっこうあります。 **②商号**（会社法27条2号） 「商号」とは、会社の名称のことです（会社法6条1項）。 **③本店の所在地**（会社法27条3号） 言葉が紛らわしいのですが、「所在地」とは、最小行政区画（市町村。東京23区〔特別区〕は区）のことです。それに対して、番地までを指すのは「所在場所」です。つまり、定款には以下のように定めればOKということです。 ex. 「当会社の本店は、神奈川県横浜市に置く。」「当会社の本店は、東京都港区に置く。」 なお、本店所在地は日本国内でないといけません。本店所在地を基に民事訴訟の管轄（どこの裁判所で訴訟をするか）が決まることがあるからです。 **④設立に際して出資される財産の価額またはその最低額**（会社法27条4号） ex. 「金300万円とする」「金1円以上とする」などと定めます。 かつては、株式会社は最低資本金1000万円以上という規制がありました。しかし、規制緩和がされ、今は資本金は1円でも構いません。よって、この④の金額も1円でも構いません。 ※なお、資本金の額は、定款の絶対的記載事項でも相対的記載事項でもありません。資本金の額が定款の絶対的記載事項や相対的記載事項だと、増資をする度に定款変更が必要となります。Ⅱのテキスト第3編第4章で増資をみていきますが、もっと簡単にできます。 **⑤発起人の氏名または名称および住所**（会社法27条5号） 法人も発起人になれるので（P73の表の左の②）、「名称」ともあります。 **⑥発行可能株式総数**（会社法37条1項）

（2）相対的記載事項：あるのであれば、定款に書かないと効力が認められない事項（会社法29条）

ex1. 変態設立事項（会社法28条各号）

これは、P86～87（i）で説明します。

ex2. 機関の定め（会社法326条2項）

機関構成は株式会社の性質を決める重要なものなので、株式会社に必ず存在する株主総会と取締役以外の機関を置く場合には、定款に記載する必要があります。この定め方は、「当会社は、取締役会を置く」などと定める必要があります。「当会社は、取締役会を置くことができる」といった定めはダメです。これだと、定款を定めた株主総会は、「置きたかったら置いていいよ」と決めただけで、置くかどうかの判断を取締役などに任せたことになってしまうからです。また、定款から機関の設置の有無がわからなくなってしまいます。

（3）任意的記載事項：定款に書かなくてもよい事項（会社法29条）

ex. 定時株主総会招集の時期、株主総会の議長、取締役や監査役の員数、事業年度、本店の所在場所（「当会社の本店は、神奈川県横浜市神奈川区鶴屋町一丁目1番地1号に置く。」など）、支店の所在地や所在場所

これらの事項は、定款に記載する必要はありません。では、わざわざ書く意味は何かというと、書いた事項を変更するのに株主総会の特別決議が必要となります。定款変更に当たるからです。

4．備置き・閲覧

（1）株式会社の成立前

（a）備置き

発起人は、株式会社の成立前は、定款を発起人が定めた場所に備え置かなければなりません（会社法31条1項）。成立前であり、まだ本店が存在しないため、「発起人が定めた場所」となっています。たとえば、本店の所在場所にする予定の事務所、発起人の自宅などに備え置くのが普通です。

（b）閲覧など

上記（a）の備置きは、利害関係人に閲覧などをさせるためにします。

株式会社の成立前ですから、閲覧などの請求ができるのは発起人と設立時募集株式の引受人です。発起人と設立時募集株式の引受人は、発起人が定めた時間内はいつでも定款の閲覧などを請求できます（会社法31条2項本文、102条1項本文）。発起人は、「一緒に株式会社を作ろう」とした言い出しっぺですから、定款を保管していな

い発起人でも「定款を見せろ！」などと請求できるのは当然ですよね。設立時募集株式の引受人は、定款から「取締役会や監査役も置く、ある程度監視体制の整っている株式会社なんだな」などと株式会社の情報を仕入れて、それを基に最終的に出資をするかの判断をします。よって、これらの者に対して、ディスクロージャー（情報開示）をする必要があるんです。

（2）株式会社の成立後

（a）備置き

株式会社は、株式会社の成立後は、定款を以下の表のとおり備え置かなければなりません。成立後であり株式会社が存在しますので、備え置く場所が株式会社となります。

本店	支店
備置義務あり（会社法31条1項かっこ書）	**【原則】** **備置義務あり**（会社法31条1項かっこ書） 定款は、そんなに頻繁には変わらないので、支店に備置義務を課しても株式会社にそこまでの負担とはなりません。 **【例外】** **定款が電磁的記録（データ）で作成されており、インターネットなどを通じて、支店においても下記（b）の閲覧などに応じられるようにしていれば、支店に備え置かなくてOK**（会社法31条4項、会社施行規227条1号） これはたとえば、本店と支店をネットワークでつないでおり、請求があれば支店でも定款を打ち出せるようにしているということです。

（b）閲覧など

上記（a）の備置きは、利害関係人に閲覧などをさせるためにします。閲覧などの請求ができる利害関係人は、以下の表のとおりです（P304の「閲覧・謄写などの請求権者の記憶の仕方①」）。

利害関係㊦大 ←――――――――――――――――――――→ 小

株主	債権者	親会社の社員
株式会社の営業時間内はいつでも請求可（会社法31条2項） 株主について持株数の要件はないので、1株しか保有していない株主でも請求できます。 定款は、上場企業では JPX（日本取引所グループ）のサイトで公開することが義務づけられているくらいです（「有名な企業名　定款」で検索してみてください）。定款はそこまで秘匿性の高いものではないので、閲覧などの要件は厳しくないんです。		**裁判所の許可を得て可** （会社法31条3項前段。P304の「閲覧・謄写などの請求権者の記憶の仕方②」）

5．認証

（1）意義

定款を作成したら、次は公証人がいる公証役場で認証してもらいます。定款は、公証人の認証を受けないと効力を生じません（会社法30条1項）。認証の手数料として以下の金額を取られます……（公証人手数料令35条）。

・資本金の額等が100万円未満である場合　→　3万円
・資本金の額等が100万円以上300万円未満である場合　→　4万円
・資本金の額等が300万円以上である場合　→　5万円

これまでみてきた制度（ex. 株式会社の成立後の定款変更）では、「公証人の認証が必要」というものはありませんでした。設立の手続の厳格さが現れています（P73の「厳格な手続」）。法令違反がないかなどを公証人がチェックするんです。

※「公証人」とは？

「公証人」とは、法務大臣が任命する公務員で、法律の専門家です。裁判官、検察官を辞めた人などがなることが多いです（そのため、天下りと批判されることも……）。公証人が仕事をしている「公証役場」という所が全国にあります（民間のオフィスビルに入っています）。公証人の認証等には、高い証拠力が認められています。

（2）管轄

公証人にも管轄があります（公証人法17条）。定款の認証は、設立しようとする株式会社の本店所在地を管轄する（地方）法務局に所属する公証人が認証する必要があります（公証人法62条の2）。私の株式会社は本店が横浜市内にあるので、横浜駅の野村證券が入っているビルにある公証役場で定款認証をしてもらいました。

（3）原始定款の変更

（a）原則

公証人の認証を受ける定款を「原始定款」といいます。原始定款には、P76～77の絶対的記載事項、相対的記載事項（あるなら）、任意的記載事項（定款に書くなら）を書かないといけないのが原則です。原始定款に記載した事項は、公証人の認証を受けた後は、勝手に変更することができないのが原則です。変更するには、発起人全員の同意による変更を明らかにした書面に発起人全員が署名または記名押印して公証人の認証を受けるなど（発起設立の場合。昭32.8.30民事甲1661）、公証人に再認証をしてもらう必要があります。

法令違反がないかなどを公証人がチェックするために認証が要求されているので、認証後に勝手に変えられるのなら、認証を受ける意味がなくなってしまいますよね。

（b）例外

ただし、以下の表に記載されている場合のみ、公証人の認証を受けた後でも、公証人の再認証を受けずに定款を変更できます（会社法30条2項、96条）。

発起設立	募集設立
①変態設立事項について裁判所の変更決定があった場合（会社法33条7項） **②上記①の決定があったときに、①の決定の確定後1週間以内に発起人全員の同意により変態設立事項の定めを廃止する場合**（会社法33条9項） 変態設立事項はP86～87（i）で説明しますが、裁判所が「この宝石を○円と評価するのは不当だから、○円と評価しろ」などと変更を決定できます（P87のア）。その決定どおりに変更するのが上記①です。それに対して、「なら、設立時発行株式の引受けの意思表示を取り消す！」という発起人がいたために（会社法33条8項）、変態設立事項の定めを廃止するのが上記②です。いずれも裁判所の変更決定がありますので、公証人の再認証は不要となります。	**①左の①～③の場合**（会社法33条7項、9項、37条1項、2項） **②創立総会の決議によって変更する場合**（会社法96条） 「創立総会」とは、募集設立において、出資をした発起人と設立時募集株式の引受人が参加する、成立前の株主総会のようなものです（会社法65条1項）。原始定款は、発起人が作成しますので、発起人に有利なことばかり記載されているかもしれません。よって、設立時募集株式の引受人も参加する創立総会で変更できるとされているんです。 なお、発起人は、以下のいずれかの最も早い日以後は、左の②③の変更ができなくなります（会社法95条）。 ・設立時募集株式の払込期日 ・設立時募集株式の払込期間の初日

③発行可能株式総数の定めの設定・変更（会社法37条1項、2項）

絶対的記載事項のうち、P76①～⑤の事項は必ず原始定款に書いている必要があります。しかし、P76⑥の発行可能株式総数のみ、原始定款に書いている必要はなく、成立の時までに発起人全員の同意で定められます（会社法 37 条1項）。また、成立の時までに発起人全員の同意で変更することもできます（会社法 37 条2項）。原始定款の作成時点では、設立時発行株式の発行数が決まっていない場合もあるからです。何株発行するかは、基本的には下記2の Step2で決まります。それに応じて、どれくらいのゆとり（発行可能株式総数－発行済株式の総数）を設けるかを決めたい場合もあるんです。

これらの日が到来すると、設立時募集株式の引受人が払込みをし、設立時発行株式を取得している可能性があります。設立時募集株式の引受人が設立時発行株式を取得したのならば、募集設立において成立前の総意を決める創立総会で定款変更をすべきだからです。

ex. 原始定款に発行可能株式総数の定めがない場合、上記のいずれかの最も早い日以後は、成立の時までに、創立総会で発行可能株式総数を定める必要があります（会社法98条）。

左の①についての規定がないのは、左の①は発起人が決めるのではなく、裁判所が決めるからです。

2 株主（Step2）

次は、Step 2に入ります。たまにP74の表に戻って、どの段階を学習しているのかを確認してください。定款を作成して公証人の認証を受けたら（Step 1）、株主となる者を確定していきます（Step 2）。株主となるのは、発起人（下記1.）と設立時募集株式の引受人（募集設立の場合のみ。下記2.）です。

1．発起人の出資

発起設立・募集設立の共通点

この1.の**発起人の出資は、発起設立でも募集設立でも基本的に同じ**です。発起設立でも募集設立でも、発起人であることに変わりはないからです。

【発起人の出資の流れ】

発起人の設立時発行株式の出資は、右の図の流れによります。「発起人が設立時発行株式を引受け（下記（1））、出資をする（下記(2))」ということです。

設立時発行株式の引受け（下記（1））

出資の履行（金銭の払込み or 現物出資。下記（2））

（1）設立時発行株式の引受け

（a）設立時発行株式に関する事項の決定

まず、発起人は全員の同意によって以下の①～③の事項を定める必要があります。

①発起人が割当てを受ける設立時発行株式の数（誰が何株を引き受けるか。会社法32条1項1号）

②上記①の設立時発行株式と引換えに発起人が払い込む金銭の額（誰がいくらで引き受けるか。会社法32条1項2号）

払い込む金銭の額は、必ずしも上記①の数に応じた金額である必要はありません。

ex. 発起人Aが100株で100万円、発起人Bが100株で50万円としてもOKです。

③成立後の株式会社の資本金および資本準備金の額に関する事項（会社法32条1項3号）

ex. 上記①～③は以下のように定めます。

「発起人Aが割当てを受ける設立時発行株式の数　700株
　　　　払い込むべき金額　700万円
　発起人Bが割当てを受ける設立時発行株式の数　300株
　　　　払い込むべき金額　300万円
　資本金の額　600万円　　資本準備金の額　400万円　」

なお、設立時の資本金の額を求めるにあたって、設立にかかった費用（ex. 事務所の賃貸料）のうち減ずるべきと定めた額を引くとされています（会社計算規43条1項3号）。しかし、この額は、当分の間0とするという規定があります（会社計算規附則11条5号）。よって、今は単純に、「資本金の額（上記③）＝払い込まれた金銭の額+給付された現物出資財産の価額－資本準備金の額（上記③）」となります。上記ex.でAとBがきちんと全額の払込みをすれば、資本金の額は「700万円＋300万円－400万円＝600万円」となります。

上記①～③の決定は、発起人の全員の同意が必要です。しかし、これは発起人の決定について例外的な規定です。

発起人の決定の考え方

【原則】発起人の過半数（人数ベース）

発起人が複数いる場合、発起人は民法上の組合を形成していると解されているからです。組合の意思決定は、原則として組合員の過半数（人数ベース）によります（民法670条1項）。── 民法Ⅲのテキスト第7編第9章3 1.（1）

【例外①】発起人全員の同意 ―― 株式関連の事項

株式は、株式会社にとって非常に重要なものだからです。

P81③の発行可能株式総数の設定・変更に発起人全員の同意が必要だったのも、株式関連の事項だからです。上記①～③も株式関連の事項なので、発起人全員の同意が必要となります。

【例外②】発起人の過半数（議決権数ベース）―― 発起設立における設立時役員等の選解任

これは、P99で説明します。

※原始定款に書いてしまう方法

上記①～③は、発起人の全員の同意によって決めると説明しました。しかし、原始定款に書いてしまうこともできます。原始定款に書く場合は、以下のように書きます。

ex.「附　則

第○条　当会社の設立時発行株式に関する事項は、次のとおりとする。

発起人Aが割当てを受ける設立時発行株式の数　700株

払い込むべき金額　700万円

発起人Bが割当てを受ける設立時発行株式の数　300株

払い込むべき金額　300万円

資本金の額　600万円　　資本準備金の額　400万円」

設立時のみについての定めなので、このように定款の最後の「附則」に書きます。

（b）引受け

i　意義

発起人が上記（a）①～③の決定に基づいて、設立時発行株式を引き受けます。「引受け」とは、出資する義務を負うことです。発起設立でも募集設立でも、発起人は設立時発行株式を最低1株は引き受けないといけません（会社法25条2項）。発起人は株式会社の成立後に株主となる者ですので、1株も引き受けないのはダメです。

ii　方式

引受けの方式は、口頭でOKです。かつては口頭ではダメでしたが、規制緩和でOKとされました。

iii　時期

引受けの時期は、定款作成の後だけでなく、前でも構いません。いまStep 2（P74）

をみているとおり、「定款の作成→設立時発行株式の引受け」が本来の流れです。しかし、それを貫き通すのはあまりに形式的なので、順番を少し崩しても構わないんです。

ⅳ　権利株の譲渡

設立時発行株式を引き受けたことによって取得した、出資をすれば株主となれる権
利を「権利株」といいます。発起人は、この権利株を譲渡しても、成立後の株式会社
に対抗できません（会社法35条）。みんなで設立の登記に向けて色々と準備をしてい
P92＝ るところ、自由に譲渡できるとなると、誰が出資をする者かわからなくなり、設立の
準備が進まなくなるからです。このような趣旨なので、権利株の譲渡は譲渡をした当
事者間では有効です（最判昭31.12.11参照）。

ⅴ　引受けの無効および取消し

設立時発行株式の引受けも、意思表示です。よって、民法と同じく、その効力について、無効となるか、取り消すことができるか、といった問題があります。ただ、民法の規定をそのまま適用できない場合が多いです。

P93≒

		効果
①民法の無効事由	意思無能力	意思能力を有しなかったときは、無効となります（民法3条の2）。
	心裡留保	相手方が、意思表示が表意者の真意ではないことについて悪意または有過失であるときでも、無効とはならず、有効です（民法93条1項ただし書は適用されません。会社法51条1項）。
	通謀虚偽表示	相手方と通じてした虚偽の意思表示も、無効とはならず、有効です（民法94条1項は適用されません。会社法51条1項）。
②民法の取消事由	錯誤	株式会社の成立後は錯誤、詐欺または強迫を理由として取消しをすることはできません（会社法51条2項）。
	詐欺	
	強迫	
	制限行為能力	株式会社の成立後でも、制限行為能力を理由として取消しをすることができます（民法5条2項、9条本文、13条1項3号、4項、17条4項）。

心裡留保、通謀虚偽表示、錯誤、詐欺および強迫は、民法の規定どおりにはいきません。無効と取消しが制限されます。株式会社には、多数の株主、多額の債権を有する債権者など、利害関係人が多数登場します。そこで、「実はあの設立時発行株式の引受けは無効だったんだよ（取り消したよ）」となると影響が大きすぎるんです。「1人の発起人の意思表示の瑕疵 < 多数の利害関係人」ということです。

なお、錯誤、詐欺および強迫は、取消しができなくなるのが、株式会社の成立後です。これらは心裡留保と通謀虚偽表示と違い、引受けの意思表示をした発起人を責めることができないので、取消しの制限が成立後に限られているんです。

それらに対して、意思無能力を理由とする無効と制限行為能力を理由とする取消しは、無効主張または取り消すことができます。意思無能力は、3歳の子供がした引受けなどです。制限行為能力者は、過度に保護されています。よって、これらについては会社法に特則がないんです。

（2）出資の履行（金銭の払込みまたは現物出資）

株式は出資と引換えに発行されますので、発起人は出資をする必要があります。発起人の出資の方法には、金銭の払込み（下記（a））と現物出資（下記（b））があります。

（a）金銭の払込み

発起人は、設立時発行株式の引受け後、遅滞なく、引き受けた設立時発行株式について全額の払込みをしなければなりません（会社法34条1項本文）。資本充実の原則があり、資本の入口は規制されていますので（P17①）、「払込みをしなくていいよ」とはなりません。 =P94

この払込みは、発起人の代表に金銭を手渡しするなどではダメで、銀行などの「払込みの取扱いの場所」においてしなければなりません（会社法34条2項）。通常は、発起人の代表の銀行口座に入金します。私の株式会社のように発起人が1人（私のみです）である場合は、自分の口座で出金と入金をします。出金依頼書と入金依頼書を銀行の窓口に出しました。ムダな手続に思えるかもしれませんが、「○○円入金した」という事実が大事なんです。なお、「株式会社の口座に入金しないの？」と思われたかもしれませんが、通常は設立の登記をしないと株式会社の口座は作れませんので、まだ株式会社の口座はないんです。銀行などで払込みをしないといけないのは、払込金の存在を確実なものにするためです。発起人の代表に金銭を手渡しし、発起人の代表が領収証を作成するだけなどだと、払込金が本当に存在したのか怪しくなります。

（b）現物出資

i　給付

現物出資：金銭以外の財産（ex. 不動産、宝石、債権）の出資（会社法28条1号）

現物出資をする発起人は、設立時発行株式の引受け後、遅滞なく、引き受けた設立時発行株式について現物の全部の給付をしなければなりません（会社法34条1項本文）。

ただし、発起人全員の同意があれば、登記などの対抗要件を備えることは、株式会社の成立後にすることができます（会社法34条1項ただし書）。たとえば、成立前は、株式会社名義の不動産登記をすることができません。まだ権利能力がないからです。── 不動産登記法Ⅰのテキスト第2編第2章第2節 10 3. よって、不動産の場合は、対抗要件を備えるのを株式会社の成立後にせざるを得ません。

ii　現物出資をする要件

（i）変態設立事項

現物出資は、変態設立事項の1つです。

変態設立事項：効力が生じるためには、定款に書く必要があるとされている以下の①～④の4つの事項

以下の①～④の4つの事項は、原始定款に書かないと効力が生じない定款の相対的記載事項です（会社法28条柱書。たとえば、株式会社が成立後に財産引受けを追認しても有効にはなりません〔最判昭42.9.26〕）。いずれも、濫用されると資本充実の原則と資本維持の原則が骨抜きにされる可能性があるものです。株式会社にきちんと財産が入らない、または、入っても不当に出ていってしまう可能性があるんです。

①現物出資に関する事項（会社法28条1号）

たとえば、本当は100万円の価値しかない土地を1000万円の価値がある土地であるとして現物出資される可能性があります。金銭では、100万円を1000万円と評価することはできませんが、現物だとできてしまいます。

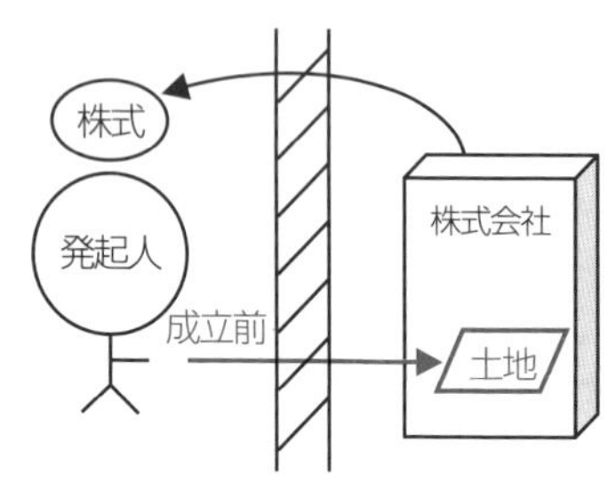

②財産引受けに関する事項（会社法28条2号）

「財産引受け」とは、第三者（譲渡人）から株式会社の成立を停止条件として財産を譲り受けることを、設立中に約することです。たとえば、不動産会社が事業を行ううえで必要な土地を株式会社の成立時に譲り受ける契約をしておけば、成立後にす

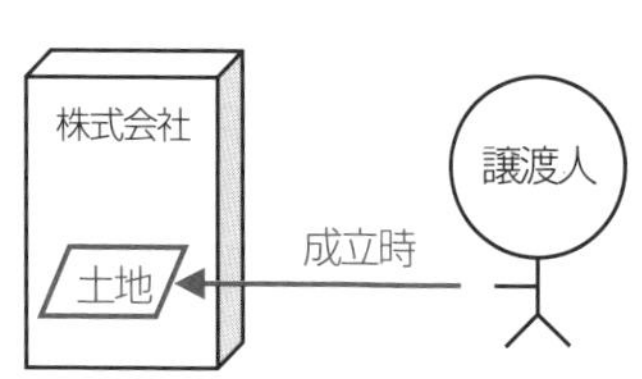

ぐに事業を行えるので、メリットがあります。ただ、これも、安価の財産を高値で評価する可能性があります。また、財産を譲り渡した譲渡人が、すぐにその対価の金銭を出資して株式を取得すれば、実質は現物出資になります。よって、財産引受けも、原始定款に書かないといけないとされているのです。

③発起人の報酬などに関する事項（会社法28条3号）

設立行為を行ったことに対して発起人が報酬などを受けることができます。ただ、発起人が受けるものですので、不当に過大である可能性が考えられます。

④設立費用（会社法28条4号）

設立について株式会社が負担する費用です。たとえば、事務所の賃料が当たります。賃料が50万円だったのに200万円だったなどとする可能性が考えられます。

※この④の設立費用に含まれない費用もあります。それは、定款の認証の手数料（P79（1））、印紙代、設立時発行株式と引換えにする金銭の払込みの取扱いをした銀行等に支払うべき手数料・報酬、検査役の報酬および設立の登記の登録免許税です（会社法28条4号、会社施行規5条）。これらは、不当な評価がされるおそれがないからです。

(ii) 調査

ア　原則 —— 検査役の調査

変態設立事項は、不当な評価がされる可能性があり“怪しい”ので、原始定款に書いて公証人のチェックを受けるだけでなく、以下の調査も必要とされます。

発起人は、公証人による定款の認証の後遅滞なく、裁判所に対して、検査役の選任の申立てをしなければなりません（会社法33条1項）。この申立てを受けて、裁判所は検査役を選任します（会社法33条2項）。検査役には、弁護士が選任されることが多いです。

検査役は、調査を行い、その結果を書いた調査報告書を裁判所に提供します（会社法33条4項）。

裁判所は、変態設立事項を不当と認めたときは、定款変更をする決定をします（会社法33条7項）。この裁判があったときは、設立の登記の申請書には、この裁判の謄本を添付しなければなりません（商登法47条2項4号）。

イ　例外 —— 検査役の調査が不要

検査役の調査を経るのが原則なのですが、正直、設立時に裁判所に行って検査役を選任してもらって……なんてことは、どんな株式会社でも避けたいです。費用も時間もかかりますし……。そこで、以下の表の3つのいずれかに当たる場合は、検査役の調査が不要となります。実務では、以下の3つのいずれかに当たるようにします。みなさんが司法書士になってお客様から依頼を受けた場合も、そうしてください。以下の3つに当たらないにもかかわらず検査役の調査を経ないと、変態設立事項は無効となってしまいますので、ご注意ください。

検査役の調査が不要となる場合	理由
①定款に書かれた現物出資・財産引受けの対象となる財産の価額の総額が500万円を超えない場合（会社法33条10項1号）	総額で500万円以下なら、少額なので、利害関係人に与える影響がたいしてないということです。500万円は私には高額ですが……、株式会社ですから規模が違います。
②定款に書かれた現物出資・財産引受けの対象となる財産が市場価格のある有価証券であって、定款に書かれた価額が市場価格を超えない場合（会社法33条10項2号）	「市場価格のある有価証券」の典型例は、上場株式です。市場価格は、市場で決まったものですので、適正な価格です。適正なことは、誰でも簡単にわかります。たとえば、上場株式の価格は、新聞に書いていますから。市場価格を超えないなら、不当に高く評価していないといえます。
③定款に書かれた現物出資・財産引受けの対象となる財産の価額が相当であることについて、弁護士、弁護士法人、弁護士・外国法事務弁護士共同法人、公認会計士、監査法人、税理士または税理士法人の証明（＊）を受けた場合（会社法33条10項3号） ＊財産が不動産である場合には、これらの者の証明に加えて不動産鑑定士の鑑定評価も必要です（会社法33条10項3号かっこ書）。この「不動産」には、地上権、地役権、賃借権、採石権も含まれます（平2.12.25民四5666）。ざっくり「利用権もOK」と記憶してください。	総額が500万円を超え（上記①ではない）、市場価格のある有価証券でもない（上記②でもない）場合にも検査役の調査を省略できるように用意されたのが、この③です。 弁護士などの専門家なら不当な評価はしないだろうということです。司法書士が設立の登記の依頼を受けた場合、提携している税理士さんに現物出資財産の評価を頼んだりすることがあります。 なお、これらの資格者であっても、発起人、設立時取締役、設立時監査役などは証明ができません（会社法33条11項1号、3号）。しかし、設立時会計監査人は証明できます（会社法33条1項参照）。

検査役の調査が不要となるかのポイント

問題を解くには、単に上記の表の①～③を記憶しているだけでは不十分なことがあります。以下の3つの判断のポイントも押さえておく必要があります。

1．**①～③のいずれかに当たればOK**
「①～③のすべてを充たせ」という意味ではなく、いずれかを充たせばOKです。
2．現物出資・財産引受けの対象となる財産の**総額について**①～③のいずれかに当たらなければならない
3．**①以外は金額は関係ない**
①～③のいずれかに当たればOKなわけですから、②③についても「500万円を超えない」といった要件があるのなら、②③がある意味がなくなってしまいます。

平成4年度（午後）第36問の過去問が練習になるので、上記のポイントを使って解いてみてください。練習のために、1肢だけここでみてみます。

ex. 現物出資の目的たる財産が建物と事務用機器である場合において、定款で定めた価格が、建物については2000万円、事務用機器については500万円であり、建物の現物出資の定めが相当であることにつき不動産鑑定士の鑑定評価に基づく弁護士の証明があるとき、検査役の調査を省略できるでしょうか（H4－午後36－ア）。

→　できません。

①～③のいずれかに当たればOKです（上記1.）。建物2000万円について③に当たりますが、事務用機器500万円について③に当たりません。よって、③の例外に当たりません。では、建物2000万円について③に当たり、事務用機器500万円について①に当たるので、①③の合わせ技でOKかというと、総額について①～③のいずれかに当たらないといけないので（上記2.）、これはダメです。なお、有価証券ではないので、②は問題となりません。

（c）失権

長々とみてきましたが、発起人は、金銭の払込み（上記（a））か現物出資（上記（b））の方法で出資を履行します。ここで出資を履行しない発起人がいる場合、他の発起人は、出資の履行をしていない発起人に対して、2週間以上先の期日を定めて、期日までに出資の履行をするよう通知する必要があります（会社法36条1項、2項）。

このように、発起人に対しては催告が必要とされています。「一緒に事業を始めよう！」と誓い合った発起人ですので、チャンスがあるんです。ちょっとしたトラブルで出資金の調達が遅れているだけかもしれませんし。

P94

ただ、与えられた期間内に履行しないと、その発起人は設立時発行株式の株主となる権利を失います（会社法36条3項）。これを「失権」といいます。失権した発起人の株式を、残りの発起人が引き受ける必要はありません。

2．設立時募集株式の引受人の出資

【設立時募集株式の引受人の出資の流れ】

設立時募集株式の引受人の出資は、下の図の流れによります。この流れはアイドルのオーディションに似ているので、アイドルのオーディションにたとえていきます。たとえがあると、たとえから思い出せるようになります。

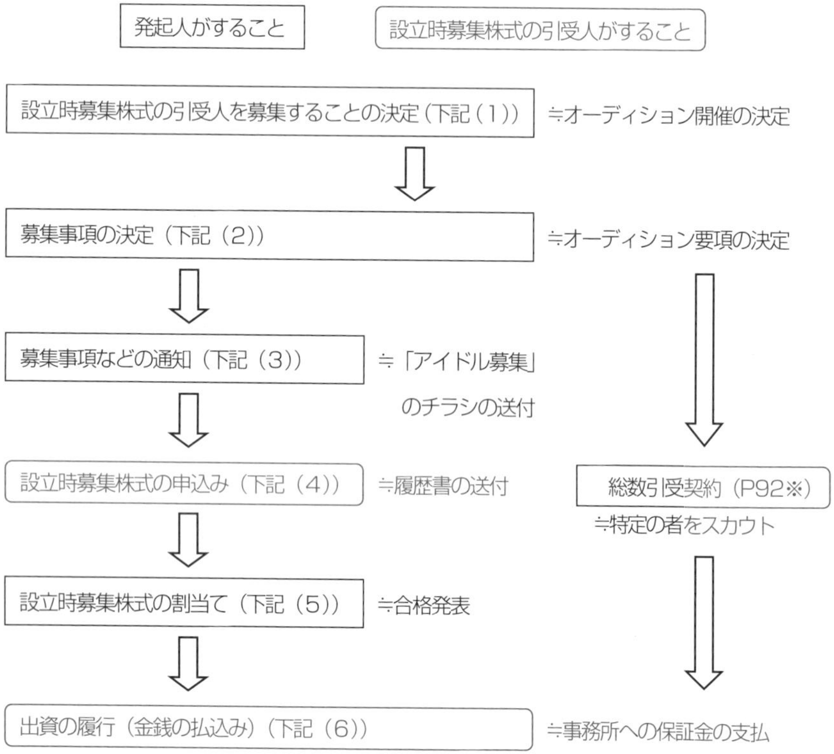

発起人がすること

設立時募集株式の引受人がすること

設立時募集株式の引受人を募集することの決定（下記（1））　≒オーディション開催の決定

↓

募集事項の決定（下記（2））　≒オーディション要項の決定

↓

募集事項などの通知（下記（3））　≒「アイドル募集」のチラシの送付

↓

設立時募集株式の申込み（下記（4））　≒履歴書の送付

↓

設立時募集株式の割当て（下記（5））　≒合格発表

↓

出資の履行（金銭の払込み）（下記（6））　≒事務所への保証金の支払

（募集事項の決定から）↓

総数引受契約（P92※）　≒特定の者をスカウト

↓（出資の履行へ）

(1) 設立時募集株式の引受人を募集することの決定　≒オーディション開催の決定

まず、発起人の全員の同意により、設立時募集株式の引受人を募集すること（募集設立とすること）を決めます（会社法57条）。発起人の全員の同意が必要なのは、株式関連の事項だからです（P82～83の「発起人の決定の考え方【例外①】」）。

アイドルのオーディションでいうと、オーディション開催の決定です。

(2) 募集事項の決定　≒オーディション要項の決定

次に、発起人の全員の同意により、以下の①～④の事項（募集事項）を決めます（会社法58条2項）。これも発起人の全員の同意が必要なのは、株式関連の事項だからです（P82～83の「発起人の決定の考え方【例外①】」）。

①設立時募集株式の数（設立しようとする株式会社が種類株式発行会社である場合は設立時募集株式の種類および種類ごとの数。会社法58条1項1号）
②設立時募集株式の払込金額（会社法58条1項2号）
③払込期日（ex. 7月7日）または払込期間（ex. 7月7日～7月17日）（会社法58条1項3号）
④一定の日までに設立の登記がされない場合に設立時募集株式の引受けの取消しをすることができることとするときは、その旨およびその一定の日（会社法58条1項4号）

アイドルのオーディションでいうと、オーディション要項（「今回は○～○歳を募集する」）の決定です。

(3) 募集事項などの通知　≒「アイドル募集」のチラシの送付

発起人は、設立時募集株式の引受けの申込みをしようとする者に対し、募集事項などの通知をします（会社法59条1項）。

アイドルのオーディションでいうと、「アイドル募集」のチラシの送付です。今だと、募集案内をウェブサイトに掲載するほうが多いでしょうが。

(4) 設立時募集株式の申込み　≒履歴書の送付

設立時募集株式の引受けの申込みをする者は、以下の①②の事項を記載した書面（発起人の承諾を得た場合は電磁的記録〔ex. メール〕）を発起人に交付します（会社法59条3項、4項）。

①申込みをする者の氏名（名称）・住所
②引き受けようとする設立時募集株式の数

アイドルのオーディションでいうと、アイドルになりたい人が履歴書を送付することです。

（5）設立時募集株式の割当て　≒合格発表

発起人は、上記（4）の申込者の中から、誰に設立時募集株式を割り当てるか、何株割り当てるかを決めます（会社法 60 条1項前段）。この割当てには、「割当自由の原則」という考え方があります。どう割り当てるかは、発起人の自由です。誰に割り当てるかも自由ですし、申し込んだ株式数から減少して割り当てることもできます（会社法60条1項後段）。誰を株主にするかは、発起人の自由だからです。

アイドルのオーディションでいうと、割当ては合格発表です。誰を合格させるかは、主催者の自由ですよね。それと同じです。

※総数引受契約　≒特定の者をスカウト

上記の「（3）通知→（4）申込み→（5）割当て」の流れではなく、設立時募集株式を引き受けようとする者とその者が総数の引受けを行う契約を締結することができます（会社法 61 条）。特定の人（複数でも OK です）と、「この人が設立時募集株式のすべてを引き受ける」という契約を結んでしまうんです。

アイドルのオーディションでいうと、特定の人に決めてスカウトしてしまうようなものです。スカウトなので、「アイドル募集」のチラシの送付、履歴書の送付および合格発表がなくなります。

※権利株の譲渡

設立時募集株式を引き受けたことによって取得した、出資をすれば株主となれる権利を「権利株」といいます。権利株については、発起人（P84ⅳ）と同じ規定があります。権利株を譲渡しても、成立後の株式会社に対抗できません（会社法 63 条2項）。
P84＝
ただ、譲渡をした当事者間では有効です（最判昭 31.12.11 参照）。理由は、発起人（P84ⅳ）と同じです。

※申込み、割当て、総数引受契約の意思表示の無効および取消し

発起人の設立時発行株式の引受け（P84～85 のⅴ）と同じく、申込み、割当て、総数引受契約の意思表示も、無効となるか、取り消すことができるか、といった問題が

あります。やはり、民法の規定をそのまま適用できない場合が多いです。

		効果
①民法の無効事由	意思無能力	意思能力を有しなかったときは、無効となります（民法3条の2）。
	心裡留保	相手方が、意思表示が表意者の真意ではないことについて悪意または有過失であるときでも、無効とはならず、有効です（民法93条1項ただし書は適用されません。会社法102条5項）。
	通謀虚偽表示	相手方と通じてした虚偽の意思表示も、無効とはならず、有効です（民法94条1項は適用されません。会社法102条5項）。
②民法の取消事由	錯誤	株式会社の成立後または創立総会などで議決権を行使した後は、錯誤、詐欺または強迫を理由として取消しをすることはできません（会社法102条6項）。
	詐欺	
	強迫	
	制限行為能力	株式会社の成立後または創立総会などで議決権を行使した後でも、制限行為能力を理由として取消しをすることができます（民法5条2項、9条本文、13条1項3号、4項、17条4項）。

≒P84

基本的には、発起人の設立時発行株式の引受け（P84～85のv）と同じです。理由も同じです。

1点だけ違うのは、錯誤、詐欺および強迫を理由とする取消しができなくなる場合として「創立総会などで議決権を行使した後」が加わっている点です。

（6）出資の履行（金銭の払込み）　≒事務所への保証金の支払

設立時募集株式の引受人も株式を取得しますので、出資をする必要があります。設立時募集株式の引受人の出資の方法は、金銭の払込みのみです。現物出資は認められません（会社法63条1項参照）。現物出資は、1000万円の価値があると評価された土地が本当は100万円の価値しかなかったということがあります。その場合に、発起人であれば、不足額900万円のてん補責任を負います（会社法52条1項。P117（1））。しかし、設立時募集株式の引受人には、そういった責任はありません。よって、現物出資ができるのは、後で責任を負える発起人に限定されているんです。

	金銭出資	現物出資
発起人	○	○
設立時募集株式の引受人	○	×

アイドルのオーディションでいうと、事務所への保証金の支払です（これは無理矢理のたとえですみません……）。

（a）金銭の払込み

設立時募集株式の引受人は、払込期日または払込期間内（P91③）に、設立時募集株式について全額の払込みをしなければなりません（会社法63条1項）。

P85＝ この払込みも、発起人の代表に金銭を手渡しするなどではダメで、銀行などの「払込みの取扱いの場所」においてしなければなりません（会社法63条1項）。P85（a）と同じです。

※払込金の保管証明

募集設立の場合には、発起人は、払込取扱機関（銀行など）に対して、「払込金保管証明書」というものの交付を請求できます（会社法64条1項）。これは、銀行などが「これだけの金銭が払い込まれ、保管していますよ」と証明するものです。この証明書を交付すると、銀行などは、証明書の記載が事実と異なることまたは払込金の返還に関する制限があることをもって成立後の株式会社に対抗できなくなります（会社法64条2項）。つまり、銀行などに責任が生じるんです。だから、銀行などは嫌がります。募集設立がほとんどないのも、これも1つの原因です。

これに対し、発起設立だと、払込金保管証明書の交付の請求はできません（会社法64条1項参照）。この手続を要求すると、設立に時間がかかってしまいます。速く株式会社を作れるように規制緩和で、発起設立の払込金保管証明書の手続は廃止されました。

（b）失権

P89 設立時募集株式の引受人も、払込期日または払込期間内に払込みをしないと失権し
L ます（会社法63条3項）。払込期日または払込期間を過ぎてしまった場合に、発起人から催告がされるというチャンスはありません。すぐに失権となります。「一緒に事業を始めよう！」と誓い合った発起人ではなく、募集に応じただけの第三者だからです。

失権した株式を、他の者が引き受ける必要はありません。失権した株式は発行されず、失権した設立時募集株式の引受人は単に「サヨナラ～」となります。

3．創立総会

（1）創立総会とは？

創立総会：募集設立において、出資をした発起人と設立時募集株式の引受人が参加する総会（会社法65条1項）

創立総会は、募集設立においてのみ存在する機関です。設立時募集株式の引受人の出資も済んだら、発起人が創立総会を招集します（会社法65条1項）。

創立総会は、成立前の株主総会のようなものです。株主総会と類似した規定が多いので（会社法67条以下）、**創立総会に特有の規定として学習していない知識を問われたら、株主総会の知識**で答えてください。

ex. 創立総会の決議事項について、議決権を行使できる設立時株主（＊）の全員が書面または電磁的記録（メールなど）で同意の意思表示をすれば、創立総会の決議があったものとみなされます（会社法82条1項）。

＊「設立時株主」とは、出資をした発起人と設立時募集株式の引受人のことです（会社法65条1項、50条1項、102条2項）。

以下では、創立総会に特有の規定を中心にみていきます。

（2）権限

創立総会は、なんでも決められるわけではありません。創立総会が決められるのは、以下の①～③の事項です。

①創立総会の目的である事項（会社法73条4項本文）

発起人が創立総会を招集するにあたって、「設立時取締役の選任が議題です」など創立総会の目的である事項を定めます。創立総会の目的である事項として、あらかじめ議題を知らせて、設立時募集株式の引受人に考えてもらうためです。設立時募集株式の引受人は、募集に応じた第三者ですから、内情をあまり把握していません。よって、あらかじめ知らせた事項しか決議できないのが原則です。

②定款変更（会社法73条4項ただし書）

③設立の廃止（会社法73条4項ただし書）

しかし、定款変更と設立の廃止については、創立総会の目的としていなくても決議できます。

原始定款は、発起人が作成しますので、発起人に有利なことばかり記載されているかもしれません。よって、創立総会で変更できるようにしておく必要があるんです。

設立の廃止ですが、設立時募集株式の引受人が「この株式会社、違法なニオイがするな……」などと気づいたら、設立を中止するべきです。ですが、発起人は「この事業がやりたい！」と言い始めた言い出しっぺですので、自分から設立の廃止を議題とはしないと思われます。そこで、あらかじめ議題とされていなくても決議できるとされているんです。

（3）決議要件

（a）原則

> **会社法73条（創立総会の決議）**
>
> 1　創立総会の決議は、当該創立総会において議決権を行使することができる設立時株主の議決権の過半数であって、出席した当該設立時株主の議決権の３分の２以上に当たる多数をもって行う。

創立総会の決議要件は、厳しいです。議決権を行使することができる設立時株主の議決権の過半数（議決権数ベース）、かつ、出席した議決権を行使することができる設立時株主の議決権の２／３以上（議決権数ベース）の賛成で決議が成立します（会社法73条１項）。

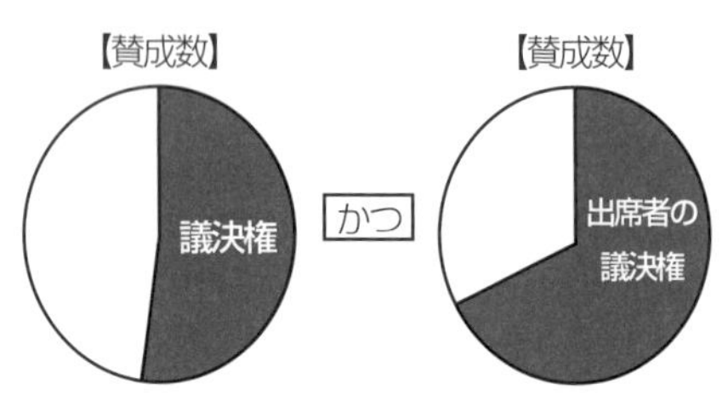

ここで、「『２／３以上』だけでいいんじゃないの？」と思われた方が多いと思います。しかし、要件として「過半数」もあるので、もちろん意味があります。わかりにくい要件なので、集中して以下の記載をお読みください。

議決権を行使することができる設立時株主の全員が出席すれば、「２／３以上」の要件だけでいいんです。

ex. 株式数が1000株（すべて議決権あり）である場合に、創立総会に設立時株主の全員が出席したとします。このときは、出席した議決権を行使することができる設立時株主の議決権の２／３以上である667株以上の賛成があれば、設立時株主の議決権の過半数である501株以上も充たします。

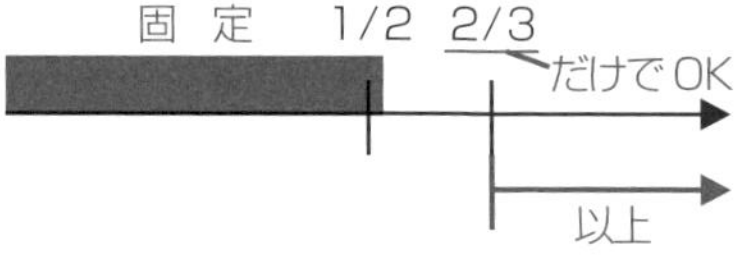

しかし、議決権を行使することができる設立時株主の一定数以下の者しか出席しなかった場合に、「過半数」の要件が生きてくるんです。

ex. 株式数が 1000 株（すべて議決権あり）である場合に、創立総会に 501 株を有する設立時株主が出席したとします。このときは、出席した議決権を行使することができる設立時株主の議決権の2/3以上である 334 株以上の賛成ではダメで、設立時株主の議決権の過半数である 501 株以上、つまり、出席した設立時株主の全員の賛成が必要となります。「過半数」の要件は、「出席者の過半数」（流動値）ではなく、「全議決権の過半数」（固定値）です。「過半数」は、固定されているので、出席者が少なくなると、「出席者の議決権の2/3以上」よりも多くの賛成数が求められます。この ex.が出席者の賛成数が最も多く求められる例で、出席者の全員の賛成が求められています。

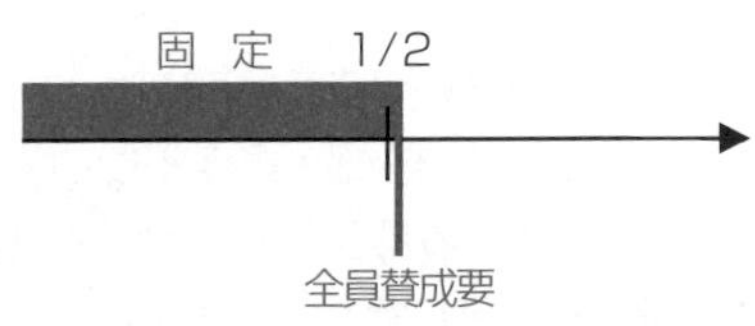

「過半数」の要件は、このように働くので、実質的には定足数であるともいわれています。

創立総会の決議要件は、株主総会の特別決議の決議要件（P299（b））よりも厳しいです。株主総会の特別決議の決議要件は、「議決権の過半数出席（定足数）→出席者の議決権の2/3以上の賛成」ですから、1/2強×2/3＝1/3強で成立が可能です。P299 の ex.でも、1000 株中 334 株以上の賛成で成立しています。それに対して、創立総会の決議は、最低1/2強の賛成がないと成立しません。上記 ex.でも、1000 株中 501 株以上の賛成がマストとされています。

（b）会社法73条2項の特殊決議

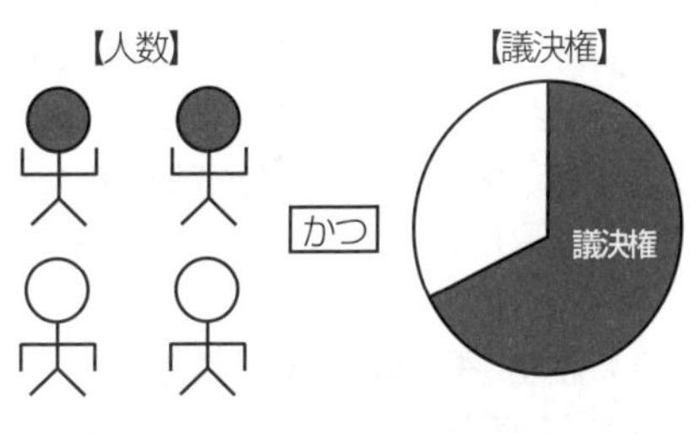

発行する全部の株式の内容として譲渡制限規定を設ける定款変更を行う場合、議決権を行使することができる設立時株主の半数以上（人数ベース）、かつ、議決権を行使することができる設立時株主の議決権の2/3以上（議決権数ベース）の賛成が必要です（会社法 73 条2項）。成立後の P299〜300（3）の会社法 309 条3項の特殊決議と同じです。理由も同じです。

ex. 設立時株主の数が4人・設立時発行株式が 1000 株（すべて議決権あり）である場合、株主2人以上かつ 667 株以上の賛成で決議が成立します。

この特殊決議は、上記（a）の原則の決議よりも厳しいです。「半数以上」という人数要件がありますし、「2/3以上」は出席者の2/3以上ではありません。上記 ex.でも、4人中2人以上かつ 1000 株中 667 株以上の賛成が必要とされています。

（c）設立時株主全員の同意

発行する株式の全部の内容として取得条項付株式についての定款の定めを設ける、または、変更する場合、設立時株主全員の同意が必要です（会社法73条3項）。これも、成立後と同じです（P141（1））。理由も同じです。

3 機関（Step3）

次は、Step 3です。Step 2が長かったため「今なんの学習をしているんだっけ？」となった方が多いと思いますので、またP74の表に戻って、どの段階を学習しているのかを確認してください。定款を作成して公証人の認証を受け（Step 1）、株主となる者を確定したら（Step 2）、その株主となる者が設立時役員等などの選任をし、そして、設立調査が行われます（Step 3）。

「Step 2→Step 3」の流れは、マストです（会社法38条1項、3項、88条1項参照）。しかし、たとえば、下記1.の設立時役員等などの選任の後に定款の認証（P79（1））が行われても構いません。やはりP74の流れは、崩れることもあるんです。

1．設立時役員等などの選任

「設立時○○」とは、株式会社の設立によって○○となる者のことです。設立時取締役であれば、株式会社の設立によって取締役となります。

「設立時役員等などの選任（この1.）→設立調査（下記2.）」が、基本的な流れです。しかし、選ばれた設立時役員等などが株式会社の成立の時までに解任・解職されることもありますので、解任・解職もこの1.で併せてみていきます。ここでもやはり、選任・選定機関と解任・解職機関は同じなのが原則です（P351の「選解任機関の基本的な考え方」）。

（1）設立時役員等の選任・解任

「設立時役員等」とは、設立時取締役、設立時会計参与、設立時監査役および設立時会計監査人のことです（会社法39条4項）。

設立時役員等の選任・解任は、以下の機関がします。

<table>
<tr><th></th><th>発起設立</th><th>募集設立</th></tr>
<tr><td>選任</td><td>発起人の議決権の過半数
(会社法38条1項、3項、40条1項)
議決権数ベースである点が特徴的です(P82～83の「発起人の決定の考え方【例外②】」)。役員等は船(株式会社)のメインです。よって、出した金に応じて票数が決まる方式で決めるべきなんです。
ex. 発起人Aが700株、Bが200株、Cが100株の設立時発行株式を保有していたとします。設立中の株式会社のことは、2/3人以上の賛成で決めるのが原則です。しかし、設立時役員等の選任は、Aのみの賛成(700/1000株≧501/1000株)で決められます。</td><td>創立総会の決議
(会社法88条1項)
出資をした発起人だけではなく、出資をした設立時募集株式の引受人も含めて役員等を決めるべきなので、創立総会で選びます。創立総会の決議も、議決権数ベースです(会社法73条1項。P96～97(a))。
なお、創立総会には、累積投票(P341～342(2))の制度があります(会社法89条)。募集設立だと、設立時募集株式の引受人という第三者がいるので、設立時株主同士の対立があり得るからです。累積投票なので、以下の点はP341～342(2)と同じです。
・設立時取締役の選任についてのみ累積投票が可(会社法89条1項)
・定款に別段の定めがあるときは累積投票は不可(会社法89条1項)</td></tr>
<tr><td rowspan="4">解任</td><td>設立時監査等委員でない設立時取締役・設立時会計参与・設立時会計監査人</td><td rowspan="4">創立総会の決議
(会社法91条)
設立時監査等委員である設立時取締役でも設立時監査役でも、決議要件は変わりません。創立総会の決議要件は、もともと株主総会の特別決議の決議要件よりも厳しいからです(P96～97(a))。</td></tr>
<tr><td>発起人の議決権の過半数
(会社法42条、43条1項)
選任と同じく、議決権数ベースです。</td></tr>
<tr><td>設立時監査等委員である設立時取締役・設立時監査役</td></tr>
<tr><td>発起人の議決権の2/3以上
(会社法42条、43条1項かっこ書)
これらの者の解任は、成立後は特別決議によります。それと同じく、成立前も厳しくなっているんです。</td></tr>
</table>

（2）設立時代表取締役の選定・解職

設立時代表取締役の選定・解職の方法は、発起設立か募集設立かではなく、非取締役会設置会社か取締役会設置会社かで決まります。設立時"代表取締役"だからです。

	非取締役会設置会社	取締役会設置会社
選定	**発起人の過半数** 会社法の不備なのか、非取締役会設置会社については条文がないので、これは解釈です。	**設立時取締役の過半数** （会社法47条1項、3項）
	以下の選定方法を定款で定めることもできると解されています。 ①定款に設立時代表取締役を書いてしまう 次のページの※で説明する方法です。実務では、こうしてしまうことが多いです。 ②創立総会により選定する（募集設立のみ） ③発起人が選定する（非取締役会設置会社は定款に定めがなければこの選定方法なので、取締役会設置会社において意味があります） ④設立時取締役の互選による（取締役会設置会社は定款に定めがなければこの選定方法なので、非取締役会設置会社において意味があります）	
解職	**設立時取締役の過半数**（会社法47条2項、3項） ＊この規定は、非取締役会設置会社については適用されないという見解もあります。	

（3）設立時委員・設立時執行役・設立時代表執行役の選定・選任および解職・解任

設立しようとする株式会社が指名委員会等設置会社である場合、設立時委員、設立時執行役および設立時代表執行役を選定・選任しなければなりません。選定・選任および解職・解任の機関は、以下のとおりです。

	発起設立	募集設立
選定・選任 解職・解任	**設立時取締役の過半数**（会社法48条1～3項） 成立後は、取締役会が、委員、執行役および代表執行役の選定・選任と解職・解任をします（P500（a）、P505の2.（1）、P506の2.（1））。それに合わせ、成立前は設立時取締役が選定・選任および解職・解任をするとされているんです。	

なお、監査等委員会設置会社の監査等委員である取締役は、指名委員会等設置会社の委員のように「取締役に選任される→委員に選定される」と2段階ではありません。

上記（1）の選任の際に、監査等委員である取締役として選任されます（会社法38条2項、88条2項）。

※原始定款に書いてしまう方法

設立時役員等なども、原始定款に書いてしまうことができます（募集設立については争いがあります）。原始定款に書く場合は、以下のように書きます。

ex.「附　則

第○条　当会社の設立時取締役及び設立時代表取締役は、次のとおりである。

設立時取締役　A

設立時取締役　B

設立時代表取締役　東京都新宿区新宿一丁目2番2号　A」

設立時のみについての定めなので、このように定款の最後の「附則」に書きます。

原始定款に書いた設立時役員等は、発起人の出資の履行が完了した時に選任されたものとみなされます（会社法38条4項）。募集設立についてはこのように原始定款に書けるのか争いがあるので、これは発起設立の規定です。

2．設立調査

設立時役員等が決まったら、設立時取締役は（設立時監査役もいれば設立時監査役も）、以下の調査をします。発起人や設立時募集株式の引受人が進めてきた設立の手続に問題がないか、設立時取締役（設立時監査役）が調べることとされているんです。

①P88①または②の場合に、定款に書かれた現物出資・財産引受けの対象となる財産の価額の相当性（会社法46条1項1号、93条1項1号）

検査役の調査が省略された場合には、設立時取締役（設立時監査役）がこれらの財産の価額の相当性を調べるとされているんです。

②P88③の場合に、専門家の証明の相当性（会社法46条1項2号、93条1項2号）

これも、検査役の調査が省略された場合です。弁護士などの専門家がした証明が相当か、設立時取締役（設立時監査役）が調べるとされているんです。

③出資の履行が完了していること（会社法46条1項3号、93条1項3号）

④設立の手続が法令または定款に違反していないこと（会社法46条1項4号、93条1項4号）

③④は、検査役の調査が省略されたかは関係なく、調査する必要があります。

設立時取締役（設立時監査役）は、上記の調査をした後、以下の対応をしなければなりません。

	発起設立	募集設立
報告の要否	**原則として法令違反もしくは定款違反の事項または不当な事項があると認められるとき** （会社法46条2項）	**常に報告**（会社法93条2項） 募集設立のほうが発起設立よりも厳格な手続が要求されるので、常に報告するとされています（P73の「厳格な手続」）。
報告先	**発起人**（会社法46条2項）	**創立総会**（会社法93条2項）

……と記載しましたが、実際にこの調査をしている株式会社がどれだけあるかというと、う～ん……という感じなんですけどね。

設立時取締役って仕事はあるの？

設立中の株式会社のことを決めるのは、基本的には発起人（募集設立の場合は創立総会も）です。そのため、**設立時取締役の仕事は以下の2点のみ**です（登記の申請や添付書面の作成などの登記手続は除きます）。これを知っておくと、けっこう役に立ちます。

①設立時代表取締役の選定と解職（会社法47条1項、2項。P100（2））、設立時委員、設立時執行役および設立時代表執行役の選定・選任と解職・解任（会社法48条1項、2項。P100（3））
②上記の設立調査（会社法46条、93条）

4　登記（Step4）

次は、Step 4です。またP74の表に戻って、どの段階を学習しているのかを確認してください。定款を作成して公証人の認証を受け（Step 1）、株主となる者を確定し（Step 2）、その株主となる者が設立時役員等などの選任をし、そして、設立調査が行われたら（Step 3）、いよいよ設立の登記をすることで株式会社ができます（Step 4）。

1．実体（会社法）→登記

株式会社は、登記をすることで成立します（会社法49条）。

2. 登記期間

発起設立	募集設立
以下のいずれか遅い日から2週間以内 **①設立時取締役等による調査が終了した日**（会社法911条1項1号） **②発起人が定めた日**（会社法911条1項2号）	**以下のいずれか遅い日から2週間以内** **①創立総会の終結の日**（会社法911条2項1号） **②会社法911条2項2～5号の日** ①以外に、会社法911条2項2～5号に4つの日が規定されています。しかし、細かいので、①を押さえておけばOKです。

3. 申請書の記載事項

申請例1 ―― **発起設立の登記**

＊P74のStep 1～Step 4の段階を意識してください。

事例：令和6年6月21日、A、B、Cは、後記の定款を作成し記名押印したうえで、公証人の認証を受けた（Step 1）。令和6年6月22日、発起人A、B、Cは、全員の同意によって以下の事項を定めた（Step 2）。

発起人Aが割当てを受ける設立時発行株式の数　1000株
　　払い込むべき金額　1000万円
発起人Bが割当てを受ける設立時発行株式の数　300株
　　払い込むべき金額　300万円
発起人Cが割当てを受ける設立時発行株式の数　200株
　　払い込むべき金額　200万円
資本金の額　1500万円
発行可能株式総数　10000株

令和6年6月25日、発起人A、B、Cは、発起人Aの銀行口座に払込金額の全額を払い込んだ（Step 2）。令和6年6月26日、発起人A、B、Cは、以下の者を選任した（Step 3）。

設立時取締役A　設立時取締役B　設立時取締役C　設立時監査役D

同日、A、B、C、Dは、就任承諾書を提出した。同日、設立時取締役A、B、Cは、以下の者を選定した（Step 3）。

設立時代表取締役　東京都新宿区新宿一丁目2番2号　A

同日、Aは、就任承諾書を提出した。令和6年6月28日、設立時取締役A、B、C、設立時監査役Dの調査が完了した（Step 3）。発起人A、B、Cは、本店の所在場所を東京都新宿区新宿一丁目1番1号と定めた。令和6年6月30日、設立時代表取締役Aから依頼を受けた司法書士は登記を申請した（Step 4）。

定　款

第1章　総　則

（商号）

第1条　当会社は、リアリスティックジャパン株式会社と称する。

（目的）

第2条　当会社は、次の事業を行うことを目的とする。

1．スマートフォンのアプリケーションの開発

2．前号に附帯する一切の業務

（本店所在地）

第3条　当会社は、本店を東京都新宿区に置く。

（公告方法）

第4条　当会社の公告は、官報に掲載してする。

（機関構成）

第5条　当会社は、株主総会及び取締役のほか、取締役会及び監査役を設置する。

第2章　株　式

（株券の不発行）

第6条　当会社の発行する株式については、株券を発行しない。

（株式の譲渡制限）

第7条　当会社の株式を譲渡により取得するには、株主総会の承認を要する。

……（中略）……

第6章　附　則

（設立時発行株式の数及び設立に際して出資される財産の価額）

第25条　当会社の設立時発行株式の数は1500株、当会社の設立に際して出資される財産の最低額は金1500万円とする。

（発起人の氏名ほか）

第26条　発起人の氏名、住所は次のとおりである。

東京都新宿区新宿一丁目2番2号　A

東京都新宿区新宿二丁目2番2号　B

東京都新宿区新宿三丁目3番3号　C

……（中略）……

以上、リアリスティックジャパン株式会社設立のため、この定款を作成し、発起人が次に記名押印する。

令和6年6月21日

発起人　A　㊞

発起人　B　㊞

発起人　C　㊞

＊紙面の都合上、定款の抜粋にしていますが、本試験ではこういった新設型の登記では、定款が4～5ページにわたって示されることがあります。その中から登記事項を0.1秒も考えることなく拾えるようになる必要があります（P29）。本試験までに、徐々にそれをできるようにしていってください。

1．登記の事由　令和6年6月28日発起設立の手続終了

1．登記すべき事項　商号　リアリスティックジャパン株式会社

本店　東京都新宿区新宿一丁目1番1号

公告をする方法　官報に掲載してする

目的　1．スマートフォンのアプリケーションの開発

2．前号に附帯する一切の業務

発行可能株式総数　10000株

発行済株式の総数　1500株

資本金の額　金1500万円

株式の譲渡制限に関する規定

当会社の株式を譲渡により取得するには、株主総会の承認を要する。

取締役　A　同　B　同　C

東京都新宿区新宿一丁目2番2号　代表取締役　A

監査役　D

取締役会設置会社

監査役設置会社

設立

1．課税標準金額　金1500万円

1．登録免許税　金15万円

1．添付書面　定款　1通

発起人全員の同意書　1通

払込みがあったことを証する書面　1通

発起人の過半数の一致があったことを証する書面　1通or2通(*)
設立時取締役の就任承諾書　3通
設立時監査役の就任承諾書　1通
設立時取締役の本人確認証明書　2通
設立時監査役の本人確認証明書　1通
設立時取締役の過半数の一致があったことを証する書面　1通
設立時代表取締役の就任承諾書　1通
印鑑証明書　1通
委任状　1通

＊設立時取締役および設立時監査役の選任と本店の所在場所の決定を１通の書面にするか２通の書面にするかで、通数が変わります。

発起設立と募集設立で違いがあるのは、登記の事由と添付書面です。登記すべき事項と登録免許税は、発起設立と募集設立で違いはありません。発起設立で作ろうが募集設立で作ろうが、成立後の株式会社に違いはありませんので、登記すべき事項は同じなんです。また、登録免許税は資本金の額が基準となりますので、これも同じです。

(1) 登記の事由

【発起設立】

「年月日発起設立の手続終了」と記載します。

年月日は、以下のいずれか遅い日を記載します。

①設立時取締役等による調査が終了した日

②発起人が定めた日

【募集設立】

「年月日募集設立の手続終了」と記載します。

年月日は、以下のいずれか遅い日を記載します。

①創立総会の終結の日

②会社法911条２項２～５号の日

発起設立でも募集設立でも、年月日は登記期間の起算日を記載するということです。登記の事由または登記すべき事項に記載する年月日は、登記期間の起算日だからです。また、登記すべき事項ではなく登記の事由に年月日を記載するのは、新設型の登記だからです（P42の「年月日の記載」）。

(2) 登記すべき事項

株式会社の設立の登記の登記すべき事項は、会社法911条3項に規定されています。P29～34[1]には、設立の登記の登記すべき事項以外も記載していますが、P29～34[1]にあるかどうかを0.1秒も考えることなく拾えるようになるのを、本試験までの目標にしてください。

(3) 登録免許税

資本金の額の7/1000（計算した税額が15万円に満たないときは、申請件数1件につき15万円）です（登免法別表第1.24.（1）イ）。

「最低15万円は納付しろ！」ということです。上記申請例1は、計算すると「1500万円×7/1000＝10万5000円」になりますが、10万5000円では済まず、15万円を納付する必要があります。私の株式会社も、資本金の額が300万円なのですが、15万円も納付しました……。

(4) 添付書面

添付書面も、基本的にP74のStep1～4の段階に分けてみていきましょう。

(a) 定款（Step1）

・[定款]（商登法47条2項1号）

発起設立でも募集設立でも、公証人の認証を受けた定款を添付する必要があります。

新設型の登記→定款

新設型の登記においては、基本的に定款を添付します。登記記録を新たに起こすので、定款を添付してどのような法人であるかを示すことが求められるのです。

※他の法人の定款

法人が発起人となることもできます（P73 の表の左の②）。その場合、発起人となった法人の定款を添付する必要はありません（登研 187P77）。上記の「定款」とは、あくまで設立する株式会社の定款です。商業登記において、他の法人の定款を添付することは基本的にはありません。

(b) 株主（Step2）

①[発起人全員の同意書]（商登法47条3項）

以下のことを証するために添付します。

【発起設立・募集設立】

・発起人が割当てを受ける設立時発行株式の数（P82①）

・上記の設立時発行株式と引換えに発起人が払い込む金銭の額（P82②）

・成立後の株式会社の資本金の額および資本準備金の額（P82③）

・発行可能株式総数の定めの設定・変更（P81③）

「発行可能株式総数の定めの設定・変更」は、募集設立だと創立総会議事録が証する書面となることもあります。創立総会で決めることもあるからです（P80の右の②）。

【募集設立】

・設立時募集株式の引受人を募集することの決定（P91（1））

・募集事項の決定（P91（2））

②（通知→申込み→割当て）設立時募集株式の引受けの申込みを証する書面
（総数引受契約）総数引受契約を証する書面
（商登法47条2項2号）

【募集設立】

募集設立の場合、「通知→申込み→割当て」の手続をしたか（P91～92（3）（4）（5））、総数引受契約の手続をしたか（P92※）に応じて、上記の書面を添付する必要があります。

※「『通知→申込み→割当て』の代わりが総数引受契約なら、『通知→申込み→割当て』の手続をした場合には通知をしたことを証する書面や割当てをしたことを証する書面も必要なのでは？」と思われたかもしれません。しかし、通知をしたことを証する書面については、P67⑤の考え方があります。また、割当てについては、決定する機関が明確に法定されていません（会社法60条1項前段）。登記官は、条文などに「発起人の過半数による」などとあれば、「発起人の過半数の一致があるかな？」とチェックできます。しかし、明確な規定がないと困ってしまうんです。よって、ちょっと違和感はありますが、割当てについての書面は何も添付しないとされています。

※利益相反取引

募集設立において、たとえば、発起人であるAが代表取締役を務める株式会社が設立時募集株式の引受けの申込みをする場合、その株式会社において利益相反取引となります。その株式会社にとっては、取締役であるAに

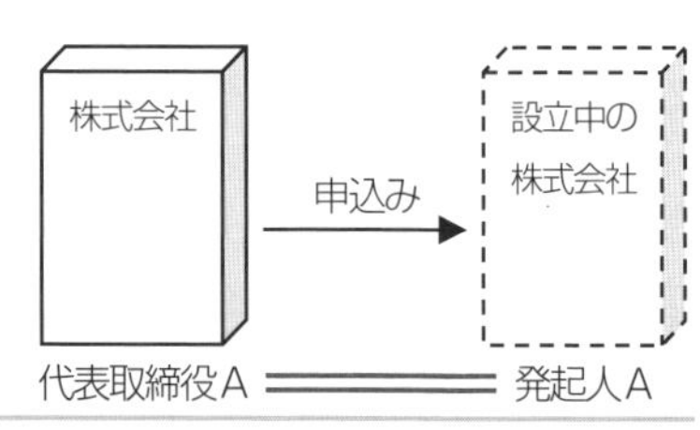

対して申込みをしているようなものだからです。しかし、設立の登記の申請書に、その株式会社において利益相反取引の承認を受けたことを証する書面を添付する必要はありません（昭61.9.10民四6912）。

設立時募集株式の引受人となる株式会社において利益相反取引になるかまでは、登記官が判断することはできないからです。このことは、Ⅱのテキスト第3編第4章第2節で学習する募集株式の発行等でも同じです（登研457P121参照）。

③出資を証する書面

金銭出資（下記ⅰ）と現物出資（下記ⅱ）で分けて考えましょう。

ⅰ　金銭出資

（ⅰ）払込みがあったことを証する書面（商登法47条2項5号）

【発起設立】

発起設立の場合に、金銭出資がされたときに添付します。

具体的には、以下のアまたはイのいずれかの書面が当たります。

ア　銀行などの払込取扱機関が作成した払込金受入証明書

これは、払込金保管証明書（P94※）とは違います。払込金保管証明書と違い、銀行などに責任が生じません。手数料を支払うことで銀行などが作成してくれる払込金の受入れを証する書面です。

イ　設立時代表取締役（設立時代表執行役）が作成した払込取扱機関に払い込まれた金額を証する書面に、下記（ア）または（イ）の書面のいずれかを合綴（ホッチキス止め）したもの

実務では、この方法を採ることが多いです。まず、「○○円の払込みがあったよ」と設立時代表取締役（設立時代表執行役）が証明書を作成します。それだけでは信用できないので、その証明書に以下の（ア）または（イ）の書面のいずれかをホッチキス止めします。

（ア）銀行などの払込取扱機関の口座の通帳の写し（コピー）

払込金額が入金されたことを確認できるものである必要があります。入金記録の一部が欠落しているとダメです。

しかし、登記申請日に払込金額の残高があることを確認できるものである必要はありません。登記申請日までに入金された金銭を引き出しても構わないということです。

入金の時期は、定款の作成や発起人全員の同意がある前でも OK です（令4.6.13民商286）。実務では、定款の認証後にすぐに登記申請をすることがあります（私の株式会社は、定款の認証が完了してから2時間以内に申請しました）。これができるのは、事前に入金することが認められているからなんです。

要は

……と記載しましたが、実務経験のない方は、なかなか頭に入らないですよね。要は、**払込金額が入金されたことを証すればOK**ということです。コピーするのも、通帳の表紙と入金ページだけで構わないとされています。

なお、口座の名義人は、以下の者であればOKです（平29.3.17民商41）。

・発起人
・設立時代表取締役
・設立時取締役

（イ）取引明細表その他の銀行などの払込取扱機関が作成した書面

これも、銀行などが作成してくれる書面です。入金した証明書になります。たとえば、発起人が紙の通帳を持っていないときに使えます。実は私がそうだったんですが、私は紙の通帳は使わないので、発行してもらっていませんでした。なので、取引明細表を作成してもらいました。

上記（ア）（イ）の「払込取扱機関」には、邦銀の海外支店（ex. 日本の銀行のニューヨーク支店）も含まれます（平28.12.20民商179）。

（ii）払込金保管証明書（商登法47条2項5号かっこ書）

【募集設立】

募集設立は、上記（i）の払込みがあったことを証する書面（通帳の写しなど）ではダメです。銀行などに責任が生じる払込金保管証明書（P94※）を添付しなければなりません。

ii　現物出資

（i）調査報告書など

ア　検査役の調査報告書及びその附属書類（商登法47条2項3号イ）

検査役の調査がされた場合（P87のア）に添付します。

イ　設立時取締役（及び設立時監査役）の調査報告書及びその附属書類（商登法47条2項3号イ）、ならびに、以下の表の書面

検査役の調査が省略された場合（P88～89のイ）に添付します。検査役の調査が省略された場合、設立時取締役（設立時監査役）がこれらの財産の価額の相当性や専門家の証明の相当性を調べるからです（P101①②）。この書面を作成すべき設立時取締役（設立時監査役）は、募集設立でも創立総会に出席した者に限られず、すべての設立時取締役（設立時監査役）です。

この場合、検査役の調査が省略できる以下の場合に該当することを証する書面として、さらに添付書面が必要となることがあります。

	添付書面
①定款に書かれた現物出資・財産引受けの対象となる財産の価額の総額が500万円を超えない場合	＊特別な添付書面は不要です。500万円を超えないことは、定款に書かれます（P86①②）。そして、定款は必ず添付しますので（P107（a））、定款から500万円を超えないことが明らかになります。
②定款に書かれた現物出資・財産引受けの対象となる財産が市場価格のある有価証券であって、定款に書かれた価額が市場価格を超えない場合	有価証券の市場価格を証する書面（商登法47条2項3号ロ） ex. 有価証券が株式であれば、株価が掲載されている新聞が当たります（平2.12.25民四.5666）。 この書面の内容は、定款の認証の日における最終市場価格（その日に取引がない場合などは、その後最初にされた取引の成立価格）、または、公開買付けなどにかかる契約における価格のうち、いずれか高い額を証するものである必要があります（会社施行規6条）。
③定款に書かれた現物出資・財産引受けの対象となる財産の価額が相当であることについて、弁護士、弁護士法人、弁護士・外国法事務弁護士共同法人、公認会計士、監査法人、税理士または税理士法人の証明（＊）を受けた場合 ＊財産が不動産である場合には、これらの者の証明に加えて不動産鑑定士の鑑定評価も必要	弁護士等の証明を記載した書面及びその附属書類（商登法47条2項3号ハ） 現物出資・財産引受けの対象となる財産が不動産の場合は、不動産鑑定士の鑑定評価を記載した書面及びその附属書類も必要です。固定資産税評価証明書などでは、ダメです。これは、役所で数百円で取得できる証明書ですから、さすがにダメです。 なお、これらの専門家の資格を証する書面（ex. 弁護士登録をしていることを証する書面、税理士の資格を証する書面）の添付は不要です（平14.12.27民商3239）。

（ⅱ）資本金の額の計上に関する証明書（商登規61条9項）

＊正式名称は、「資本金の額が会社法および会社計算規則の規定に従って計上されたことを証する書面」です。しかし、開示請求答案の分析の結果、「資本金の額の計上に関する証明書」でも減点されないと推測されるので、このテキストでは「資本金の額の計上に関する証明書」と表記します。

これは、以下のような書面です。

実際の書面を見てみよう4 ―― 資本金の額の計上に関する証明書

資本金の額の計上に関する証明書

①払込みを受けた金銭の額（会社計算規則第43条第1項第1号）

金1000万円

②給付を受けた金銭以外の財産の給付があった日における当該財産の価額（会社計算規則第43条第1項第2号）

金500万円

③①＋②

金1500万円

資本金の額1500万円は、会社法第445条及び会社計算規則第43条の規定に従って計上されたことに相違ないことを証明する。

令和6年6月28日

リアリスティックジャパン株式会社

代表取締役　秀英　一郎

この書面は、資本金の額が適法に計上されたことを証するために添付します。

資本金の額の計上に関する証明書の添付の基本的な判断基準

基本的には、**資本金の額が登記事項となる設立の登記**をする場合または**資本金の額の増加の登記**をする場合であって、以下のいずれかのときに添付します。

・**自己株式の交付があり得る**とき

自己株式の評価について、疑義が生じ得るからです。

「あり得る」とあり、自己株式の交付があり得る登記であれば、自己株式の交付がない場合にも添付するのは、自己株式の交付がないことを証するためです。

・**現物出資がある**とき

現物出資の対象となる財産の評価について、疑義が生じ得るからです。

設立の登記では、自己株式の交付はあり得ません。成立前から株式会社が自己株式を保有していることはないからです。よって、設立の登記では、現物出資があるかのみが問題となります。金銭出資のみの場合はこの添付書面は不要であり（平 19.1.17 民商 91)、現物出資がある場合のみ添付します。

（c）機関（Step３）

①発起人の過半数の一致があったことを証する書面（商登法 47 条３項)

【発起設立】

発起設立の場合、設立時役員等は発起人の議決権の過半数で選任しますので (P99)、これが設立時役員等の選任を証する書面となります。

【非取締役会設置会社】

非取締役会設置会社の場合、原則として設立時代表取締役は発起人の過半数で選定しますので（P100（２))、これが設立時代表取締役の選定を証する書面となります。

②創立総会議事録（商登法 47 条２項９号)

【募集設立】

募集設立の場合、設立時役員等は創立総会で選任しますので（P99)、これが設立時役員等の選任を証する書面となります。

③設立時取締役の過半数の一致があったことを証する書面（商登法 47 条２項７号)

【取締役会設置会社】

取締役会設置会社の場合、原則として設立時代表取締役は設立時取締役の過半数で選定しますので（P100（２))、これが設立時代表取締役の選定を証する書面となります。また、指名委員会等設置会社においては、設立時委員・設立時執行役・設立時表執行役の選定・選任を証する書面にもなります（P100（3））。

④就任承諾書（商登法47条2項10号、11号イ）

設立時役員等、取締役会設置会社の設立時代表取締役、設立時委員、設立時執行役および設立時代表執行役は、就任する者の就任承諾もあってこれらの地位に就きます。基本的に成立後の株式会社と同じ考え方です。よって、これらの者の就任承諾書が必要です。

⑤本人確認証明書（商登規61条7項）

設立時取締役、設立時監査役および設立時執行役は、本人確認証明書の添付を求められる役員等です（P327の2.）。よって、P328～329（2）②に当たらない限り、本人確認証明書を添付する必要があります。具体的には、住民票の写しなどが当たります（P330の4.）。なお、P328（2）①（再任の登記の場合の省略）はあり得ません。設立の登記なので、再任であることが絶対にないからです。

⑥印鑑証明書（市区町村長が作成したもの。商登規61条4項、5項）

印鑑証明書の添付は、以下の2点について考える必要があります。

・就任承諾書に押印した印鑑についての証明書（商登規61条4項、5項。P379（i））

→　（非取締役会設置会社）設立時取締役の印鑑証明書を添付（商登規61条4項前段。P379の表の左の①）

（取締役会設置会社）設立時代表取締役の印鑑証明書を添付（商登規61条5項。P379の表の右の①）

P379のイの例外はあり得ません。設立の登記なので、再任は絶対にないからです。

・選定を証する書面に押印した印鑑についての証明書（商登規61条6項。P380～382（ii））

これは変更の登記の場合のハナシです。設立の登記の場合は、不要です（P381※）。

（d）その他

①発起人の過半数の一致があったことを証する書面（商登法47条3項）または創立総会議事録（商登法47条2項9号）

発起人が過半数の一致または創立総会によって、たとえば以下のことを決定した場合に添付します。

ex1. 本店の所在場所

定款に「当会社の本店は、東京都新宿区に置く。」などとしか書いていなければ、発起人の過半数の一致または創立総会により、「当会社の本店は、東京都新宿区新宿一丁目１番１号に置く。」などと定める必要があります（昭40.5.24民事甲1062）。本店は、所在場所が登記事項だからです（会社法911条３項３号）。

ex2. 支店の所在場所

支店を置く場合、発起人の過半数の一致または創立総会により、「大阪府大阪市中央区中央一丁目１番地１に支店を置く。」などと置く所在場所を定める必要があります。支店については、定款に記載する必要はありません。

ex3. 株主名簿管理人

株主名簿管理人を置くには、以下の手続を経る必要があります。成立後（P188 の2.）に類似しています。添付書面も、以下の手続に従って考えます。

・株主名簿管理人を置く旨を定款で定める（→定款を添付。商登法47条２項１号）

↓

・発起人の過半数の一致または創立総会で株主名簿管理人を定める（→発起人の過半数の一致があったことを証する書面または創立総会議事録を添付。商登法47条３項、２項９号）

↓

・上記の発起人の決定または創立総会の決議に基づき発起人の代表が株主名簿管理人と契約をする（→株主名簿管理人との契約を証する書面を添付。商登法47条２項６号）

発起人が上記のことを決められるのは、設立中の株式会社のことを決めるのは基本的には発起人だからです（P102の「設立時取締役って仕事はあるの？」）。

創立総会が上記のことを決められるのは、創立総会は募集設立において成立前の総意を決める機関だからです。

②委任状（商登法18条）

原始定款に書いてしまう

添付書面を長々とみてきましたが、原始定款に書いてしまうことができる事項もあります（P83※、P101※）。**定款に書いてしまった事項は、定款がそれらを証する書面となります。**なお、定款で設立時役員等を定めた場合に、設立時役員等が発起人と同一であるときには、就任承諾書は、定款の記載を援用することができます。

第3節　設立関与者の責任

設立の最後は、設立の手続の過程で株式会社や第三者に損害が生じてしまった場合などに誰がどのような責任を取るのか、というハナシをみていきます。

1　責任の内容

1．株式会社に対する責任

株式会社の成立後（P518～519の1.）と同じように、設立時取締役などは、その任務を怠ったときは、株式会社に対し、任務懈怠によって株式会社に生じた損害を賠償する責任を負います（会社法53条1項）。設立中の行為についても、任務懈怠責任があるわけです。

2．第三者に対する責任

株式会社の成立後（P530　の1.）と同じように、設立時取締役などは、職務を行うについて悪意または重大な過失があったときは、これによって第三者に生じた損害を賠償する責任を負います（会社法53条2項）。

ここまでは成立後と同じです。しかし、成立後と異なる点があります。それは、上記1.と2.の責任を負うことがある者です。

責任を負うことがあるかどうかの判断基準

責任を負うことがあるのは、**設立中に仕事がある者**です。

責任を負うことがある者	責任を負うことがない者
①**発起人**（会社法53条1項、2項） ②**設立時取締役**（会社法53条1項、2項） ③**設立時監査役**（会社法53条1項、2項） 発起人だけでなく、設立時取締役や設立時監査役にも仕事があります（P101～102の2.など）。	①**設立時会計参与** ②**設立時会計監査人** 設立中は、まだ会計の仕事はありません。会計は事業活動を前提としたものですが、設立中はまだ事業活動を開始していません。

3．現物出資・財産引受けの対象となる財産の不足額てん補責任

（1）意義

現物出資・財産引受けの対象となった財産の株式会社の成立時の価額が定款で定めた価額に著しく不足するときは、以下の①②の者は株式会社に対して連帯して不足額を支払う義務を負います（会社法52条1項）。

①発起人
②設立時取締役
※設立時監査役も価額の相当性の調査を行うので（P101①）責任を負ってもよさそうです。しかし、設立時監査役は伝統的にこの責任を負わないとされています。

（2）趣旨

現物出資・財産引受けがあっても、検査役の調査が不要となる場合があります。検査役の調査がされないと、不足額が生じる危険性が高くなります。そこで、発起人と設立時取締役がこの責任を負うとされました。

（3）責任が生じない場合

ただ、以下のいずれかの場合には、発起人と設立時取締役の責任は生じません。

発起設立	募集設立
①**検査役の調査を受けた場合**（会社法52条2項1号） 検査役の調査がされないと不足額が生じる危険性が高くなるという理由で導入された責任なので、検査役の調査を受けたときは責任は生じません。 ②**発起人または設立時取締役が職務を行うにつき注意を怠らなかったことを証明した場合**（会社法52条2項2号） 無過失であることを証明すれば責任が生じません（過失責任）。	①**検査役の調査を受けた場合**（会社法103条1項、52条2項1号） これは、左の①と同じ理由です。 ※左の②と異なり、発起人と設立時取締役は、注意を怠らなかったことを証明しても責任を負います（無過失責任）。募集設立の場合、設立時募集株式の引受人がいます。設立時募集株式の引受人が、「聞いていた額の財産が株式会社に入っていない……」という事態はマズイので、責任が厳しくなっているんです（P73の「厳格な手続」）。

※上記①または②（募集設立の場合は①）の場合でも、現物出資をした者または財産引受けの譲渡人である発起人は、責任を負います（会社法 52 条2項柱書かっこ書、103 条1項)。つまり、価額が不足する財産を出した張本人は、上記①または②（募集設立の場合は①）では責任を逃れられないということです。張本人は、いわば財産の売主の地位にあります。よって、検査役の調査があろうが無過失だろうが、価額が不足する財産を出すことで許すべきではないんです。

問題の解き方

設立で不足額てん補責任について問われたら、**まずは張本人についての肢がないかを探して**ください。張本人は上記①または②（募集設立の場合は①）によって責任を逃れられないので、張本人についての肢は、発起設立と募集設立で違いがある上記①または②の検討をしないで済みます。

（4）弁護士などの専門家の責任

弁護士などの専門家が財産の価額が相当であることを証明した場合（P88③）に、現物出資・財産引受けの対象となった財産の株式会社の成立時の価額が定款で定めた価額に著しく不足するときは、弁護士などの専門家も、発起人と設立時取締役と連帯して株式会社に対して不足額を支払う義務を負います（会社法 52 条3項本文)。

責任を取るのがプロですからね。

ただし、以下の場合には、責任を負わなくて済みます。

・証明をするについて注意を怠らなかったことを証明したとき（会社法 52 条3項ただし書）

張本人ではないので、逃れる手段はあるわけです。

※「検査役の調査を受けたとき」がないのは、弁護士などの専門家が財産の価額が相当であることを証明したときは検査役の調査がされないからです（会社法 33 条 10 項3号)。

4．仮装払込み・仮装給付の責任

（1）意義

「仮装払込み」とは、たとえば、見せ金のことです。「見せ金」とは、出資の際、第三者から出資金を借り入れて払込みをし、株式会社の成立後にすぐに出資金を引き出して第三者に返済をすることです。第三者からお金をちょっとだけ借りて出資金があるように見せかけるということです。

このような仮装払込み・仮装給付があった場合には、以下の①②の者は、仮装した出資の金銭の全額の支払義務・現物出資の対象となった財産の全部の給付義務を負います。

①仮装払込み・仮装給付をした発起人（会社法52条の2第1項）、仮装払込みをした設立時募集株式の引受人（会社法102条の2第1項）
②仮装払込み・仮装給付に関与した発起人、設立時取締役（会社法52条の2第2項本文、103条2項本文、会社施行規7条の2、18条の2）

cf. 預合い
見せ金以外に、「預合い」というものがされることもあります。預合いとは、払込取扱機関（銀行など）の職員と通謀して出資金の払込みを仮装することです。発起人、設立時取締役、設立時監査役などが預合いを行うと、刑事罰（5年以下の懲役〔*〕または500万円以下の罰金）に処せられます（会社法965条）。
*令和4年6月の改正により、懲役刑と禁錮刑は拘禁刑に一本化されることになりました。この改正は、令和4年6月から3年以内に施行されます。

（2）趣旨
かつては、仮装払込み・仮装給付が判明しても、仮装払込み・仮装給付をした者が設立時発行株式を取得できなくなるだけでした。払込みや給付の義務が規定されていなかったんです。しかし、それだと、仮装払込み・仮装給付があることを知らなかった株主からすると「これくらい出資がされると聞いていたのに……。ハナシが違う！」となります。そこで、平成26年の改正で、仮装した出資の支払義務・給付義務が課せられました。

（3）責任が生じない場合
この責任も、生じない場合があります。

上記（1）②の「仮装払込み・仮装給付に関与した発起人、設立時取締役」の責任は、職務を行うについて注意を怠らなかったことを証明したときは生じません（会社法52条の2第2項ただし書、103条2項ただし書）。
※上記（1）①の「仮装払込み・仮装給付をした発起人、仮装払込みをした設立時募集株式の引受人」の責任は、職務を行うについて注意を怠らなかったことを証明しても生じます。これらの者は、仮装払込み・仮装給付をした張本人だからです。やはり張本人は、この方法で責任を逃れることはできないんです。

（4）株主権の行使

仮装払込み・仮装給付がされた設立時発行株式の株主権（議決権など）は、いつから行使できるでしょうか。「仮装払込み・仮装給付をした株主」と、その仮装払込み・仮装給付をした株主から「設立時発行株式を譲り受けた者」（設立時発行株式の譲渡があった場合）で、分けて考える必要があります。

仮装払込み・仮装給付をした株主	設立時発行株式を譲り受けた者
上記（1）の支払義務・給付義務が履行された後に行使可 （会社法52条の2第4項、102条3項） 払込み・給付がされていないのに株主権の行使ができると、他の株主との関係で不公平となるからです。	**善意無重過失で譲り受けたなら、上記（1）の支払義務・給付義務が履行されていなくても行使可** （会社法52条の2第5項、102条4項） 設立時発行株式を譲り受けた者からすると、仮装払込み・仮装給付をした株主が出資を仮装したとは知らず、きちんと出資がされていると思っています。よって、保護する必要があるんです。

5．株式会社が不成立の場合の責任

株式会社が不成立のとき、つまり、設立の登記まで至らなかったときは、誰が責任を負うでしょうか。発起人です（会社法56条）。設立の手続をメインで進めてきた発起人が責任を負うんです。株式会社が不成立のとき、発起人は以下の①②の責任を負います。

①株式会社の設立に関してした行為の責任（会社法56条）
ex. 設立時発行株式の払込金・現物出資の目的物の返還義務
②株式会社の設立に関して支出した費用の負担（会社法56条）
ex. 定款の認証の手数料

6．擬似発起人の責任

「擬似発起人」とは、募集設立にあたって、発起人ではないが、募集の広告などに自分の氏名または名称および株式会社の設立を賛助する旨を書くことを承諾した者のことです（会社法 103 条4項）。名前を貸したということです。出資金を集めやすくなるよう、著名人（政治家など）が名前を貸すことがあります。「○○さんが発起人なら、信用できる株式会社なんだろう」と考えて出資する人もいます。

この擬似発起人は、発起人とみなされ、上記1.～5.の責任を負います（会社法103条4項）。

「○○さんが発起人なら」と考えて出資した人を保護するため、名前を貸した擬似発起人に責任を取らせるんです。

2 責任の免除

上記1でみてきた責任ですが、基本的には総株主の同意があれば免除できます（会社法55条、102条の2第2項、103条3項）。株式会社は株主のものなので、株主が「いいよ」と言えば免除できるんです。債権者が債務者の債務を免除できる（民法519条）のと、同じ理屈です。

ただし、総株主の同意があっても免除できない責任もあります。

総株主の同意で免除できる責任（○）	総株主の同意で免除できない責任（×）
①**株式会社に対する責任**（会社法55条、53条1項、103条4項。上記1 1.） ②**現物出資・財産引受けの対象となる財産の不足額てん補責任**（会社法55条、52条、103条4項。上記1 3.） ③**仮装払込み・仮装給付の責任**（会社法55条、52条の2、102条の2第2項、103条3項、4項。上記1 4.）	①**第三者に対する責任**（会社法53条2項、103条4項。上記1 2.） これは第三者に対しての責任です。"第三者に"対しての責任を"株主が"免除することはできません。株主に免除されたら、第三者もビックリです……。 ②**株式会社が不成立の場合の責任**（会社法56条、103条4項。上記1 5.） 株式会社が不成立なので、株主がいません。

第2章　株式

第1節　株式とは？

1　意義

株式：均等に細分化された割合的単位の形をとる株式会社の社員たる地位

イメージの湧きにくい定義ですね……。世間での株式に対するイメージは、安く買って高く売ることで差益を得る、だと思います。株式投資はそうです。しかし、そもそも株式とは「株式会社の社員（株主）たる地位」のことです。株主の地位があると、下記3の株主の権利（ex. 株主総会の議決権、剰余金の配当を受ける権利）を有します。この地位は、株式数に応じて、「均等」に「細分化」されています。

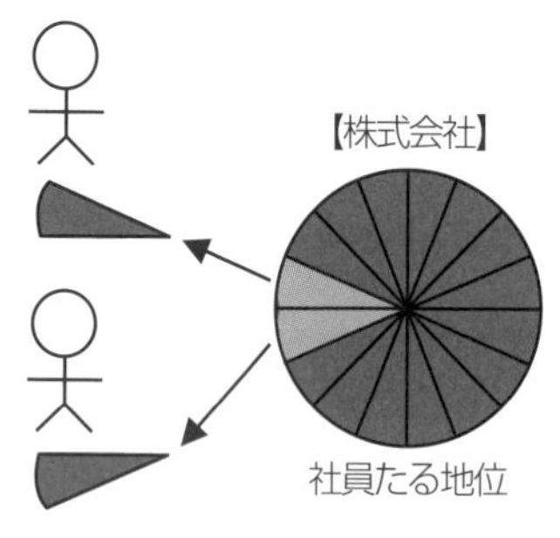

2　趣旨

均等だと1株1株は平等なので、安心できます。細分化されていると、1株の値段が下がり、出資がしやすくなります。つまり、安心して多数の者が株主になれるよう、株式は株式会社の社員たる地位を均等に細分化したものとなっているんです。

3　株主の権利

株主の権利の内容は、単独株主権（下記1.）と少数株主権（下記2.）の2つに分けることができます。

＊以下の表に、単独株主権と少数株主権をまとめています。思い出し方を記載していますが、まだ学習していない内容もあります。いきなりすべてを記憶するのは難しいので、たまに以下の表に戻ってきて、徐々にストックしてください。

1. 単独株主権

単独株主権：1株保有していれば行使できる権利

単独株主権には、以下の表のような権利があります。以下の表にある権利は、1株でも保有していれば認められます。ただ、公開会社だと、6か月前から保有していることが要件となる権利もあります。

単独株主権	公開会社の保有期間
①**剰余金の配当を受ける権利**（会社法105条1項1号。P301の一）	
②**残余財産の分配を受ける権利**（会社法105条1項2号。P301の二）	
③**議決権**（会社法105条1項3号、308条1項本文。P289（1）、P301の三）	
④**全部取得条項付種類株式の取得の差止請求権**（会社法171条の3。P206（3））	
⑤**売渡株式等の取得の差止請求権**（会社法179条の7第1項。P219の3.）	
⑥**株式の併合の差止請求権**（会社法182条の3。P238（2））	
⑦**非取締役会設置会社における株主総会の議題提案権**（会社法303条1項。P286①）	
⑧**株主総会の議案提出権**（会社法304条。P287②）	
⑨**非取締役会設置会社における株主総会の議案の要領通知請求権**（会社法305条1項本文。P287～288③）	
⑩**取締役会の招集請求権**（会社法367条。P400～401③）	
⑪**募集株式の発行等の差止請求権**（会社法210条。Ⅱのテキスト第3編第4章第2節2 1.（3）（a））	
⑫**募集新株予約権の発行の差止請求権**（会社法247条）	
⑬**組織再編の差止請求権**（会社法784条の2、796条の2、805条の2。Ⅱのテキスト第5編第7章）	
⑭**株式会社の組織に関する訴え（会社の解散の訴えを除く）を提起する権利**（会社法828～831条。Ⅱのテキスト第6編第2章2）	
⑮**売渡株式等の取得の無効の訴えを提起する権利**（会社法846条の2。Ⅱのテキスト第6編第3章2）	
⑯**各種書類等の閲覧・謄写などの請求権**（会社法125条2項、318条4項、371条2項、378条2項、394条2項、399条の11第2項、413条3項、442条3項、775条3項、782条3項、791条3項、4項、794条3項、801条4項、803条3項、811条3項。P185～186（2）、P304（3）、P406（3）、P421（2）、P461（3）、P484～485の1.、P501（c）、Ⅱのテキスト第3編第5章第2節2 6.（2）（b）、第5編第2章2）	
⑰**取締役・執行役の違法行為差止請求権**（会社法360条、422条、P435cf.）	6か月間
⑱**株主代表訴訟を提起する権利**（会社法847条、847条の2。Ⅱのテキスト第6編第4章1 2.（1）（3））	

思い出し方

①**差止請求権**は単独株主権です（上記④～⑥、⑪～⑬、⑰）。

不正行為などは差し止めたほうがいいですから、１株しか保有しない株主にも認められているんです。

②**訴え**を提起する権利は原則として単独株主権です（上記⑭、⑮、⑱）。

Ⅱのテキスト第６編第２章で説明しますが、上記⑭の「組織に関する訴え」に会社関係の訴訟の多くが含まれます。

2．少数株主権

少数株主権：一定割合または一定数の株式を保有する株主しか行使できない権利

少数株主権には、以下の表のような権利があります。やはり、公開会社だと、６か月前から保有していることが要件となるものもあります。

<table>
<tr><th>少数株主権</th><th>議決権</th><th>持株数</th><th>公開会社の保有期間</th></tr>
<tr><td>①株主総会の招集請求権（会社法297条1項。P281 i）</td><td>3/100</td><td rowspan="4"></td><td rowspan="4">6か月間</td></tr>
<tr><td>②株主総会の検査役選任請求権（会社法306条1項、2項。P282 i）</td><td>1/100</td></tr>
<tr><td>③取締役会設置会社における株主総会の議題提案権（会社法303条2項。P286～287①）</td><td>1/100
or
300個</td></tr>
<tr><td>④取締役会設置会社における株主総会の議案の要領通知請求権（会社法305条1項ただし書。P287～288③）</td><td>1/100
or
300個</td></tr>
<tr><td>⑤業務執行検査役の選任請求権（会社法358条1項）
＊これは、業務執行に関して不正行為などの疑いがあるときに、調査をする検査役の選任を裁判所に申し立てる権利です。</td><td>3/100</td><td>3/100</td><td rowspan="2"></td></tr>
<tr><td>⑥取締役・取締役会による任務懈怠責任の一部免除に対する異議申立権（会社法426条7項。P523（c））</td><td>3/100</td><td></td></tr>
</table>

少数株主権	議決権	持株数	公開会社の保有期間
⑦**支配株主の異動を伴う公開会社の募集株式の発行等に対する異議申立権**（会社法206条の2第4項本文。Ⅱのテキスト第3編第4章第2節 2 4.（1）（c）ⅲ（ⅱ））	1/10		
⑧**会計帳簿の閲覧・謄写請求権**（会社法433条1項。Ⅱのテキスト第3編第5章第1節 3 ）	3/100	3/100	
⑨**清算人の解任を裁判所に請求する権利**（会社法479条2項、3項。Ⅱのテキスト第3編第8章 3 2.（2）（d）ⅱ（ⅱ））	3/100	3/100	6か月間
⑩**解散の訴えを提起する権利**（会社法833条1項。Ⅱのテキスト第6編第2章 2 ）	1/10	1/10	
⑪**多重代表訴訟を提起する権利**（会社法847条の3。Ⅱのテキスト第6編第4章 2 2.）	1/100	1/100	6か月間
⑫**役員の解任の訴えを提起する権利**（会社法854条。Ⅱのテキスト第6編第5章 1 ）	3/100	3/100	

思い出し方

公開会社でも、6か月前から株式を保有している必要がないものは、ふりがなをふってあるところを取って「即（6か月不要）、しはいし、かい、かいぎだ！」「いぎないです……」と思い出してください。

第2節　株式の内容と種類株式

会社法107条（株式の内容についての特別の定め）

1　株式会社は、その発行する全部の株式の内容として次に掲げる事項を定めることができる。

一　譲渡による当該株式の取得について当該株式会社の承認を要すること。

二　当該株式について、株主が当該株式会社に対してその取得を請求することができること。

三　当該株式について、当該株式会社が一定の事由が生じたことを条件としてこれを取得することができること。

会社法108条（異なる種類の株式）

1　株式会社は、次に掲げる事項について異なる定めをした内容の異なる2以上の種類の株式を発行することができる。ただし、指名委員会等設置会社及び公開会社は、第9号に掲げる事項についての定めがある種類の株式を発行することができない。

一　剰余金の配当

二　残余財産の分配

三　株主総会において議決権を行使することができる事項

四　譲渡による当該種類の株式の取得について当該株式会社の承認を要すること。

五　当該種類の株式について、株主が当該株式会社に対してその取得を請求することができること。

六　当該種類の株式について、当該株式会社が一定の事由が生じたことを条件としてこれを取得することができること。

七　当該種類の株式について、当該株式会社が株主総会の決議によってその全部を取得すること。

八　株主総会（取締役会設置会社にあっては株主総会又は取締役会、清算人会設置会社（第478条第8項に規定する清算人会設置会社をいう。以下この条において同じ。）にあっては株主総会又は清算人会）において決議すべき事項のうち、当該決議のほか、当該種類の株式の種類株主を構成員とする種類株主総会の決議があることを必要とするもの

九　当該種類の株式の種類株主を構成員とする種類株主総会において取締役（監査等委員会設置会社にあっては、監査等委員である取締役又はそれ以外の取締役。次項第9号及び第112条第1項において同じ。）又は監査役を選任すること。

1 意義

株式会社は、全部の株式の内容として、または、種類株式として、特別な内容の株式を発行する定めを設けることができます。単一株式発行会社（種類株式発行会社でない株式会社）と種類株式発行会社で、定められる内容が違います。

単一株式発行会社 （全部の株式の内容として定められる内容）	種類株式発行会社 （種類株式の内容として定められる内容）
	①**剰余金の配当**（会社法108条1項1号）
	②**残余財産の分配**（会社法108条1項2号）
	③**議決権制限株式**（会社法108条1項3号）
④**譲渡制限株式**（会社法107条1項1号）	④**譲渡制限株式**（会社法108条1項4号）
⑤**取得請求権付株式**（会社法107条1項2号）	⑤**取得請求権付株式**（会社法108条1項5号）
⑥**取得条項付株式**（会社法107条1項3号）	⑥**取得条項付株式**（会社法108条1項6号）
	⑦**全部取得条項付種類株式**（会社法108条1項7号）
	⑧**拒否権付種類株式**（会社法108条1項8号）
	⑨**取締役・監査役の選解任権付種類株式**（会社法108条1項9号）

上記の表の内容以外の株式を発行する旨の定めを設けることは、できないと解されています（限定列挙）。
ex. 特定の種類株式のみ複数の議決権を有するとすることはできないと解されます。

2 趣旨

種類株式は、種類株式ごとに株式の内容が異なりますので、株主平等の原則（P289（1））に反するのではないかという指摘もできなくはありません。しかし、経済的な必要性から、認められています（P11の「会社法を見る重要な視点」）。平等を徹底すると、効率良く金儲けをすることができなくなってしまいかねないんです。種類株式を活用すれば、たとえば、以下のような株主のニーズに応えられます。
ex. 経営は行うが、剰余金の配当にはあまり興味がない株主（ex. 創業者である取締役）
　→　剰余金の配当は劣後するが（上記1の表の右の①）、株主総会の決議について拒否権のある（上記1の表の右の⑧）種類株式を発行する

経営には興味がなく、剰余金の配当さえもらえればよい株主（ex. 投資家）

→　剰余金の配当は優先してされるが（上記1の表の右の①）、株主総会の議決権のない（上記1の表の右の③）種類株式を発行する

ベンチャー企業の創業者は、事業を拡大していくために出資を募りたいです。しかし、出資を募ると出資者（ベンチャー企業に投資する者を「エンジェル投資家」や「ベンチャー・キャピタル（Venture Capital）」ということがあります）は、株主総会での議決権を有します。そうすると、企業が大きくなったときに、エンジェル投資家やベンチャー・キャピタルに「取締役を変えるから」といわれて、追い出される可能性があります。それを避けるために、上記 ex.の種類株式（配当は優先するが株主総会の議決権は与えない）を発行することが考えられます。

なお、上記ex.のように、種類株式の内容を組み合わせることもできます。

3 内容

この3で、上記1の株式の内容を1つ1つ説明していきます。

1．剰余金の配当（会社法 108 条1項1号。P127①）

金銭的利益は出資のインセンティブになりますので、実務で多い種類株式です。

（1）種類株式の内容としてしか定められない理由

これは、剰余金の配当について特定の株式が優先する・劣後する株式です。よって、2以上の種類の株式でないと「優先」「劣後」が成立しません。

（2）定め方

配当財産の価額の決定の方法、剰余金の配当をする条件などを定める必要があります（会社法108条2項1号）。たとえば、以下のように定め、登記（＊）します。

＊全部の株式の内容、種類株式の内容は登記事項です。種類株式発行会社の場合、発行可能種類株式総数（種類株式ごとの発行の上限数。会社法101条1項3号かっこ書）も定め、これも登記する必要があります（会社法911条3項7号）。

発行可能種類株式総数及び発行する各種類の株式の内容	普通株式　　2000株 優先株式　　1000株 　剰余金の配当については、優先株式を有する株主に対し、普通株式を有する株主に先立ち、1株について100円の剰余金を支払う

たとえば、上記2のex.のような場合に使えます。

2．残余財産の分配（会社法108条1項2号。P127②）

（1）種類株式の内容としてしか定められない理由

これは、残余財産の分配について特定の株式が優先する・劣後する株式です。よって、これも2以上の種類の株式でないと「優先」「劣後」が成立しません。

（2）定め方

残余財産の価額の決定の方法、残余財産の種類などを定める必要があります（会社法108条2項2号）。たとえば、以下のように定め、登記します。

発行可能種類株式総数及び発行する各種類の株式の内容	普通株式　2000株 優先株式　1000株 残余財産の分配については、優先株式を有する株主に対し、普通株式を有する株主に先立ち、1株について1万円の金銭を支払う

※剰余金の配当を受ける権利と残余財産の分配を受ける権利を与えない定め

剰余金の配当を受ける権利と残余財産の分配を受ける権利を与えないことができるかは、以下のとおりです。

可（○）	不可（×）
剰余金の配当を受ける権利と残余財産の分配を受ける権利の一方を与えない （会社法105条2項参照）	剰余金の配当を受ける権利と残余財産の分配を受ける権利の双方を与えない （会社法105条2項）
株式は財産権であり、財産的価値があります。剰余金ももらえない、残余財産ももらえないだと、財産的価値がまったくなくなってしまうので、ダメです。一方だけないなら、まだ財産的価値はあるのでOKです。	

3．議決権制限株式（会社法108条1項3号。P127③）

（1）種類株式の内容としてしか定められない理由

議決権制限株式は、株主総会の議決権を制限する株式です。全部の株式の内容としてしまうと、株主総会で議決権を行使できる株主がいなくなってしまいます。

（2）定め方

以下の①②の事項を定める必要があります。②は、条件がある場合に定める事項です。

①株主総会において議決権を行使することができる事項（会社法108条2項3号イ）

全部の事項について議決権を制限しても構いませんし、一部の事項（ex. 取締役の選解任）について議決権を制限しても構いません。

②議決権の行使の条件を定めるときは、その条件（会社法108条2項3号ロ）

たとえば、以下のように定め、登記します（上記②はない例です）。

発行可能種類株式総数及び発行する各種類の株式の内容	A種類株式　2000株 B種類株式　1000株 A種類株式の株主は、株主総会において議決権を有しない

たとえば、P127～128のex.のような場合に使えます。

また、上記の登記記録例のA種類株式の株主のように、株主総会の議決権がまったくない株主には、株主総会の招集通知を送る必要がありませんので（会社法298条2項かっこ書、299条1項。P284の5.）、コストカットにもなります。

(3) 発行限度

議決権制限株式**のみ**、以下の**発行限度**があります。

非公開会社	公開会社
制限なし （会社法115条参照）	**議決権制限株式の数が発行済株式の総数の1/2を超えた場合、直ちに議決権制限株式の数を発行済株式の総数の1/2以下にする措置（ex. 新株発行）をとる必要がある**（会社法115条）

公開会社は、株主がコロコロ変わります（上場企業をイメージしてください）。よって、公平性が強く要求されます。議決権制限株式の数が1/2を超えると、半数未満の株式数しか保有しない少数株主が実質的に株式会社を支配することになり、マズイです。ただ、1/2を超えたら即違法になるわけではありません。直ちに、議決権制限株式でない種類株式を発行する手続などをすればOKです。

それに対して、非公開会社は、株主が家族のみという場合も多いです（P20の「非公開株の基本イメージ」）。家族のみなら、「1/10の株式数しか保有していない母のみ議決権がある」となってもOKでしょう。母の力が強い家庭は多いですし……。

4．譲渡制限株式（会社法107条1項1号、108条1項4号。P127④）

（1）非公開会社・公開会社

非公開会社になるか公開会社になるかは、この譲渡制限株式によります（P21の2.）。

非公開会社になる場合	公開会社になる場合
①全部の株式の内容として譲渡制限株式を定めた場合 **②種類株式の内容として譲渡制限株式を定めたが、全種類の種類株式を譲渡制限株式とした場合** ex. 下記（2）の登記記録例がこの②の例です。	**①譲渡制限株式の定めがない場合** **②種類株式の内容として譲渡制限株式を定めたが、一部の種類株式を譲渡制限株式とした場合** ex. 下記（2）の登記記録例の「A種類株式及びB種類株式」を「A種類株式」に変えると、この②の例となります。

（2）定め方

以下の①②の事項を定める必要があります。②は、そのようにする場合に定める事項です。

①その株式を譲渡により取得することについてその株式会社の承認を要する旨（会社法107条2項1号イ、108条2項4号）
②一定の場合においては株式会社が承認をしたものとみなすときは、その旨およびその一定の場合（会社法107条2項1号ロ、108条2項4号）

たとえば、以下のように定め、登記します（上記②もある例です）。
＊A種類株式とB種類株式しか発行する旨の定めのない株式会社です。

株式の譲渡制限に関する規定	当会社のA種類株式及びB種類株式を譲渡により取得するには、当会社の承認を要する。当会社の株主が当会社のA種類株式及びB種類株式を譲渡により取得する場合においては、当会社が承認したものとみなす。

なお、このような定めのある株式会社が、C種類株式を発行する旨の定めを設けたら、公開会社となります。譲渡の承認を要するのは「A種類株式及びB種類株式」なので、C種類株式は譲渡の承認を要しない種類株式となります。一部でも公開株があれば公開会社です（P21の2.）。

※株主平等の原則との関係

上記の登記記録例のように、株主に対する譲渡のみ承認を不要とするなど、譲渡制限株式の内容は株式会社がかなり自由に決められます。しかし、株主平等の原則に反する定めはダメです。

認められる定め（○）	認められない定め（×）
譲受人に着目した制限 ex.「外国人に株式を譲渡する場合に限り当会社の承認を要する」	譲渡人に着目した制限 ex.「外国人株主が株式を譲渡する場合に限り当会社の承認を要する」
「外国人を差別している！」という問題ではありません。譲受人であれば、まだ株主ではないので、株主平等原則が働きません。それに対して、譲渡人だと、すでに株主なので、株主平等原則が働きます。その違いです。	

5．取得請求権付株式（会社法107条1項2号、108条1項5号。P127⑤）

（1）株主にイニシアティブ

取得請求権付株式は、株主のほうから株式会社に対して「この株式を引き取れ！そして、対価をよこせ！」と取得請求ができる株式です（会社法2条18号)。**イニシアティブ（主導権）は株主にあります**ので、株主からするともらえると嬉しい株式です。

（2）定め方

以下の①～③の事項を定める必要があります。

①株主が株式会社に対して株式の取得を請求することができる旨（会社法107条2項2号イ、108条2項5号イ）
②取得請求の期間（会社法107条2項2号へ、108条2項5号イ）
③取得の対価（会社法107条2項2号ロ～ホ、108条2項5号イ、ロ）
以下の表のものを対価とすることができます。

＊社債、新株予約権、新株予約権付社債は、まだ学習していません。社債はⅡのテキスト第3編第4章第4節、新株予約権はⅡのテキスト第3編第4章第3節、新株予約権付社債はⅡのテキスト第3編第4章第4節7で説明します。

全部の株式の内容として定める場合	種類株式の内容として定める場合
・社債 ・新株予約権 ・新株予約権付社債 ・その他の財産（ex. 金銭） ※単一株式発行会社では、「他の種類株式」が存在しないため、他の種類株式はありません。	・社債 ・新株予約権 ・新株予約権付社債 ・その他の財産（ex. 金銭） ・他の種類株式

ex1. 全部の株式の内容として定めた場合

発行する株式の内容	株主は、いつでも当会社に対して当会社の株式を時価で取得することを請求することができる。 「時価」とは、当該取得請求日に先立つ45取引日目に始まる30取引日の株式会社東京証券取引所における毎日の終値の平均値をいう。

ex2. 種類株式の内容として定めた場合

発行可能種類株式総数及び発行する各種類の株式の内容	A種類株式　　2000株 B種類株式　　1000株 　B種類株式の株主は、令和6年4月1日から令和7年3月31日までの間、当会社に対してB種類株式を取得することを請求することができる。その際、B種類株式1株の取得と引換えに、A種類株式2株を交付する。

6．取得条項付株式（会社法107条1項3号、108条1項6号。P127⑥）

（1）株式会社にイニシアティブ

取得条項付株式は、株式会社が定めた一定の事由が生じると、「この株式を没収するよ。対価はこれね。」と株式会社が株主から強制的に株式を取得する株式です（会社法2条19号）。**イニシアティブは株式会社にあります**ので、株主からするともらいたくない株式です。

（2）定め方

以下の①～④の事項を定める必要があります。②③は、そのようにする場合に定める事項です。

①一定の事由が生じた日に株式会社が株式を取得する旨および取得事由（会社法107条2項3号イ、108条2項6号イ）
②株式会社が別に定める日が到来することを上記①の取得事由とするときは、その旨（会社法107条2項3号ロ、108条2項6号イ）
③取得事由が生じた日に取得条項付株式の一部を取得することとするときは、その旨および取得する取得条項付株式の決定の方法（会社法107条2項3号ハ、108条2項6号イ）
④取得の対価（会社法107条2項3号ニ〜ト、108条2項6号イ、ロ）

対価の内容は、取得請求権付株式（P132〜133③）と同じです。単一株式発行会社では、「他の種類株式」が対価とならない理由も同じです。

ex1. 全部の株式の内容として定めた場合（上記②があり、上記③がない例です）

発行する株式の内容	当会社は、当会社が別に定める日が到来したときに、当会社の株式を時価で取得することができる。 「時価」とは、当該取得請求日に先立つ45取引日目に始まる30取引日の株式会社東京証券取引所における毎日の終値の平均値をいう。

ex2. 種類株式の内容として定めた場合（上記②③がある例です）

発行可能種類株式総数及び発行する各種類の株式の内容	A種類株式　2000株 B種類株式　1000株 B種類株式については、当会社が定める一定の日に、B種類株式の一部を、当会社が取得することができる。その際、B種類株式1株の取得と引換えに、A種類株式2株を交付する。

7．全部取得条項付種類株式（会社法108条1項7号。P127⑦）

（1）株式会社にイニシアティブ

全部取得条項付種類株式は、株式会社が株主総会の特別決議によって強制的に全部を取得することができる株式です（会社法171条1項柱書、309条2項3号。P298③）。これもイニシアティブは株式会社にありますので、株主からするともらいたくない株式です。

（2）定め方

以下の①②の事項を定める必要があります。②は、条件がある場合に定める事項です。

①取得の対価の価額の決定の方法（会社法108条2項7号イ）

対価の内容は、取得請求権付株式（P132～133③）の「種類株式の内容として定める場合」と同じで、社債、新株予約権、新株予約権付社債、その他の財産（ex. 金銭）または他の種類株式です。

ただ、取得請求権付株式や取得条項付株式と違うのは、種類株式の定めを設けるときに取得の対価を決めておく必要がないことです。取得する決議をするときに決めればOKです。定めを設けるときに決めておく必要があるこの①の「価額の決定の方法」とは、「取得の決議時の財務状況を踏まえて」という程度の定めでOKなんです。

②取得を決定する株主総会の特別決議をすることができるか否かについての条件を定めるときは、その条件（会社法108条2項7号ロ）

「債務超過である場合に取得できる」と定めたりします。

たとえば、以下のように定め、登記します（上記②もある例です）。

発行可能種類株式総数及び発行する各種類の株式の内容	A種類株式　2000株 B種類株式　1000株 　B種類株式については、当会社が債務超過である場合には、株主総会の決議によって、当会社がその全部を取得することができる。取得の対価は、取得の決議時の財務状況を踏まえて決定する。

8．拒否権付種類株式（会社法108条1項8号。P127⑧）

（1）種類株式の内容としてしか定められない理由

拒否権付種類株式は、株主総会、取締役会などで決議すべき事項について、株主総会、取締役会などの決議に加えて、その種類株式の種類株主総会の決議があることを必要とする株式です。その種類株式が1株しか発行されていなくても、その種類株式の種類株主総会の決議がないと決められなくなりますので、俗に「黄金株」といわれます。是非欲しい株式ですね……。このような株式ですので、種類株式の内容とするから意味があります。全部の株式の内容とすると、たとえば、「株主総会についてその株式の株主総会の決議を要する」となりますが、それは普通の株式です。

（2）定め方

以下の①②の事項を定める必要があります。②は、条件がある場合に定める事項です。

①種類株主総会の決議があることを必要とする事項（会社法108条2項8号イ）
②種類株主総会の決議を必要とする条件を定めるときは、その条件（会社法108条2項8号ロ）

たとえば、以下のように定め、登記します（上記②はない例です）。

発行可能種類株式総数及び発行する各種類の株式の内容	A種類株式　2000株 B種類株式　1000株 新たに取締役を選任又は解任する場合には、B種類株主の種類株主総会の決議を経なければならない

このように、取締役の選解任など重要な事項について拒否権を定める場合があります。たとえば、B種類株式を創業者一族が保有しており、「取締役の選解任は私たちの意思なく決めるなよ！」という趣旨で定めたりします。

9．取締役・監査役の選解任権付種類株式（会社法108条1項9号。P127⑨）

（1）種類株式の内容としてしか定められない理由

取締役・監査役の選解任権付種類株式は、その種類株式の種類株主総会において取締役または監査役を選任および解任する株式です。この種類株式があると、株主総会の選解任権はなくなります。種類株主総会で取締役・監査役の選解任をするため、この種類株式は「クラス・ボーティング（Class voting）」ともいわれます。これも、種類株式の内容とするから意味があります。全部の株式の内容とすると、株主総会には取締役・監査役の選解任権がありますので、それは普通の株式です。

（2）定め方

種類株主総会において取締役または監査役を選任する旨、選任する取締役または監査役の数などを定める必要があります（会社法108条2項9号イ～ニ、会社施行規19条）。たとえば、以下のように定め、登記します。

発行可能種類株式総数及び発行する各種類の株式の内容	A種類株式　2000株 B種類株式　1000株 B種類株主は、種類株主総会において、取締役3人を選任することができる。A種類株主は、種類株主総会において、取締役を選任することができない。

— Realistic 5　実質は同じになることも —

もしかしたら、「同じような種類株式があるな」と思われたかもしれません。たとえば、A種類株式とB種類株式を発行する株式会社において、以下のような内容の種類株式を定めた場合、いずれもB種類株式の株主の意思がないと取締役の選解任ができません。

「A種類株式の株主は、株主総会において、取締役の選任又は解任について議決権を有しない。」（議決権制限株式）

「新たに取締役を選任又は解任する場合には、B種類株主の種類株主総会の決議を経なければならない。」（拒否権付種類株式）

「B種類株主は、種類株主総会において、取締役3人を選任することができる。A種類株主は、種類株主総会において、取締役を選任することができない。」（取締役・監査役の選解任権付種類株式）

実質はあまり変わらないのですが、以下の違いがあります。

・議決権制限株式
　→　株主総会で取締役の選解任がされる

・拒否権付種類株式
　→　株主総会＋B種類株式の種類株主総会の決議が必要

・取締役・監査役の選解任権付種類株式
　→　B種類株式の種類株主総会で取締役の選解任がされる

（3）発行できない株式会社

取締役・監査役の選解任権付種類株式のみ、**発行できない株式会社**があります。

発行できる株式会社（○）	発行できない株式会社（×）
①非公開会社である通常の株式会社 右の①の公開会社の問題がありません。 **②非公開会社である監査等委員会設置会社** 右の②の指名委員会等設置会社と異なり、指名委員会がありません。	**①公開会社**（会社法108条1項柱書ただし書） 公開会社においては、株主がコロコロ変わるので、公平性が強く要求されます。よって、特定の種類株主のみが船（株式会社）の中心である取締役などの選解任をするのはマズイです。 **②指名委員会等設置会社**（会社法108条1項柱書ただし書） 指名委員会等設置会社においては、取締役の選解任の議案の内容は指名委員会が決めます（会社法404条1項）。よって、指名委員会等設置会社とこの種類株式は、相容れません。

※取締役・監査役の選解任権付種類株式の定めのある株式会社が公開会社となった場合

取締役・監査役の選解任権付種類株式の定めのある株式会社が、公開会社となったとします。この場合、以下の①②の登記を同時に申請しないと、①の登記の申請は却下されます（商登法24条8号）。公開会社に②の定めはあってはならないからです。

①株式の譲渡制限に関する規定の廃止または変更の登記
②取締役・監査役の選解任権付種類株式の定めの廃止の登記

※取締役・監査役の選解任権付種類株式を発行している株式会社において種類株主総会で取締役・監査役を解任した場合の添付書面

取締役・監査役の選解任権付種類株式を発行している株式会社において、種類株主総会で取締役・監査役を解任したときは、取締役・監査役の解任の登記において以下の書面を添付する必要があります（平14.12.27民商3239）。

①その取締役・監査役を解任した種類株主総会議事録（普通決議または特別決議〔監査役の解任の場合〕の要件を充たすもの。商登法46条2項）
②上記①についての株主リスト（商登規61条3項）
③その取締役・監査役を選任した種類株主総会議事録（普通決議の要件を充たすもの。商登法46条2項）

③がポイントです。取締役・監査役の選解任権付種類株式がある場合、取締役・監査役の解任は、その取締役・監査役を選任した種類株主総会でするのが原則です（P351の「選解任機関の基本的な考え方」）。よって、その種類株主総会が解任の権限を有することを証するために、その取締役・監査役を"選任"した種類株主総会議事録を添付します。

なお、上記③についての株主リストは不要です（登研832P15〜16）。登記すべき事項は取締役・監査役の解任ですが、③は直接に登記すべき事項について決議している書面ではなく、関係が間接的だからです（P307の「株主リストの添付の基本的な判断基準①」）。

（4）みなし廃止

これは、事前に想定しておかないと、記述でまず引っかかります。

取締役・監査役の選解任権付種類株式の定めは、会社法または定款で定めた取締役・監査役の員数を欠いた場合に、その員数に足りる数の取締役・監査役を選任できないときは、廃止されたものとみなされます（会社法112条）。

ex. 「B種類株主は、種類株主総会において、取締役3人を選任することができる。A種類株主は、種類株主総会において、取締役を選任することができない。」と定めている取締役会設置会社がありました。しかし、3人いる取締役の1人が死亡しました。取締役1人を選任しようとしましたが、B種類株式はすべて自己株式となっており、B種類株式の議決権を行使できる株主がいませんでした（P289～290②）。この場合、選解任権付種類株式の定めは、廃止されたものとみなされます。

これにより、自動的に株主総会において取締役の選解任が可能となります。

また、選解任権付種類株式の定めを廃止する登記を申請する必要があります。

4 発行手続

1．経るべき手続

特別な内容の株式を発行するには、以下の手続を経る必要があります。

単一株式発行会社	種類株式発行会社
①株式の内容を定款で定める （会社法107条2項。下記2.） ↓ **②株式の内容を登記する** （会社法911条3項7号。下記5）	**①発行可能種類株式総数と種類株式の内容を定款で定める**（会社法108条2項。下記2.） ↓ **②発行可能種類株式総数と種類株式の内容を登記する** （会社法911条3項7号かっこ書。下記5）

※種類株式発行会社

単一株式発行会社にも種類株式発行会社にもあるのは、「発行可能株式総数」です。発行可能株式総数について詳しくは第5節（P178～183）で説明しますが、発行できる株式数の上限のことです。

種類株式発行会社は、発行可能株式総数に加えて、種類株式ごとの上限数である「発行可能種類株式総数」（会社法101条1項3号かっこ書）も定款で定める必要があります（会社法108条2項柱書）。なお、発行可能株式総数と発行可能種類株式総数の合計数は、一致している必要はありません。どちらが多くても少なくても構いません。

ex. 以下のような発行可能株式総数と発行可能種類株式総数でもOKです。

「発行可能株式総数　2000株　　A種類株式　2000株
　　　　　　　　　　　　　　　B種類株式　1000株」

会社法の立案担当者は、この理由として「会社法上、特に規制がないから」と言っています。なぜ規制を作らなかったのかを説明してほしいですが……。

ただ、発行可能株式総数を超えて株式を発行できるわけではありません。A種類株式を 2000 株発行したら、B種類株式は1株も発行できなくなります。また、発行可能株式総数のほうが多い場合でも、種類株式を発行可能種類株式総数を超えて発行することはできません。

なお、実際に2以上の種類株式を発行していなくても、2以上の種類株式を発行する旨の定めが定款にあれば、種類株式発行会社（会社法2条13号）です（P21 の「実際に発行していなくても『◯◯会社』」）。

2．定款変更の決議要件

上記1.の表の①の定款変更の決議要件を、比較しながらみていきましょう。

＊種類株主総会のハナシが出てきますので、以下の説明を読む前に、P312～316 の種類株主総会の説明をお読みください。

		(1) 株主総会・株主の同意	(2) 定めが設けられる種類株主	(3) 損害を及ぼすおそれがある種類株主	(4) (2) を目的とする取得請求権付株式・取得条項付株式の種類株主
①剰余金の配当		特別決議		特別決議	
②残余財産の分配					
③議決権制限株式					
④譲渡制限株式	全部の株式	特殊決議			
	種類株式	特別決議	特殊決議	特別決議	特殊決議
⑤取得請求権付株式	全部の株式				
	種類株式			特別決議	
⑥取得条項付株式	全部の株式	特別決議 ＋ 全員の同意			
	種類株式	特別決議	全員の同意	特別決議	
⑦全部取得条項付種類株式			特別決議		特別決議
⑧拒否権付種類株式					
⑨取締役・監査役の選解任権付種類株式					

（1）株主総会・株主の同意

株式の内容または発行可能種類株式総数と種類株式の内容は定款で定める必要がありますので、定款変更が必要です。定款変更なので、基本的には株主総会の特別決議で決定します（会社法466条、309条2項11号）。

譲渡制限株式（④）を全部の株式の内容とする場合は、会社法309条3項の特殊決議が必要です。自身の株式が公開株から非公開株になってしまうからです（P299～300（3））。

取得条項付株式（⑥）を全部の株式の内容とする場合は、定款変更についての株主総会の特別決議に加えて株主全員の同意が必要です（会社法 110 条）。取得条項付株式の内容を変更する場合も同じです（会社法 110 条）。取得条項付株式は、株式会社が定めた一定の事由が生じると株主が強制的に株式を取得されてしまう株式ですので、株主に大変不利な株式だからです。

（2）定めが設けられる種類株主

譲渡制限株式（④）を種類株式の内容とする場合は、株主総会は特別決議で構いません（会社法466条、309条2項11号）。自身の株式が公開株から非公開株になってしまう場合に特殊決議が要求されるので（P300 の「株主から見ると」）、特殊決議が必要なのは定めが設けられる種類株主の種類株主総会となります（会社法111条2項1号、324条3項1号）。これは、すべての種類株式を譲渡制限株式とする場合でも同じです。

ex. A種類株式とB種類株式を発行する旨の定めがある場合に、A種類株式とB種類株式を譲渡制限株式とするときは、A種類株主総会とB種類株主総会の特殊決議は必要ですが、株主総会は特別決議で構いません。

取得条項付株式（⑥）を種類株式の内容とする場合は、定めが設けられる種類株式の株主全員の同意が必要です（会社法 111 条1項）。取得条項付株式の内容を変更する場合も同じです（会社法 111 条1項）。やはり、取得条項付株式は株主に大変不利な株式だからです。

そうすると、「全部取得条項付種類株式（⑦）も、株式会社が強制的に株式を取得するんじゃないの？」と思われると思います。たしかにそうなのですが、取得条項付株式はその一部を取得することもでき（P134③）、その種類株式の種類株主の間で不平等が生じることがあります。しかし、全部取得条項付種類株式は、その名のとおり全部取得条項付種類株式の全部を取得することしかできず、そういった不平等は生じません。よって、特別決議で構わないんです（会社法111条2項1号、324条2項1号）。また、全部取得条項付種類株式には、以下のルールがあります。

どこまでいっても特別決議

全部取得条項付種類株式は、**どこまでいっても特別決議**です。

上記の表でも「特別決議」しかありませんし、実際に取得するときも特別決議で決定します（会社法171条1項柱書、309条2項3号。P298③）。

少し雑な言い方ですが、全部取得条項付種類株式は、少数株主から株式を強制的に取得し、少数株主を追い出すために創られた制度です。納得していない少数株主を追い出すために使いますので、いずれの場面でも全員の同意を要求すると意味がなくなってしまうんです。

（3）損害を及ぼすおそれがある種類株主

ある種類株式の種類株主に損害を及ぼすおそれがあるときに、原則としてその種類株式の種類株主総会の特別決議が必要となります（会社法322条1項1号イ、ロ、324条2項4号。P314～316 4）。これは、種類株式の内容として定める場合には、どれでも必要となり得ます。

（4）上記（2）を目的とする取得請求権付株式・取得条項付株式の種類株主

これが1番わかりにくいので、図でどういうことなのかを確認しましょう（会社法111条2項2号、3号、324条2項1号、324条3項1号）。

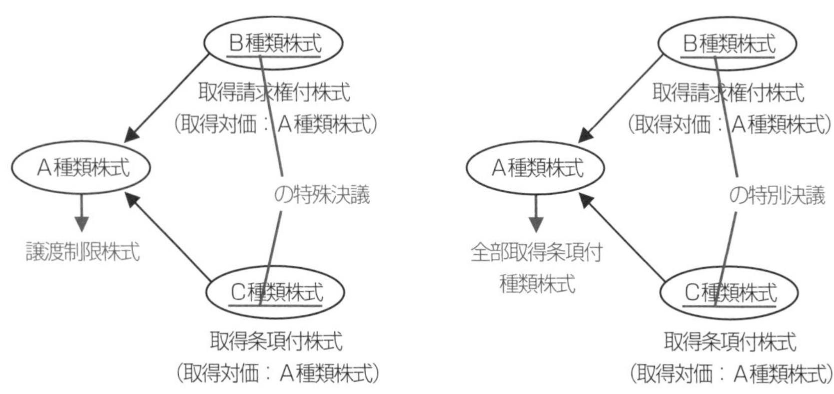

譲渡制限株式になると、自由に譲渡ができなくなります。全部取得条項付種類株式になると、株式会社から強制的に株式を取得されるおそれが生じます。いずれも株式の価値が下がります。譲渡制限株式または全部取得条項付種類株式となるA種類株式

を取得の対価とする取得請求権付株式（Ｂ種類株式）または取得条項付株式（Ｃ種類株式）は、将来取得する株式の価値が下がることになるので、取得請求権付株式（Ｂ種類株式）と取得条項付株式（Ｃ種類株式）の種類株主総会の特殊決議または特別決議も必要とされているんです。

※株式の価値が下がることが問題なら、上記の図のＡ種類株式を取得条項付株式とする場合の規定もあってもよさそうです。しかし、ありません。これは、ただでさえＡ種類株主の全員の同意が必要である取得条項付株式に、さらに要件を課すことはできないという考慮によるものです。
※上記の図のＢ種類株式またはＣ種類株式が、Ａ種類株式を対価とする全部取得条項付種類株式の規定もあってもよさそうです。しかし、ありません。全部取得条項付種類株式の取得の対価は、取得する決議をするときに決めればＯＫなので（P135①）、まだ決まっていないことが多いからです。

３．発行済みのある株式の一部を他の内容の株式とする場合

発行済みのある株式の一部を他の内容の株式とする場合、以下の①および②が要件となります（昭50.4.30民四.2249）。

①株式会社と株式の内容の変更に応じる個々の株主との間の合意
保有している株式の内容が変わりますので、株式会社が株主と個別に合意する必要があるとされました。
②株式の内容の変更に応じる株主と同一種類に属する他の株主全員の同意
同じグループにいる株主が別のグループにいってしまいますので、そのグループに残る株主全員の同意も必要とされました。

……といわれてもわかりにくいと思いますので、具体例で確認しましょう。

ex1. 単一株式発行会社
株主ａ、ｂ、ｃがいる単一株式発行会社が、ａの株式を剰余金の配当について優先される株式に変更する場合、定款変更に加えて、以下の①および②も要件となります。
①株式会社とａとの間の合意
②ｂ、ｃの同意

ex2. 種類株式発行会社

普通株式と優先株式を発行している（普通株式は株主ａ、ｂ、ｃが保有している）種類株式発行会社が、ａの株式を優先株式に変更する場合、以下の①および②が要件となります。

①株式会社とａとの間の合意

②ｂ、ｃの同意

5 登記

1．実体（会社法）→登記

全部の株式の内容としてまたは種類株式として特別な内容の株式を定めた、変更したまたは廃止した場合は、その定めの設定、変更または廃止の登記を申請しなければなりません（会社法915条1項）。以下の事項は、登記事項だからです。

【単一株式発行会社】

・発行する株式の内容（会社法911条3項7号）

【種類株式発行会社】

・発行可能種類株式総数及び発行する各種類の株式の内容（会社法911条3項7号かっこ書）

※譲渡制限株式の登記は、この5では扱いません。P153～157の3.で扱います。譲渡制限株式は、他の株式のように、登記記録の「発行する株式の内容」「発行可能種類株式総数及び発行する各種類の株式の内容」の欄ではなく、「株式の譲渡制限に関する規定」という別の欄に記録されるからです。譲渡制限株式は、その株式会社が非公開会社であるか公開会社であるかという株式会社の重大な性質を決めます。このテキストでもすでに何個も出てきていますが、非公開会社か公開会社かでルールがかなり変わります。よって、登記記録でも、目立つように別の欄に記録されるんです。

2．申請書の記載事項

（1）単一株式発行会社 ―― 全部の株式の内容

申請例2 ―― 発行する株式の内容の変更の登記

事例：令和6年6月28日、単一株式発行会社の株主総会において、以下の定款の定めを設ける特別決議が成立し、株主の全員が同意をした。

「当会社は、当会社が別に定める日が到来したときに、当会社の株式を時価で取得することができる。
「時価」とは、当該取得請求日に先立つ45取引日目に始まる30取引日の株式会社東京証券取引所における毎日の終値の平均値をいう。」

1. 登記の事由	発行する株式の内容の変更
1. 登記すべき事項	令和6年6月28日変更 発行する株式の内容 当会社は、当会社が別に定める日が到来したときに、当会社の株式を時価で取得することができる。 「時価」とは、当該取得請求日に先立つ45取引日目に始まる30取引日の株式会社東京証券取引所における毎日の終値の平均値をいう。
1. 登録免許税	金3万円
1. 添付書面	株主全員の同意書　1通　＊ 株主リスト　1通　＊ 委任状　1通

＊特別決議の要件を充たす「株主総会議事録　1通」も添付する必要があるという見解もあります。その場合は、株主リストは「2通」となります。

発行する株式の内容	当会社は、当会社が別に定める日が到来したときに、当会社の株式を時価で取得することができる。 「時価」とは、当該取得請求日に先立つ45取引日目に始まる30取引日の株式会社東京証券取引所における毎日の終値の平均値をいう。 令和6年6月28日変更　　令和6年7月3日登記

(a) 登記の事由

「発行する株式の内容の変更」と記載します。

(b) 登記すべき事項

※上記申請例2のように記載します。年月日は、「変更日」を記載します。この変更日は、通常は株主総会の決議日または株主全員の同意があった日です。事例の「　　」の部分は、決議された事項を写すだけなので、記憶する必要はありません。

（c）登録免許税

申請件数１件につき、３万円です（登免法別表第1.24.（1）ツ）。株式関連の登記は、増資を除いてほとんど「ツ」です（P64の「登録免許税の税率の記憶のコツ」）。

（d）添付書面

①株主総会議事録（特別決議の要件を充たすもの。商登法46条２項）

【取得請求権付株式の設定】

株式の内容は定款で定める必要がありますので、定款変更が必要です（P141（1））。よって、特別決議の要件を充たす株主総会議事録が必要となります。

＊取得条項付株式の設定においても、添付する必要があるという見解もあります。

②株主全員の同意書（商登法46条１項）

【取得条項付株式の設定】

株主全員の同意が必要です（P141（1））。よって、株主全員の同意書が必要となります。

③株主リスト

【取得請求権付株式の設定】（商登規61条３項）

株主総会の決議を要しますので、株主リストが必要です（P307の「株主リストの添付の基本的な判断基準」）。

＊取得条項付株式の設定において、株主総会議事録も添付する必要があるという見解を採った場合、取得条項付株式の設定においても株主総会議事録についての株主リストが必要となります。

【取得条項付株式の設定】（商登規61条２項）

登記すべき事項につき株主全員の同意を要する場合も株主リストは必要ですので、ご注意ください（商登規61条２項。P305～306（1））。

④委任状（商登法18条）

（2）種類株式発行会社 ―― 種類株式の内容

申請例３ ―― 種類株式の内容の変更の登記

事例：令和６年６月28日、種類株式発行会社の株主総会において、定款を以下のとおり変更する特別決議が成立した。同日、Ｂ種類株主の全員が同意をした。この定款変更は、いずれの種類株主にも損害を及ぼすおそれはない。なお、発行可能種類株式総数は、Ａ種類株式2000株、Ｂ種類株式1000株である。

現行定款	変更案
（種類株式の内容） 第16条　剰余金の配当については、B種類株式を有する株主に対し、A種類株式を有する株主に先立ち、1株について100円の剰余金を支払う。 （新設）	（種類株式の内容） 第16条　剰余金の配当については、B種類株式を有する株主に対し、A種類株式を有する株主に先立ち、1株について100円の剰余金を支払う。 2　B種類株式については、当会社が定める一定の日に、B種類株式の一部を、当会社が取得することができる。その際、B種類株式1株の取得と引換えに、A種類株式2株を交付する。

1．登記の事由　発行可能種類株式総数及び発行する各種類の株式の内容の変更
1．登記すべき事項　令和6年6月28日変更
発行可能種類株式総数及び発行する各種類の株式の内容
A種類株式　2000株
B種類株式　1000株
剰余金の配当については、B種類株式を有する株主に対し、A種類株式を有する株主に先立ち、1株について100円の剰余金を支払う。
B種類株式については、当会社が定める一定の日に、B種類株式の一部を、当会社が取得することができる。その際、B種類株式1株の取得と引換えに、A種類株式2株を交付する。
1．登録免許税　金3万円
1．添付書面　株主総会議事録　1通
種類株主全員の同意書　1通
株主リスト　2通
委任状　1通

発行可能種類株式総数及び発行する各種類の株式の内容	A種類株式　2000株 B種類株式　1000株 剰余金の配当については、B種類株式を有する株主に対し、A種類株式を有する株主に先立ち、1株について100円の剰余金を支払う
	A種類株式　2000株 B種類株式　1000株 剰余金の配当については、B種類株式を有する株主に対し、A種類株式を有する株主に先立ち、1株について100円の剰余金を支払う。 B種類株式については、当会社が定める一定の日に、B種類株式の一部を、当会社が取得することができる。その際、B種類株式1株の取得と引換えに、A種類株式2株を交付する。 令和6年6月28日変更　令和6年7月3日登記

種類株式の登記は、以下の3つに分けることができます。

【設定】

これは、単一株式発行会社が新たに種類株式を設けて種類株式発行会社となる場合です。

【変更】

これは、種類株式発行会社が発行可能種類株式総数や種類株式の内容を変更する場合です。

【廃止】

これは、種類株式発行会社が種類株式の定めを廃止して単一株式発行会社となる場合です。

（a）登記の事由

【設定（単一株式発行会社→種類株式発行会社）】

「発行可能種類株式総数及び発行する各種類の株式の内容の設定」と記載します。

【変更（種類株式発行会社→種類株式発行会社）】

「発行可能種類株式総数及び発行する各種類の株式の内容の変更」と記載します。

【廃止（種類株式発行会社→単一株式発行会社）】

「発行可能種類株式総数及び発行する各種類の株式の内容の廃止」と記載します。

ただし、全部の株式の内容として、以下の①または②の定めがある単一株式発行会社となった場合には、P144～146（1）の発行する株式の内容の変更の登記を申請するだけでOKです。それで、登記記録の「発行可能種類株式総数及び発行する各種類の株式の内容」の欄は職権で抹消されます（商登規69条2項）。

①取得請求権付株式

②取得条項付株式

全部の株式の内容として取得請求権付株式または取得条項付株式の定めを設けられるのは、単一株式発行会社です（P127 1）。よって、P144～146（1）の発行する株式の内容の変更の登記を申請したことで、種類株式発行会社でなくなったことが明らかなのです（P326の「職権の登記の基本的な考え方」）。

（b）登記すべき事項

【設定（単一株式発行会社→種類株式発行会社）】

【変更（種類株式発行会社→種類株式発行会社）】

※上記申請例3のように記載します。年月日は、「設定日」「変更日」を記載します。この設定日と変更日は、通常は株主総会の決議日です。発行可能種類株式総数と種類株式の内容は登記記録や株主総会議事録などの記載を写すだけなので、何が登記事項であるのかと、以下の登記記録の考え方を知っておく必要があります。

登記記録の考え方

・原則

商業登記の登記記録は、見やすくするため、**登記記録の欄ごと（役員区であれば1人1人の役員等ごと）に書き換えます**。よって、登記すべき事項にも、登記記録の1つの欄の記載事項をすべて記載する必要があります。

この欄ごと

ex. 上記申請例3においては、変更のない発行可能種類株式総数と剰余金の配当の定めについても記載していますが、これらも記載する必要があります。

・例外

新株予約権の登記は例外です。新株予約権はまだ学習していませんが、新株予約権は1つ1つの事項が登記の単位となります。

※大枠だけでもOK

種類株式の内容については、P128～139 3 でみた種類株式の内容として定めるべき事項を定める必要があります（会社法108条2項）。ただし、そのうち一定の事項については、その種類株式を初めて実際に発行する時までに、株主総会または取締役会などの決議によって定める旨を定款で定められます（会社法108条3項）。「一定の事項」が何かは会社法施行規則20条に規定されていますが、これを記憶するのはやり過ぎです。「まずは大枠だけ定められる」ということを記憶してください。一応1つだけ例を挙げると、たとえば、剰余金の配当の定めであれば、以下のように大枠だけを定めて登記することができます。

発行可能種類株式総数及び発行する各種類の株式の内容	普通株式　2000株 優先株式　1000株 　優先株式は、毎決算期において、普通株式に先立ち1株につき年300円を限度として優先株式発行に際し取締役会の決議で定める額の剰余金の配当を受けるものとする。

この後に実際に優先株式を発行する時に、取締役会で「優先株式は、毎決算期において、普通株式に先立ち1株につき年100円の剰余金の配当を受けるものとする。」(限度内）などと定め、変更の登記を申請します。

【廃止（種類株式発行会社→単一株式発行会社)】

「年月日発行可能種類株式総数及び発行する各種類の株式の内容の廃止」と記載します（*)。

*全部の株式の内容として、取得請求権付株式または取得条項付株式を設けた場合を除きます（P148～149）。

年月日は、「廃止日」を記載します。この廃止日は、通常は株主総会の決議日です。

この記載をするだけで、登記官が登記記録の「発行可能種類株式総数及び発行する各種類の株式の内容」の欄を抹消してくれます。

（c）登録免許税

申請件数1件につき、3万円です（登免法別表第1.24.（1）ツ)。株式関連の登記は、増資を除いてほとんど「ツ」です（P64の「登録免許税の税率の記憶のコツ」)。

（d）添付書面

①株主総会議事録（特別決議の要件を充たすもの。商登法46条2項)

発行可能種類株式総数と種類株式の内容は定款で定める必要がありますので、定款変更が必要です。よって、特別決議の要件を充たす株主総会議事録が必要となります。

②種類株主全員の同意書（商登法46条1項)

【取得条項付株式の設定・変更】

取得条項付株式の定めが設けられる、または、取得条項付株式の内容が変更される種類株主全員の同意が必要です（P141（2））。よって、種類株主全員の同意書が必要となります。

③種類株主総会議事録（特別決議の要件を充たすもの。商登法46条2項）

【ある種類株式の種類株主に損害を及ぼすおそれがあるとき】

原則としてその種類株式の種類株主総会の特別決議が必要となります（P314 イ、ロ）。

【全部取得条項付種類株式の設定】

全部取得条項付種類株式の定めが設けられる種類株式の種類株主総会の特別決議が必要となります（P141～142（2））。

また、全部取得条項付種類株式となる種類株式を目的とする取得請求権付株式または取得条項付株式があれば、取得請求権付株式または取得条項付株式の種類株主総会の特別決議も必要となります（P142～143（4））。

④株主リスト（商登規61条2項、3項。登研832P9）

上記①～③それぞれについて株主リストが必要です。登記すべき事項につき種類株主全員の同意を要する場合（②）や種類株主総会の決議を要する場合（③）も株主リストは必要ですので、ご注意ください（商登規61条2項、3項）。

⑤委任状（商登法18条）

第3節　譲渡

1 株式譲渡自由の原則

株主は、投下資本（投資した金銭など）を回収するため、株式を自由に譲渡できるとされています（会社法127条）。これが原則です。

しかし、この譲渡が制限されることがあります（下記2）。

2 定款による譲渡制限

これまでみてきましたとおり、定款で全部の株式の内容または種類株式の内容として定めることで株式の譲渡を制限できます。すべての株式について譲渡制限規定があると、非公開会社となります。

1．適用範囲

包括承継（相続と合併）は、譲渡制限の対象になりません。相続や合併は包括承継なので、被相続人や消滅会社が保有していた株式は当然に移転するからです。

2．譲渡承認機関

非公開株を譲渡するには株式会社の承認が必要となりますが、株式会社のどの機関が承認するか否かを決めるのでしょうか。

（1）原則

会社法の原則は、以下のとおりです。譲渡制限規定として「当会社の承認を要する」と定めれば、以下の機関が承認するか否かを決めます。

非取締役会設置会社	取締役会設置会社
株主総会（普通決議） （会社法139条1項本文）	**取締役会の決議** （会社法139条1項本文かっこ書）

（2）例外

ただ、定款で別段の定めをすることもできます（会社法139条1項ただし書）。

広く認められる

譲渡承認機関は、なんでも構わないわけではありませんが、**かなり広く**認められます。非公開株の核心は、「家族以外の株主を入れたくない」です（P20 の「非公開株の基本イメージ」)。つまり、譲渡について承認が必要であることが大事なのです。承認機関がどこであるかは、あまり大事ではないんです。

認められる譲渡承認機関の例	認められない譲渡承認機関の例
①取締役会設置会社において株主総会 ②代表取締役	①**株式会社と関係のないまったくの第三者** 非公開株は譲渡について「株式会社の承認」が必要なので（会社法 107 条1項1号、108 条1項4号)、株式会社の承認とはいえない第三者はさすがにダメです。
③種類株式発行会社においてその非公開株の種類株主総会 右の②のような問題がないからです。	②**種類株式発行会社においてその非公開株とは別の種類株式の種類株主総会**（登研 804P61） 種類株主同士は対立があるだろうと想定されているので（P314 の「種類株主同士は仲が悪い？」)、他のグループが運命を決める（承認するか判断する）のはマズイんです。

3．登記

（1）実体（会社法）→登記

全部の株式の内容としてまたは種類株式の内容として譲渡制限株式を定めた、変更した（ex. 譲渡承認機関を変更した、種類株式発行会社において譲渡制限株式の対象の種類株式を変更した）または廃止した場合は、その定めの設定、変更または廃止の登記を申請しなければなりません（会社法 915 条1項)。以下の事項は、登記事項だからです。

【単一株式発行会社】
・発行する株式の内容（会社法 911 条3項7号）
【種類株式発行会社】
・発行可能種類株式総数及び発行する各種類の株式の内容（会社法 911 条3項7号かっこ書）

（2）申請書の記載事項

申請例4 ── **株式の譲渡制限に関する規定の設定の登記**

事例：令和6年6月 28 日、株主総会において、以下の定款の定めを設ける特殊決議が成立した。この株式会社は、株券を発行する旨の定めを置いており、現に株券を発行している。令和6年5月25日（※）、株式会社に株券を提出すべき旨の公告がされ、同日、株主および登録株式質権者に各別に通知がされた。

「当会社の株式を譲渡により取得するには、代表取締役の承認を要する。」

※決議前の公告・通知・催告

会社法では、株主や債権者などへの公告・通知・催告が求められることがあります。この公告・通知・催告は、この事例のように決議の前に行っておくことも基本的にできます。決議が成立するのが確実であり、決議の成立時に効力を発生させたい場合、決議の前に行うことがあります。

1．登記の事由　株式の譲渡制限に関する規定の設定
1．登記すべき事項　令和6年6月28日設定
株式の譲渡制限に関する規定
当会社の株式を譲渡により取得するには、代表取締役の承認を要する。
1．登録免許税　金3万円
1．添付書面　株主総会議事録　1通
株主リスト　1通
株券提出公告をしたことを証する書面　1通
委任状　1通

株式の譲渡制限に関する規定	当会社の株式を譲渡により取得するには、代表取締役の承認を要する。 令和6年6月28日設定　　令和6年7月3日登記

譲渡制限株式は、非公開会社か公開会社かを決めるものなので、目立つように、このように「株式の譲渡制限に関する規定」の欄に記録されます（P144※）。

記述の連鎖

【変更・廃止】

譲渡制限規定の変更（＊）または廃止によって公開会社となった場合、以下の①～④の登記も申請しなければならないことがあります。

＊「変更」でも、公開会社となることがあります。すべての株式が非公開株であった株式会社が、一部の株式を公開株とする定款変更をした場合です。

①取締役・監査役の選解任権付種類株式の廃止の登記

　この種類株式のみ、公開会社では定めることができません。よって、この種類株式の廃止の登記を同時に申請する必要があります（P138※）。

②発行可能株式総数の減少の登記または発行済株式の総数の増加の登記

　P179～180 2 で説明しますが、公開会社は原則として発行可能株式総数が発行済株式の総数の4倍を超えてはいけません。よって、公開会社になった時に4倍を超える場合は、発行可能株式総数を減少または発行済株式の総数を増加して4倍以内にする必要があります。

③取締役会設置会社の定めの設定の登記

　公開会社は、取締役会を置かなければなりません（P266 ルール2）。よって、取締役会を置いていなければ、取締役会を置く必要があります。

④取締役、会計参与または監査役の任期満了による退任の登記

　これらの役員は、公開会社になると任期が満了します（P350③、P427③、P445②）。

　ただし、以下の場合もあります。

・その取締役、会計参与または監査役が再選され就任承諾をした場合　→　重任の登記

・後任の取締役、会計参与または監査役が就任しなかった場合　→　役員の登記なし

　任期満了による退任なので、後任者が就任しなければ権利義務役員となるからです（P322の表の左の①）。

（a）登記の事由

【設定】

「株式の譲渡制限に関する規定の設定」と記載します。

【変更】

「株式の譲渡制限に関する規定の変更」と記載します。

【廃止】

「株式の譲渡制限に関する規定の廃止」と記載します。

（b）登記すべき事項

【設定】

※上記申請例4のように記載します。

【変更】

「年月日変更
　株式の譲渡制限に関する規定
　　当会社のA種類株式を譲渡により取得するには、A種類
　　株式の種類株主総会の承認を要する。」などと記載します。

設定も変更も、譲渡制限規定は、基本的に株主総会で決議された事項をそのまま写

してください（商登法24条8号）。

【廃止】

「年月日株式の譲渡制限に関する規定廃止」と記載します。

年月日は、「設定日」「変更日」「廃止日」を記載します。この設定日、変更日、廃止日は、通常は株主総会の決議日です。

（c）登録免許税

申請件数1件につき、3万円です（登免法別表第1.24.（1）ツ）。株式関連の登記は、増資を除いてほとんど「ツ」です（P64の「登録免許税の税率の記憶のコツ」）。

（d）添付書面

①株主総会議事録（商登法46条2項）

【設定】（会社法309条3項の特殊決議の要件を充たすもの）

全部の株式の内容として譲渡制限規定を設ける場合、会社法309条3項の特殊決議が必要です。自身の株式が公開株から非公開株になるからです（P299～300（3））。

【変更・廃止】（特別決議の要件を充たすもの）

変更と廃止は特別決議（定款変更についての）で構いませんので、ご注意ください。特殊決議が必要となるのは、自身の株式が公開株から非公開株になってしまう場合ですので（P300の「株主から見ると」）、変更と廃止はこれに当たりません。

②種類株主総会議事録（商登法46条2項）

【種類株式の内容として譲渡制限規定を設けるとき】（会社法324条3項の特殊決議の要件を充たすもの）

定めが設けられる種類株主の特殊決議が必要です。自身の株式が公開株から非公開株になってしまうからです（P300の「株主から見ると」）。株主総会は特別決議で構いませんので、ご注意ください（P141（2））。

また、非公開株となる種類株式を目的とする取得請求権付株式または取得条項付株式があれば、取得請求権付株式または取得条項付株式の種類株主総会の特殊決議も必要となります（P142～143（4））。

【ある種類株式の種類株主に損害を及ぼすおそれがあるとき】（特別決議の要件を充たすもの）

原則としてその種類株式の種類株主総会の特別決議が必要となります（P314イ、ロ）。

③株主リスト（商登規61条3項）

上記①②について株主リストが必要です（P307 の「株主リストの添付の基本的な判断基準」）。

④株券提出公告関係書面（商登法62条、59条1項2号）

【設定】

これはP173～174の4.で説明しますので、今は飛ばしてください。

⑤委任状（商登法18条）

（3）譲渡承認機関を明示している場合にその機関がなくなったとき

譲渡承認機関を明示している場合に、その機関がなくなったときは、譲渡制限規定も変更して、譲渡制限規定の変更の登記も同時に申請すべきです。

ex.「当会社の株式を譲渡により取得するには、取締役会の承認を要する。」と定めていたとします。この場合に、取締役会を廃止した場合には、この譲渡制限規定を「……、株主総会の承認を要する。」などと変更する定款変更の決議もして、以下の2件の登記を同時に申請すべきです。

①取締役会設置会社の定めの廃止の登記

②株式の譲渡制限に関する規定の変更の登記

取締役会がなくなったにもかかわらず、「……、取締役会の承認を要する。」と登記されているのはおかしいからです。

上記2件の登記を同時に申請するのが好ましいのですが、上記①の登記のみを申請しても却下されないと解されています。

機関の登記は、厳格に審査されます。たとえば、取締役会設置会社の登記がされていないにもかかわらず、監査役会設置会社の定めの設定の登記をすることはできません（会社法327条1項2号。P267 ルール4）。しかし、譲渡承認機関は、譲渡制限規定の内容にすぎないので、機関の登記ほど厳格な一致が要求されないんです。

4．投下資本の回収

株主が投資した金銭など（投下資本）を回収するには、基本的には株式を売却して譲受人から回収する方法によります。ここで、譲渡制限規定がある場合には、株式会社の承認を得る必要があります。そのため、「株式会社が承認しなかったらどうなるのか？」という問題があります。それをこの4.でみていくのですが、まずは以下の考え方を押さえてください。

投下資本を回収する手段はある

株式会社からの出資の払戻しは、原則として認められていません。そうすると、譲渡制限規定があり株式会社が株式の譲渡を承認しないと、投下資本を回収できなくなってしまいます。しかし、それは、あってはなりません。**きちんと手続を踏めば、株式を手放し、投下資本を回収できる**ようになっています。ただ、出資した額の全額を回収できるとは限りませんが。

【投下資本の回収の流れ】

投下資本の回収の手続を１つ１つみていく前に、流れをチャート図で確認しましょう。

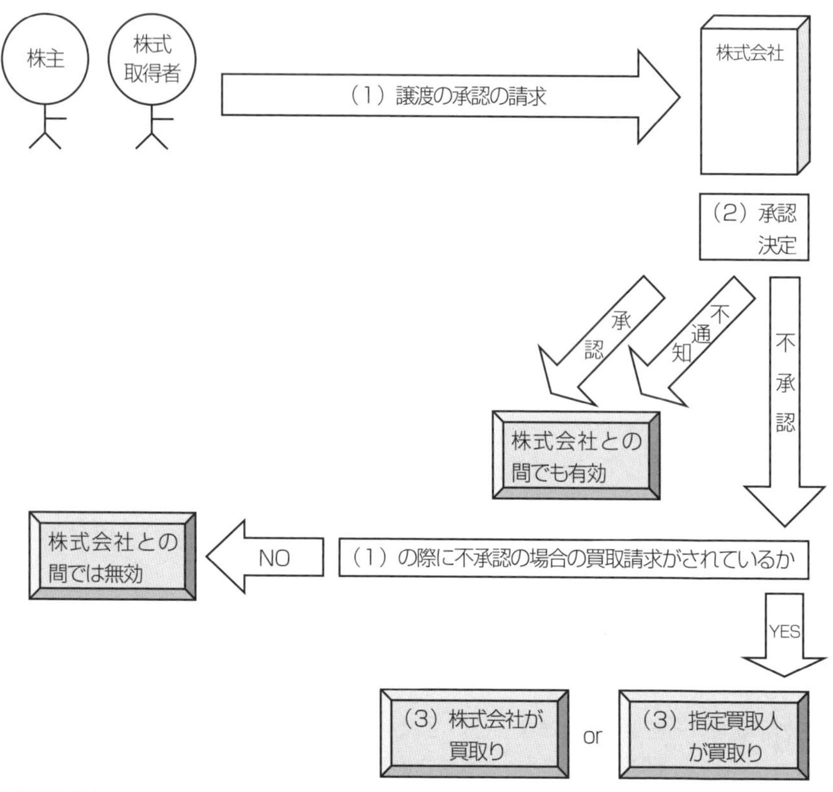

（1）譲渡の承認の請求

非公開株を譲渡する場合、株式会社の承認を得る必要がありますので、まずは株式会社に対して譲渡の承認の請求をします。この請求の仕方は、以下の2とおりの方法があります。

①株式を譲渡しようとする株主が請求する（会社法136条）
②株式取得者が株主と共同で請求する（会社法137条）

株式取得者（株式の譲受人）だけからの請求だと信用できないので、株式取得者が請求するときは、原則として譲渡人である株主と共同でする必要があります。

ただし、株券発行会社において株式取得者が株券を提示した場合など、例外的に単独で請求できる場合もあります（会社施行規24条）。

（2）承認決定

上記（1）の譲渡の承認の請求に対して、株式会社は、以下のいずれかの決定をします。決定をするのは、P152〜153の2.の機関です（会社法139条1項）。

・承認
　→　譲渡が株式会社との間でも有効となります。

・不承認
　→　上記（1）の請求の際、「不承認なら株式会社または指定買取人が買い取れ！」という請求（会社法138条1号ハ、2号ハ）がされていれば、下記（3）の株式会社または指定買取人による買取りがされます。
　→　上記（1）の請求の際、「不承認なら株式会社または指定買取人が買い取れ！」という請求（会社法138条1号ハ、2号ハ）がされていなければ、譲渡は株式会社との間では無効となります。

よって、譲渡の承認の請求をする人は、上記（1）の際、買取りの請求も忘れないようにご注意を。

株式会社は、この承認または不承認の決定をしたときは、譲渡の承認の請求をした者に、決定の内容を通知しなければなりません（会社法 139 条2項）。株式会社がこの通知を譲渡の承認の請求の日から2週間以内にしないと、譲渡を承認したものとみなされます（会社法145条1号）。

（3）株式会社 or 指定買取人による買取り

（a）買い取る者

株式会社が譲渡の承認の請求に対して不承認の決定をした場合、上記（1）の請求の際、「不承認なら株式会社または指定買取人が買い取れ！」という請求がされていれば、以下の①②のいずれかの者が、譲渡の承認の請求がされた非公開株を買い取らなくてはなりません。

①株式会社（会社法140条1項）

株式会社が買い取ることおよび株式会社が買い取る対象株式の数の決定は、株主総会の特別決議による必要があります（会社法140条2項、309条2項1号。P298①）。株式会社が買い取るということは、譲渡の承認がされなかった株主のみ出資金を払い戻すということです。出資の払戻しは、原則として禁止されています（P185）。禁止されていることを特定の株主のみ行うので、「お前だけズルイ！」となり、特別決議が必要となるんです。そのため、この特別決議では、譲渡の承認の請求をしている株主は、原則として議決権を行使できません（会社法140条3項本文）。

②指定買取人（会社法140条4項）

たとえば、取締役など、株式会社に近い者を指定買取人として指定することが考えられます。

指定買取人を誰にするかは、以下の機関が決める必要があります。

非取締役会設置会社	取締役会設置会社
株主総会（特別決議） （会社法140条5項本文、309条2項1号。P298①）	**取締役会の決議** （会社法140条5項本文かっこ書）

ただし、あらかじめ定款で指定買取人を定めておくことができます（会社法140条5項ただし書）。あらかじめ定款で定めていた場合には、上記の決議は不要です。指定買取人をあらかじめ定款で定めた場合、それは登記事項ではありません。指定買取人は、将来株主になる者ですが、株主の個人名は登記されないからです。

株主の個人名は登記されない

株主の個人名は登記されません。これを登記していては、何万人も株主がいる上場企業の登記記録はとんでもないものになってしまいます。「株主の個人名は登記されない」というのは、当たり前といえば当たり前です。しかし、実は色々なところで使うので、頭に入れておいてください。

(b) 買取りの手続

i　通知・供託

株式会社か指定買取人が買い取ることが決まると、株式会社または指定買取人は譲渡の承認の請求をした者に対して通知をする必要があります（会社法141条1項、142条1項）。

この通知を、株式会社が買い取る場合には株式会社が承認をしない旨の通知をしてから40日以内に、指定買取人が買い取る場合には株式会社が承認しない旨の通知をしてから10日以内にしないと、譲渡を承認したものとみなされます（会社法145条2号）。株式会社が買い取る場合のほうが「40日以内」と長いのは、株式会社が買い取る場合は必ず株主総会の特別決議が必要とされるので（上記（a）①）、株主総会の開催に時間がかかってしまうからです。

なお、この通知の際、株式会社または指定買取人は、1株当たり純資産額に譲渡の承認の請求がされた非公開株の数をかけた額を株式会社の本店の所在地の供託所に供託して、供託を証する書面（「供託書正本」といいます）を譲渡の承認の請求をした者に交付しなければなりません（会社法141条2項、142条2項）。「株式相当額を供託して、その証明書を渡せ」ということです。

譲渡の承認の請求をした者の「承認して」という請求に対して、株式会社は「承認しない」と断ったのです。モメていますよね。そのため、譲渡の承認の請求をした者は、きちんと株式の売却代金がもらえるか不安があります。そこで、供託することが要求されているんです。

ii　買取請求の撤回の可否

上記ｉの通知がされると、譲渡の承認の請求をした者は、株式会社または指定買取人の承諾を得ない限り、請求を撤回できなくなります（会社法143条）。

株式会社または指定買取人は、株式の相当額を用意して供託しているわけです。株式の価値によっては、数千万円ということもあります。それだけの資金を用意させておいて、勝手に撤回するのは迷惑きわまりないですよね。

iii　売買価格の決定

株式の売買価格は、以下の①または②のいずれかの方法で決まります。

①譲渡の承認の請求をした者と株式会社または指定買取人との間の協議（会社法144条1項、7項）

②譲渡の承認の請求をした者、株式会社または指定買取人のいずれかによる、裁判所に対しての売買価格の決定の申立てを受けての裁判所の決定

「裁判所さん決めて」とお願いできるわけです。この申立ては、上記ⅰの通知の日から20日以内にしなければなりません（会社法144条2項、7項）。20日を過ぎると、1株当たり純資産額に譲渡の承認の請求がされた非公開株の数をかけた額が売買価格となります（会社法144条5項、7項）。

5．承認を得ずにされた譲渡

上記4.では、きちんと譲渡の承認の請求をした場合をみました。では、譲渡の承認の請求をせずに譲渡してしまった場合はどうなるでしょうか。

（1）原則

株式会社に対する関係では、無効です。株式会社は承認していませんから。

しかし、譲渡人と譲受人の間では有効です（最判昭48.6.15）。たとえば、譲受人は譲渡人から株式の代金を支払うように請求されたら、支払を拒めません。非公開株の趣旨は、「家族以外の者が株主になるのを防ぎたい」です（P20の「非公開株の基本イメージ」）。よって、株式会社との関係で無効としておけば十分なのです。

では、株式会社のほうから譲受人を株主として扱えるでしょうか。これは、扱えないとされています。株式会社は、譲渡人を株主として扱わないといけません（最判昭63.3.15）。

承認を要する場合に承認がされずにされたとき、普通は、承認する者がOKなら後から承認があったものとして扱えます。しかし、この判例の事案が特殊だったんです。譲渡人と代表取締役が対立していました。代表取締役が譲渡人を害する目的で譲受人を株主として扱うかもしれませんでした。だから、譲受人を株主として扱うことを認めなかったんです。

(2) 承認がなくても株式会社に対する関係でも有効となる場合

以下の①や②の場合には、譲渡承認機関である取締役会の承認がなくても、株式会社に対する関係でも有効となります。

①一人会社（株主が1人の株式会社）の非公開株の譲渡の場合（最判平5.3.30）
②非公開株の譲渡人以外の株主全員が譲渡を承認していた場合（最判平9.3.27）

非公開株は、「家族以外の株主を入れたくない」株式です。家族以外の株主を入れたくないのは、譲渡人"以外の株主"です。しかし、一人会社には、譲渡人"以外の株主"はいません。よって、「家族以外の株主を入れたくない」と思っている株主がいないので、承認がなくても OK とされました（①）。また、譲渡人以外の株主全員が譲渡を承認していたのなら、問題ありません（②）。

3 譲渡の方法

株式の譲渡については、以下の3つの要件を考えないといけません。

①移転要件　　　　　　　：譲渡人と譲受人の間で効力が生じるか
②第三者に対する対抗要件　：譲受人が、株主になったことを株式会社以外の第三者（ex. 株式の二重譲受人）に対抗できるか
③株式会社に対する対抗要件：譲受人が、株主になったことを株式会社に対抗できるか

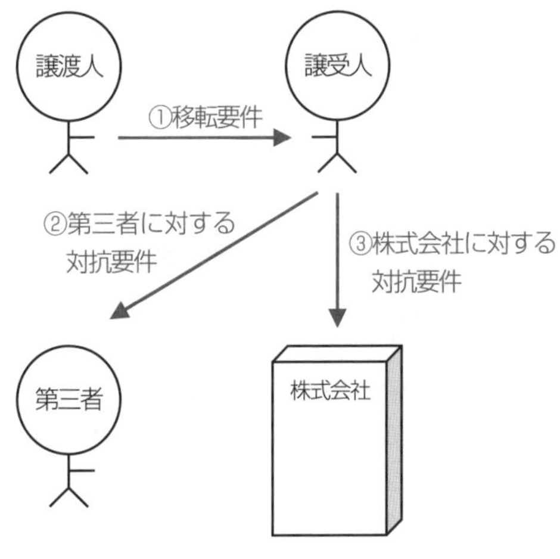

どうすればこれらの要件を充たせるかは、以下の2つの株式会社で異なります。

・株券不発行会社：株券（P168～170 1）を発行する旨の定款の定めがない株式会社
・株券発行会社　：株券を発行する旨の定款の定めがある株式会社（会社法117条7項かっこ書）

株券は、株式（株式会社の社員たる地位）を紙に表した有価証券です。

<table>
<tr><th></th><th>株券不発行会社</th><th>株券発行会社</th></tr>
<tr><td>①移転要件</td><td>意思表示の合致
株券がありませんので、意思表示の合致のみで株式が移転します。</td><td>意思表示の合致＋株券の交付
（会社法128条1項本文）
株券発行会社では、株式が株券（紙）にくっつきます。よって、株券の交付もすることで株式が移転します。
ただし、株式会社自身が保有している自己株式の処分による株式の譲渡は、株券の交付は不要です（会社法128条1項ただし書）。また、相続や合併による移転も不要です。</td></tr>
<tr><td>②第三者に対する対抗要件</td><td>株主名簿の書換え
（会社法130条1項）
株券がありませんので、株主名簿で株主であることを公示するしかありません。
株主名簿は、その名のとおり株主の情報を記載・記録した名簿です。株式会社は、株主名簿を作成しなければなりません（会社法121条）。</td><td>株券の所持
（会社法130条2項）
株式が株券（紙）にくっつきますので、株主であることは株券の所持で公示します。</td></tr>
<tr><td>③株式会社に対する対抗要件</td><td colspan="2">株主名簿の書換え
（会社法130条1項）
株式会社は、株主を株主名簿で管理します。よって、株券発行会社でも、株主名簿の書換えをしないと、株式会社に対抗できません。
ただし、以下の場合には、株主は名義の書換えがなくても株式会社に対抗できます。いずれも株式会社のせいですから、当たり前ですね。
・株式会社が名義書換の不当拒絶をした場合（最判昭42.9.28）
・株式会社が過失により名義書換をしなかった場合（最判昭41.7.28）</td></tr>
</table>

※振替株式

会社法の規定は上記のとおりです。たとえば、私の株式会社は非上場企業なので、会社法の規定がそのまま適用されます。よって、今、私とみなさんが契約をして、私が保有している私の株式会社の株式を私からみなさんに譲渡することができます。

しかし、上場されている株式は、そうはいきません。私は上場企業の株式も保有していますが、私とみなさんが契約をするだけで、これを私からみなさんに譲渡することはできません。上場されている株式には「社債、株式等の振替に関する法律（通称「振替法」）」が適用され、譲渡の仕方が異なるんです。

聞き慣れない以下の機関が登場してきます。

・口座管理機関：振替のための口座の開設を行った証券会社、銀行など（振替法２条４項、44条１項）
・振替機関　　：総理大臣と法務大臣の指定を受けた株式会社（振替法２条２項、３条１項）

株式会社証券保管振替機構（通称「ほふり」）という株式会社がこの指定を受けています。振替機関は、口座管理機関の橋渡しなどを行います。振替機関が扱う株式を「振替株式」といいます（振替法128条１項）。

振替株式の取引をするには、「まず証券会社などに口座を開く必要がある」と聞いたことがあるでしょうか。その口座を開く機関が、「口座管理機関」です。「振替機関」は、口座管理機関の間をつなぐ役割を果たします。

ex. 私が野村證券に、みなさんが大和証券に口座を開いているとします。私がみなさんに、上場されているトヨタの株式を100株売却する場合、私の野村證券の口座に「トヨタ自動車株式会社－100株」、みなさんの大和証券の口座に「トヨタ自動車株式会社＋100株」と記載または記録されます。野村證券と大和証券のつなぎは、株式会社証券保管振替機構が行います。

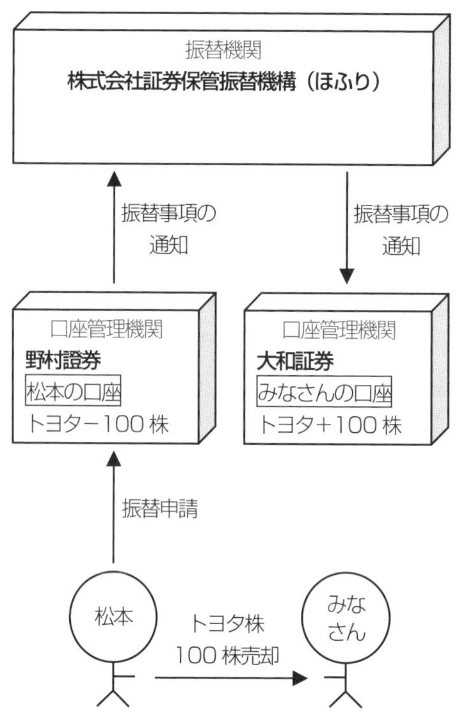

では、これを前提に、振替株式の移転要件、第三者に対する対抗要件、株式会社に対する対抗要件をみていきましょう。

なお、上場企業については株券制度が廃止されたので、上場企業はすべて株券不発行会社です。よって、株券について考える必要はありません。

<table>
<tr><th></th><th colspan="2">振替株式</th></tr>
<tr><td>①移転要件</td><td colspan="2">譲受人の口座の保有欄への譲渡された株式の数の増加の記載または記録
（振替法140条）
上記ex.であれば、みなさんの大和証券の口座に「トヨタ自動車株式会社＋100株」と記載または記録されることで移転します。</td></tr>
<tr><td>②第三者に対する対抗要件</td><td colspan="2">譲受人の口座の保有欄への譲渡された株式の数の増加の記載または記録
（振替法161条3項、会社法130条1項参照）
上場企業は株券不発行会社ですが、株主名簿の書換えが第三者に対する対抗要件とはなりません。上場企業では、毎日たとえば数十万株の譲渡が行われているので（今日も行われているでしょう）、その度に株主名簿の書換えを行うことは非現実的だからです。</td></tr>
<tr><td rowspan="2">③株式会社に対する対抗要件</td><td>株式会社が権利行使者を確定するための一定の日（ex. 基準日）を定めたとき</td><td>株主が株式会社に対して少数株主権等を行使しようとするとき</td></tr>
<tr><td>株主名簿の書換え
（会社法130条1項）
上場企業では、株式が譲渡される度に株主名簿の書換えは行われません。それをしていると、株主名簿の書換えだけで1日の仕事が終わってしまいます……。では、いつ書換えをするかというと、「配当は3月31日に株式を保有していた株主に対してする」など基準日が決まっており、その基準日が過ぎた後、振替機関が株式会社に通知をし、株式会社（株主名簿管理人）が株主名簿の書換えを行います。上場企業の株式を購入しても株主名簿に記載されるとは限らず、基準日に保有していないと記載されないのが原則なんです。株式会社は、基準日に株式を保有している株主に配当などをしますので、株主名簿の書換えが株式会社に対する対抗要件となります。</td><td>株主からの申出による振替機関から上場企業に対する通知
（振替法154条）
基準日が過ぎた後に、振替機関からされる株式会社への通知を受けて、株式会社（株主名簿管理人）が株主名簿の書換えをするのが原則です。しかし、それを待たずに少数株主権等（振替法147条4項）を行使したい株主もいます。そこで、株主が申出をすると、振替機関が上場企業に対して、株主の情報を通知してくれるんです。その通知から4週間が経過するまでは、株主は株主名簿の書換えを受けていなくても、少数株主権等を行使できます（振替法154条）。</td></tr>
</table>

第4節　株券

会社法214条（株券を発行する旨の定款の定め）
株式会社は、その株式（種類株式発行会社にあっては、全部の種類の株式）に係る株券を発行する旨を定款で定めることができる。

1 株券とは？

1．意義

株券：株式（株式会社の社員たる地位）を紙に表した有価証券
株券があると、株式が以下のような株券（紙）にくっつきます。

実際の書面を見てみよう5 ―― 株券

リアリスティックジャパン株式会社

第壱種優先株式株券　　第A00001号……⑤

壱株券……②

会社の商号	リアリスティックジャパン株式会社……①
会社成立年月日	平成25年2月5日
株式の譲渡制限	当会社の優先株式を譲渡により取得するには、優先株式の種類株主総会の承認を受けなければならない……③
株式の内容	剰余金の配当については、優先株式を有する株主に対し、普通株式を有する株主に先立ち、1株について100円の剰余金を支払う……④

本株券は当会社の定款によりこの株券所持人が上記株数の株主であることを証する。

リアリスティックジャパン株式会社
代表取締役　秀英　一郎

（印：リアリスティックジャパン株式会社 代表取締役印）

【株券の記載事項】

①株券発行会社の商号（会社法216条1号）

②その株券の株式の数（会社法216条2号）

株式を紙に表したのが株券ですから、この①②が記載事項なのは当たり前でしょう。

③譲渡制限規定があるときはその旨（会社法216条3号）

株券発行会社の株式の譲渡は、株券の交付をすることによってします（会社法128条1項本文。P164①）。株券の交付に加えて株式会社の承認が必要かどうかを株券に記載する必要があります。株券に記載されていないと、株券の交付を受けるだけで株式を取得できると考える人が現れてしまいます。

④（種類株式発行会社）株式の種類と内容（会社法216条4号）

種類株式の内容をわかるようにするためです。

⑤株券番号（会社法216条柱書）

2．趣旨

株券がない場合は、株式は目に見えません。その目に見えない株式を「株券」という紙に見える化することで、株式の流通が高まります。

3．株券不発行会社と株券発行会社

（1）原則

今は、株券不発行会社が原則です。かつては、すべての株式会社が株券発行会社でした。しかし、今はペーパーレス化の時代です。よって、不発行が原則とされたんです。また、株式会社の大半を占める非公開会社では、株式の譲渡はほとんど行われません。たとえば、私の株式会社は、設立してから9年以上経っていますが、1度も株式の譲渡が行われていません。株式の流通を高める必要性のある株式会社は少ないんです。株券不発行が原則なのは、こういった理由もあります。

（2）例外

株券を発行する旨をあえて定款に定めた株式会社のみ、株券発行会社となります（会社法214条）。

※種類株式ごとに株券を発行する定めを設けることの可否

種類株式発行会社において、一部の種類株式についてのみ株券を発行する旨を定めることはできません（会社法214条かっこ書）。

あまりニーズがないと考えられるからです。種類株式によって株券の発行の有無を変えると、株式会社の管理コストがかさんでしまいます。また、複雑化してしまうという理由もあります。関係者がいちいち「A種類株式は株券があるんだっけ？」などと考えないといけなくなってしまいます。

2 発行時期

1．すぐに発行する必要があるか？

株券発行会社は、すぐに実際に株券を発行する（株主に株券を渡す）必要があるでしょうか。

<table>
<tr><th></th><th>非公開会社</th><th>公開会社</th></tr>
<tr><td>原則</td><td colspan="2">遅滞なく発行（会社法215条1～3項）
株券発行会社の株式の譲渡は株券の交付がないとできないので（会社法128条1項本文）、株主が株式の譲渡をできるようにするため、遅滞なく発行するのが原則です。</td></tr>
<tr><td rowspan="2">例外</td><td colspan="2">①株券不所持の申出があった場合は発行不可（会社法217条4項）
株券発行会社の株主は、株券の所持を希望しない旨の申出をすることができます（会社法217条1項）。これを「株券不所持制度」といいます。株主によっては、株券をなくしてしまうことを恐れるなど、所持したくない人もいます。通帳をなくすのが怖くて、紙の通帳を発行してもらわずに、Web通帳にするようなものです。
このように、株主が「株券を持ちたくない」という制度ですので、株券不所持の申出があった場合は、株式会社は株主から請求があるまでは株券を発行できません（会社法217条4項、6項前段）。</td></tr>
<tr><td>②株主から請求があるまでは発行しないことが可能
（会社法215条4項）
非公開会社では、株式の譲渡はほとんど行われません。株券の必要性は低いです。よって、株主から請求があるまでは発行しなくても構いません。</td><td></td></tr>
</table>

2．株券発行前の株式の譲渡

上記1.の例外の場合は、株券発行会社でも株券が発行されていません。それでも、「株券発行会社」といいます（P21の「実際に発行していなくても『◯◯会社』」）。

株券発行会社において、株券が発行される前に株式が譲渡された場合、譲渡人と譲受人の間では有効です。しかし、株式会社との関係では効力を生じません（会社法128条2項）。株券発行会社の株式の譲渡は、株券の交付をすることによってするからです（会社法128条1項本文）。

3 権利の推定

株券の占有者は、株式についての権利を適法に有するものと推定されます（会社法131条1項)。株券があると、株式が株券にくっつきます。株券を占有していれば、株主だと思いますよね。

この推定によって、以下の①②のような効果が生じます。

①株式の譲受人は、株式会社に対して株主名簿の名義書換えを請求します（会社法133条1項)。この請求は、原則として株式の譲渡人などと共同でする必要があります（会社法133条2項)。譲受人だけからの請求だと信用できないからです。しかし、株券を占有していれば、譲受人が単独で請求でき（会社法133条2項、会社施行規22条2項1号)、株式を取得したことを積極的に立証する必要がありません。

②株券の占有者から株券の交付を受けた者は、占有者が無権利者であったとしても、無権利者であったことにつき悪意または重過失でない限り、株式を取得できます（会社法131条2項。P395の「重過失は保護しないのが会社法の基本スタンス」)。

4 株券提出手続

1．意義

株券発行会社は、下記2.の表の行為をする場合、株券提出手続をしなければなりません。具体的には、下記2.の表の行為の効力発生日（下記2.⑤の場合には取得日）の1か月前までに、株主および登録株式質権者（＊）に以下の①および②の2つの方法で、効力発生日（下記2.⑤の場合には取得日）までに株券発行会社に対し株券を提出しなければならないことを知らせる必要があります（会社法219条1項本文)。

＊株式に質権を設定することができます（会社法146条、民法362条1項）。株式に質権が設定され、株主名簿に書かれている質権者のことを「登録株式質権者」といいます。詳しくはP262～263[1]で説明します。

①公告（P523※）　and　②通知

2．株券提出手続が要求される場合

株券提出手続は、株券発行会社が以下の表の行為をする場合に要求されます。まだ学習していないものが多いですが、いずれも現在株主が所持している株券が無効となってしまうので、「株券を回収しますよ～」という意味で、株券提出手続をします。

株券提出手続が要求される場合

①**株式の譲渡制限規定の設定**（種類株式発行会社においては譲渡制限規定を設定する種類株式が株券提出手続の対象。会社法219条1項1号）

譲渡制限規定は、株券の記載事項です（P169③）。よって、譲渡制限規定を設定した場合には、株券の記載事項を書き換え、新しい株券を渡す必要があるので、いったん株券を回収する必要があるんです。

※要求されるのは「設定」の場合のみであり、譲渡制限規定の「変更」「廃止」の場合は不要です。変更と廃止の場合も、株券の記載事項の書換えのために株券の回収が必要となりそうですが、要求されていません。株券に書いているよりもマイナス（譲渡制限規定があるのに書いていない）はマズイが、それ以外は構わないということなんでしょう。

②**株式の併合**（会社法219条1項2号）

株式数が減少するため、株券の株式数（P169②）を書き換える必要があるので、株券を回収する必要があります。

※「株式の分割」の場合は不要です。株式の分割も、株式数が変わります（増加します）。しかし、株式の分割の場合、株券の株式数を書き換えるのではなく、株主に追加の株券が発行されるんです（会社法215条3項）。

③**全部取得条項付種類株式の取得**（会社法219条1項3号）

④**取得条項付株式の取得**（会社法219条1項4号）

※「取得請求権付株式の取得」の場合は不要です。取得請求権付株式は株主にイニシアティブがあり（P132（1））、取得のタイミングは株主が請求したときです。よって、株式会社が事前に知らせることができないんです。

⑤**株式売渡請求の承認**（会社法219条1項4号の2）

③④は株式会社に、⑤は特別支配株主に株式を取得されるため、株券を回収する必要があります。

⑥**組織変更**（会社法219条1項5号）

⑦**吸収合併・新設合併**（消滅株式会社。会社法219条1項6号）

⑧**株式交換**（完全子会社。会社法219条1項7号）

⑨**株式移転**（完全子会社。会社法219条1項8号）

⑥～⑨は、その株式会社の株主ではいられなくなりますので、株券を回収する必要があります。

※「吸収分割」「新設分割」「株式交付」の場合は不要です。吸収分割・新設分割の分割株式会社の株主は、そのまま分割株式会社の株主で居続けるからです。株式交付の株式交付子会社の株主は、申込みまたは総数譲渡契約をした者だけが株式を譲り渡します。つまり、株主の意思で譲り渡すため、株券提出手続は不要とされています。

3．株券提出手続が不要とされる場合

株券発行会社が上記2.の表の行為をする場合でも、株式の全部について株券を発行していない場合には、株券提出手続は不要です（会社法219条1項ただし書）。株券を発行していないのに、「回収しますよ～」という公告や通知をしても意味がないですよね……。

「株式の全部について株券を発行していない場合」とは、以下の場合です。

①すべての株主が株券不所持の申出をしている場合（P170①）
②非公開会社において、株主からの発行の請求がなく、すべての株式について株券を発行していない場合（P170②）

上記①②は、P170の1.の例外の場合ということです。

4．添付書面

株券提出手続が要求される上記2.のうち、⑤以外は登記が発生します（発生することがあります）。その際の添付書面の考え方は同じなので、ここでまとめておきます。添付書面の要否と内容は、以下のとおりです（商登法62条、61条、60条、59条1項2号、68条、77条4号、80条9号、81条9号、89条8号、90条8号）。

なお、このテキストでは、以下の書面を「株券提出公告関係書面」といいます。

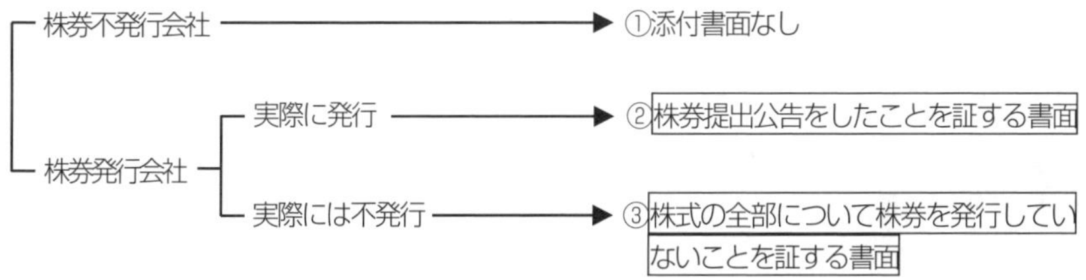

①株券発行会社であれば、株券を発行する旨の定めが登記されます（会社法911条3項10号）。よって、株券不発行会社であることは、登記官にとって明らかです。
②公告をしたことを証する書面は、具体的には以下の書面が該当します。
・官報
・日刊新聞紙
・電子公告調査機関の調査報告書

公告をする方法は、P523※①～③です。官報と日刊新聞紙の場合は、官報（電子申請であればインターネット版官報でもOK）と日刊新聞紙自体を添付します。電子公告の場合は、一定期間会社のウェブサイトに掲載していたことを証明してくれる電子公告調査機関がありますので（会社法941条）、その調査報告書を添付します。

なお、公告だけでなく、通知もする必要があります。しかし、通知については P67⑤の考え方があるので、通知をしたことを証する書面の添付は不要です。
③具体的には、株主名簿が当たります。株券を発行している場合、その旨が株主名簿に書かれます（会社法121条4号。P184）。

5 株券を発行する旨の定めの廃止

株券発行会社は、株券を発行する旨の定款の定めを廃止することによって株券不発行会社となることができます。

この定款変更をしようとするときは、定款変更の効力が生じる日の2週間前までに、株主および登録株式質権者に以下の2つの方法で、株券を発行する旨の定款の定めを廃止する旨、効力発生日などを知らせる必要があります（会社法218条1項）。効力発生日に株券が無効となるので（会社法218条2項、1項2号）、事前に知らせる必要があるんです。

①公告　and　②通知

ただし、株式の全部について株券を発行していない株式会社の場合は、以下の方法で知らせればOKです（会社法218条3項、4項）。

①公告　or　②通知

実際に株券が発行されていないので、公告か通知のいずれかをすればよいと緩和されているんです。

6 登記

1．実体（会社法）→登記

株券を発行する旨の定款の定めを設定または廃止した場合は、株券を発行する旨の定めの設定または廃止の登記を申請しなければなりません（会社法915条1項）。以下の事項は、登記事項だからです。

・株券発行会社である旨（会社法911条3項10号）

2．申請書の記載事項

申請例5 ―― **株券を発行する旨の定めの廃止の登記**

事例：令和6年6月7日、実際に株券を発行している株券発行会社の株主総会において、令和6年6月 28 日をもって株券を発行する旨の定めを廃止する特別決議が成立した。令和6年6月 10 日、株券を発行する旨の定款の定めを廃止する旨などが定款の公告方法である官報で公告されるとともに、株主および登録株式質権者に通知された。

1．登記の事由　株券を発行する旨の定めの廃止
1．登記すべき事項　令和6年6月28日株券を発行する旨の定め廃止
1．登録免許税　金3万円
1．添付書面　株主総会議事録　1通
株主リスト　1通
株券廃止公告をしたことを証する書面　1通
委任状　1通

株券を発行する旨の定め	当会社の株式については、株券を発行する。
	令和6年6月28日廃止　　令和6年7月3日登記

記述の連鎖

【設定】

以下の①または②の場合、株券を発行する旨の定めの設定ができません。

①上場企業

②種類株式発行会社において、一部の種類株式についてのみ株券を発行する旨の定めを設けた

記述で上場企業が出る可能性はほとんどないので、上記②と特別決議が成立しているかに注意すれば OK です。このように論点があまりないので、記述では、株券を発行する旨の定めの登記がすでにされており、P171～1744の株券提出手続、または、P1745の株券を発行する旨の定めの廃止の論点が出題されることのほうが多いです（平成 27 年度、平成 23 年度、平成 20 年度）。

【廃止】

効力発生日の2週間前までに公告および通知（株式の全部について株券を発行していない場合は公告または通知）をしている必要があります。これをしていないと、登記できません。

（1）登記の事由

【設定】

「株券を発行する旨の定めの設定」と記載します。

【廃止】

「株券を発行する旨の定めの廃止」と記載します。

（2）登記すべき事項

【設定】

「年月日設定
　株券を発行する旨の定め
　　当会社の株式については、株券を発行する。」と記載します。

【廃止】

「年月日株券を発行する旨の定め廃止」と記載します。

年月日は、「設定日」「廃止日」を記載します。この設定日は通常は株主総会の決議日、廃止日は効力発生日です。

（3）登録免許税

申請件数1件につき、3万円です（登免法別表第1.24.（1）ツ）。株式関連の登記は、増資を除いてほとんど「ツ」です（P64の「登録免許税の税率の記憶のコツ」）。

（4）添付書面

①株主総会議事録（特別決議の要件を充たすもの。商登法46条2項）

株券を発行する旨は、定款で定める必要があります。よって、株券を発行する旨の定めを設定することも廃止することも定款変更に当たるため、特別決議の要件を充たす株主総会議事録が必要です。

②株主リスト（商登規61条3項）

株主総会の決議を要しますので、株主リストが必要です（P307の「株主リストの添付の基本的な判断基準」）。

③株券廃止公告関係書面（商登法63条）

【廃止】

廃止の場合には、公告および通知（株式の全部について株券を発行していない場合は公告または通知）をする必要がありますので（P174 5）、それについての添付書面が必要です。実際に株券を発行しているかどうかによって、以下のとおり変わります。

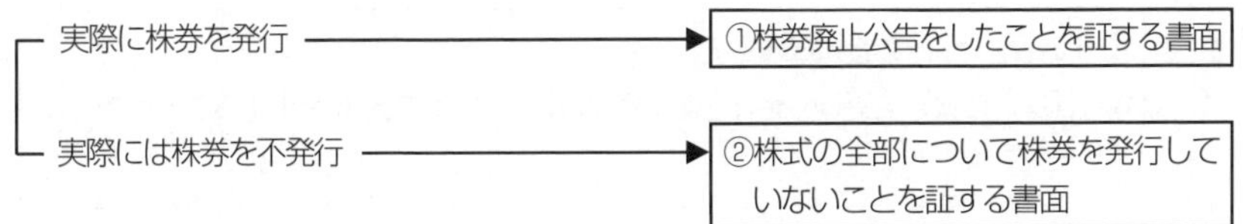

①公告をしたことを証する書面は、具体的には以下の書面が該当します。

・官報（電子申請であればインターネット版官報でも OK）

・日刊新聞紙

・電子公告調査機関の調査報告書

なお、公告だけでなく、通知もする必要があります。しかし、通知については P67⑤の考え方があるので、通知をしたことを証する書面の添付は不要です。

②株式の全部について株券を発行していない場合、公告または通知をします。公告"または"通知の場合、「公告をしたことを証する書面」も「通知をしたことを証する書面」も添付書面になりません（P67⑤）。しかし、株式の全部について株券を発行していないことは、登記官にはわかりません。そこで、株式の全部について株券を発行していないことを証する書面を添付します。具体的には、株主名簿が当たります。株券を発行している場合、その旨が株主名簿に書かれるからです（会社法 121 条4号。P184）。

④委任状（商登法 18 条）

第5節　発行可能株式総数（発行可能種類株式総数）

会社法 113 条（発行可能株式総数）

1　株式会社は、定款を変更して発行可能株式総数についての定めを廃止することができない。

1　発行可能株式総数とは？

1．意義

発行可能株式総数：株式会社が発行することができる株式の総数（会社法 37 条 1 項）

株式会社は、発行できる株式数の上限を定款で定める必要があります（会社法 113 条 1 項）。すべての株式会社が定める必要があるので、私の株式会社のような非公開会社・非大会社でも定めています。このように上限を定めてその範囲内で株式を発行できる制度を「授権資本制度（授権株式制度）」といいます。

なお、発行可能株式総数は、発行済株式の総数を下ることはできません（会社法 113 条 2 項）。発行可能種類株式総数も、その種類の発行済株式の総数を下ることはできません（会社法 114 条 1 項）。分母を分子より小さくしてはダメです。これは当たり前ですね。

2．趣旨

発行可能株式総数は、特に公開会社で重要な役割を果たします。公開会社では、原則として取締役会の決議で募集株式の発行等ができ、新株を発行できます（会社法 201 条 1 項）。上限がないと、経営陣（取締役会）がどんどん自分たちに友好的な者に新株を発行し、既存株主の持ち株比率を下げることができてしまいます。経営陣が支配株主を変えることもできてしまうわけです。そういった勝手なことをできないようにするため、株主が発行可能株式総数で上限を設ける制度とされました。定款の内容は、株主が決めます。経営陣は、与えられた上限（授権）の範囲内でしか発行できないんです。

2 4倍ルール

1．意義

いわゆる「4倍ルール」といわれるルールがあります。4倍ルールとは、発行可能株式総数を発行済株式の総数の4倍以下にしなければならない、というルールです。

4倍ルールがあるかは、以下のとおり株式会社の形態によります。

非公開会社	公開会社
4倍ルールなし （会社法37条3項ただし書、113条3項、180条3項ただし書、814条1項かっこ書参照） 非公開会社が募集株式の発行等によって新株を発行するには、必ず株主の関与が必要とされます。よって、4倍ルールがなくても大丈夫なんです。	**4倍ルールあり** （会社法 37 条3項本文、113 条3項、180条3項本文、814条1項かっこ書） 公開会社が募集株式の発行等によって新株を発行するには、原則として取締役会の決議でできますので、4倍ルールを設け、既存株主を保護する必要があります。

2．4倍ルールの適用場面

公開会社には4倍ルールがありますが、4倍ルールが適用される場面と適用されない場面があります。

4倍ルールが適用される場面	4倍ルールが適用されない場面
①発起設立または募集設立によって公開会社を設立（会社法37条3項本文） **②公開会社の発行可能株式総数の増加の定款変更**（会社法113条3項1号） **③非公開会社が公開会社となる定款変更**（会社法113条3項2号） **④公開会社の株式の併合**（会社法180条3項本文） **⑤新設合併、新設分割、株式移転によって公開会社を設立**（会社法814条1項かっこ書、37条3項本文） 平成26年の改正前は、①②の規制しかありませんでした。①②の方法以外であれば、4倍ルールの抜け	**①自己株式の消却** 自己株式を消却して、分子（発行済株式の総数）を減少させる場合には、4倍規制はありません。 ex. 発行可能株式総数が2000株であり発行済株式の総数が 500株である公開会社が、自己株式を消却して発行済株式の総数を400株とすることができます。 $\frac{500（100）}{2000} \Rightarrow \frac{400}{2000}$

道があったわけです。そこで、平成26年の改正で③～⑤の抜け道を塞ぎました。 なお、④の「株式の併合」はP235～240 1で、⑤の「新設合併、新設分割、株式移転による設立」は、Ⅱのテキスト第5編で説明します。	＊「(　)」は自己株式です。 なお、「自己株式の消却」は、P228～232 6で説明します。

3 将来の株主の席

発行可能株式総数は、いつ株主になってもおかしくない将来の株主の「席」を用意しておく必要があります（下記1.）。発行可能種類株式総数についても同じ問題がありますので、発行可能種類株式総数についてもみていきます（下記2.）。

席を残しておけ

以下、少し複雑に思えるハナシもありますが、要は**「いつ株主になってもおかしくない将来の株主の席を残しておけ」**ということです。常にこの視点でみてください。

1. 発行可能株式総数

発行可能株式総数は、以下の数である必要があります（会社法113条4項）。

発行可能株式総数 ≧ 発行済株式の総数+行使期間が到来した新株予約権の目的たる株式の数 −自己株式の数

新株予約権とは、行使すると株式となるものです。新株予約権には、行使期間があります。行使期間が到来していると、新株予約権者はいつでも新株予約権を行使できます。よって、行使期間が到来している場合は、新株予約権者が株主となった場合の席を残しておく必要があるんです（上記の「席を残しておけ」）。自己株式の数を引くのは、新株予約権が行使された場合に自己株式を交付して対応できるからです。

……といわれてもちょっとわかりにくいと思いますので、具体例で確認しましょう。

(1) 分母の減少

分母（発行可能株式総数）の減少が制限されます。

ex. 発行可能株式総数が2000株、発行済株式の総数が1600株

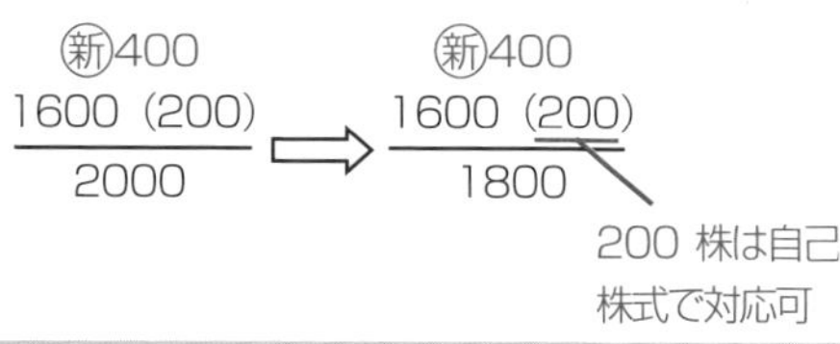

（そのうち自己株式が200株）、行使期間が到来した新株予約権の目的たる株式の数が400株である場合、発行可能株式総数を1800株までしか減少できません。

（2）分子の増加

新株予約権者の株主の席を残しておく必要があるので、分子（発行済株式の総数）の増加も制限されます。

ex. 発行可能株式総数が2000株、発行済株式の総数が 1600 株（そのうち自己株式が200株）、行使期間が到来した新株予約権の目的たる株式の数が 400 株である場合、募集株式の発行等によって発行できる新株は200株までです（登研464P118）。

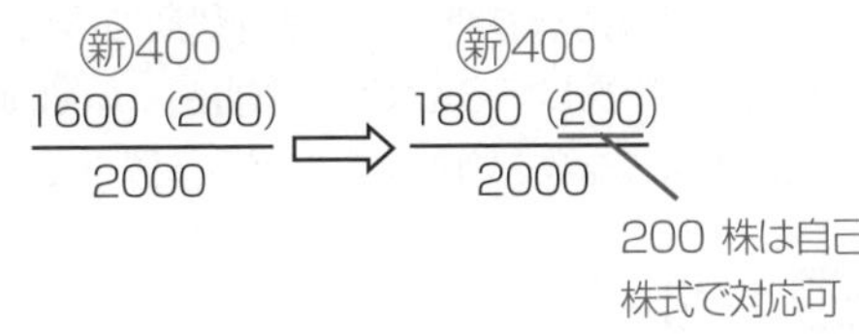

※行使期間の到来していない新株予約権

行使期間の到来していない新株予約権は、無視してOKです。行使期間が到来するまでに発行可能株式総数を増加するなどの措置をとればよいからです。

2．発行可能種類株式総数

発行可能種類株式総数は、以下の数である必要があります（会社法114条2項）。

発行可能種類株式総数 ≧	その種類株式の発行済株式の総数 ＋取得請求の期間が到来した取得請求権付株式の対価であるその種類の株式の数 ＋取得条項付株式の対価であるその種類の株式の数 ＋行使期間が到来した新株予約権の目的たるその種類の株式の数 －自己株式の数

種類株式だと、取得請求権付株式と取得条項付株式の対価が、株式であることがあります（P132～133③、P134④）。よって、発行可能種類株式総数の場合は、取得請求権付株式の株主、取得条項付株式の株主および新株予約権者がその種類株式の株主となった場合の席を残しておく必要があります（上記の「席を残しておけ」）。自己株式の数を引くのは、発行可能株式総数と同じで、自己株式を交付して対応できるからです。

※全部取得条項付種類株式についての規定はありません。全部取得条項付種類株式の取得の対価は、取得する決議をするときに決めればOKなので（P135①）、まだ決まっていないことが多いからです。

※取得請求の期間・行使期間の到来していない取得請求権付株式・新株予約権

やはり取得請求の期間または行使期間の到来していない取得請求権付株式と新株予約権は、無視してOKです。取得請求の期間または行使期間が到来するまでに発行可能種類株式総数を増加するなどの措置をとればよいからです。

4 登記

1．実体（会社法）→登記

発行可能株式総数を変更した場合は、発行可能株式総数の変更の登記を申請しなければなりません（会社法915条1項）。以下の事項は、登記事項だからです。

・発行可能株式総数（会社法911条3項6号）

2．申請書の記載事項

申請例6 ―― **発行可能株式総数の変更の登記**

事例：令和6年6月28日、発行可能株式総数および発行済株式の総数が、500株である公開会社の株主総会において、発行可能株式総数を2000株とする特別決議が成立した。

1．登記の事由	発行可能株式総数の変更
1．登記すべき事項	令和6年6月28日変更 発行可能株式総数　2000株
1．登録免許税	金3万円
1．添付書面	株主総会議事録　1通 株主リスト　1通 委任状　1通

発行可能株式総数	500株	
	2000株	令和6年6月28日変更 令和6年7月3日登記

記述の連鎖

【増加】

公開会社だと、発行可能株式総数が発行済株式の総数の４倍を超えてはいけません（P179の表の左の②）。上記申請例6は、ギリギリ４倍以内なので OK です。

【減少】

行使期間が到来した新株予約権の目的たる株式の数の席がなくなる減少はできません（P180～181（1））。

（1）登記の事由

「発行可能株式総数の変更」と記載します。

（2）登記すべき事項

「年月日変更

発行可能株式総数　○○株」と記載します。

年月日は、「変更日」を記載します。この変更日は、通常は株主総会の決議日です。

（3）登録免許税

申請件数１件につき、３万円です（登免法別表第 1.24.（1）ツ）。株式関連の登記は、増資を除いてほとんど「ツ」です（P64 の「登録免許税の税率の記憶のコツ」）。

（4）添付書面

①株主総会議事録（特別決議の要件を充たすもの。商登法 46 条２項）

発行可能株式総数は定款に必ず記載されている事項ですので、その変更には定款変更が必要です。よって、特別決議の要件を充たす株主総会議事録が必要となります。

②種類株主総会議事録（特別決議の要件を充たすもの。商登法 46 条２項）

発行可能株式総数の増加がある種類株式の種類株主に損害を及ぼすおそれがあるときは、原則としてその種類株式の種類株主総会の特別決議が必要となります（P314 ハ）。

③株主リスト（商登規 61 条３項）

上記①②について株主リストが必要です（P307 の「株主リストの添付の基本的な判断基準」）。

④委任状（商登法 18 条）

第6節　株主名簿

会社法121条（株主名簿）

株式会社は、株主名簿を作成し、これに次に掲げる事項（以下「株主名簿記載事項」という。）を記載し、又は記録しなければならない。

一　株主の氏名又は名称及び住所

二　前号の株主の有する株式の数（種類株式発行会社にあっては、株式の種類及び種類ごとの数）

三　第1号の株主が株式を取得した日

四　株式会社が株券発行会社である場合には、第2号の株式（株券が発行されているものに限る。）に係る株券の番号

1　株主名簿とは？

1．意義

株主名簿：株主の情報を記載・記録した株式会社が作成・管理する名簿

電磁的記録（データ）でも構いませんが、株式会社には株主名簿を作成する義務があります（会社法121条柱書）。私の株式会社はデータで作成していますが、このテキストにも貼り付けておきますね。

＊私の株式会社は実際には株券不発行会社なのですが、以下の見本では株券発行会社の設定に変えています。

実際の書面を見てみよう6　――　**株主名簿**

■■■■株式会社

氏名又は名称 ……①	住所 ……①	株式数 ……②	金額	株式取得日 ……③	株券 ……④
松本 雅典	横浜市■■■■	300	3,000,000	平成25年2月5日	株券番号1～300
	（以下余白）				＊
合計		300	3,000,000		

＊株券が不発行の場合は、「株券不所持申出により不発行」などと書かれます。

【株主名簿の記載事項】
①株主の氏名（名称）・住所（会社法121条1号）
②株主の有する株式の数（種類株式発行会社にあっては株式の種類および種類ごとの数。会社法121条2号）
「株主名簿」ですから、この①②が記載事項なのは当たり前ですね。
③株主が株式を取得した日（会社法121条3号）
④（株券発行会社）株券が発行されている株式の株券番号（会社法121条4号）

2．趣旨

（1）株式会社のため

株主名簿は、株式会社が株主を管理するのに役立ちます。

たとえば、株主名簿に従って、株主に株主総会の議決権行使書面（ハガキ。P274~275③）を郵送します。そのため、株主の氏名（名称）・住所や株主の有する株式の数が株主名簿の記載事項とされているんです（上記1.①②）。

（2）株主のため

株主名簿は、株主のためのものでもあります。たとえば、株主は多数派工作のときに株主名簿を使います。自身の議決権だけでは議決権数が足りないときに、株主名簿を閲覧し、他の株主に接触して自身の案に賛成してもらうように働きかけたりします。

3．備置き・閲覧

（1）備置き

株式会社は、株主名簿を本店に備え置かなければなりません（会社法125条1項）。

（2）閲覧・謄写

上記（1）の備置きは、利害関係人に閲覧と謄写（コピー）をさせるためにします。閲覧と謄写の請求ができる利害関係人は、以下のとおりです（P304の「閲覧・謄写などの請求権者の記憶の仕方①」）。

利害関係㊎ ← → ㊌

株主	債権者	親会社の社員
株式会社の営業時間内はいつでも請求可（会社法125条2項） 株主について持株数の要件はないので、1株しか保有していない株主でも請求できます。上記2.（2）のとおり、多数派工作のために閲覧・謄写の請求をすることもありますので、持株数の少ない株主にも認める必要があるんです。 債権者も請求できるのは、たとえば、債権者は、違法な剰余金の配当を受けた株主に、配当金の支払請求をすることができます（会社法463条2項）。このとき、債権者は、株主名簿をみて、その株主に支払請求をすることがあります。		**裁判所の許可を得て可** （会社法125条4項前段。P304の「閲覧・謄写などの請求権者の記憶の仕方②」）

（3）閲覧・謄写請求の拒絶

株式会社は、会社法125条3項各号に掲げる理由がある場合、閲覧または謄写の請求を拒絶できます（会社法125条3項）。

会社法125条3項には、「権利の確保又は行使に関する調査以外の目的で」（1号）、「利益を得て第三者に通報するため」（3号）などと規定されています。これは、主に名簿屋による株主権の濫用を防ぐためです。株主名簿は金融資産を有している者の名簿ですので、名簿としての価値があるんです。

※平成26年の改正で削除された拒絶理由

以下の拒絶理由が、平成26年の改正で削除されました。

「請求者が当該株式会社の業務と実質的に競争関係にある事業を営み、又はこれに従事するものであるとき。」（旧会社法125条3項3号）

競争関係にあるだけで拒絶するのはおかしいと考えられていたからです。たとえば、ライバル企業が株式を取得し、多数派工作をして企業を買収することは、正当な権利行使です。そのため、上記の拒絶理由では拒絶を認めない裁判例も出てきていたので、平成26年の改正で削除されました。

4．株主名簿記載事項を記載した書面の交付・提供の請求

株主は株式会社に対し、自身についての株主名簿記載事項を記載した書面の交付または電磁的記録（データ）の提供を請求することができます（会社法 122 条1項）。ただ、これはできる株式会社とできない株式会社があります。

株券不発行会社	株券発行会社
できる（会社法 122 条1項） 株券がないので、対外的に株主であることを証明するものがありません。よって、この請求が認められています。	**できない**（会社法 122 条4項） 株券を見せれば、対外的に株主であることを証明できます。株券で十分なんです。

5．株主に対する通知が到達しない場合

株式会社は、株主に対する通知や催告は、株主名簿の株主の住所にします（会社法 126 条1項）。株式会社が通知や催告を株主名簿の住所にすれば、株主が引っ越しをしたが株式会社に知らせていなかったために株主が受け取れなかった場合でも、通常到達すべきであった時に到達したものとみなされます（会社法 126 条2項）。株主は何万人もいることもありますので、株式会社に株主の住所を正確に把握する義務を課すのは酷だからです。

株主が引っ越しをして新住所を知らせなかったことなどにより、所在がわからなくなった株主を「所在不明株主」といいます。通知または催告が5年以上継続して到達しない場合、株式会社は所在不明株主に対しての通知または催告をする必要がなくなります（会社法 196 条1項）。住所をきちんと知らせない株主のほうが悪いですよね。郵送代や人件費もバカになりませんので、ここでも株式会社に配慮した規定が置かれているんです。所在不明株主に対する株式会社の義務履行地は、株式会社の住所地となります（会社法 196 条2項）。「知らせないお前が悪いんだから、取りに来い！」ということです。

この場合、株式会社は、所在不明株主の株式を競売したり、競売以外の方法で売却したりということまでできます（会社法 197 条1項1号、2項）。上記の通知または催告をする必要がなくなるだけだと、たとえば剰余金の配当金は、所在不明株主が取りにくるかもしれないので、用意しておかないといけません。そういった手間を削減するため、競売や売却が認められているんです。

株式会社が所在不明株主の株式を売却する場合、株式会社自身が株式を買い取ることもできます（会社法197条3項）。

2 株主名簿管理人

会社法123条（株主名簿管理人）

株式会社は、株主名簿管理人（株式会社に代わって株主名簿の作成及び備置きその他の株主名簿に関する事務を行う者をいう。以下同じ。）を置く旨を定款で定め、当該事務を行うことを委託することができる。

1．意義

株主名簿管理人：株式会社に代わって株主名簿の作成および備置きなど株主名簿に関する事務を行う者（会社法123条かっこ書）

株主が多数いる株式会社ですと、株主名簿の管理をするのも大変なので、株主名簿管理人に株主名簿の管理を委託できるとされました。株主名簿管理人には、信託銀行や証券会社がなることが多いです。ただ、会社法上は資格はありませんので、信託銀行や証券会社しかなれないわけではありません。

株主名簿管理人は株主名簿の管理を行いますので、株主名簿管理人がいると、株主名簿の備置場所は、株式会社の本店ではなく、株主名簿管理人の営業所になります（会社法125条1項かっこ書）。

2．株主名簿管理人を置くには？

株式会社が株主名簿管理人を置くには、以下の手続を経る必要があります。

①株主名簿管理人を置く旨を定款で定める（会社法123条）

↓

②以下の機関が株主名簿管理人を定める

非取締役会設置会社	取締役会設置会社
取締役の決定（取締役の過半数の一致） （会社法348条2項）	**取締役会の決議** （会社法362条2項1号）

↓

③上記②に基づいて代表取締役（代表執行役）が株主名簿管理人と契約をする

3．登記

（1）実体（会社法）→登記

株主名簿管理人を置いた場合は、株主名簿管理人の設置の登記を申請しなければなりません（会社法915条1項）。以下の事項は、登記事項だからです。

・株主名簿管理人の氏名又は名称及び住所並びに営業所（会社法911条3項11号）

（2）申請書の記載事項

申請例7 —— **株主名簿管理人の設置の登記**

事例：令和6年6月 21 日、取締役会設置会社の株主総会において、株主名簿管理人を置くことができる旨の定款の定めを設ける特別決議が成立した。同日、取締役会において、以下の者に株主名簿管理人の業務を委託する契約をすることについて決議が成立した。令和6年6月 28 日、代表取締役とA信託銀行株式会社との間で株主名簿の管理についての業務委託契約が締結された。
「東京都千代田区千代田一丁目1番1号　A信託銀行株式会社本店」

1．登記の事由	株主名簿管理人の設置
1．登記すべき事項	令和6年6月28日設置 株主名簿管理人の氏名又は名称及び住所並びに営業所 東京都千代田区千代田一丁目1番1号 A信託銀行株式会社本店
1．登録免許税	金3万円
1．添付書面	定款　1通 取締役会議事録　1通 株主名簿管理人との契約を証する書面　1通 委任状　1通

株主名簿管理人の氏名又は名称及び住所並びに営業所	東京都千代田区千代田一丁目1番1号 A信託銀行株式会社本店 令和6年6月28日設置　　令和6年7月3日登記

（a）登記の事由

「株主名簿管理人の設置」と記載します。

（b）登記すべき事項

株主名簿管理人の本店が株主名簿の事務を行う場合と、支店が株主名簿の事務を行う場合があります。それによって、登記すべき事項が変わります。

【株主名簿管理人の本店が株主名簿の事務を行う場合】
「年月日設置
　株主名簿管理人の氏名又は名称及び住所並びに営業所
　　東京都千代田区千代田一丁目１番１号（本店の所在場所）
　　Ａ信託銀行株式会社本店　」などと記載します。
【株主名簿管理人の支店が株主名簿の事務を行う場合】
「年月日設置
　株主名簿管理人の氏名又は名称及び住所並びに営業所
　　横浜市中区羽衣一丁目１番１号（支店の所在場所）
　　Ａ信託銀行株式会社横浜支店
　　本店　東京都千代田区千代田一丁目１番１号（本店の所在場所）」などと記載します。

年月日は、「設置日」を記載します。この設置日は、代表取締役（代表執行役）が株主名簿管理人と契約をした日です。

（c）登録免許税

申請件数１件につき、３万円です（登免法別表第1.24.（１）ツ）。株式関連の登記は、増資を除いてほとんど「ツ」です（P64の「登録免許税の税率の記憶のコツ」）。

（d）添付書面

添付書面は、P188 の「①→②→③」に従って考えてください。以下の「①→②→③」は、P188の「①→②→③」に対応しています。

①定款（商登法64条）
　定款に「株主名簿管理人を置くことができる」という定めがあるため、株主名簿管理人を置けます。定款の記載事項が登記事項となるわけではありません。定款の記載事項は「株主名簿管理人を置くことができる」であって、登記事項は「Ａ信託銀行株式会社本店」などです。よって、定款を添付します（P66～67④）。
②（非取締役会設置会社）取締役の過半数の一致があったことを証する書面（商登法46条１項）

（取締役会設置会社）取締役会議事録（商登法46条2項）
③株主名簿管理人との契約を証する書面（商登法64条）
④委任状（商登法18条）

3 基準日

会社法124条（基準日）
1　株式会社は、一定の日（以下この章において「基準日」という。）を定めて、基準日において株主名簿に記載され、又は記録されている株主（以下この条において「基準日株主」という。）をその権利を行使することができる者と定めることができる。

1．意義

基準日：一定の日に株主名簿に記載・記録されている株主を権利を行使すべき株主とみなした場合のその一定の日（会社法124条1項）

ex.「毎年3月末日の最終の株主名簿に記録された議決権を有する株主をもって、その事業年度に関する定時株主総会において権利を行使することができる株主とする」などと定めることがあります。

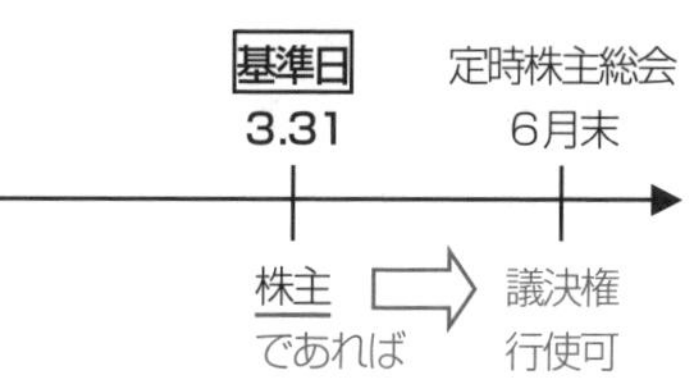

2．趣旨

株主名簿が常に現在の株主を記載・記録したものとなっていれば、それがベストです。しかし、株式の譲渡が頻繁にされる株式会社だと、それは困難です。そこで、基準日を定めて、「この日の株主が議決権を行使できる」などと決められるのです。

3．期間制限

基準日から権利行使日までの期間は、3か月以内である必要があります(会社法124条2項)。このため、6月末に定時株主総会を開催する株式会社が多い日本では、基準日を3月31日としている株式会社が多いです。

本来は、権利行使日に株主である者が権利を行使すべきです。基準日から権利行使日までの期間が長いと、「本来は権利を行使できたのに……」という株主が増えてしまいます。それをできる限り少なくするため、3か月という期間制限があるんです。

4．公告

基準日は、業務執行決定機関の決定（非取締役会設置会社では取締役の過半数の一致、取締役会設置会社では取締役会の決議）で定められます。よって、株主が知っているとは限りません。そこで、基準日を定めた場合は、基準日の２週間前までに公告をしなければなりません（会社法 124 条３項本文）。これは、株主名簿の名義書換えを促す目的もあります。

ただし、定款で基準日を定めた場合には、公告をする必要はありません（会社法124条３項ただし書）。定款の内容は株主が決めますので、株主は知っていると考えられるからです。

5．基準日後に株式を取得した者の議決権行使

株主総会（または種類株主総会）の議決権については、基準日後に株式を取得した者の全部または一部を権利を行使することができる者と定めることができます（会社法124条４項本文）。

ex. ３月 31 日の株主を定時株主総会で議決権を行使できる者とした場合でも、その後に株式を取得した者も、定時株主総会で議決権を行使できるとすることができます。

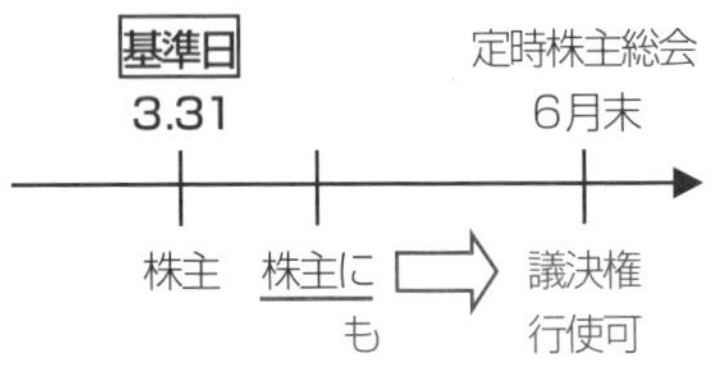

３月 31 日を基準日として６月末に定時株主総会を行う株式会社が多いのですが、それだと、４月１日から６月末の定時株主総会の間に、募集株式の発行等で出資を募ることや合併などの組織再編がやりづらかったんです。なぜなら、この期間に株式をもらっても、定時株主総会の議決権がありません（合併などの組織再編でも対価として株式をもらうことがあります）。そういった問題を解決するためにできた規定です。

ただし、「基準日株主の権利を害することができない」（会社法124条４項ただし書）とされています。上記のような問題を解決するための規定なので、基準日に株主であった者が不利益を受けるのはダメなんです。

ex1. 基準日後に株式を取得した者の多数で、基準日に株主であった者に剰余金を与えないとする決議をすることはできません。

ex2. 基準日後に、基準日に株主であった者から株式を譲り受けた者は、議決権を行使できません。譲り受けた者が議決権を行使できるとすると、基準日に株主であった者が議決権を行使できなくなってしまうからです。よって、議決権を行使できるのは、募集株式の発行等など、株式の譲渡以外で株主になった者です。

第7節　反対株主の株式買取請求権

> **会社法116条（反対株主の株式買取請求）**
> 1　次の各号に掲げる場合には、反対株主は、株式会社に対し、自己の有する当該各号に定める株式を公正な価格で買い取ることを請求することができる。
> 〔省略〕

1 反対株主の株式買取請求権とは？

株式会社がある事項を決定した場合に、株主が「こんなことをする株式会社の株主なんて、辞めてやる～。株式会社よ、株式を買い取れ！」と言うのが、「反対株主の株式買取請求権」です。

「○○の買取請求権」は登記と無カンケー

「○○の買取請求権」というものが出てきたら、登記とは関係ないとお考えください。登記と関係ありませんので、**添付書面とも関係ありません。**

株式会社が買い取ることになるんですが、株式会社が買い取っても、保有者が株式会社に替わるだけです。反対株主の株式買取請求権だと、株式の保有者が株式会社以外の株主から株式会社に替わります。しかし、株主が替わっても、登記は発生しません。株主が誰であるかは登記事項ではないからです（P161 の「株主の個人名は登記されない」）。

2 請求できる場合

反対株主の株式買取請求権が認められるのは、**以下の表の場合のみ**です。以下の表の場合は、いずれも株主が「ふざけるな！」と思う場合です。

請求できる場合	請求できる株式
①**全部の株式の内容として譲渡制限株式の定めを設ける定款変更をする場合**（会社法116条1項1号） 保有している株式が非公開株になると、株主は自由に譲渡ができなくなります。よって、「ふざけるな！」と思います。	全部の株式

請求できる場合	請求できる株式
②種類株式の内容として譲渡制限株式の定めまたは全部取得条項付種類株式の定めを設ける定款変更をする場合（会社法116条1項2号） 保有している株式が非公開株になると、株主は自由に譲渡ができなくなります。また、全部取得条項付種類株式になると、強制的に株式を取得される可能性が生じます。よって、「ふざけるな！」と思います。	譲渡制限株式、全部取得条項付種類株式となる種類株式、および、それらを目的とする取得請求権付株式・取得条項付株式
③種類株主総会の決議を要しない旨の定款の定めがある種類株式発行会社において、株式の併合、株式の分割、株式無償割当て、株主割当てによる募集株式の発行等、株主割当てによる新株予約権の発行、新株予約権無償割当てまたは単元株式数についての定款変更をする場合において、ある種類株式の種類株主に損害を及ぼすおそれがあるとき（会社法116条1項3号） 長いですが……要は、P315～316①の「損害を及ぼすおそれがあっても無視するよ」という定款規定があり、無視される場合です。損害を及ぼすおそれがあっても無視されるので、無視される種類株式の株主は「株主なんて、辞めてやる～。株式会社よ、株式を買い取れ！」と言えるんです。 列挙されているのは、P314③～⑦と単元株式数についての定款変更です。単元株式数についての定款変更は、P314①ロですが、無視されました（P316）。なお、P315⑧は、下記⑥の規定があるので、ここには入っていません。	種類株主総会の決議を要しない旨の定款の定めがある損害が及ぶおそれがある種類株式
④株式の併合により1株に満たない端数が生じる場合（会社法182条の4第1項） ex. 3株を1株に併合する場合、2株以下の株式は端数となります。 端数の株式は合計されて競売され、端数の株式を保有していた株主は売却代金を受け取ります（会社法235条1項。P258）。しかし、この売却代金は安くなってしまうことが通常です。よって、「ふざけるな！」と思います。	株式の併合により1株に満たない端数となるもの
⑤事業譲渡等をする場合（会社法469条1項柱書）	全部の株式
⑥吸収合併、新設合併、吸収分割、新設分割、株式交換、株式移転、株式交付をする場合（会社法785条1項、797条1項、806条1項、816条の6第1項）	全部の株式

※反対株主の株式買取請求ができない場合

請求できるのは上記の表の場合のみなのですが、請求ができない場合をいくつか示しておきます。以下のものは、ひっかけで出る可能性があるものです。

①全部の株式の内容または種類株式の内容として取得請求権付株式を設ける定款変更をする場合
株主にイニシアティブがある株式ですので（P132（1））、株主に有利な変更です。
②取得条項付株式を設ける定款変更をする場合
強制的に株式を取得される株主にものすごく不利な株式ですが（P133（1））、定めが設けられる株主全員の同意が必要です（P141（1）（2））。よって、反対している株主はいません。
③資本金の額の減少
資本金を減らせば、株主への配当がしやすくなります（P18の「資本金とは？」）。よって、株主に有利なことです。
④解散
解散すると、株主に残余財産の分配がされることになります。残余財産の分配は出資の払戻しですので、実質的には株式会社に買い取ってもらうのと同じです。
⑤組織変更
組織変更は、総株主の同意が必要です（会社法776条１項）。よって、反対している株主はいません。

3 反対株主とは？

株式買取請求ができる「反対株主」とは、具体的には以下の者です（会社法116条2項、182条の4第2項、469条2項、785条2項、797条2項、806条2項、816条の6第2項）。

「反対株主」

基本的には、株式会社がした決定に**賛成していない株主**が当たります。

1．株主総会（種類株主総会）の決議を要する場合

①株主総会（種類株主総会）において議決権を行使することができる株主

→　株主総会（種類株主総会）に先立って株式会社の行為に反対する旨を株式会社に対し通知し、かつ、株主総会（種類株主総会）においてその行為に反対する必要があります（会社法116条2項1号イ、182条の4第2項1号、469条2項1号イ、785条2項1号イ、797条2項1号イ、806条2項1号、816条の6第2項1号イ）。

なお、株主総会と種類株主総会の双方で議決権を行使できる株主は、その双方で反対の議決権を行使すべきであり、株主総会または種類株主総会の一方では足りません。

②株主総会（種類株主総会）において議決権を行使することができない株主

→　当然に当たります（会社法116条2項1号ロ、182条の4第2項2号、469条2項1号ロ、785条2項1号ロ、797条2項1号ロ、806条2項2号、816条の6第2項1号ロ）。

2．株主総会（種類株主総会）の決議を要しない場合

→　すべての株主が当たります（会社法116条2項2号、469条2項2号、785条2項2号、797条2項2号、816条の6第2項2号）。

ただし、略式事業譲渡等・略式組織再編の場合の特別支配会社は除きます（会社法469条2項2号かっこ書、785条2項2号かっこ書、797条2項2号かっこ書）。「略式事業譲渡等」「略式組織再編」とは、事業譲渡等・組織再編の相手方である会社が総議決権の9/10以上を保有している会社など（「特別支配会社」といいます）である場合です。事業譲渡等・組織再編の相手方となる会社が反対するわけはないので、平成26年の改正で**特別支配会社は一律に反対株主に当たらないと統一**されました。

4 株式買取請求の手続

【株式買取請求の手続の流れ】

株式買取請求の手続を１つ１つみていく前に、流れをチャート図で確認しましょう。

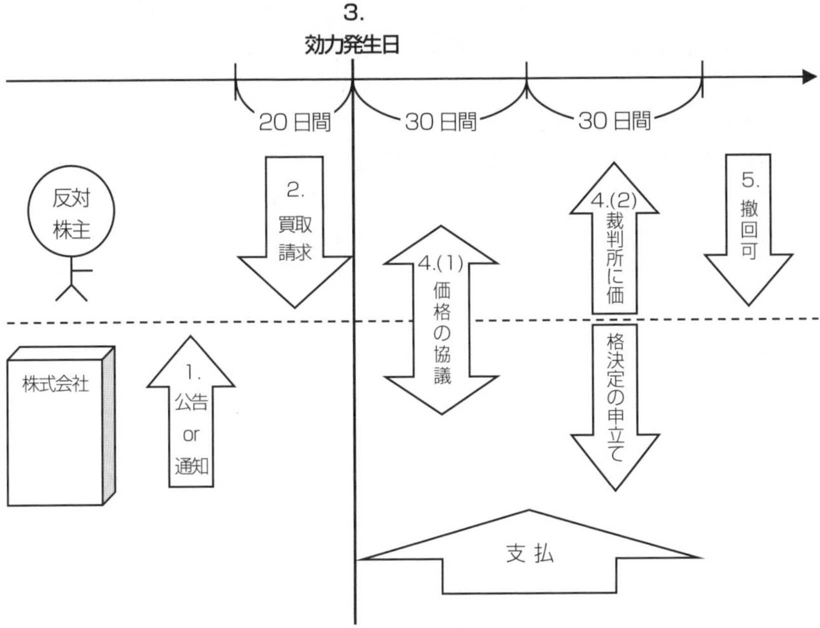

以下、上記のチャート図に合わせ、時系列で記載していきます。

１．株式会社からの公告・通知

P193〜194の表の①〜⑥のいずれかの行為をしようとする株式会社は、株主に対し、効力発生日の20日前までに（＊１）公告（＊２）または通知をしなければなりません（会社法116条３項、４項、182条の４第３項、181条１項、２項、469条３項、４項、785条３項、４項、797条３項、４項、816条の６第３項、４項）。これは、株主に対しての「買取請求ができますよ〜」というお知らせです。下記２.の買取請求は、効力発生日の20日前から前日までできるんです。「20日」は、「ふまんな株主がいるかもしれないのでお知らせ」と記憶しましょう。

＊１　新設合併・新設分割・株式移転においては、新設合併・新設分割・株式移転の承認をした株主総会の決議日から２週間以内となります（会社法806条３項、４項）。新設合併・新設分割・株式移転は効力発生日が登記申請日であり、株主総会の決議日においては登記申請日（効力発生日）が決まっていないからです。

＊2　事業譲渡等・吸収合併・吸収分割・株式交換・株式交付においては、公告で済ますことができるのは以下のいずれかの場合です。
・公開会社である場合（会社法469条4項1号、785条4項1号、797条4項1号、816条の6第4項1号）
　公開会社であれば、株主は市場などで株式を売却できるので、買取請求をする必要性はそこまで高くはないからです。
・事業譲渡等・吸収合併・吸収分割・株式交換・株式交付を株主総会で承認した場合（会社法469条4項2号、785条4項2号、797条4項2号、816条の6第4項2号）
　株主は、基本的に株主総会の招集通知によってお知らせがされているからです。

2．反対株主からの買取請求

反対株主は、効力発生日の20日前から前日まで（＊）株式の買取請求ができます（会社法116条5項、182条の4第4項、469条5項、785条5項、797条5項、816条の6第5項）。「20日」は、「ふ（2）ま（0）んな株主が買取請求」と記憶しましょう。

＊新設合併・新設分割・株式移転においては、上記1.の公告または通知から20日以内となります（会社法806条5項）。

※株券の提出

買取請求をする株式が株券が発行されている株式であった場合、反対株主は、買取請求の際に株式会社に株券の提出をしないといけません（会社法116条6項、182条の4第5項、469条6項、785条6項、797条6項、806条6項、816条の6第6項）。

かつては、株券の提出は不要で、買取請求をしても反対株主は株券を所持できていました。株券を所持していたため、高値で株式を買い取ってくれる人が現れたら、買取請求をしておきながらその人に売ってしまう、といったことが起きていました。買取請求をしておきながらこれは身勝手ですよね。そこで、平成26年の改正で、株券を株式会社に提出することにして、こういった身勝手なことをできないようにしました。

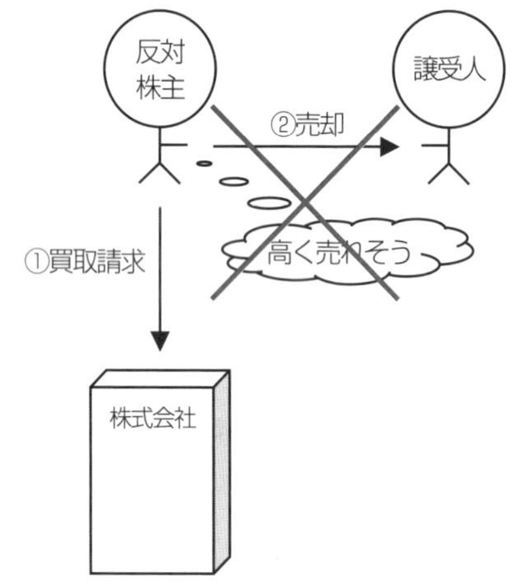

なお、株券を発行していない株式についても、買取請求をしておきながら売ってしまうといったことは起こり得ます。そこで、平成26年の改正で、株券を発行していない株式についても、買取請求をした株式については株主名簿の名義書換えの請求（会社法133条）ができないとされました（会社法116条9項、182条の4第7項、469条9項、785条9項、797条9項、806条9項、816条の6第9項）。

３．効力発生日

P193〜194 の表の行為の効力発生日（＊）に、株式の買取りの効力が生じます（会社法 117 条６項、182 条の５第６項、470 条６項、786 条６項、798 条６項、816 条の７第６項）。

＊新設合併・新設分割・株式移転においては、設立会社の成立の日となります（会社法 807 条６項）。

かつては、株式の買取りの効力は、下記４.の価格の決定がされ、株式の代金の支払がされた時に生じていました。株式の代金の支払は、下記４.（２）の裁判所への価格決定の申立てがされた場合など、だいぶ後になることもあります。代金の支払までは株主であったので、剰余金の配当を受けるなど株主としての利益を得られました。また、下記４.※で説明する効力発生日から 60 日経過後から生じる法定利率による利息も得られました。このように二重の利益を得られるのはおかしかったので、平成 26 年の改正で、P193〜194 の表の行為の効力発生日に、株式の買取りの効力が生じるとされました。

４．価格の決定

反対株主の株式を株式会社が買い取りますが、買取価格は下記（１）（２）の方法で決まります。

（１）価格の協議

まずは、反対株主と株式会社が協議をします。協議が調ったら、株式会社は効力発生日から 60 日以内に（＊）支払をしなければなりません（会社法 117 条１項、182 条の５第１項、470 条１項、786 条１項、798 条１項、816 条の７第１項）。「60 日」は、「無礼(60)にならないように支払」と記憶しましょう。

＊新設合併・新設分割・株式移転においては、設立会社の成立の日から 60 日以内となります（会社法 807 条１項）。

（２）裁判所に価格決定の申立て

上記（１）の協議が効力発生日から 30 日以内に（＊）調わない場合は、反対株主も株式会社も、その 30 日の期間の満了後 30 日以内に裁判所に価格の決定の申立てをすることができます（会社法 117 条２項、182 条の５第２項、470 条２項、786 条２項、798 条２項、816 条の７第２項）。協議がダメなら、裁判所に「決めて〜」と言えるんです。「30 日」は、「去れ(30)るように協議」「去れ(30)るように裁判所に」と記憶しましょう。

＊新設合併・新設分割・株式移転においては、設立会社の成立の日から 30 日以内となります（会社法 807 条２項）。

※価格決定前の支払制度

株式会社は株主に、価格が決定される前に、株式会社が公正な価格と認める額を支払うことができます（会社法117条5項、182条の5第5項、470条5項、786条5項、798条5項、807条5項、816条の7第5項）。

裁判所に価格決定の申立てがされると、裁判所が決定するまで時間がかかります。株式会社は、効力発生日から60日経過後から（＊）の法定利率による利息を支払う必要が生じます（会社法117条4項、182条の5第4項、470条4項、786条4項、798条4項、816条の7第4項）。株式の価格が数十億円ということもありますから、利息だけで億単位になることもあります。そこで、平成26年の改正で、株式会社が価格の決定前に支払えるとされたんです。これで利息の発生を抑えられます。

＊新設合併・新設分割・株式移転においては、設立会社の成立の日から60日経過後からとなります（会社法807条4項）。

5．買取請求の撤回

（1）原則

株式買取請求をした株主は、原則として、株式会社の承諾を得なければ買取請求を撤回できません（会社法116条7項、182条の4第6項、469条7項、785条7項、797条7項、806条7項、816条の6第7項）。買取請求をしておいて、「株価が上がったから撤回して市場で売ろう」といった虫のいいことを許さないためです。

（2）例外

ただし、買取価格の決定について協議が調わない場合において、効力発生日から60日以内に（＊）裁判所に価格決定の申立てがされないときは、60日の期間満了後は、株主はいつでも買取請求を撤回できます（会社法117条3項、182条の5第3項、470条3項、786条3項、798条3項、807条3項、816条の7第3項）。裁判所に価格決定の申立てがされないということは、「買い取る気がないんだ」と判断されるわけです。「60日」は、「無礼（6 0）にも申立てなし」と記憶しましょう。

＊新設合併・新設分割・株式移転においては、設立会社の成立の日から60日以内となります（会社法807条3項）。

第8節　引換発行

以下の種類株式は、株式会社が取得して、対価として他の種類株式を発行することがありました（P132～133③、P134④、P135①）。この第８節では、この「取得」と「他の種類株式の発行」をみていきます。

①取得請求権付株式（下記1）
②取得条項付株式（下記2）
③全部取得条項付種類株式（下記3）

1　取得請求権付株式

1．取得請求

取得請求権付株式の株主は、取得請求の期間内になったら、株式会社に対して、取得請求権付株式の種類と数を明らかにして取得請求権付株式の取得の請求をすることができます（会社法166条１項本文、２項）。

なお、株券を発行している株券発行会社であれば、この請求の際に株券も提出する必要があります（会社法166条３項）。株券が発行されていると、株券が対価をもらう引換券になるんです。

2．効力発生日

上記１.の取得請求がされた日に効力が発生します（会社法167条１項、２項）。

2　取得条項付株式

1．取得事由

取得条項付株式は、取得事由が生じることによって株式会社が取得します。この「取得事由」は、以下の①②の２つがあります。

①取得条項付株式を定めた際に決めた取得事由（会社法108条２項６号イ、107条２項３号イ。P134①）

ex. 最初から、「Ｂ種類株式については、当会社の株式が株式会社東京証券取引所に上場されることが決定した場合に、当会社が取得することができる。……」などと具体的な取得事由を定めていた場合です。

株式会社は、取得事由が生じたら、取得条項付株式の株主などに以下の方法で知らせなければなりません（会社法170条３項本文、４項）。

①公告　or　②通知

②株式会社が別に定める日の到来が取得事由（会社法108条2項6号イ、107条2項3号ロ。P134②）

ex. 「B種類株式については、当会社が定める一定の日に、……取得することができる。……」などと定めていた場合です。

この「別に定める日」は、原則として以下の機関が決めます。

非取締役会設置会社	取締役会設置会社
株主総会（普通決議） （会社法168条1項本文）	**取締役会の決議** （会社法168条1項本文かっこ書）

株式会社は、これらの機関が取得する日を決めたら、その日の2週間前までに、取得条項付株式の株主などに以下の方法で知らせなければなりません（会社法168条2項、3項）。「株式会社が別に定める日」ですから、取得条項付株式の株主はいつ取得されるかわかっていません。よって、あらかじめ知らせる必要があるんです。

①公告　or　②通知

なお、株券を発行している株券発行会社であれば、株券提出手続もする必要があります（会社法219条1項4号。P172④）。

※一部の取得

取得条項付株式を定める際に、取得条項付株式の一部を取得すると定めることができます（会社法108条2項6号イ、107条2項3号ハ。P134③）。

ex. 「B種類株式については、……B種類株式の一部を、当会社が取得することができる。……」などと定めることができます。

この「取得する一部の株式」は、原則として以下の機関が決めます。

非取締役会設置会社	取締役会設置会社
株主総会（普通決議） （会社法169条2項本文）	**取締役会の決議** （会社法169条2項本文かっこ書）

これらの機関が取得する株式を決めたら、直ちに、取得条項付株式の株主などに以下の方法で知らせなければなりません（会社法 169 条3項、4項）。どの株式が取得されるか決まっていないので、決まったらすぐに知らせる必要があるんです。

①公告　or　②通知

2．効力発生日

以下の日に効力が発生します（会社法 170 条1項、2項）。

①取得条項付株式の全部を取得する場合
　→　「取得事由が生じた日」
②取得条項付株式の一部を取得する場合
　→　「取得事由が生じた日」と「上記1.※の公告または通知から2週間経過した日」のいずれか遅い日

3　全部取得条項付種類株式

1．取得の決議

全部取得条項付種類株式が発行されていると、株式会社が株主総会の特別決議で全部取得条項付種類株式を取得できます（会社法 171 条1項柱書、309 条2項3号。P298③）。全部取得条項付種類株式は、どこまでいっても特別決議です（P142 の「どこまでいっても特別決議」）。

なお、株券を発行している株券発行会社であれば、株券提出手続もする必要があります（会社法 219 条1項3号。P172③）。

2．効力発生日

上記1.の株主総会の特別決議で決めた取得日に効力が発生します（会社法 173 条1項）。

3．少数株主（株式を取得される株主）の保護

＊この 3.の制度は、平成 26 年の改正で、Ⅱのテキスト第5編で学習する組織再編の規定を参考に創設されました。よって、Ⅱのテキスト第5編で組織再編を学習した後にお読みください。

キャッシュ・アウト制度の整備

「キャッシュ・アウト」とは、少数株主に現金（キャッシュ）を持って株式会社から出て行ってもらうこと（アウト）です。会社法の以下の①～④の制度は、キャッシュ・アウトに使うことができます。

＊株式会社から出て行く少数株主が対価として必ずしも現金をもらうわけではありませんので、「キャッシュ・アウト」という言い方は少し違和感はあります。

①組織再編（Ⅱのテキスト第５編）

ex. 吸収合併を行い、吸収合併消滅株式会社の少数株主に対価として現金を渡せば、キャッシュ・アウトとなります。

②全部取得条項付種類株式の取得（この3）

ex. 少数株主の株式を全部取得条項付種類株式にし、株式会社が全部取得条項付種類株式を取得し、対価として現金を渡せば、キャッシュ・アウトとなります。

③特別支配株主の株式等売渡請求（P212～219）

特別支配株主が売渡株主（少数株主）に株式の売渡請求を行い、売渡株主（少数株主）に対価として現金を渡すことで、キャッシュ・アウトとなります。

④株式の併合（P235～240 1）

ex. 少数株主のうち保有株式数が最も多い株主の株式数が90株であれば、100株を1株に併合すると、少数株主の株式はまとめて売却され、売却代金が少数株主に交付されるので（会社法235条1項。P258）、キャッシュ・アウトとなります。

これらのうち、少数株主の保護の制度が整備されていたのは、①の組織再編でした。事前開示や事後開示による情報開示などの制度があります。しかし、②と④はそのような制度がありませんでした。そこで、平成26年の改正で、原則として①の組織再編に合わせる形で少数株主の保護の制度が整備されました。また、新しくキャッシュ・アウトに使える制度として、③の特別支配株主の株式等売渡請求の制度ができました。これも、①の組織再編に合わせる形で少数株主の保護の制度が作られました。

よって、現在では、上記①～④のどれであっても少数株主の保護が図られます。

（1）情報開示

（a）事前開示

全部取得条項付種類株式の取得をしようとする株式会社は、上記1.の全部取得条項付種類株式の取得の決議を行う株主総会の日の２週間前の日または P206（b）の株主に対する公告もしくは通知の日のいずれか早いほうの日から取得日の後６か月を経過する日までの間、取得対価などを記載または記録した書面または電磁的記録を本店に備え置かなければなりません（会社法171条の2第1項）。

株主は、株式会社の営業時間内はいつでも、開示された情報の閲覧などを請求できます（会社法171条の2第2項）。
※請求権者に債権者などが含まれていないのは、少数株主の保護のために作られた制度だからです。

（b）事後開示

全部取得条項付種類株式の取得をした株式会社は、取得日から6か月間、取得した株式の数などを記載または記録した書面または電磁的記録を本店に備え置かなければなりません（会社法173条の2第1項、2項）。

株主または取得日に全部取得条項付種類株式の株主であった者は、株式会社の営業時間内はいつでも、開示された情報の閲覧などを請求できます（会社法173条の2第3項）。「取得日に全部取得条項付種類株式の株主であった者」も請求権者に含まれているのは、事後開示なので、追い出された株主も請求をできるようにするためです。
※請求権者に債権者などが含まれていないのは、少数株主の保護のために作られた制度だからです。

※開示期間が「6か月」とされた理由

全部取得条項付種類株式の取得の決議は、株主総会の決議の取消しの訴えの対象となります。上記（a）と（b）の情報開示は、株主（であった者）がこの訴えの資料を得られるようにされます。「それでは、開示期間は3か月（株主総会の決議の取消しの訴えの提訴期間。Ⅱのテキスト第6編第2章[5]1.（3））でいいのでは？」と思われるかもしれません。それでもよかったのですが、開示期間は組織再編に合わせられ（Ⅱのテキスト第5編第3章[2]、[9]、第4章[2]、[9]、第5章[2]、[9]）、取得日から6か月とされました。

（2）裁判所に対する価格の決定の申立て

（a）意義

反対株主および議決権を行使することができない株主は、取得日の20日前の日から前日までの間に、裁判所に取得価格の決定の申立てをすることができます（会社法172条1項）。取得価格は、株式会社が決めた価格ですので、不当に低い可能性があります。よって、裁判所に公正な価格を決めてもらうことができるんです。

（b）公告・通知

株主が申立期間内に上記（a）の裁判所への申立てをすることができるようにするために、株式会社はお知らせをしないといけません。株式会社は、取得日の 20 日前までに、全部取得条項付種類株式の株主に対し、その全部取得条項付種類株式の全部を取得する旨を以下の方法で知らせなければなりません（会社法 172 条2項、3項）。

①公告　or　②通知

※価格決定前の支払制度

株式会社は株主に対して、裁判所によって価格が決定される前に、株式会社が公正な価格と認める額を支払うことができます（会社法 172 条5項）。

裁判所に価格決定の申立てがされると、裁判所が決定するまで時間がかかります。株式会社は、取得日から法定利率による利息を支払う必要が生じます（会社法 172 条4項）。株式の価格が数十億円ということもありますから、利息だけで億単位になることもあります。そこで、平成 26 年の改正で、株式会社が価格の決定前に支払えるとされたんです。これで利息の発生を抑えられます。

（3）差止制度

株主は、全部取得条項付種類株式の取得が法令または定款に違反する場合に、不利益を受けるおそれがあるときは、全部取得条項付種類株式の取得をやめることを請求することができます（会社法 171 条の3）。

取得「前」に差止めの請求ができる制度も用意されているんです。

4　登記

1．実体（会社法）→登記

取得請求権付株式、取得条項付株式または全部取得条項付種類株式の取得がされた場合に株式についての登記が発生するのは、以下の①～③の条件がすべて揃っている場合です。

①種類株式発行会社である（全部取得条項付種類株式は種類株式発行会社しか定められませんので必ず種類株式発行会社となります）
　種類株式発行会社でなければ、下記②になることがないからです。

②取得の対価が他の種類株式である（商登法58条かっこ書、59条1項柱書かっこ書）

種類株式だと、対価が他の種類株式である場合があります（P132～133③、P134④、P135①）。取得の対価が他の種類株式でないと、株式についての登記は発生しません。たとえば、対価が金銭の場合があります。「株式会社が金銭を支払った」という登記はありません。また、取得された株式については、取得された株式の株主が株式会社に替わった（自己株式になった）だけです。株主が誰であるかは登記事項ではないので（P161の「株主の個人名は登記されない」）、取得された株式についての登記もありません。

③新たに他の種類株式を発行する

対価が他の種類株式だと、株式会社は、以下のいずれかの方法で対価を渡します。

i　他の種類株式を新たに発行する

ii　（他の種類株式の自己株式があれば）他の種類株式の自己株式を交付する

iの場合に、株式についての登記が発生します。つまり、この4は、**他の種類株式を発行することについての登記**なのです。iiの場合は、登記は発生しません。他の種類株式の自己株式の株主が替わっただけだからです。株主が誰であるかは登記事項ではありません。

上記①～③は、イメージがしづらいですよね。具体例で確認しましょう。

ex. A種類株式が対価とされている（上記②）取得請求権付株式、取得条項付株式または全部取得条項付種類株式であるB種類株式がありました（上記①）。B種類株式が株式会社に取得され、株式会社がA種類株式を新たに発行した場合に（上記③）、株式についての登記（A種類株式を発行する登記）が発生します。

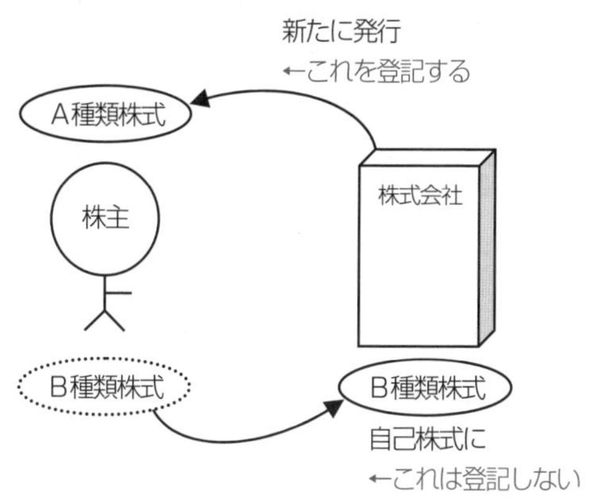

以下の事項は、登記事項だからです。

・発行済株式の総数並びにその種類及び種類ごとの数（会社法911条3項9号）

2．登記期間

（1）原則

登記期間は、原則として効力発生日から2週間以内です（会社法915条1項）。

（2）例外

ただし、取得請求権付株式は、取得請求がされた月の末日から2週間以内でも構いません（会社法915条3項2号）。

取得請求権付株式は株主にイニシアティブがある株式ですので（P132（1））、何人もの株主がバラバラに取得請求をしてくることがあります。取得請求ごとに2週間以内に登記をしないといけないとすると、何件も登記を申請しないといけなくなります。そこで、「1か月分をまとめて月末から2週間以内に登記すればいいよ」とされているんです。

※取得条項付株式と全部取得条項付種類株式には、この例外はありません。これらは株式会社にイニシアティブがある株式ですので（P133（1）、P134（1））、何人もの株主がバラバラに取得請求をしてくるということはあり得ないからです。

3．申請書の記載事項

申請例8 —— **取得請求権付株式の取得と引換えにする株式の発行の登記**

事例：以下の登記がされた株式会社において、株主Xが令和6年6月1日にB種類株式300株の取得の請求をし、株主Yが令和6年6月10日にB種類株式100株の取得の請求をし、株主Zが令和6年6月20日にB種類株式100株の取得の請求をした。なお、この株式会社は、自己株式を保有したことはない（*）。

*自己株式について、何も言及がない問題もあります。択一でも記述でも、「自己株式を保有している」と記載されていない限り、株式会社は自己株式を保有していない前提で解いてください。

発行可能株式総数	3000株
発行済株式の総数 並びに種類及び数	発行済株式の総数 1000株 各種の株式の数 A種類株式　500株 B種類株式　500株

発行可能種類株式総数及び発行する各種類の株式の内容	A種類株式　2000株 B種類株式　1000株 B種類株式の株主は、令和6年4月1日から令和7年3月31日までの間、当会社に対してB種類株式を取得することを請求することができる。その際、B種類株式1株の取得と引換えに、A種類株式2株を交付する。

1．登記の事由　取得請求権付株式の取得と引換えにする株式の発行
1．登記すべき事項　令和6年6月30日変更
発行済株式の総数　2000株
各種の株式の数　A種類株式　1500株
B種類株式　500株
1．登録免許税　金3万円
1．添付書面　取得請求があったことを証する書面　3通
委任状　1通

発行済株式の総数並びに種類及び数	発行済株式の総数 1000株 各種の株式の数 A種類株式　500株 B種類株式　500株	
	発行済株式の総数 2000株 各種の株式の数 A種類株式　1500株 B種類株式　500株	令和6年6月30日変更 令和6年7月3日登記
発行可能種類株式総数及び発行する各種類の株式の内容	A種類株式　2000株 B種類株式　1000株 B種類株式の株主は、令和6年4月1日から令和7年3月31日までの間、当会社に対してB種類株式を取得することを請求することができる。その際、B種類株式1株の取得と引換えに、A種類株式2株を交付する。	

記述の連鎖

【3つ共通】

・発行可能株式総数および発行する種類株式の発行可能種類株式総数を超えていないかをチェック

【取得請求権付株式の取得と引換えにする株式の発行】

・取得請求の期間内かをチェック

(1) 登記の事由

【取得請求権付株式】

「取得請求権付株式の取得と引換えにする株式の発行」と記載します。

【取得条項付株式】

「取得条項付株式の取得と引換えにする株式の発行」と記載します。

【全部取得条項付種類株式】

「全部取得条項付種類株式の取得と引換えにする株式の発行」と記載します。

(2) 登記すべき事項

「年月日変更
　発行済株式の総数　　◯◯株
　各種の株式の数　　　A種類株式　　◯◯株
　　　　　　　　　　　B種類株式　　◯◯株」などと記載します。

年月日は、「効力発生日」を記載します。取得請求権付株式は、「取得請求がされた月の末日」を記載しても構いません（P208（2））。

B種類株式が取得請求権付株式、取得条項付株式または全部取得条項付種類株式で取得の対価がA種類株式である場合、増加するのは、B種類株式ではなく、A種類株式（と発行済株式の総数）である点にご注意ください。B種類株式は、株式会社に取得されて自己株式になっただけで、数の増減がありません。増えるのは、取得の対価であるA種類株式です。ただし、変化のないB種類株式の数も記載する必要があります。登記は、登記記録の欄ごとに書き換えるからです（P149の「登記記録の考え方」）。

(3) 登録免許税

申請件数1件につき、3万円です（登免法別表第1.24.（1）ツ）。株式関連の登記は、増資を除いてほとんど「ツ」です（P64の「登録免許税の税率の記憶のコツ」）。

（4）添付書面

①取得を証する書面

【取得請求権付株式】

・取得請求があったことを証する書面（商登法58条）

具体的には、取得請求権付株式の株主からの株式会社に対しての取得請求書が当たります。記述で書く通数は、請求をした株主の人数分書いておくのが無難です。

【取得条項付株式】

・取得事由の発生を証する書面（商登法59条1項1号）

具体的には、以下のとおり取得事由によって変わります。

i　取得条項付株式を定めた際に決めた取得事由（ex. 東京証券取引所への上場）

→　代表者作成の証明書

ii　株式会社が別に定める日の到来が取得事由

→　（非取締役会設置会社）株主総会議事録（普通決議の要件を充たすもの。商登法46条2項）

株主リスト（商登規61条3項）

（取締役会設置会社）取締役会議事録（商登法46条2項）

【全部取得条項付種類株式】

・株主総会議事録（特別決議の要件を充たすもの。商登法46条2項）

株主総会の特別決議で取得を決議しますので、特別決議の要件を充たす株主総会議事録が必要です。

・株主リスト（商登規61条3項）

株主総会の決議を要しますので、株主リストが必要です（P307の「株主リストの添付の基本的な判断基準」）。

②株券提出公告関係書面（P173～174の4.）

【取得条項付株式】（商登法59条1項2号）

【全部取得条項付種類株式】（商登法60条、59条1項2号）

取得条項付株式の取得と全部取得条項付種類株式の取得は、株券提出手続が必要となる場合があります（P172③④）。

③委任状（商登法18条）

第9節　特別支配株主の株式等売渡請求

＊この「特別支配株主の株式等売渡請求」は、平成 26 年の改正で、Ⅱのテキスト第５編で学習する組織再編の規定を参考に創設されました。よって、Ⅱのテキスト第５編で組織再編を学習した後にお読みください。

1　特別支配株主の株式等売渡請求とは？

1．意義

特別支配株主の株式等売渡請求：総議決権の９/10 以上を有する特別支配株主が少数株主の株式を強制的に取得する制度（会社法179 条１項）

総議決権の９/10 以上を有する株主であれば、なんと株主総会の決議もなく、少数株主の株式を強制的に取得できます。

登記と無カンケー

特別支配株主の株式等売渡請求は、登記とは関係がありません。この売渡請求によって、少数株主の株式の株主が特別支配株主に替わります。しかし、株主が誰であるかは登記事項ではありません（P161 の「株主の個人名は登記されない」）。

2．趣旨

（1）必要性

この制度は、平成 26 年の改正で、キャッシュ・アウトのために作られました。キャッシュ・アウトのために作られたので、**キャッシュ・アウトの申し子**とでもいうべき制度です。

キャッシュ・アウトをするには、他にも以下の制度を使うこともできます（P204）。

①組織再編
②全部取得条項付種類株式の取得
③株式の併合

しかし、これらの制度を使うと、株主総会の特別決議が必要となります（会社法 309 条２項３号、４号、12 号。P298③、④、⑫。組織再編は例外もありますが）。大企業の株主総会だと開催に数千万円かかることもあります。

そこで、株主総会の決議を不要としたのが、この特別支配株主の株式等売渡請求なのです。少数株主を追い出したい大株主には、株式会社の経費を削減できますので、大きなメリットがあります。

（２）許容性

「株主総会の決議を不要としていいの？」という問題があります。しかし、組織再編であっても吸収型組織再編であれば、相手方の会社が総議決権の９/10 以上を保有している特別支配会社である場合、株主総会の決議を経ずに組織再編の承認ができます（略式組織再編。Ⅱのテキスト第５編第３章3 1.（4））。よって、総議決権の９/10 以上を保有する特別支配株主がいるのであれば、株主総会の決議を不要としてしまっても構わないんです。

また、少数株主の保護の制度もきちんと整備されています（P217～219 3）。

３．用語

この制度は、用語が色々と出てくるので、まずは用語を押さえてしまいましょう。

・特別支配株主：以下の①または②の者

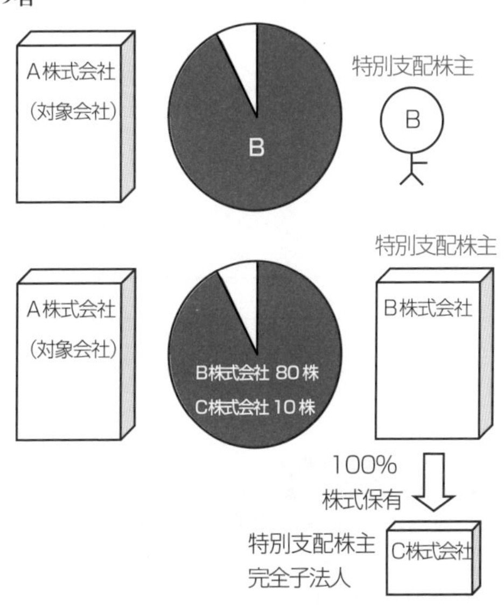

①株式会社の総議決権の９/10 以上を保有しているその株式会社以外の者（会社法 179 条１項かっこ書）
自然人でも法人でも OK です。

②株式会社の総議決権の９/10 以上を、その株式会社以外の者およびその株式会社以外の者が発行済株式の全部を保有する株式会社など（「特別支配株主完全子法人」といいます）が保有している場合における、その株式会社以外の者（会社法 179 条１項かっこ書、会社施行規33条の４）
頭が痛くなりますが……、要は、１人で9/10 以上を保有していなくても、完全子会社（100％子会社）などと合わせて保有していても特別支配株主となるということです。

・対象会社：売渡請求がされる株式を発行している株式会社（会社法 179 条２項）
・売渡株主：売渡請求により株式を売り渡す少数株主（会社法 179 条の２第１項２号）
・売渡株式：売渡請求により売渡株主が売り渡す株式（会社法 179 条の２第１項２号）

2 手続

【特別支配株主の株式等売渡請求の流れ】

特別支配株主の株式等売渡請求の手続を１つ１つみていく前に、流れをチャート図で確認しましょう。

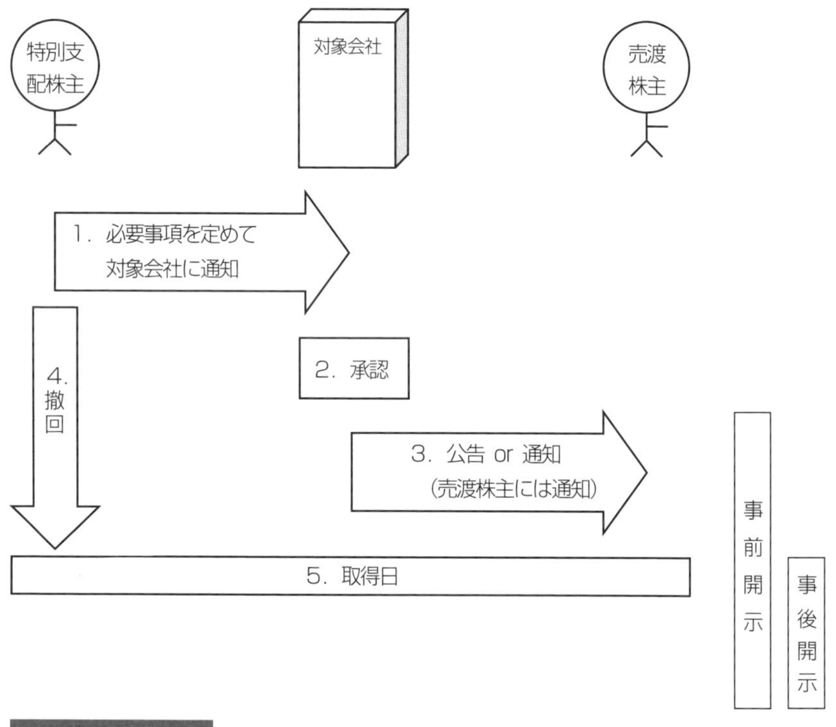

対象会社を通す

売渡請求の効果は、特別支配株主と売渡株主との間で生じます。しかし、上記のチャート図にありますとおり、**対象会社を通す**こととされました。対象会社を通したほうがスムーズに進むと考えられたからです。たとえば、特別支配株主が売渡株主の住所などを把握しているとは限りませんが、対象会社であれば把握しています。

１．必要事項を定めて対象会社に通知

特別支配株主は、以下の表の事項を定め、対象会社に通知します（会社法179条の2、179条の3第1項）。

定める事項が多数ありますよね……。こういうのは1つ1つ記憶しようとしても難しいので、**まず左の欄の「要は」を押さえてください。そして、そこから考えられるようにしてください。**

要は	売渡請求をする際に定める事項（会社法179条の2）
売渡請求をしない株主	①特別支配株主完全子法人に対して株式売渡請求をしないこととするときは、その旨およびその特別支配株主完全子法人の名称 「特別支配株主完全子法人」とは、P213の図でいうとC株式会社のことです。特別支配株主完全子法人は特別支配株主の支配下にありますので、売渡請求をしなくてもキャッシュ・アウトの目的を達成できます。よって、売渡請求をしない選択もできるとされているんです。
売渡株主に渡す対価	②売渡株主に対して売渡株式の対価として交付する金銭の額またはその算定方法 ③上記②の金銭の割当てに関する事項 種類株式発行会社である場合、売渡株式の種類ごとに異なる取扱いの内容を定めることができます。種類株式は種類株式ごとに価値が異なるため、一律に対価を決めてしまうと不平等となってしまう場合があるからです。 なお、「金銭」としかないとおり、対価として認められるのは金銭のみです。強制的に追い出されてしまう売渡株主の保護のため、金銭に限定されています。金銭なら、もらって困る人はいませんからね。
新株予約権者の扱い	④株式売渡請求に併せて新株予約権売渡請求をするときは、その旨および新株予約権者に渡す対価（やはり金銭に限ります）など 「新株予約権者はそのままで変化なし」としてもOKです。しかし、新株予約権者が残ってしまうと、新株予約権の行使により特別支配株主の100%保有が崩れてしまいます。そこで、新株予約権についても売渡請求ができるとされています。これは、全部取得条項付種類株式の取得と株式の併合にはないメリットです。この制度はキャッシュ・アウトのために創設されたキャッシュ・アウトの申し子なので、新株予約権のことまで考えられているんです。
取得日	⑤特別支配株主が売渡株式（および売渡新株予約権）を取得する日（取得日）
その他	⑥上記①から⑤に掲げるもののほか、法務省令（会社施行規33条の5）で定める事項 これは細かいです。

2．承認

上記1.の通知を受けた対象会社は、以下の機関において、売渡請求を承認するかの判断をします。

非取締役会設置会社	取締役会設置会社
取締役の決定（取締役の過半数の一致） （会社法179条の3第1項、348条2項）	**取締役会の決議** （会社法179条の3第3項）

株主総会の決議を不要としたのが、この制度です（P212（1））。しかし、対価は特別支配株主が決定した額なので、不当に低い額である可能性があります。そこで、対象会社の業務執行の決定機関に対価が適正であるかなどの判断をさせることにしたんです。また、略式組織再編だと株主総会の決議が不要となるので、この制度を導入してもよいとされましたが（P213（2））、略式組織再編においても上記の機関の承認は必要です（Ⅱのテキスト第5編第3章3 1.（4））。

対象会社は、この承認をするか否かの決定をしたときは、それを特別支配株主に対して通知する必要があります（会社法179条の3第4項）。

3．売渡株主などに対するお知らせ

対象会社は、上記2.の承認をしたら、取得日の20日前までに、売渡株主などに対し、特別支配株主の氏名などを以下の方法で知らせなければなりません（会社法179条の4第1項、2項）。

①公告　or　②通知

※売渡株主に対しては、公告で済ますことはできず、通知をする必要があります（会社法179条の4第2項かっこ書）。売渡株主は、株式を取得されてしまい最も影響が大きいので、厳格に通知がマストとされているんです。公告で済ますことができるのは、売渡新株予約権者、登録株式質権者などです。

この公告または通知は対象会社がしますが、それによって特別支配株主から売渡株主などに対して売渡請求がされたものとみなされます（会社法179条の4第3項）。特別支配株主と売渡株主などは直接のやり取りはしないので、対象会社が売渡株主などにお知らせをすることで、特別支配株主と売渡株主などとの間での効力が生じるとされているんです（P214の「対象会社を通す」）。

※公告または通知の費用の負担者

公告または通知の費用は、特別支配株主が負担します（会社法179条の4第4項）。売渡株式を取得するのは特別支配株主であって、対象会社は特別支配株主と売渡株主などとの間に入ってお知らせをしてあげているだけだからです。

４．売渡請求の撤回

特別支配株主は、上記2.の対象会社の承認を受けた後は、取得日の前日までに対象会社の承諾を得なければ、売渡請求の撤回ができなくなります（会社法179条の6第1項）。対象会社の承諾があれば、株式売渡請求と併せて新株予約権売渡請求（P215④）をした特別支配株主は、新株予約権売渡請求のみを撤回することもできます（会社法179条の6第8項前段）。

好き勝手に撤回できるとなると、売渡株主が振り回されることになってしまうからです。しかし、絶対に撤回できないとするのもマズイです。売渡請求をした後で特別支配株主の財産状況が悪化し対価を支払えなくなってしまう、といったこともあるからです。そこで、対象会社の承認が撤回の要件とされました。

５．取得日

特別支配株主は、P215⑤で定めた取得日に、売渡株式などの全部を取得します（会社法179条の9第1項）。

３　少数株主（株式を取得される売渡株主）の保護

特別支配株主の株式等売渡請求は、キャッシュ・アウトのために作られたキャッシュ・アウトの申し子ですので、組織再編に合わせる形で少数株主の保護の制度が整備されました（P204の「キャッシュ・アウト制度の整備③」）。

１．情報開示

（１）事前開示

対象会社は、上記2 3.の公告または通知の日のいずれか早いほうの日から以下の日までの間、特別支配株主の氏名（名称）・住所、対価などを記載または記録した書面または電磁的記録を本店に備え置かなければなりません（会社法179条の5第1項）。

非公開会社	公開会社
取得日後１年を経過する日	取得日後６か月を経過する日

売渡株主などは、株式会社の営業時間内はいつでも、開示された情報の閲覧などを請求できます（会社法179条の5第2項）。
※請求権者に債権者などが含まれていないのは、売渡株主などの保護のために作られた制度だからです。

（2）事後開示

対象会社は、以下の期間、特別支配株主が取得した売渡株式の数などを記載または記録した書面または電磁的記録を本店に備え置かなければなりません（会社法179条の10第1項、2項）。

非公開会社	公開会社
取得日後1年間	取得日後6か月間

取得日に売渡株主などであった者は、株式会社の営業時間内はいつでも、開示された情報の閲覧などを請求できます（会社法179条の10第3項）。事後開示なので、追い出された売渡株主などが請求できます。
※請求権者に債権者などが含まれていないのは、売渡株主などの保護のために作られた制度だからです。

※開示期間が「非公開会社：1年　公開会社：6か月」とされた理由

特別支配株主の株式等売渡請求は、売渡株式等の取得の無効の訴えによって売渡株式等の取得の無効を主張できます。上記（1）と（2）の情報開示は、売渡株主など（であった者）がこの訴えの資料を得られるようにするためにされます。この訴えの提訴期間は、非公開会社は取得日から1年以内、公開会社は取得日から6か月以内なので（会社法846条の2第1項。Ⅱのテキスト第6編第3章4）、それに合わせられているんです。

2．裁判所に対する価格の決定の申立て

売渡株主などは、取得日の20日前の日から前日までの間に、裁判所に売渡株式などの売買価格の決定の申立てをすることができます（会社法179条の8第1項）。売買価格は特別支配株主が決めた価格ですので（P215②③）、不当に低い可能性があります。よって、裁判所に公正な価格を決めてもらうことができるんです。

※価格決定前の支払制度

特別支配株主は売渡株主などに、裁判所によって売買価格が決定される前に、特別支配株主が公正な売買価格と認める額を支払うことができます（会社法179条の8第3項）。

裁判所に売買価格決定の申立てがされると、裁判所が決定するまで時間がかかります。特別支配株主は、取得日から法定利率による利息を支払う必要が生じます（会社法179条の8第2項）。株式の価格が数十億円ということもありますから、利息だけで億単位になることもあります。そこで、特別支配株主が価格の決定前に支払えるとされたんです。これで利息の発生を抑えられます。

3．差止制度

売渡株主は、以下の①～③のいずれかの場合に、不利益を受けるおそれがあるときは、特別支配株主に対し、売渡株式などの全部の取得をやめることを請求することができます。取得「前」に差止めの請求ができる制度も用意されているんです。「全部」の取得とありますとおり、差止請求をする売渡株主が保有する売渡株式だけでなく、売渡株式などの全部の取得をやめることを請求することができます。

①株式売渡請求が法令に違反する場合（会社法179条の7第1項1号）
※定款に違反する場合は含まれません。この差止請求は特別支配株主の行為に違反がないかの問題ですが、定款は基本的に株式会社を拘束するものであって、株主を拘束するものではありません。よって、特別支配"株主"の行為が定款に違反しているかは問題とならないんです。

②対象会社が売渡株主に対する公告もしくは通知義務（P216の3.）または事前開示義務（P217～218（1））に違反した場合（会社法179条の7第1項2号）
※事後開示義務（P218（2））に違反した場合は含まれません。差止制度は、取得「前」に差し止めるというハナシだからです。

③売渡株式の対価が対象会社の財産の状況その他の事情に照らして著しく不当である場合（会社法179条の7第1項3号）
対価は特別支配株主が決定した額なので、不当に低い額である可能性があります。

第10節　自己株式

1 自己株式とは？

自己株式：株式会社自身が保有している自社の株式（会社法113条4項かっこ書）

株式会社が、株式を発行した後に、自社の株式を取得することがあります。株式会社が自社の株式を取得すると、その株式は「自己株式」となります。

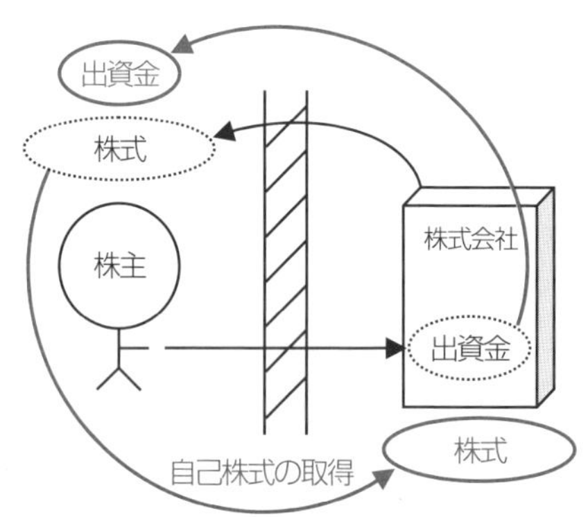

自己株式は、あまり**好ましいものではありません**。実質的には、出資の払戻しだからです。「出資の払戻し」とは、株主が株式会社に対して、「株式は返すから出資した1000万円を返してくれ！」などと言うことです。出資の払戻しは、原則として禁止されていました（P18 5）。株式会社が自己株式を取得することは、その例外なんです。また、一部の株主のみから株式を買い取る場合、株主平等の原則に反するともいえます。

そのため、かつては、自己株式の取得は原則として禁止されていました。しかし、今では、かつてよりは**規制緩和**されています。

2 自己株式の取得が認められる場合

株式会社が自己株式を取得できるのは、**以下の表の場合のみ**です。

①②④⑤⑧と⑬のex1.は、以下の表に記載したページですでに学習しています。

③⑥⑦⑨は、以下の表に記載した箇所で学習します。

⑩～⑫と⑬のex2.は、以下の表で説明します。

自己株式の取得が認められる場合	分配可能額の規制
①**取得条項付株式の取得事由が生じた場合**（会社法155条1号。P201～203 2）	**あり** （会社法166条1項ただし
②**非公開株の譲渡の取得を承認しなかったときに株式会社が非公開株を買い取る場合**（会社法155条2号。P157～162の4.）	

<table>
<tr><td>③株主との合意により有償で取得する場合（会社法155条3号。下記3）</td><td rowspan="4">書、461条1項1～3号、170条5項、461条1項4号、5号）</td></tr>
<tr><td>④取得請求権付株式の取得請求があった場合（会社法155条4号。P201 1）</td></tr>
<tr><td>⑤全部取得条項付種類株式の取得の決議があった場合（会社法155条5号。P203～206 3）</td></tr>
<tr><td>⑥定款の規定に基づいて相続人などに対して株式の売渡請求をした場合（会社法155条6号。下記4）</td></tr>
<tr><td>⑦単元未満株式の買取請求があった場合（会社法155条7号。P256（2））</td><td>なし</td></tr>
<tr><td>⑧所在不明株主の株式を売却し株式会社が買い取る場合（会社法155条8号。P187～188の5.）</td><td rowspan="2">あり
（会社法461条1項6号、7号）</td></tr>
<tr><td>⑨端数処理として株式を売却し株式会社が買い取る場合（会社法155条9号。P258）</td></tr>
<tr><td>⑩他の会社の事業の全部を譲り受ける場合にその会社が保有する自社の株式を取得する場合（会社法155条10号）
⑪合併の消滅会社から自社の株式を承継する場合（会社法155条11号）
⑫吸収分割の吸収分割会社から自社の株式を承継する場合（会社法155条12号）
⑩～⑫は、事業譲渡等・合併・吸収分割をする相手方である会社が、自社の株式を保有していた（自社の株主であった）場合です。「事業譲渡等・合併・吸収分割によって、たまたま自社の株式を承継してしまった」という場合なので、認められます。
B社　A社
A社株　A社株</td><td>なし</td></tr>
<tr><td>⑬上記のほか法務省令（会社施行規27条）で定める場合（会社法155条13号）
ex1. 反対株主の株式買取請求に応じて取得する場合（会社施行規27条5号。P193～200）
ex2. 株主との合意により無償で取得する場合（会社施行規27条1号）
たとえば、経営が傾き、いまの株主と合意して株式会社が株式を無償で回収することがあります。そして、経営再建に協力してくれる人に出資をしてもらい、株式会社が取得した自己株式を交付します。このex2.は、このような使い方があります。</td><td>一部あり
（会社法464条1項）</td></tr>
</table>

※「分配可能額の規制」とは？

上記の表の「分配可能額の規制」とは、自己株式の取得の対価として交付する金銭等が分配可能額を超えてはいけないよ、という規制です。

では、「分配可能額」とは何かですが、これは会社法 461 条2項に規定されています。ただ、みると吐き気がすると思いますので……、正確な定義を記憶するのは諦めてください。ざっくり右の図でイメージしてください。資本金と準備金が債権者のための株式会社の資産で、剰余金が株主のための株式会社の資産です。剰余金の一部の額が分配可能額となります。この分配可能額がないと、上記の表で「あり」となっている場合は、株式会社は自己株式の取得ができません。

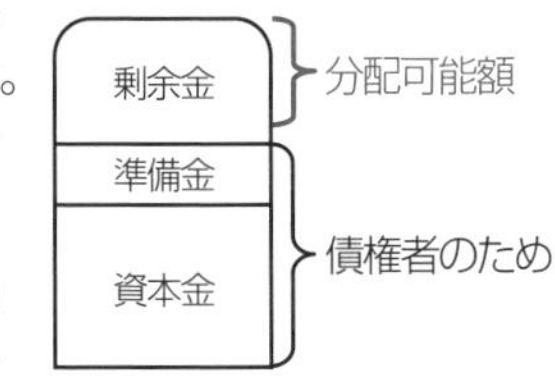

なぜ分配可能額の規制があるかというと、自己株式の取得は株主が株式会社に入れた財産を株式会社が株主に払い戻す行為だからです。債権者からすると、あてにしている株式会社の財産が株主に払い戻されてしまうので、たまったものではないんです。

ただし、自己株式の取得の対価として交付するのが自社の株式であれば、分配可能額の規制はかかりません（会社法 166 条1項ただし書参照、461 条1項柱書かっこ書、170 条5項参照）。自社の株式を交付しても、財産の流出にはならないからです。自社の株式なら、株式会社は単に発行すればいいだけですから。

自己株式の取得と登記

株式会社が自己株式を取得しても、自己株式を取得したことについての登記事項は発生しません。株式の保有者が株式会社以外の株主から株式会社に替わります。しかし、株主が誰であるかは登記事項ではありません（P161 の「株主の個人名は登記されない」）。

3 株主との合意による有償取得

株式会社は、株主との合意によって自社の株式を有償で取得することができます。「自社の株式を買い取りますよ～。売りたい人は手を挙げてください～。」といったイメージです。

― Realistic 6　自社株買い ―

この株主との合意による有償取得が、ニュースなどでたまに出てくる「自社株買い」です。株式会社の資金に余裕があり、株主への財産分配として行うことが多いです。株式会社の資金に余裕がある証（あかし）なので、上場企業が自社株買いをすると通常は株価が上がります。

株主との合意による有償取得には、以下の3つの方法があります。

①すべての株主に申込機会を与えて行う取得（ミニ公開買付け。下記1.）
②特定の株主からの取得（下記2.）
③市場取引・公開買付けによる取得（下記3.）

1．すべての株主に申込機会を与えて行う取得（ミニ公開買付け）

この1.は、「ミニ公開買付け」といわれることもあるとおり、すべての株主（種類株式発行会社の場合は取得する種類のすべての株主）が株式会社に株式を買い取ってもらうチャンスがあります。

この方法によって自己株式を取得するには、大きく以下の（1）（2）の2段階の手続を経る必要があります。

（1）大枠の決定

まず、原則として株主総会の普通決議により、以下の①～③の事項を決めます。すべての株主にチャンスを与えるので、特別決議までは要求されていません。

①取得する株式の数（会社法156条1項1号）
②取得の対価である金銭等の内容と総額（その株式会社の株式等を対価とすることはできません。会社法156条1項2号）
③取得できる期間（会社法156条1項3号）
この期間は、株主総会の決議の日から1年以内でなければなりません（会社法156条1項柱書ただし書）。

実際の取得の決定（下記（2））は業務執行決定機関に任せますが、株主総会が丸投げするのはダメで、上限（①②）や制限期間（③）をきちんと定めろということです。

（2）実際の取得の手続

実際に取得するときは、以下の機関が、上記（1）で決められた範囲内で取得する株式の数、1株を取得するために交付する金銭等の内容・数・額・算定方法などの詳細を決めます（会社法157条1項）。

非取締役会設置会社	取締役会設置会社
取締役の決定（取締役の過半数の一致） （会社法348条2項）	取締役会の決議 （会社法157条2項）

詳細を決定したら、株式会社は、株主（種類株式発行会社の場合は取得する種類株式の種類株主）全員に対して通知をします（会社法158条1項）。公開会社であれば、公告でもOKです（会社法158条2項）。公開会社の株主は多いので、1人1人通知するのは大変だからです。

この通知を受けた（または公告がされた）株主が申込みをすると、株式会社がそれを承諾したものとみなされます（会社法159条1項、2項本文）。すべての株主にチャンスを与える取得なので、株式会社が「この株主は承認するけど、この株主は承認しない」といったことはできません。

2．特定の株主からの取得

（1）意義

上記1．（1）の決定の際、特定の株主のみから取得することを決議することができます（会社法160条1項）。たとえば、株主同士がモメている場合に、株式会社が一方の株主から株式を取得してモメ事の解決をはかることがあります。

（2）決議

（a）原則

i　必要とされる決議

特定の株主のみから取得することを決議する場合は、普通決議ではダメで、特別決議による必要があります（会社法309条2項2号。P298②）。特定の株主のみ株式会社に株式を買い取ってもらえるので、株主平等の原則に反するからです。この株主総会においては、その特定の株主は原則として議決権を行使できません（会社法160条4項）。その特定の株主の議決権の割合が高いと、その特定の株主が「私だけ買い取ってもらおう」と制度を悪用する可能性があるからです。

ii　売主追加請求権

（i）原則

株式会社が特定の株主のみから取得することを決議しようとしている場合、その特定の株主以外の株主は、自分も売主に追加するよう請求することができます（会社法160条3項）。「私も！」と手を挙げられるわけです。これを「売主追加請求権」といいます。特定の株主のみから取得することは株主平等の原則に反するので、他の株主にはこのような権利が与えられているんです。

（ii）例外

ただし、以下の①～③の場合は、他の株主に売主追加請求権が認められません。

①取得する株式が市場価格のある株式（ex. 上場株式）であって、市場価格以下で取得する場合（会社法161条）

これなら、他の株主は、市場でその価格以上で株式を売却すればいいからです。

②特定の株主が相続その他の一般承継（合併など）で取得した株式を取得する場合（会社法162条柱書本文）

相続などの一般承継が生じると、相続人などの側も株式会社の側も予期していなかった者が株主になる場合があります。それを解消するために株式会社が相続人などから株式を取得するときに、他の株主に「私も！」と言う権利を認めると、株式会社の取得する資金が足りなくなってしまう可能性があります。資金不足が起きないようにするため、他の株主の売主追加請求権が排除されているんです。

ただし、以下の場合には、売主追加請求権が認められます。

・公開会社である場合（会社法162条1号）

公開会社は株主がコロコロ変わるので、予期していなかった者が株主になるのは日常のことです。よって、相続人などから株式を確実に取得する必要性は低いです。

・相続人などが株主総会または種類株主総会で議決権を行使した場合（会社法162条2号）

議決権を行使したということは、株主としてとどまる選択をしたということです。よって、相続人などから株式を確実に取得する必要性はあまりないと考えられます。

③売主追加請求権を排除する定款規定がある（会社法164条1項）

売主追加請求権は、定款であらかじめ排除することができます（会社法164条1項）。

ただ、この定款規定を設けるまたは変更するには、株主全員の同意が必要です（会社法 164 条2項）。株主平等の原則という非常に重要な考え方から認められた売主追加請求権を排除する定款規定なので、非常に厳しい要件が課せられているんです。

（b）例外

特定の株主が子会社である、つまり、親会社が子会社が保有している親会社の株式を取得する場合は、以下の機関の決議でOKです。

非取締役会設置会社	取締役会設置会社
株主総会（普通決議） （会社法 163 条前段）	**取締役会の決議** （会社法 163 条前段）

親会社は、原則として子会社の議決権の過半数の株式を保有しています。子会社は、親会社の言いなりになるわけです。その株式会社の言いなりになる者が株主に紛れ込んでいるのは好ましくありません。よって、子会社が早く株式を手放すようにすべきなので、厳格な特別決議から緩和されているんです。

3．市場取引・公開買付けによる取得

株式会社が市場取引または公開買付けの方法で株式を取得する場合は、以下のように簡易な手続で取得することができます。

（1）大枠の決定

非取締役会設置会社	取締役会設置会社
P223（1）の株主総会の普通決議（会社法 165 条1項）	
	取締役会の決議でできる旨を定款で定められる（会社法 165 条2項） これは、「スピーディーに市場取引・公開買付けを行いたい」という経済界の要請で平成 15 年に導入された規定です。経済界の要請でできたので、規模の大きい取締役会設置会社の規定となっています。

（2）実際の取得の手続

決定権限のある業務執行取締役が、上記（1）の範囲内で取得を決定します。P223～224（2）の手続は、不要となります（会社法165 条1項）。

「市場取引」とは、東京証券取引所などでの株式の売買のことです。

「公開買付け」とは、市場外で広く公正な価格で株式を買い付けることです。株主に「買い取るよ～」と公告をして、株式を売りたい株主を募ります。「TOB」というものを聞いたことがないでしょうか。この公開買付けのことです。買収会社が、被買収会社の株主から株式を取得するときに使うこともあります。

市場取引は市場での取得、公開買付けは金融商品取引法の規定に基づく取得なので、株主平等の原則に反するおそれがありません。そのため、手続が緩和されているんです。

4 相続人などに対しての株式の売渡請求

株式会社は、相続などによって非公開株を取得した者に対し、「相続などで取得したその非公開株を株式会社に売り渡せ！」と請求できる旨を定款で定めることができます（会社法174条）。これは、相続などによって株式会社にとって好ましくない者が株主になってしまうことを防止するための制度です。相続人などがどんな人かわからないですから（色んな人がいます……）、防衛策として定めておく場合があります。

この定款規定があり、株式会社が相続人などに対して売渡請求をする場合は、株主総会の特別決議で売渡請求をする株式の数などを定めなければなりません（会社法175条1項、309条2項3号。P298③）。この株主総会においては、売渡請求をされる株主は原則として議決権を行使できません（会社法175条2項）。

5 自己株式の保有

株式会社が自己株式を取得した場合、かつてはそのまま保有しておくことが認められていませんでしたが、今はそのまま保有しておくことができます。「自己株式を処分しろ」といった規定はありません。これも規制緩和の現れです。

ただ、他の株主と同じように株主の権利を行使することはできません。

株主の権利が認められるものを思い出せるようにする

株主の権利が認められないものもひっかけで出るので、以下の表には両方とも載せています。しかし、**株主の権利が認められるもののほうが圧倒的に少ないので、株主の権利が認められるものを思い出せるようにしてください。**

認められるもの（○）	認められないもの（×）
①**株式の分割を受ける権利**（会社法184条1項参照） 株式の分割は、一律に「ハッ！」と分割することなので（P246）、自己株式も当然に分割されてしまいます。 cf. **株式の併合**（会社法182条1項参照） 株式の分割の反対が株式の併合です。よって、株式の併合においても、自己株式も当然に併合されてしまいます。	①**剰余金の配当の請求権**（会社法453条かっこ書） 自社が剰余金の配当を受けると、利益を二重に計上することになってしまいます。 ex. 剰余金が100万円である場合に自社が剰余金の配当を受けると、自分に剰余金を渡すことで（実際には何もせず）、あたかも100万円の収益があったかのように見えてしまいます。 これは、社内で自社の商品を動かして売上を計上しているようなものです。 ②**残余財産の分配の請求権**（会社法504条3項かっこ書） 残余財産の分配の目的は、株式会社が消滅するにあたって株式会社の財産をゼロにすることです。自社に財産を渡していては、永久に株式会社の財産がゼロになりません。 ③**株主総会における議決権**（会社法308条2項） 自己株式に議決権を認めると、出資をしていない経営陣（取締役）が自分に都合のよいよう議決権を行使することになってしまいます。 ④**株式無償割当てを受ける権利**（会社法186条2項） ⑤**新株予約権無償割当てを受ける権利**（会社法278条2項） ⑥**募集株式の割当てを受ける権利**（会社法202条2項本文かっこ書） ⑦**新株予約権の割当てを受ける権利**（会社法241条2項本文かっこ書） ④～⑦は株式会社の「割当て」という行為があります。よって、左の株式の分割や株式の併合と違って、自社に割り当てなければいいだけなんです。

6 自己株式の消却

会社法178条

1　株式会社は、自己株式を消却することができる。この場合においては、消却する自己株式の数（種類株式発行会社にあっては、自己株式の種類及び種類ごとの数）を定めなければならない。

1．自己株式の消却とは？

自己株式の消却：株式会社が保有している自己株式を消滅させること

株式を燃やして消してしまうイメージです。もちろん、実際に燃やすわけではありません。そもそも株式は物理的には存在しませんし。

株式の消却は、自己株式についてのみできます（会社法178条1項前段）。他の株主の株式を燃やしてしまうことはできないでしょう……。

2．要件

以下の機関が、消却する自己株式の数（種類株式発行会社の場合は種類および種類ごとの数）を定める必要があります（会社法178条1項後段）。

非取締役会設置会社	取締役会設置会社
取締役の決定（取締役の過半数の一致） （会社法348条2項）	**取締役会の決議** （会社法178条2項）

業務執行決定機関の決定でOKなわけです。消却できるのは株式会社が保有している自己株式のみです。自己株式には株主の権利がほとんどありませんので（上記5）、自己株式を消却しても他の株主への影響はほとんどありません。よって、株主総会の決議は不要とされています。

3．効果

発行済株式の総数が減少します。自己株式も株式ですので、消滅すれば株式数が減少するからです。

それに対して、以下の2つは減少しませんので、ご注意ください。

・発行可能株式総数（発行可能種類株式総数）

分母（発行可能株式総数）と分子（発行済株式の総数）は連動しません。

連動させるには、株主総会の特別決議で発行可能株式総数を減少させるか、「自己株式を消却した場合、消却した株式の数について発行可能株式総数が減少する」といった定款の定めを設けておく必要があります。この定款規定によって発行可能株式総数が減少し、発行可能株式総数の変更（減少）の登記を申請するときは、定款を添付する必要があります（商登規 61 条1項)。分母と分子は連動しないのが原則なので、この定款規定は例外です。よって、プラスの証明に当たるので、定款を添付して証明する必要があります（P66 の「添付書面の基本的な考え方③」)。

・資本金の額

発行済株式の総数と資本金の額の関係をここでまとめておきます。

発行済株式の総数と資本金の額の関係

発行済株式の総数と資本金の額は、**常に連動するわけではありません**。というより、**連動しない場合のほうが多いです**。

株式会社の資本金の額が増加・減少する場合

あともう1つ知っておくと非常に便利なのが、株式会社の**資本金の額が増加または減少するのは、会社法上は以下の場合のみである**ということです。

＊いずれもⅡのテキストで学習するハナシなので、現時点ではサラっと眺める程度で結構です。しかし、本試験までには必ずすべて記憶してください。かなり使えます。

増加する場合	減少する場合
①**募集株式の発行等（新株を発行した場合。**Ⅱのテキスト第3編第4章第2節3) ②**新株予約権の行使（新株を発行した場合。**Ⅱのテキスト第3編第4章第3節6 2.) ③**取得条項付新株予約権の取得（新株を発行した場合。**Ⅱのテキスト第3編第4章第3節2 1.（a）※⑦) ①～③の「新株を発行した場合」とは、株式会社が自己株式の交付のみによって対応した場合ではないということです。 ④**準備金の資本組入れ**（Ⅱのテキスト第3編第5章第3節3 1.①) ⑤**剰余金の資本組入れ**（Ⅱのテキスト第3編第5章第3節4 1.（1）①) ⑥**吸収合併、吸収分割、株式交換、株式交付（株式を対価とした場合。**Ⅱのテキスト第5編第3章10 3.（2)、第5章10 3.（2))	①**会社法 447 条の規定に従った資本金の額の減少**（Ⅱのテキスト第3編第5章第3節2)

4．登記

（1）実体（会社法）→登記

自己株式を消却した場合は、株式の消却の登記を申請しなければなりません（会社法915条1項）。以下の事項は、登記事項だからです。

・発行済株式の総数並びにその種類及び種類ごとの数（会社法911条3項9号）

（2）申請書の記載事項

申請例9 —— **株式の消却の登記**

事例：令和6年6月28日、発行可能株式総数が2000株・発行済株式の総数が500株である公開会社の取締役会において、自己株式100株を消却する決議が成立した。同日、失効の手続が完了した。

1．登記の事由	株式の消却
1．登記すべき事項	令和6年6月28日変更 発行済株式の総数　400株
1．登録免許税	金3万円
1．添付書面	取締役会議事録　1通 委任状　1通

発行済株式の総数並びに種類及び数	発行済株式の総数 500株	
	発行済株式の総数 400株	令和6年6月28日変更 令和6年7月3日登記

記述の連鎖

公開会社でも、上記申請例9のように発行可能株式総数が発行済株式の総数の4倍を超えるようになってしまっても構いません（P179〜180の表の右の①）。その他にも登記できなくなるような論点はほとんどありません。

自己株式の消却は、その前に株式会社が自己株式を取得している場合に問われることがほとんどです。記述の問題で、株式会社が自己株式を取得したら、「この後、自己株式の消却になるかな〜」と考えてください。

（a）登記の事由

「(自己) 株式の消却」と記載します。

（b）登記すべき事項

「年月日変更
　発行済株式の総数　　◯◯株
（各種の株式の数　　　A種類株式　　◯◯株
　　　　　　　　　　　B種類株式　　◯◯株)」などと記載します。

年月日は、「株式の失効の手続を終えた日」と解されています。自己株式の消却を決定した後、自己株式を株主名簿から抹消したり、株券があれば株券を破棄したりと手続があります。それらを終えた日を記載すべきということです。ただ、異なる見解もあります。よって、記述では、上記申請例9のように年月日は1日しか示されず、疑義がない形で出題されると思われます。

（c）登録免許税

申請件数1件につき、3万円です（登免法別表第1.24.（1）ツ)。株式関連の登記は、増資を除いてほとんど「ツ」です（P64の「登録免許税の税率の記憶のコツ」)。

（d）添付書面

①（非取締役会設置会社）取締役の過半数の一致があったことを証する書面（商登法46条1項）
　（取締役会設置会社）取締役会議事録（商登法46条2項）

会社形態に応じて、自己株式の消却を決定した機関の書面を添付します。

②委任状（商登法18条）

cf 子会社による親会社の株式の取得

1．原則

子会社が親会社の株式を取得するのは、原則としてダメです（会社法135条1項）。

これまでみてきたとおり、自己株式を取得できるのは、限定的な場合であり、分配可能額の規制もあり、ハードルが高いです。そこで、「自己株式の取得はハードルが高いから、子会社に取得させちゃおう！」と企む株式会社が現れます。子会社は、親会社の言いなりになるからです。この企みを防止する必要があるんです。

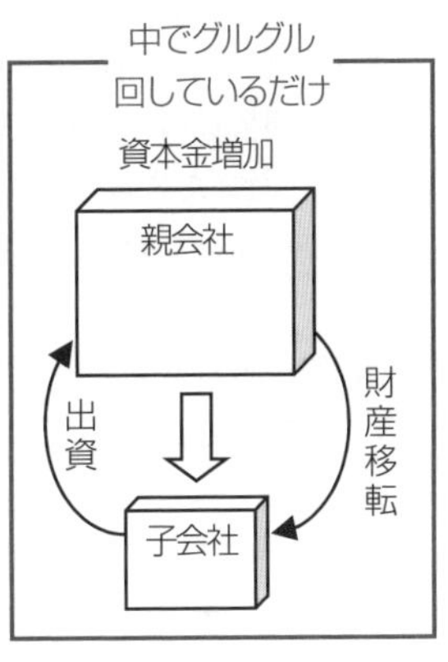

また、「親会社から子会社に財産移転→子会社が親会社に出資して親会社の株式を取得」を繰り返せば、親会社の財産はまったく増えていないにもかかわらず、資本金をドンドン増やせてしまいます。100万円を親会社と子会社の間でグルグル回すだけで親会社の資本金を1億円にする、といったこともできてしまうんです。

cf. 親会社が子会社の株式を取得して保有することは、問題ありません。というよりも、それが親会社です。「親会社」とは、子会社の総株主の議決権の過半数を保有している株式会社などのことです（会社法2条3号、4号。P21の1.）。

2．例外

以下の①〜③のような場合には、例外的に子会社が親会社の株式を取得できます。

※いずれもⅡのテキストで学習するハナシなので、現時点ではサラっとお読みください。

①事業の全部の譲受け・吸収合併・新設合併・吸収分割・新設分割によって親会社の株式を承継する場合（会社法135条2項1〜4号）

これは、事業譲渡等・吸収合併・新設合併・吸収分割または新設分割をする相手方である会社が、親会社の株式を保有していた（親会社の株主であった）といった場合です。事業の全部の譲受け、吸収合併、新設合併、吸収分割または新設分割は、他社の権利義務を承継するので、こういうことが起こり得ます。「たまたま親会社の株式を承継してしまった」という場合なので、認められます。

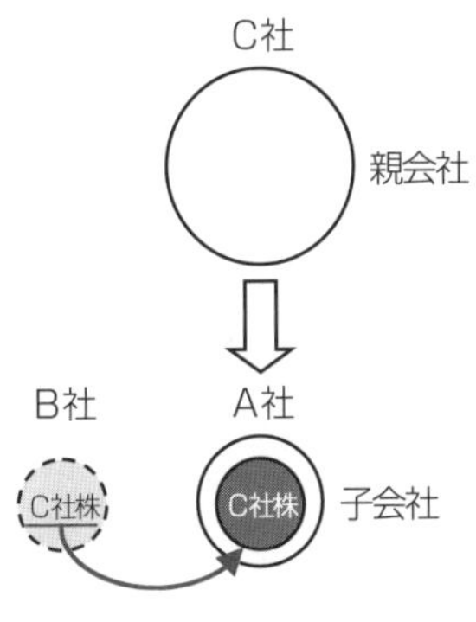

②吸収分割・株式交換・株式移転・株式交付によって親会社の株式の割当てを受ける場合（会社法135条2項5号、会社施行規23条1～4号）

吸収分割・株式交換・株式移転・株式交付の対価として、親会社の株式の割当てを受ける場合です。これも、「たまたま親会社の株式を承継してしまった」という場合なので、認められます。

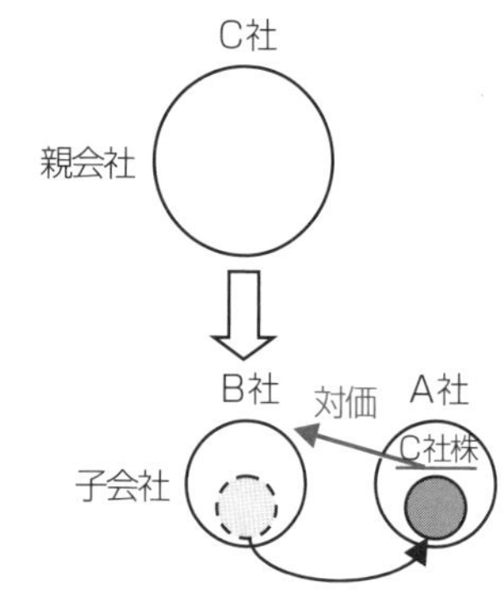

③その他法務省令で定める場合（会社法135条2項5号、会社施行規23条5～14号）

上記①～③によって子会社が親会社の株式を取得した場合、子会社は相当の時期に保有している親会社の株式を処分しなければなりません（会社法135条3項）。子会社が親会社の株式を保有している状態は、好ましくないからです。

第 11 節　投資単位の調節

「1株◯円」といった株式の価格がありますが、投資に必要な価格を調節したい場合があります。投資単位を細分化して価格を下げて投資しやすくする（株式の分割）、投資単位を大きくして投資額の小さな株主を排除し株主を管理するコストを下げる（株式の併合）、といったことができます。上場企業でもよくあります。本節では、「投資単位の調節」というくくりで、どんな調節ができるのかをみていきます。

横断整理

本節の制度は、種類株式発行会社においては、**種類株式ごとに**定めなければなりません。種類株式ごとに価値が異なるため、すべての種類株式に一律に効果が生じてしまうと、不平等となってしまう場合があるからです。

1 株式の併合

会社法 180 条（株式の併合）
1　株式会社は、株式の併合をすることができる。

1．株式の併合とは？

株式の併合：数個の株式を合わせて、それよりも少数の株式とすること

ex1. 10 株を 1 株に併合する

ex2. 3 株を 2 株に併合する

株式のサイズを変更することです。株式の併合は、株式のサイズを大きくします。10 株を 1 株とする株式の併合を行った場合、10 株保有している株主は保有株式数が 1 株になりますが、9 株以下しか保有していない株主は株主でなくなってしまいます。また、15 株保有している株主は、5 株は 0.5 株になってしまいますので、保有株式数が 1 株になってしまいます。

このように、少数株主を追い出せますので、株主を管理するコストを下げることができます。

2．手続

株主総会の特別決議で以下の①～④の事項を定める必要があります（会社法 180 条 2 項柱書、309 条 2 項 4 号。P298④）。株式の併合は、株主でなくなってしまったり、

一部の株式を失ってしまったりする株主が現れますので、基本的に株主に不利なことだからです。

①併合の割合（会社法180条2項1号）
②効力発生日（会社法180条2項2号）
③種類株式発行会社の場合は併合する株式の種類（会社法180条2項3号）
　併合できるのは同じ種類株式であり、別の種類株式と併合することはできません。
④効力発生日における発行可能株式総数（会社法180条2項4号）
ex.「令和6年6月28日をもって（②）、A種類株式（③）10株を1株に併合する（①）。令和6年6月28日における発行可能株式総数を200株とする（④）。」などと定めます。

公開会社では4倍ルールが株式の併合をするときにも適用されるようになったので（P179④）、平成26年の改正で④が決議事項に加わりました。「発行済株式の総数が発行可能株式総数の1/4未満になるのであれば、発行可能株式総数も減少させろ」ということです。1/4未満にならないのなら、併合前と同数の発行可能株式総数を定めてもOKです。

このような理由で④が追加されたのですが、公開会社の場合に限定しなかったので、4倍ルールが適用されない非公開会社でも④を定める必要があります。非公開会社ですので、1/4未満になる場合でも、併合前と同数の発行可能株式総数を定めてもOKです。非公開会社については、④は除いてもよかったと思うんですが……。

株主総会の特別決議で上記①～④を決めたら、効力発生日の2週間前（または20日前）までに、株主などに上記①～④の事項を以下の方法で知らせなければなりません（会社法181条、182条の4第3項）。株主は株主でなくなったり保有株式数が変わったりしますので、株主にお知らせをする必要があるんです。

①公告　or　②通知

なお、株券を発行している株券発行会社であれば、株券提出手続もする必要があります（会社法219条1項2号。P172②）。

3．効果

効力発生日に発行済株式の総数が減少します（会社法182条1項）。株式の併合は、10株を1株にすることなどだからです。併合前と異なる発行可能株式総数を定めた場合には、効力発生日に発行可能株式総数も変更されます（会社法182条2項、180条2項4号）。

それに対して、資本金の額は減少しませんので、ご注意ください（P230の「発行済株式の総数と資本金の額の関係」「株式会社の資本金の額が増加・減少する場合」）。

4．少数株主（株式を取得される株主）の保護

＊この4.の制度は、平成26年の改正で、Ⅱのテキスト第5編で学習する組織再編の規定を参考に創設されました。よって、Ⅱのテキスト第5編で組織再編を学習した後にお読みください。

株式の併合も、キャッシュ・アウトに使うことができますので、組織再編に合わせる形で少数株主の保護の制度が整備されました（P204の「キャッシュ・アウト制度の整備④」）。

（1）情報開示

（a）事前開示

株式の併合をしようとする株式会社は、上記2.の株式の併合の決議を行う株主総会の日の2週間前の日、または、反対株主の株式買取請求についての株主などへの公告もしくは通知の日のいずれか早いほうの日から効力発生日後6か月を経過する日までの間、併合の割合などを記載または記録した書面または電磁的記録を本店に備え置かなければなりません（会社法182条の2第1項）。

株主は、株式会社の営業時間内はいつでも、開示された情報の閲覧などを請求できます（会社法182条の2第2項）。

※請求権者に債権者などが含まれていないのは、少数株主の保護のために作られた制度だからです。

（b）事後開示

株式の併合をした株式会社は、効力発生日から6か月間、効力発生日における発行済株式の総数などを記載または記録した書面または電磁的記録を本店に備え置かなければなりません（会社法182条の6第1項、2項）。

株主または効力発生日に株主であった者は、株式会社の営業時間内はいつでも、開示された情報の閲覧などを請求できます（会社法182条の6第3項）。「効力発生日に株主であった者」も請求権者に含まれているのは、事後開示なので、追い出された株

主も請求をできるようにするためです。
※請求権者に債権者などが含まれていないのは、少数株主の保護のために作られた制度だからです。

※開示期間が「6か月」とされた理由

株式の併合の決議は、株主総会の決議の取消しの訴えの対象となります。上記（a）と（b）の情報開示は、株主（であった者）がこの訴えの資料を得られるようにするためにされます。「それでは、開示期間は3か月（株主総会の決議の取消しの訴えの提訴期間。Ⅱのテキスト第6編第2章5 1.（3））でいいのでは？」と思われるかもしれません。それでもよかったのですが、開示期間は組織再編に合わせられ（Ⅱのテキスト第5編第3章2、9、第4章2、9、第5章2、9）、取得日から6か月とされました。

（2）差止制度

株主は、株式の併合が法令または定款に違反する場合に、不利益を受けるおそれがあるときは、株式の併合をやめることを請求することができます（会社法182条の3）。
併合「前」に差止めの請求ができる制度も用意されているんです。

5．登記

（1）実体（会社法）→登記

株式の併合をした場合は、株式の併合の登記を申請しなければなりません（会社法915条1項）。以下の事項は、登記事項だからです。

①発行済株式の総数並びにその種類及び種類ごとの数（会社法911条3項9号）
②発行可能株式総数（会社法911条3項6号）

（2）申請書の記載事項

申請例10 —— **株式の併合の登記**

事例：令和6年6月1日、発行可能株式総数が2000株・発行済株式の総数が1000株である公開会社の株主総会において、令和6年6月28日をもって、2株を1株に併合し、令和6年6月28日における発行可能株式総数を2000株とする特別決議が成立した。令和6年6月3日、株式の併合をする旨の公告がされた。なお、この株式会社は、株券を発行する旨の定めを置いているが、現に株券を発行していない。

1．登記の事由	株式の併合
1．登記すべき事項	令和6年6月28日変更 発行済株式の総数　　500株
1．登録免許税	金3万円
1．添付書面	株主総会議事録　1通 株主リスト　1通 株式の全部について株券を発行していないことを証する書面　1通 委任状　1通

発行済株式の総数並びに種類及び数	発行済株式の総数 1000株	
	発行済株式の総数 500株	令和6年6月28日変更 令和6年7月3日登記

記述の連鎖

①発行可能株式総数についても決議している必要があります。公開会社では、発行可能株式総数が発行済株式の総数の4倍以下でなければなりません。
②株券発行会社であって実際に株券を発行していれば、効力発生日の1か月前までに公告および通知をしている必要があります（P171～174[4]）。

（a）登記の事由

「株式の併合」と記載します。

（b）登記すべき事項

「年月日変更
　発行済株式の総数　　○○株
(各種の株式の数　　A種類株式　　○○株
　　　　　　　　　　B種類株式　　○○株)」などと記載します。
(併合前と異なる発行可能株式総数を定めた場合には、
　「発行可能株式総数　○○株」とも記載する必要があります)
年月日は、株主総会の特別決議で定めた「効力発生日」を記載します。

（c）登録免許税

申請件数１件につき、３万円です（登免法別表第1.24.（1）ツ）。株式関連の登記は、増資を除いてほとんど「ツ」です（P64の「登録免許税の税率の記憶のコツ」）。

（d）添付書面

①株主総会議事録（特別決議の要件を充たすもの。商登法46条２項）

株式の併合は、株主総会の特別決議で決議する必要があります。よって、特別決議の要件を充たす株主総会議事録が必要となります。発行可能株式総数の変更の登記をする場合でも、株主総会議事録をさらに１通添付する必要はありません。この発行可能株式総数の変更は、株式の併合の際に定める事項だからです。

②種類株主総会議事録（特別決議の要件を充たすもの。商登法46条２項）

ある種類株式の種類株主に損害を及ぼすおそれがあるときは、原則としてその種類株式の種類株主総会の特別決議が必要となります（P314③）。通常は、株式の併合がされる種類株式の種類株主に損害を及ぼすおそれがあります。

③株主リスト（商登規61条３項）

上記①②について株主リストが必要です（P307の「株主リストの添付の基本的な判断基準」）。

④株券提出公告関係書面（商登法61条、59条１項２号。P173～174の4.）

⑤委任状（商登法18条）

2　株式の分割

会社法183条（株式の分割）

1　株式会社は、株式の分割をすることができる。

1．株式の分割とは？

株式の分割：株式を細分化して、それよりも多い数の株式とすること

ex1.　１株を10株に分割する

ex2.　２株を３株に分割する

これも、株式のサイズを変更することです。株式の分割は、株式の併合の逆バージョンで、株式のサイズを小さくします。

１株を10株とする株式の分割を行った場合、１株保有している株主は９株の株式をもらえます。２株を３株とする株式の分割を行った場合、２株保有している株主は１株の株式をもらえます。

> **— Realistic 7　上場企業の株式の分割の使用例 —**
>
> 上場企業は、株価を上げるために株式の分割を行うことがあります。たしかに、株式の分割をしても、株式会社の価値に変化はありません。たとえば、1株を 10 株に分割して株式数が 10 倍になっても、1株の価格が1/10 になります。しかし、それまでの1/10 の株価で購入することができるため、購入者が増え、株価が上がる傾向にあります。
>
> なお、かつては、もっとメリットがありました。株式の分割をすると、増えた株式を約 50 日間売れませんでした。そのため、需要が高まり、株価が上がることが多かったです。これを利用してライブドア（堀江貴文氏）が自社の株価を釣り上げたので、批判されました。

2. 手続

（1）株式の分割

後記の表の機関が以下の①～③の事項を定める必要があります。

①分割の割合および基準日（会社法 183 条 2 項 1 号）

基準日も定めなければなりません。基準日に発行されている株式が、株式の分割の効力を受けます。試験的には、**基準日を"定めなければならない"のは株式の分割のみ**です。

②効力発生日（会社法 183 条 2 項 2 号）

③種類株式発行会社の場合は分割する株式の種類（会社法 183 条 2 項 3 号）

ex. 「令和 6 年 6 月 28 日をもって（②）、令和 6 年 6 月 21 日現在（①）A種類株式の株主が保有するA種類株式（③）1株を 10 株に分割する（①）」などと定めます。

非取締役会設置会社	取締役会設置会社
株主総会（普通決議） （会社法 183 条2項柱書）	**取締役会の決議** （会社法 183 条2項柱書かっこ書）

株式の分割は、株主でなくなってしまう者はいませんので、株主総会の特別決議までは要求されていません。ただ、株主に影響はありますので、非取締役会設置会社では株主総会の普通決議は要求されています。

あらかじめ定款で株式の分割の基準日を定めていた場合を除き、株主総会の普通決議または取締役会の決議で上記①の基準日を決めたら、基準日の 2 週間前までに公告をしなければなりません（会社法 124 条 3 項）。これは、P192 の 4.の基準日の公告です。

（2）発行可能株式総数

発行可能株式総数は、定款に必ず書かれているので（会社法 113 条1項。P178 の 1.)、変更には株主総会の特別決議が必要なのが原則です。

しかし、株式の分割をする際に以下の①および②の要件を充たせば、株主総会ではなく後記の表の機関が発行可能株式総数を増加する定款変更をすることができます。

①分割比率の範囲内である（会社法 184 条2項）

ex. 発行可能株式総数が 2000 株・発行済株式の総数が 1000 株であり、1株を 10 株に分割する（10 倍）株式の分割を行う場合は、発行可能株式総数 20000 株（10 倍）まで

$$\frac{1000}{2000} \Rightarrow \frac{10000}{20000}$$

まで

発行可能株式総数の趣旨は、経営陣が勝手に既存株主の持ち株比率を下げることに制限をかけることです（P178 の 2.)。分割比率の範囲内であれば、株主がかけた制限の割合は変わりません。上記 ex.でいうと、変更前に経営陣が発行できる株式数は発行可能株式総数の1/2ですが、株式の分割に併せて発行可能株式総数を 20000 株にしても、経営陣が発行できる株式数は発行可能株式総数の1/2です。

②現に2以上の種類株式を発行していない（会社法 184 条2項かっこ書）

種類株主同士は対立があるだろうと想定されます（P314 の「種類株主同士は仲が悪い？」)。現に2以上の種類株式が発行されていると、経営陣が発行可能株式総数を特定の種類株式のために増加している可能性があるため、認められないんです。

非取締役会設置会社	取締役会設置会社
取締役の決定（取締役の過半数の一致） （会社法 348 条2項）	**取締役会の決議** （会社法 362 条2項1号）

※「発行可能種類株式総数」は、上記の表の機関の決定では増加できませんので、ご注意ください。発行可能種類株式総数の増加は、明確に特定の種類株式のための増加だからです。

取締役・取締役会が定款変更を決定できる場合

定款変更は、株主総会の特別決議で決定するのが原則です（会社法466条、309条2項11号）。非常に例外的に**以下の3つの場合のみ**、取締役（非取締役会設置会社）または取締役会（取締役会設置会社）が決定できます。株主総会の決議が要らなくなるということは、いずれも株主が害されない場合であるということです。

①現に2以上の種類株式を発行していない場合に、株式の分割の比率の範囲内での発行可能株式総数の増加（会社法184条2項。上記（2））

②株式の分割の範囲内での単元株式数の設定または増加（会社法191条。P252①）

③単元株式数の減少または廃止（会社法195条1項。P252②）

3．効果

効力発生日に発行済株式の総数が増加します（会社法184条1項）。株式の分割は、1株を10株にすることなどだからです。発行可能株式総数も増加する決定もした場合には、効力発生日に発行可能株式総数も増加します。

それに対して、資本金の額は増加しませんので、ご注意ください（P230の「発行済株式の総数と資本金の額の関係」「株式会社の資本金の額が増加・減少する場合」）。

4．登記

（1）実体（会社法）→登記

株式の分割をした場合は、株式の分割の登記を申請しなければなりません（会社法915条1項）。以下の事項は、登記事項だからです。

①発行済株式の総数並びにその種類及び種類ごとの数（会社法911条3項9号）

②発行可能株式総数（会社法911条3項6号）

（2）申請書の記載事項

申請例11 —— **株式の分割の登記**

事例：令和6年6月7日、発行可能株式総数が2000株・発行済株式の総数が1000株である株式会社の取締役会において、令和6年6月28日をもって、令和6年6月25日現在株主が保有する株式1株を2株に分割する決議が成立した。令和6年6月9日、株式の分割の基準日の公告がされた。

1. 登 記 の 事 由	株式の分割
1. 登記すべき事項	令和6年6月28日変更 発行済株式の総数　2000株
1. 登 録 免 許 税	金3万円
1. 添 付 書 面	取締役会議事録　1通 委任状　1通

発行済株式の総数並びに種類及び数	発行済株式の総数 1000株	
	発行済株式の総数 2000株	令和6年6月28日変更 令和6年7月3日登記

記述の連鎖

以下の連鎖にご注意ください。

・株式の分割の際に、取締役（非取締役会設置会社）または取締役会（取締役会設置会社）が発行可能株式総数の増加も決定した

↓

・分割比率の範囲内でない（P242①）または現に2以上の種類株式を発行している（P242②）ため、発行可能株式総数の増加の効力が生じない

↓

・発行済株式の総数が発行可能株式総数を超えてしまい、株式の分割の効力も生じない

ex. 発行可能株式総数が2000株・発行済株式の総数が1000株（A種類株式500株・B種類株式500株）の株式会社が、取締役会において、A種類株式1株を3株に、B種類株式1株を3株に分割するとともに、発行可能株式総数を6000株に増加する決議をしました。現に2以上の種類株式を発行しているので、発行可能株式総数の増加は取締役会の決議では効力が生じず、発行可能株式総数は2000株のままです。株式の分割をしてしまうと、発行済株式の総数が3000株になり、発行可能株式総数を超えるため、株式の分割の効力も生じません。

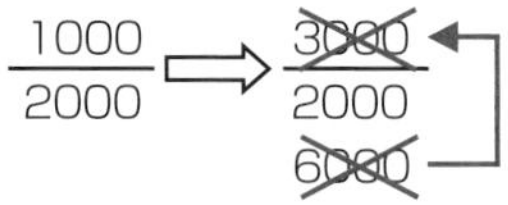

（a）登記の事由

「株式の分割」と記載します。
（発行可能株式総数を増加した場合には、
「発行可能株式総数の変更」とも記載する必要があります）

（b）登記すべき事項

「年月日変更
発行済株式の総数　　◯◯株
（各種の株式の数　　A種類株式　　◯◯株
　　　　　　　　　　B種類株式　　◯◯株）」などと記載します。
（発行可能株式総数を増加した場合には、
「発行可能株式総数　◯◯株」とも記載する必要があります）

年月日は、株主総会の普通決議または取締役会の決議で定めた「効力発生日」を記載します。

（c）登録免許税

申請件数1件につき、3万円です（登免法別表第1.24.（1）ツ）。株式関連の登記は、増資を除いてほとんど「ツ」です（P64の「登録免許税の税率の記憶のコツ」）。

（d）添付書面

①（非取締役会設置会社）株主総会議事録（普通決議の要件を充たすもの。商登法46条2項）
（取締役会設置会社）取締役会議事録（商登法46条2項）

会社形態に応じて、株式の分割を決定した機関の書面を添付します。

業務執行の決定機関の決定で分割比率の範囲内で発行可能株式総数を増加した場合には、非取締役会設置会社においては取締役の過半数の一致があったことを証する書面も添付します（商登法46条1項。取締役会設置会社は、通常は上記の取締役会議事録が発行可能株式総数の増加を証する書面となります）。

②種類株主総会議事録（特別決議の要件を充たすもの。商登法46条2項）

ある種類株式の種類株主に損害を及ぼすおそれがあるときは、原則としてその種類株式の種類株主総会の特別決議が必要となります（P314③）。通常は、株式の分割がされる種類株式とは別の種類株式の種類株主に損害を及ぼすおそれがあります。「お前らだけ株式数が増えてズルイ！」ということです。

③株主リスト（商登規61条3項）

上記①の株主総会議事録および上記②の種類株主総会議事録について株主リストが必要です（P307の「株主リストの添付の基本的な判断基準」）。

④委任状（商登法18条）

※基準日を公告したことを証する書面の添付は不要です。

3 株式無償割当て

会社法185条（株式無償割当て）

株式会社は、株主（種類株式発行会社にあっては、ある種類の種類株主）に対して新たに払込みをさせないで当該株式会社の株式の割当て（以下、この款において「株式無償割当て」という。）をすることができる。

1．株式無償割当てとは？

株式無償割当て：株主（種類株式発行会社の場合はある種類の種類株主）に、保有している株式数に応じて株式を無償で交付すること（会社法185条、186条2項）

ex. 株主に保有株式1株につき1株を無償で割り当てる

― Realistic 8　株式の分割と株式無償割当ての違い ―

1株を2株とする株式の分割を行う場合も、1株につき1株を無償で割り当てる株式無償割当てを行う場合も、株主は保有株式1株につき1株を無償でもらえます。なので、よく「株式の分割と株式無償割当てって何が違うんですか？」とご質問を受けます。

これらは似ているのですが、実はかつては同じ制度だったんです。ただ、以下の表のような違いがあるため、分けられました。まず以下の表の「イメージ」をつかむのが大事です。

	株式の分割	株式無償割当て
イメージ	「ハッ！」 株式会社が「ハッ！」というと、自動的に株式が分割されるイメージです。	「あげるよ～」 株式会社が、「君たちに株式をあげるよ～」というイメージです。
増加する株式の種類	同一種類 たとえば、A種類株式の株式の分割をしたら、増えるのはA種類株式のみです。「ハッ！」と自動的にA種類株式	同一種類または異なる種類 たとえば、A種類株式の株主にA種類株式を交付することもB種類株式を交付することもできます。「あげるよ

	が分割されるんです。	～」なので、種類株式を選んであげることもできるんです。
自己株式がある場合の取扱い	**増加する** 「ハッ！」と自動的に自己株式も増加してしまいます。	**割当てがされない** （会社法186条2項） 自己株式に株主の権利を認めるのは好ましくありません。「あげるよ～」なので、あげなきゃいいんです。
自己株式の交付の可否	× 「ハッ！」と自動的に自己株式も増加してしまいますので、自己株式を渡せません。	○ 自己株式については割当てがされないので、自己株式を渡すことができます。

2．手続

後記の表の機関が以下の①～③の事項を定める必要があります。

①株主に割り当てる株式の数（種類株式発行会社の場合は種類および種類ごとの数）またはその数の算定方法（会社法186条1項1号）

株式数（種類株式発行会社の場合は種類株式数）に応じて平等に割り当てないといけません（会社法186条2項）。株主平等の原則があるからです。

②効力発生日（会社法186条1項2号）

③種類株式発行会社の場合は無償割当てを受ける株主の有する株式の種類（会社法186条1項3号）

ex.「令和6年6月28日をもって（②）、A種類株式の種類株主（③）に保有株式1株につきB種類株式1株（①）を割り当てる」などと定めます。

非取締役会設置会社	取締役会設置会社
株主総会（普通決議） （会社法186条3項本文）	**取締役会の決議** （会社法186条3項本文かっこ書）
定款で別段の定め可 （会社法186条3項ただし書）	

株式無償割当ても、株主でなくなってしまう株主はいませんので、株主総会の特別決議までは要求されていません。ただ、株主に影響はありますので、非取締役会設置会社では株主総会の普通決議は要求されています。

3. 効果

効力発生日に発行済株式の総数が増加します（自己株式のみを交付した場合を除きます）。株式無償割当ては、株主に保有株式1株につき1株を無償で割り当てることなどだからです。

それに対して、資本金の額は増加しませんので、ご注意ください（P230 の「発行済株式の総数と資本金の額の関係」「株式会社の資本金の額が増加・減少する場合」）。

株式会社は、株式無償割当ての効力発生日後遅滞なく、株主およびその登録株式質権者に対し、その株主が割当てを受けた株式の数などを通知しなければなりません（会社法 187 条2項）。お知らせのハガキを送ったりします。株式数が変わりますので、お知らせをしないといけないんです。

4. 登記

（1）実体（会社法）→登記

株式無償割当てをした場合は、株式無償割当ての登記を申請しなければなりません（会社法 915 条1項）。以下の事項は、登記事項だからです。

・発行済株式の総数並びにその種類及び種類ごとの数（会社法 911 条3項9号）

ただし、自己株式のみを交付した場合には、登記事項は発生しません。株主が株式会社から自己株式の交付を受けた者に替わったにすぎないからです。株主が誰であるかは登記事項ではありません（P161 の「株主の個人名は登記されない」）。株式無償割当てだと自己株式を交付できますので、登記事項が発生しないことがあります。

（2）申請書の記載事項

申請例 12 ―― **株式無償割当ての登記**

事例：令和6年6月7日、発行可能株式総数が 2000 株・発行済株式の総数が 1000 株である株式会社の取締役会において、令和6年6月 28 日をもって、株主の保有株式1株につき1株を割り当てる決議が成立した。この株式会社は、自己株式を保有していない（＊）。

＊自己株式を保有していると、「自己株式については割当てがされない（増加しない）」「自己株式を交付することもできる」という問題が生じます（P247）。なお、択一でも記述でも、「自己株式を保有している」と記載されていない限り、自己株式を保有していない前提で解いてください。

1. 登記の事由	株式無償割当て
1. 登記すべき事項	令和6年6月28日変更 発行済株式の総数　2000株
1. 登録免許税	金3万円
1. 添付書面	取締役会議事録　1通 委任状　1通

発行済株式の総数並びに種類及び数	発行済株式の総数 1000株	
	発行済株式の総数 2000株	令和6年6月28日変更 令和6年7月3日登記

(a) 登記の事由

「株式無償割当て」と記載します。

(b) 登記すべき事項

「年月日変更
　発行済株式の総数　　◯◯株
（各種の株式の数　　A種類株式　　◯◯株
　　　　　　　　　　B種類株式　　◯◯株）」などと記載します。

年月日は、株主総会の普通決議または取締役会の決議で定めた「効力発生日」を記載します。

(c) 登録免許税

申請件数1件につき、3万円です（登免法別表第1.24.（1）ツ）。株式関連の登記は、増資を除いてほとんど「ツ」です（P64の「登録免許税の税率の記憶のコツ」）。

(d) 添付書面

①（非取締役会設置会社）株主総会議事録（普通決議の要件を充たすもの。商登法46条2項）
（取締役会設置会社）取締役会議事録（商登法46条2項）

会社形態に応じて、株式無償割当てを決定した機関の書面を添付します。

②種類株主総会議事録（特別決議の要件を充たすもの。商登法46条2項）

ある種類株式の種類株主に損害を及ぼすおそれがあるときは、原則としてその種類株式の種類株主総会の特別決議が必要となります（P314④）。通常は、株式無償割当てがされる種類株式とは別の種類株式の種類株主に損害を及ぼすおそれがあります。「お前らだけ株式数が増えてズルイ！」ということです。

③株主リスト（商登規61条3項）

上記①の株主総会議事録および上記②の種類株主総会議事録について株主リストが必要です（P307の「株主リストの添付の基本的な判断基準」）。

④委任状（商登法18条）

4 単元株

> **会社法188条（単元株式数）**
>
> 1　株式会社は、その発行する株式について、一定の数の株式をもって株主が株主総会又は種類株主総会において1個の議決権を行使することができる1単元の株式とする旨を定款で定めることができる。

1．単元株式数とは？

（1）意義

単元株式数：定款で定めることにより、一定数の株式を1単元とし、1単元で1個の議決権とすること（会社法188条1項）

ex. 1単元100株とすれば、100株保有していて初めて1議決権を行使できます。

本節でこれまでみてきた制度と違って、株式数は変わりません。しかし、単元株式数を定めると、1単元に満たない単元未満株式の議決権などが制限されます（会社法189条1項、2項）。株式会社からすると、単元未満株式については、株主総会の招集通知を送らなくてよくなったり（会社法298条2項かっこ書、299条1項）、定款で株券を発行しない旨を定めることができたりと（会社法189条3項）、株主管理のコスト削減となるメリットがあります。

（2）制限

単元株式数を大きくすればするほど、株式会社はコスト削減になります。しかし、単元株式数は株主の権利を制限するものですので、あまりに大きくすべきではありません。以下の①②の単元株式数は認められません。

①1000を超える単元株式数（会社法188条2項、会社施行規34条）

基本的に、単元株式数の単位で売買がされます。よって、「株価×1000」の金額（ex. 株価570円の企業なら570000円）があれば、（売ってくれる人がいれば）まず株式を購入できるということです。

②発行済株式の総数の1/200を超える単元株式数（会社法188条2項、会社施行規34条）

ex. 発行済株式の総数が20000株である場合、1単元とできる株式は最大で100株となります。100株を超えると発行済株式の総数の1/200を超えてしまうからです。たとえば、1000株にすると、1/20になってしまいます。

200議決権程度はあるべきということです。このex.で単元株式数を1000株にすると、最大でも20議決権しかないことになってしまいます。

— Realistic 9　上場企業は100株に統一された —

2018年10月に、上場企業の単元株式数は100株に統一されました。単元株式数は1000株でも構わないのですが、証券取引所のお願いを受け、上場企業がそれを聞き入れました。すべての上場企業の単元株式数が100株だと、計算がしやすくなりますし、投資もしやすくなるため（かつては1000株の上場企業が多かったです）、証券取引所が上場企業に統一するようにお願いをしていたんです。

2．手続

（1）原則

単元株式数の設定や増加は、株主総会の特別決議によるのが原則です。単元株式数は定款で定める必要があるので（会社法188条1項）、単元株式数の設定や増加は定款変更に当たるからです（会社法466条、309条2項11号）。

（2）例外

単元株式数は定款記載事項なのですが、以下の①または②の場合には、株主総会ではなく後記の表の機関が定款変更をすることができます。

判断基準

株主総会の特別決議が不要となるかの判断基準は、以下のとおりです。

- 株主の株主総会での**議決権数が減少する**　→　株主総会の特別決議が**必要**
- 株主の株主総会での**議決権数が減少しない**　→　株主総会の特別決議は**不要**

議決権数が減少しないのであれば、株主が害されないからです。

①株式の分割の範囲内での単元株式数の設定または増加（会社法191条。P243の「取締役・取締役会が定款変更を決定できる場合②」）

株式の分割と同時に単元株式数の設定または増加をし、単元株式数の設定または増加が株式の分割の範囲内である場合です。これだけだとわかりにくいと思いますので、具体例で確認しましょう。

ex. 1株を10株とする株式の分割をするのと同時に行う、10株1単元までの単元株式数の設定。この場合、株主の議決権数が減少しないからです（上記の「判断基準」）。たとえば、1株を10株とする株式の分割をするのと同時に10株1単元とする単元株式数の設定がされた場合の、従前1株を有していた株主の議決権数は以下のとおりです。

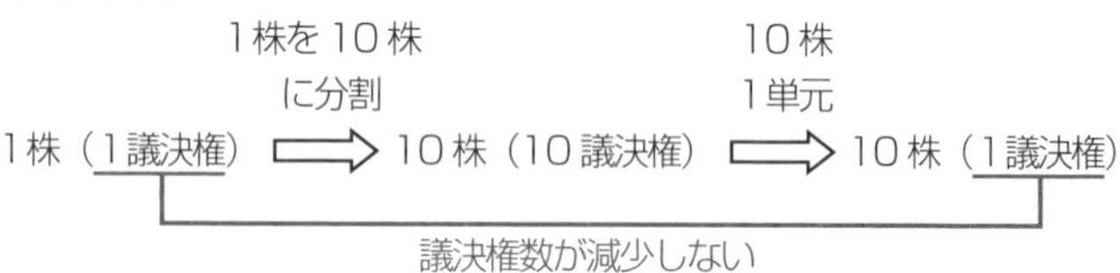

②単元株式数の減少または廃止（会社法195条1項。P243の「取締役・取締役会が定款変更を決定できる場合③」）

株主の議決権数が減少しないからです（上記の「判断基準」）。というより、増加します。

株式会社は、この効力が生じた日以後遅滞なく、株主に、定款変更をした旨を公告または通知する必要があります（会社法195条2項、3項）。株主は知らされていないからです。

非取締役会設置会社	取締役会設置会社
取締役の決定（取締役の過半数の一致） （会社法348条2項、195条1項）	**取締役会の決議** （会社法362条2項1号、195条1項かっこ書）

3．登記

（1）実体（会社法）→登記

単元株式数を定めた、変更したまたは廃止した場合は、単元株式数の定めの設定、変更または廃止の登記を申請しなければなりません（会社法915条1項）。以下の事項は、登記事項だからです。

・単元株式数（会社法911条3項8号）

（2）申請書の記載事項

申請例13 ―― **単元株式数の設定の登記**

事例：令和6年6月28日、発行済株式の総数が2万株である株式会社の株主総会において、単元株式数を100株とする定めを設ける特別決議が成立した。

1．登記の事由　単元株式数の設定
1．登記すべき事項　令和6年6月28日設定
　単元株式数　100株
1．登録免許税　金3万円
1．添付書面　株主総会議事録　1通
　株主リスト　1通
　委任状　1通

単元株式数	100株	令和6年6月28日設定 令和6年7月3日登記

記述の連鎖

以下の①または②のいずれかに当たる単元株式数の設定または増加は、できません。
①1000を超える単元株式数
②発行済株式の総数の1/200を超える単元株式数
また、株式の分割と同時に取締役（非取締役会設置会社）または取締役会（取締役会設置会社）の決定で単元株式数の設定または増加をしたが、株式の分割の範囲内ではない設定または増加だと、単元株式数の設定または増加の登記はできません（P252①）。議決権数が減少しているか（P251の「判断基準」）をチェックしてください。

（a）登記の事由

【設定】

「単元株式数の設定」と記載します。

【増加・減少】

「単元株式数の変更」と記載します。

【廃止】
「単元株式数の定めの廃止」と記載します。

（b）登記すべき事項

【設定】
「年月日設定
単元株式数　◯◯株（※）」と記載します。
【増加・減少】
「年月日変更
単元株式数　◯◯株（※）」と記載します。
※種類株式発行会社の場合は、「単元株式数　◯◯株」の部分を以下のように記載します。
「単元株式数　A種類株式　◯◯株
B種類株式　◯◯株」
【廃止】
「年月日単元株式数の定め廃止」と記載します。
年月日は、「設定日」「変更日」「廃止日」を記載します。この設定日、変更日、廃止日は、通常は株主総会などの決議日です。

（c）登録免許税

申請件数1件につき、3万円です（登免法別表第1.24.（1）ツ）。株式関連の登記は、増資を除いてほとんど「ツ」です（P64の「登録免許税の税率の記憶のコツ」）。

（d）添付書面

①株主総会議事録（特別決議の要件を充たすもの。商登法46条2項）
【設定・増加（原則）】
単元株式数は定款で定める必要がありますので、定款変更が必要です。よって、特別決議の要件を充たす株主総会議事録が必要となります。
②（非取締役会設置会社）取締役の過半数の一致があったことを証する書面（商登法46条1項）
（取締役会設置会社）取締役会議事録（商登法46条2項）
【設定・増加（例外）・減少・廃止】
P251~252（2）の例外に当たる場合には、会社形態に応じて、決定した機関の書面を添付します。

③種類株主総会議事録（特別決議の要件を充たすもの。商登法 46 条 2 項）

ある種類株式の種類株主に損害を及ぼすおそれがあるときは、原則としてその種類株式の種類株主総会の特別決議が必要となります（P314 ロ）。通常は、設定や増加がされる種類株式の種類株主に損害を及ぼすおそれがあります。議決権数が減少するからです。

④株主リスト（商登規 61 条 3 項）

上記①③について株主リストが必要です（P307 の「株主リストの添付の基本的な判断基準」）。

⑤委任状（商登法 18 条）

4．単元未満株式

（1）権利制限

1 単元に満たない数の単元未満株式の権利は、制限されます。この権利の制限ですが、以下の表の 3 つに分類されます。

<table>
<tr><th>当然に制限される権利</th><th>定款の定めによっても制限できない権利</th></tr>
<tr><td>①株主総会と種類株主総会の議決権（会社法 189 条 1 項）
②議決権を前提とする権利
ex. 少数株主による株主総会の招集請求権（会社法 297 条 1 項）、株主提案権（会社法 303 条～305 条）
株主総会と種類株主総会の議決権を制限するのが、単元株の制度だからです。</td><td rowspan="3">下記①～⑥の権利は、定款で定めても制限できません。定款ですべての権利を奪ってしまうと、株式の意味がなくなってしまうので、奪えない権利もあります。奪えない権利は、以下のいずれかの理由によります。
・株式の代替物である権利（下記①～④）
・株式の本質的な権利（下記⑤、⑥ex.）
①全部取得条項付種類株式の取得対価の交付を受ける権利（会社法 189 条 2 項 1 号）
②取得条項付株式の取得と引換えに金銭等の交付を受ける権利（会社法 189 条 2 項 2 号）
③株式無償割当てを受ける権利（会社法 189 条 2 項 3 号）
④単元未満株式の買取請求権（会社法 189 条 2 項 4 号）
⑤残余財産の分配請求権（会社法 189 条 2 項 5 号）
⑥上記のほか法務省令（会社施行規 35 条）で定める権利（会社法 189 条 2 項 6 号）
ex. 剰余金の配当請求権（会社施行規 35 条 1 項 7 号二、2 項 1 号）</td></tr>
<tr><th>定款の定めによって
制限される権利</th></tr>
<tr><td>上記の「当然に制限される権利」に加え、定款で定めることによってさらに権利を制限できます（会社法 189 条 2 項柱書）。</td></tr>
</table>

（2）買取請求権と売渡請求権

上記（1）のように、かなり権利が制限されてしまうのが単元未満株式です。そこで、単元未満株主は、株式会社に対して、以下の表の2つの権利を行使できるとされています。

	買取請求権	売渡請求権
意義	**単元未満株式を買い取ることを請求する権利**（会社法192条1項） ex. 1単元100株である場合に、70株しか保有していない株主は、株式会社に対して、「この70株を買い取れ！」と請求できます。	**単元未満株式の数と併せて単元株式数となる数の株式を売り渡すことを請求する権利**（会社法194条1項かっこ書） ex. 1単元100株である場合に、70株しか保有していない株主は、株式会社に対して、「あと30株を売れ！」と請求できます。 この請求に対して、株式会社は、自己株式から売り渡さないといけません（会社法194条3項）。自己株式はあまり好ましいものではありませんので、自己株式があるなら自己株式から処分すべきだからです。
請求ができる旨の定款規定	**不要** 買取請求権は、当然に行使できます。上記（1）のように、単元未満株式はかなり権利が制限されます。よって、なかなか買ってくれる人が現れないので、株式会社に買い取らせる道を開いておく必要があるんです。	**要**（会社法194条1項） 株式会社が自らの決定によらずに、株式を発行・自己株式を交付することは通常はありません。この売渡請求は、あくまで株主へのサービス規定なんです。よって、請求ができる旨の定款規定が必要です。単元未満株主は、この定款規定がないのなら、買取請求をすればいいんです。

【本節のまとめ】

本節の最後に、本節でみてきた4つの制度の比較できる事項を比較してみてみましょう。

<table>
<tr><th colspan="2" rowspan="2"></th><th rowspan="2">株式の併合</th><th rowspan="2">株式の分割</th><th rowspan="2">株式無償割当て</th><th colspan="2">単元株式数</th></tr>
<tr><th>原則</th><th>例外</th></tr>
<tr><td rowspan="2">決議機関</td><td>非取締役会設置会社</td><td rowspan="2">株主総会の特別決議</td><td>株主総会の普通決議</td><td>株主総会の普通決議
＊定款で別段の定め可</td><td rowspan="2">株主総会の特別決議</td><td>取締役の過半数の一致</td></tr>
<tr><td>取締役会設置会社</td><td>取締役会の決議</td><td>取締役会の決議
＊定款で別段の定め可</td><td>取締役会の決議</td></tr>
<tr><td colspan="2">周知方法</td><td>効力発生日の2週間前または 20 日前（＊）までに公告 or 通知
＊反対株主の株式買取請求ができる場合</td><td>基準日の2週間前までに公告
＊定款で基準日を定めていたら不要</td><td>効力発生日後遅滞なく通知</td><td></td><td>単元株式数の減少または廃止のときは、効力発生日後遅滞なく公告 or 通知</td></tr>
<tr><td colspan="2" rowspan="2">効果</td><td>株式数減少</td><td>株式数増加</td><td>株式数増加</td><td colspan="2">単元株式数の変更</td></tr>
<tr><td colspan="5">※資本金の額の変化なし</td></tr>
</table>

第12節　端数処理

株式会社がある行為をすることで、株式に1株に満たない端数が生じることがあります。たとえば、株式会社が以下の行為をする場合です。

①取得条項付株式の取得（会社法234条1項1号）
②全部取得条項付種類株式の取得（会社法234条1項2号）
ex. 「B種類株式2株の取得と引換えに、A種類株式1株を交付する」という取得条項または全部取得条項であれば、B種類株式を1株しか保有していない株主の株式やB種類株式を3株保有している株主の1株についてのA種類株式の交付は端数となります。
③株式の併合（会社法235条1項）
ex. 「2株を1株に併合する」という株式の併合であれば、1株しか保有していない株主の株式や3株保有している株主の1株は端数となります。
④株式の分割（会社法235条1項）
ex. 「2株を3株に分割する」という株式の分割であれば、3株や5株保有している株主の1株について端数が生じます。
⑤株式無償割当て（会社法234条1項3号）
ex. 「株主に保有株式2株につき1株を無償で割り当てる」という株式無償割当てであれば、1株しか保有していない株主の株式や3株保有している株主の1株についての交付は端数となります。

これらの端数は合計され、合計数に相当する数の株式が以下の①または②のいずれかの方法で売却されます。売却代金は、端数に応じて株主に交付されます（会社法234条1項柱書、235条1項）。

①競売（会社法234条1項柱書、235条1項）
②競売以外の方法での売却（会社法234条2項、235条2項）
ex. B種類株式500株のうち、Xが498株、Yが1株、Zが1株を保有していました。この場合に、「B種類株式2株の取得と引換えに、A種類株式1株を交付する」という全部取得条項で全部取得条項付種類株式の取得がされました。Xには249株のA種類株式が交付されます。しかし、YとZが受けるA種類株式は0.5株になるため、合計され1株として競売か競売以外の方法で売却されます。売却代金が半分ずつ（0.5：0.5）YとZに交付されます。

第 13 節　株式の共有

1 意義

株式を複数人が共有することはよくあります。株式の共有が生じる原因の典型例は、相続です。株式を保有していた被相続人が死亡し、相続人が複数いる場合は、遺産分割などをしなければ相続人の共有となります（民法 898 条 1 項。最判平 26.2.25）。

この第 13 節では、株式が共有されている場合に、株主はどのように権利行使をしていくのか、株式会社は株主をどのように扱えばよいのか、といった問題をみていきます。

2 権利行使の方法

会社法 106 条（共有者による権利の行使）

株式が２以上の者の共有に属するときは、共有者は、当該株式についての権利を行使する者１人を定め、株式会社に対し、その者の氏名又は名称を通知しなければ、当該株式についての権利を行使することができない。ただし、株式会社が当該権利を行使することに同意した場合は、この限りでない。

1．原則

（1）権利行使者の指定

株式の共有者は、共有者の中から共有株式についての権利を行使する者１人を定めて株式会社にその者の氏名または名称を通知しないと、共有株式についての権利を行使することができません（会社法 106 条本文）。これは、株式会社のための規定です。たとえば、共有株式についての議決権を行使する者が決まっていないと、株式会社は「共有者の１人が議決権を行使しているけど、他の共有者は納得しているのか？」と考えたりしないといけなくなってしまいます。

ex. この権利行使者の指定がされていないと、共有者の１人は株主総会の決議の不存在の確認の訴え（会社法 830 条 1 項）を提起することは特段の事情がない限りできません（最判平 2.12.4）。

（2）指定方法

この権利行使者の指定は、共有持分の価格の過半数で行います（最判平9.1.28、最判平11.12.14）。共有者全員の同意までは不要です。全員の同意を必要とすると、相続人の人数が多い場合などは同意しない者が現れます。そうすると、権利行使者が決まらなくなってしまい、議決権の行使などができない株式が生じやすくなります。これは、好ましくありません。

※親権者を権利行使者に指定することは利益相反行為に当たるか

株主である父が死亡して、未成年の子とその子の親権者である母が株式の共有者となっているといったことがあります。この場合に、親権者である母が未成年者を代理して権利行使者を親権者と指定する行為は、利益相反行為に当たりません（最判昭52.11.8）。**共有株式の権利行使は共有物の管理**にすぎません（そのため、上記（2）のとおり、権利行使者の指定を共有持分の価格の過半数で行うんです）。よって、親権者が未成年者のために共有株式の権利行使をしても、未成年者を害することにはなりません。

（3）権利行使

権利行使者は、ある事項について共有者の間に意見の相違があっても、自分の判断で議決権を行使できます（最判昭53.4.14）。他の共有者は、その者を権利を行使する者として指定したからです。

しかし、権利行使者も、自分の判断で株式の譲渡はできません。株式の譲渡は、共有物の管理ではなく、共有物の変更に当たるので、共有者全員で決める必要があるからです（民法251条1項）。── 民法Ⅱのテキスト第3編第3章第4節3 2.（4）（a）

2．例外

共有者から権利行使者を指定した旨の通知がない場合でも、株式会社の側から権利の行使を認めることはOKです（会社法106条ただし書）。権利行使者の指定は株式会社のための規定なので、株式会社がOKといえばOKになるんです。

ex. 株主A、B、Cが株式を1：1：1の割合で共有している場合、権利行使者を指定した旨の通知なく、AとBが共同で議決権を行使したときは、株式会社が議決権の行使に同意することで、議決権の行使が有効となります。議決権の行使は、共有物の管理（民法252条1項）に当たるので、持分の価格の過半数で決めることができるからです（最判平27.2.19）。── 民法Ⅱのテキスト第3編第3章第4節3 2.（3）（a）

ただし、株式会社が同意したからといって、民法の規定に従わない共有物に関する行為は有効になりません（最判平27.2.19）。

ex. 上記ex.において、持分の価格の過半数を有しない株主Cのみが議決権を行使したときは、株式会社が議決権の行使に同意しても、議決権の行使が有効とはなりません。

株式会社が同意したからといって、持分の価格の過半数を有しないCのみで共有物の管理ができるようになるのはおかしいからです。

3 株主への通知・催告

株主に対する通知や催告は、株主名簿の株主の住所にしました（会社法126条1項。P187～188の5.）。

共有株式の場合は、共有者は、株式会社から通知または催告を受領する者1人を定めて、株式会社にその者の氏名または名称を通知しなければなりません（会社法126条3項前段）。株式会社からの通知または催告は、その者に対してされます（会社法126条3項後段、1項）。共有者がこの通知をしない場合は、株式会社は共有者の任意の1人に対して通知または催告をすればOKです（会社法126条4項）。何万人も株主がいることもありますので、株式会社の負担を考えてこのようなルールとなっています。

※剰余金の配当などは？

上記の規定は、あくまで株式会社が株主に対してする通知または催告についてのものです。よって、剰余金の配当などは共有者の1人1人に対してされます。

第14節　株式の担保化

株式を担保に融資を受けることは、よくあります。この第14節では、株式に質権を設定する方法（下記1）と譲渡担保権を設定する方法（下記2）をみていきます。

1 質入れ

会社法146条（株式の質入れ）
1　株主は、その有する株式に質権を設定することができる。

1．意義

株式質：株式に設定された質権

株式質は、民法で学習した権利質の一種です。―― 民法Ⅱのテキスト第4編第4章第4節

株式質は、以下のように分類できます。

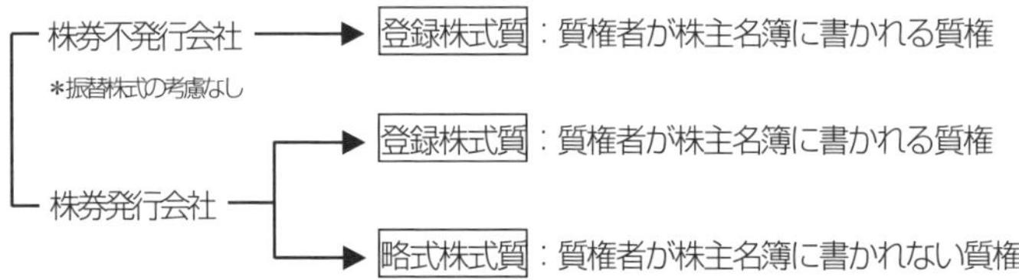

株券発行会社であれば、質権者が株主名簿に書かれない質権（略式株式質）を設定することもできます。株券発行会社であれば、株券を交付することで質権を設定できるからです。略式株式質が設定されることは多いです。設定者である株主が株式を担保に入れたことを株式会社に知られたくないことが多いからです。

※株券発行会社が株券を発行する旨の定款の定めを廃止する場合

略式株式質は、質権者が株主名簿に書かれていません。質権者が株券を占有していることで、質権の存在を公示しています。では、株式会社が株券を発行する旨の定款の定めを廃止する場合（P174 5）、略式株式質はどうなってしまうのでしょうか。

もちろん、質権が消滅してしまうわけではありませんので、ご安心ください。略式株式質の質権者は、株券廃止の定款変更の効力発生日の前日までに、株券発行会社に対し、株主名簿に氏名（名称）・住所などを記載または記録するよう請求できます（会社法218条5項）。

2．効力発生要件・第三者に対する対抗要件・株式会社に対する対抗要件

株式質の効力発生要件・第三者に対する対抗要件・株式会社に対する対抗要件は、以下のとおりです。株券不発行会社と株券発行会社で分けて考える必要があります。

	株券不発行会社 （登録株式質）	株券発行会社	
		登録株式質	略式株式質
①効力発生要件	**意思表示の合致** （会社法146条参照） 株券がありませんので、株主と質権者の意思表示の合致のみで質権を設定できます。	**意思表示の合致＋株券の交付** （会社法146条2項） 株券発行会社では、株式が株券（紙）にくっつきます。よって、株券の交付もすることで質権を設定できます。	
②第三者に対する対抗要件 ③株式会社に対する対抗要件	**質権者の株主名簿への記載・記録** （会社法147条1項、3項） 株券がありませんので、株主名簿で質権者であることを公示するしかありません。	**質権者の株券の継続占有** （会社法147条2項、3項） 株式が株券（紙）にくっついていますので、質権者であることは株券を継続して占有することで公示できます。	

3．効果

株式質が設定されると、設定者である株主が、剰余金の配当、残余財産の分配、合併などによって受ける金銭等に質権の効力が及びます（会社法151条1項）。質権は株式の交換価値を把握しています。よって、物上代位によって株式の価値代替物に質権の効力が及ぶんです。── 民法Ⅱのテキスト第4編第1章第3節4

この価値代替物から質権者が優先弁済を受けるための要件は、以下のとおりです。

・登録株式質　→　質権者は当然に株式会社から金銭等の交付を受けられる（会社法154条1項）

登録株式質は、株式会社が質権者を把握しているので、株式会社も質権者が優先権を有することをわかっているからです。

・略式株式質　→　設定者である株主が払渡し・引渡しを受ける前に、差押えをする必要がある（民法350条、304条1項ただし書）

略式株式質は、株式会社が質権者を把握していないので、株式会社は設定者である株主に払渡し・引渡しをしようとしてしまうからです。

2 譲渡担保

株式の譲渡担保：設定者である株主が株式を譲渡担保権者に移転する形で担保に供することと

譲渡担保については、民法にも条文がありませんでしたが、会社法にもありません。── 民法Ⅱのテキスト第4編第7章第2節　しかし、株式も譲渡担保の目的となると解されています。

株式の譲渡担保も、以下のように分類できます。

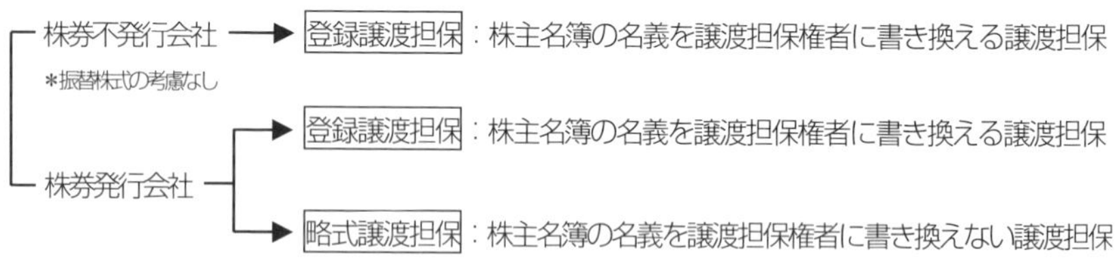

質権と同じく、株券発行会社であれば、株主名簿の名義を譲渡担保権者に書き換えない譲渡担保（略式譲渡担保）を設定することもできます。やはり設定者である株主が株式を担保に入れたことを株式会社に知られたくないことが多いので、略式譲渡担保が設定されることも多いです。

株式の譲渡担保のポイント

登録譲渡担保は株主名簿の名義を譲渡担保権者に書き換えてしまうのですが、株式の譲渡担保のポイントは、**基本的に通常の株式の譲渡の手続と同じである**ということです。担保の目的物を譲渡担保権者に譲渡してしまうのが譲渡担保なので、株式を譲渡担保に供することは株式の譲渡に当たるからです（最判昭48.6.15）。

ex. 非公開会社においては、譲渡担保の設定に株式会社の承認が必要となります。承認を得ずに譲渡担保の設定がされた場合、設定者である株主と譲渡担保権者の間では有効ですが、株式会社との関係では無効となります（最判昭 48.6.15。P162（1））。

第3章　機　関

第１節　機関とは？

1　意義

法人は、独立して権利能力を有します。しかし、自然人とは異なり、「法人」という人間が存在するわけではありません。そこで、法人の意思決定や運営をしたりする者が必要となります。法人の規模によっては、監視をする者も必要となります。法人が船だとすると、操縦する乗組員が必要なのです。ある程度の大きさの船になると、おかしな操縦をしていないかを監視する者も必要となります。法人の乗組員と監視をする者が「機関」なわけです。

＊以下、機関名が出てきますが、いきなり「監査役会」などといわれてもイメージが湧かないと思いますので、先に、P270［1］、P333の1.、P372［1］、P398［1］、P418［1］、P432［1］、P453の1.、P466［1］、P481～483［1］、P496～497［1］をお読みください。

2　機関設計のルール

九九が言えるレベルに

機関設計のルールは基本中の基本なので、下記１.と下記２.は**九九が言えるレベル**（考えなくても出てくるレベル）にする必要があります。

たとえば、択一では、取締役会設置会社についての知識を問う場合に、「監査役会設置会社」としか記載されないことがあります（ex. 平成21年度〔午前〕第29問・ア）。「監査役会設置会社は必ず取締役会を置かないといけないから（P267の［ルール4］）、『監査役会設置会社→取締役会設置会社』に置き換えられるのは当然だよね？」という出題なわけです。

記述でも、下記１.と下記２.が一瞬で出てこないと勝負になりません。

機関設計のルールの思い出し方のコツ Part 1

まずは、以下の３点を思い出せるようにしてください。

①**監査等委員会設置会社**は会計参与を置くかどうかを除いて**１パターン**

会計参与を置くかは任意ですが、それ以外は以下の機関構成しか認められません。

「株主総会＋取締役会＋監査等委員会＋会計監査人」

②指名委員会等設置会社は会計参与を置くかどうかを除いて１パターン

会計参与を置くかは任意ですが、それ以外は以下の機関構成しか認められません。

「株主総会＋取締役会＋指名委員会等（指名委員会・監査委員会・報酬委員会）＋執行役＋会計監査人」

③会計参与はどのような株式会社でも置くことができる

1．8コのルール

機関は、好き勝手に置いたり置かなかったりできるわけではなく、以下の８コのルール（規制）があります。

ルール1　すべての株式会社が置かなければならない機関
→「株主総会」と「取締役」（会社法295条参照、326条1項）

株主総会と取締役は、この国で最も小さな部類に入る私の株式会社でもあります。

なお、代表取締役が入っていないのは、指名委員会等設置会社には代表取締役がいないからです。指名委員会等設置会社の代表権を有するのは、代表執行役です。

＊株主総会と取締役は、すべての株式会社が置かなければならないので、以下のルール２・３・５～７においては省略します。

ルール2　公開会社が置かなければならない機関
→「取締役会」（会社法327条1項1号）

公開会社は、株主がコロコロ変わります（上場企業をイメージしてください）。株主が十分に取締役を監視できません。そのため、取締役で合議体（取締役会）を形成し、相互監視をする必要があるんです。

ルール3　取締役会設置会社が置かなければならない機関
→「監査役」、「監査等委員会」または「指名委員会等」（会社法327条2項本文）

取締役会が置かれると、株主総会の権限が制限されます（会社法295条２項。P271～272の２.）。株主が一歩下がるイメージです。そこで、株主の代わりに取締役などを監視する機関が必要となるんです。

ただし、非公開会社かつ非大会社であれば、取締役会設置会社でも、会計参与を置けば監査役を置く必要はありません（会社法327条２項ただし書、328条２項、327条３項）。中小企業が、監査役になってもらえる人を探すのが大変なので顧問税理士さんに会計参与になってもらう、といった使い方が考えられます。理由が、まだ説明していない知識なのですが、非公開会社かつ非大会社（非監査役会設置会社かつ非会計監査人設置会社）は、監査役の監査の範囲を会計に関するものに限定する旨の定款の定めを設けることができます（会社法389条1項。P437～438の2.）。非公開会社かつ非大会社は、会計を重視した機関設計が認められるわけです。よって、会計を重視した「株主総会＋取締役会＋会計参与」という機関設計が認められるんです。

なお、監査等委員会設置会社と指名委員会等設置会社の機関構成は上記の「機関設計のルールの思い出し方のコツ Part 1①②」の1パターンのみなので、「監査等委員会」「指名委員会等」は、ここで記憶する必要はありません。監査等委員会、指名委員会等は、取締役会の内部機関なので、取締役会とセットになります。

ルール4　**非取締役会設置会社（＊）が置くことができない機関**
→「監査役会」、「監査等委員会」または「指名委員会等」（会社法327条1項2～4号）

取締役会設置会社
監査役会設置会社

＊「非取締役会設置会社」という用語は会社法にはありませんが、取締役会を置いていない株式会社のことです。

監査役会は、「取締役会は合議体なんだから、それに対抗するため、こっちも合議体にしよう」という趣旨で形成される合議体です。よって、取締役会という合議体がないのであれば、監査役会を置くことはできないんです。

監査等委員会、指名委員会等は、上記のルール3と同じく、ここで記憶する必要はありません。監査等委員会、指名委員会等は、取締役会の内部機関なので、取締役会とセットになります（上記の「機関設計のルールの思い出し方のコツ Part 1①②」）。

ルール5　**公開会社かつ大会社が置かなければならない機関**
→「監査役会」、「監査等委員会」または「指名委員会等」（会社法328条1項）

上場企業は、基本的に公開会社かつ大会社です。利害関係人が多く規模も大きいので、厳格な監視体制を採る必要があります。よって、このような株式会社では、合議体の監査機関の設置がマストとされています。

ルール6　**大会社が置かなければならない機関**
→「会計監査人」（会社法328条）

大会社は、大規模で、債権者に対する責任が大きいです（P22（1））。債権者が最も気にしているのが、株式会社の財産の維持です。よって、適切な会計が行われるよう、会計監査人を置くことをマストとしているんです。

ルール7　**会計監査人設置会社が置かなければならない機関**
→「監査役」、「監査等委員会」または「指名委員会等」（会社法 327 条3項、5項）

会計監査人が取締役と癒着することを監視する、逆に、会計監査人が取締役から不当な扱いを受けることから守るため、会計監査人を置く場合は、監視機関を置くことがマストとなります。

また、会計監査人の上には、監査役、監査等委員または監査委員がいるという視点とも関連づけてください（P466の「監査ナニナニの下」）。

ルール8　**監査等委員会設置会社または指名委員会等設置会社が置くことができない機関**
→「監査役」（会社法 327 条4項）

監査等委員会設置会社または指名委員会等設置会社では、監査役や監査役会の業務に相当する行為は、監査等委員会または監査委員会が行うからです。

以上のルール１・３・４・７・８を図にまとめると、以下のとおりです。

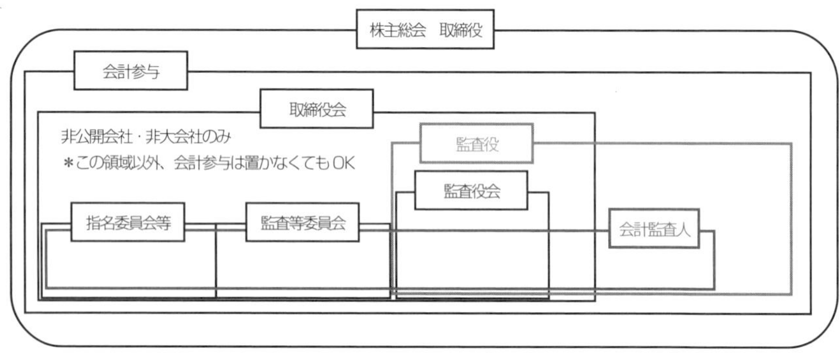

機関設計のルールの思い出し方のコツ Part2

上記のルールに反しなければプラスアルファとして機関を置くことは自由です。

ex. 非公開会社・非大会社、たとえば、私の株式会社が以下のような機関設計を採ることは、何の問題もありません。

「株主総会＋取締役会＋監査役会＋会計監査人＋会計参与」

こんな非公開会社・非大会社は、ほとんどないでしょうが……。

2.「非公開会社か公開会社か」「非大会社か大会社か」の区分に応じた最低限置かなければならない機関

「非公開会社か公開会社か」と「非大会社か大会社か」の組合せで、株式会社には以下の表の4パターンがあることになります。上記1.のルールから、最低限置かなければならない機関は以下のとおりとなります。

<table>
<tr><th></th><th colspan="3">最低限置かなければならない機関</th></tr>
<tr><td>非公開会社
非大会社</td><td>株主総会+取締役
他に置かなければならない機関はありません。</td><td rowspan="4">監査等委員会設置会社
株主総会
+
取締役会
+
監査等委員会
+
会計監査人</td><td rowspan="4">指名委員会等設置会社
株主総会
+
取締役会
+
指名委員会等
+
執行役
+
会計監査人</td></tr>
<tr><td>非公開会社
大会社</td><td>株主総会+取締役+監査役+会計監査人
大会社ですので、会計監査人を置く必要があります。会計監査人設置会社ですので、監査役を置く必要があります。</td></tr>
<tr><td>公開会社
非大会社</td><td>株主総会+取締役会+監査役
公開会社ですので、取締役会を置く必要があります。取締役会設置会社ですので、監査役を置く必要があります。</td></tr>
<tr><td rowspan="2">公開会社
大会社</td><td rowspan="2">株主総会+取締役会+監査役会+会計監査人
公開会社ですので、取締役会を置く必要があります。大会社ですので、会計監査人を置く必要があります。公開会社かつ大会社ですので、監査役会を置く必要があります。</td></tr>
<tr><td colspan="2">監査等委員会設置会社、指名委員会等設置会社は、どの株式会社でもなることができます。</td></tr>
</table>

第2節　株主総会

1 株主総会とは？

株主総会：議決権を有する株主で構成される株式会社の意思決定機関

船（株式会社）の大きな意思決定（目的地、乗組員を誰にするかなど）をするのが株主総会です。

上場企業の株主総会は、ニュースでご覧になったことがあると思います。6月頃にホテルのホールなどに多数の株主が集まっている映像です。エイベックスの株主総会のように浜崎あゆみさんなど所属アーティストが歌を披露する和やかなものから、東京電力や大塚家具の株主総会のように大モメになるものまであります……。

中小企業の株主総会だと、「株主総会議事録だけ作って終わり」とかだったりします。さらにいうと、会社法で開かないといけないとされている定時株主総会（会社法296条1項）さえ開いていない中小企業も多いです……。

株主総会を考える視点

株主総会についてのルールは、取締役会を設置しているかどうかで分けられていることが多いです。

・**非取締役会設置会社**：所有（資本）と経営が分離していない

非取締役会設置会社は、「株主＝取締役」（またはそれにかなり近い）と想定されます。**株主が船に乗っている**わけです。P12 の【現実のほとんどの株式会社】（株主も取締役も秀英一郎である株式会社）のイメージです。株主が日常的に業務執行の決定を行っているので、**株主総会の権限は大きく**なります。

・**取締役会設置会社**　：所有（資本）と経営が分離している

取締役会設置会社は、「株主≠取締役」と想定されます。**株主が船に乗っていない**わけです。P12 の【そもそもの株式会社】（株主である資産太郎が取締役である秀英一郎などに経営を任せている株式会社）のイメージです。株主とは別に、経営のプロである取締役で組織された取締役会が業務執行の決定を行いますので、**株主総会の権限は小さく**なります。

2 権限

1．非取締役会設置会社

> **会社法295条（株主総会の権限）**
> 1　株主総会は、この法律に規定する事項及び株式会社の組織、運営、管理その他株式会社に関する一切の事項について決議をすることができる。

この会社法295条1項が非取締役会設置会社の株主総会の権限を定めた規定です。「株主総会は、……一切の事項について決議をすることができる」とされています。株主総会は、万能な意思決定機関なわけです。非取締役会設置会社の株主は船に乗っている（株主も取締役も秀英一郎である）ので、株主総会の権限が大きくなっているんです（上記1の「株主総会を考える視点」）。

※取締役が決定すべきとされている事項

非取締役会設置会社において、取締役が決定すべき（取締役の過半数の一致で決定すべき）とされている事項があります。しかし、それを株主総会で決議しても構いません。株主総会は、一切の事項について決議をすることができるオールマイティーな意思決定機関だからです。

よって、商業登記では、このテキストで「取締役が決定すべきとされているため、取締役の過半数の一致があったことを証する書面を添付する」と説明している箇所は、株主総会で決議をしているのであれば、株主総会議事録および株主リスト（＊）を添付することになります。

＊株主リストの正式名称は、「株主の氏名又は名称、住所及び議決権数等を証する書面（株主リスト）」ですが、開示請求答案の分析の結果「株主リスト」の記載のみでも減点されないと推測されるので、このテキストでは「株主リスト」と表記します。株主リストについては、P304～309 7で説明します。

2．取締役会設置会社

> **会社法295条（株主総会の権限）**
> 2　前項の規定にかかわらず、取締役会設置会社においては、株主総会は、この法律に規定する事項及び定款で定めた事項に限り、決議をすることができる。

この会社法295条2項が取締役会設置会社の株主総会の権限を定めた規定です。「株主総会は、……に限り、決議をすることができる」とされています。株主総会の権限は、役員の選任・解任や根本規則である定款変更など、特に重要とされている事項に会社法で限定されています。株主総会は、まさに船の大枠のみを決定する機関なわけです。取締役会設置会社の株主は船に乗っていない（株主である資産太郎が取締役である秀英一郎などに経営を任せている）ので、株主総会の権限が小さくなっているんです（上記1の「株主総会を考える視点」）。

ただし、定款で定めれば、株主総会の権限を拡大できます（会社法295条2項）。

ex. 取締役会設置会社においては、代表取締役の選定は取締役会が行うとされています（会社法362条3項。P374）。しかし、定款で、株主総会の決議によっても代表取締役を選定できると定めることができます（最決平29.2.21）。

取締役会設置会社において株主総会の権限が小さくされたのは、株主は経営能力はないだろうと考えられたからです（P10～11 の1.）。経営のプロの取締役会に任せたほうが効率が良いわけです。しかし、株主が自ら意思決定をしたいと考えるのであれば（定款の内容は株主が決めます）、それは構わないわけです。

しかし、取締役会の権限を奪うことはできません。

ex. 上記ex.の定款の定めがあっても、取締役会も代表取締役を選定することができます。

3．株主総会の権限の委譲の可否

会社法で株主総会の決議事項とされている事項については、取締役、執行役、取締役会など株主総会以外の機関が決定することができるとする定款の定めは、効力を有しません（会社法295条3項）。

ex. 取締役の選任権は株主総会にありますが（会社法329条1項。P340の2.）、取締役会で取締役を選任するという定款の定めは効力を有しません。

株主総会から取締役会などに権限を委譲することはできないわけです。株主総会の決議事項とされている事項は、株主にとって特に重大なものなので、株主総会の決議事項とされているからです。

定款の定めの基本的な考え方

「取締役会の決議事項を株主総会でも決議できるとすることはできた（上記2.）のに？」と思われたかもしれません。ここで、定款の定めの基本的な考え方を説明します。

・株主に有利な定款の定め　→　可

・株主に不利な定款の定め　→　不可

この区分けは、P15の「会社法の基本スタンス」からきています。

3 招集

この3からは、株主総会を実施する具体的な手続をみていきます。

株主は素人

株主総会の招集の手続は、取締役会（P399～402 3）などと比べ、**厳格**に定められています。それは、株主は経営については素人であるという考えが基にあるからです。このテキストの登場人物である、資産はあるが経営能力などはない資産太郎をイメージしてください。素人である株主にもわかるように（株主を保護するために）、厳格になっているんです。 P399

1．意義

（1）原則

株主総会を招集するには、下記2.以下の手続に従った招集手続を経る必要があるのが原則です。

（2）例外

しかし、招集手続を省略できる場合があります。それは、株主全員（＊）の同意があるときです（会社法300条本文）。株主の人数が少ない場合は、こうするでしょう。たとえば、私の株式会社には、取締役も株主も私しかいません。その私が、自分宛てに招集通知をポストに出しに行ったら、バカみたいですよね。どんだけ友人がいないんだというハナシです……。

＊株主総会において決議できる事項の全部について議決権を行使できない株主を除きます（会社法298条2項かっこ書、300条）。

ただし、P274～275③の書面による議決権の行使（ハガキの返信による議決権の行使）、または、P275④の電磁的方法による議決権の行使（ウェブサイト上での議決権の行使）を認める場合は、株主全員の同意があっても招集手続を省略できません（会社法300条ただし書）。これらは、株主が株主総会に出席しなくても、ハガキやウェブサイト上で議決権を行使できる制度です。そのためには、株主に議決権行使書面（返信用ハガキ）や株主総会の参考書類などを送らないといけないので、招集手続を省略できないんです。

2. 招集権者

(1) 原則

(a) 意義

以下の表の機関が後記の①～⑤の事項を定め、それに基づいて取締役が招集します（会社法 296 条３項)。つまり、招集権者は取締役です。通常は代表取締役が招集しますが、取締役のうちの１人が招集すれば構わないと解されています（代表取締役のみが招集権者であるという見解もあります)。実際に株式会社内で動くのは、通常は法務部です。株主総会が近くなると、法務部に勤めている友人から「今日は残業で徹夜になる……」と聞くことがあります。

非取締役会設置会社	取締役会設置会社
取締役の決定（取締役の過半数の一致） （会社法 298 条 1 項柱書、348 条2項）	**取締役会の決議** （会社法 298 条4項）

【招集の際に定める必要がある事項】

株主総会を招集する際には、以下の事項を定めます。②～④は、ある場合に定める事項です。

①株主総会の日時および場所（会社法 298 条１項１号）

これは当たり前ですね。これを決めないと株主が来られません。

②株主総会の目的である事項（議題）があるときは、その事項（会社法 298 条１項２号）

議題は P286 の１.で説明しますが、「取締役の選任」などのことです。

③株主総会に出席しない株主が書面によって議決権を行使することができることとするときは、その旨（会社法 298 条１項３号）

これは、議案ごとに「賛」「否」のマルを付ける返信用ハガキが株主に送付され、株主が株式会社にそのハガキを送り返すといった方式です。遠方に（人によっては海外に）住んでいたり、仕事があったりで出席できない株主もいます。また、株主総会の決議には定足数というものがあるので（P297（b)、P299（b))、それを確保する必要もあります。そういった目的で採用している株式会社もあります。選挙でいう期日前投票みたいなものです。

期日前投票と違うのは、この書面による議決権行使を認めるかは、基本的には株式会社の任意であるという点です。ただ、株主（議決権行使のハナシなので株主総会において決議できる事項の全部について議決権を行使できない株主は除きます）が1000人以上だと、書面による議決権行使を認める必要があります（会社法298条2項本文）。株主が1000人もいれば、遠方に住んでいる人も多いからです。このような理由なので、非公開会社か公開会社かは関係ありません。非公開会社の株主だからといって、株式会社の近くに住んでいるわけでもないでしょう。

④株主総会に出席しない株主が電磁的方法によって議決権を行使することができることとするときは、その旨（会社法298条1項4号）

これは、株主ごとに割り振られたID・Passでウェブサイトにアクセスし、ウェブサイト上で議案ごとに「賛」「否」の投票をするといった方式です。

この④は、上記③と違い、マストとされる株式会社はありません。

ネット・メールはまだ原則ではない

電磁的方法による手続（ネット・メールなど）は、まだ会社法の**原則的な方法ではありません。**株主は年配の方も多いです。パソコンやスマホなどを所有していない人も多いと考えられています。

書面または電磁的方法による議決権行使を認めた場合、株主総会参考書類を送る必要があります（会社法301条1項、302条1項）。書面による議決権行使の場合は、さらに議決権行使書面（返信用ハガキなど）も送る必要があります（会社法301条1項）。書面または電磁的方法によって議決権を行使する株主は、株主総会に出席しないので、資料（株主総会参考書類）が必要となるからです。通常は小さな冊子が送られます。また、書面による議決権行使の場合、書面で議決権を行使しますので、ハガキなど（議決権行使書面）も必要となるわけです。

なお、この③と④は、あくまでも株主総会に出席しない株主のための制度なので、書面または電磁的方法によって議決権を行使した株主が株主総会に出席して議決権を行使した場合は、書面または電磁的方法による議決権の行使の効力は失われます。

⑤その他、法務省令（会社施行規63条）で定める事項（会社法298条1項5号）

（b）電子提供措置

i　意義

株主総会参考書類や議決権行使書面などを株主の個別の承諾なしに電子提供できる制度が、令和元年の改正でできました。株式会社は、定款で定めることによって、株主の個別の承諾なしに株主総会参考書類や議決権行使書面などを自社のウェブサイトに掲載するといった方法で提供することができます（会社法 325 条の2）。この措置のことを「電子提供措置」といいます。

なお、電子提供措置を採用したからといって、株主総会の招集通知（P284 の5.）が不要となるわけではありません。たとえば、取締役会設置会社であれば、原則として、書面で招集通知を発する必要があります。これまで招集通知に同封していた株主総会参考書類などを同封しなくてよくなるのが、電子提供措置なのです。

ii　趣旨

上場企業など株主の多い株式会社では、株主総会参考書類などの書面の印刷代や郵送費はかなりの額になります。また、株主総会参考書類の内容が確定してから発送するまでに通常は２週間程度かかってしまい、株主がすぐに内容を知れないという問題もありました。そこで、この電子提供措置の制度ができました。

※電子提供措置の採用がマストとなる株式会社

上場企業など振替株式（P165）を発行する会社は、電子提供措置を採用しなければなりません（振替法 159 条の２第１項）。上場企業は、株主がコロコロ変わるため、株主総会参考書類の内容を早めに提供する必要性が高いからです。それ以外の株式会社は、電子提供措置を採用するかは任意です。

iii　電子提供措置期間

電子提供措置は、次のようにします。株主総会の招集通知を書面でする場合（P285②または③）には、取締役が、以下の①または②のいずれか早い日（電子提供措置開始日）から株主総会の日後３か月を経過する日までの間、株主総会参考書類や議決権行使書面に記載すべき事項を自社のウェブサイトなどに掲載します（会社法 325 条の３第１項）。これを「電子提供措置期間」といいます。

①株主総会の日の３週間前の日
②招集通知を発した日

①だけでなく②の規定もあるのは、株主が株主総会の招集通知を受領した時に「まだウェブサイトに掲載されていないため見られない」という事態を避けるためです。

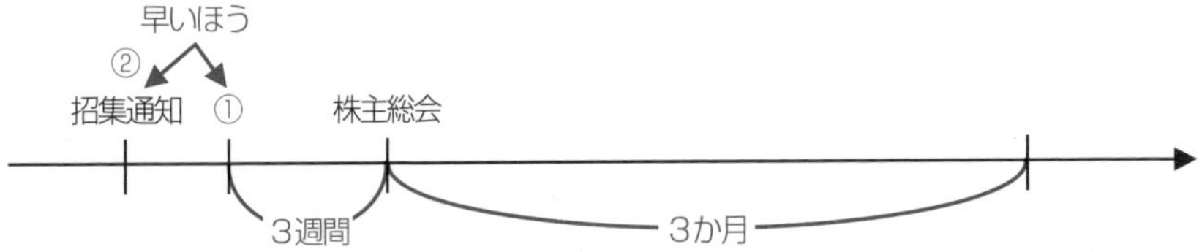

株主総会の日後も３か月間電子提供措置を続ける必要があるのは、株主総会の決議の取消しの訴えの証拠にすることがあるため、株主総会の決議の取消しの訴えの提訴期間（Ⅱのテキスト第６編第２章5１.（３））に合わせられたからです。

ただ、取締役が招集通知に際して株主に対し議決権行使書面を交付するときは、議決権行使書面に記載すべき事項については、ウェブサイトなどに掲載する必要はありません（会社法 325 条の３第２項）。電子提供措置を採用していても、議決権行使書面は書面で交付するということができるんです。株主の氏名（名称）・議決権数などを記載した議決権行使書面をウェブサイトに株主ごとにアップするのは、株式会社の負担になるからです。また、株主が、ウェブサイトから議決権行使書面を印刷するのは大変です。議決権行使書面は書面で交付する株式会社が多くなると考えられます。

iv　書面交付請求

年配の方など、ネットに慣れていない人もいます。「そういった人は困らないの？」と思われたかもしれません。その点の手当てもされています。電子提供措置をとる旨の定款の定めがある株式会社の株主は、株式会社に対し、株主総会参考書類に記載すべき事項など電子提供される事項を記載した書面の交付を請求することができます（会社法 325 条の５第１項）。

この書面交付請求は、１度されると、その後も原則として維持されます。書面交付請求をする株主が増えてくると、株式会社の負担が年々増していきます。そこで、書面交付請求の日から１年を経過したときは、株式会社は、書面交付請求をした株主に対し、書面の交付を終了する旨を通知し、かつ、これに異議のある場合には催告期間内に（１か月以上である必要があります）異議を述べるべき旨を催告することができます（会社法 325 条の５第４項）。催告期間を経過すると、書面交付請求は効力を失います（会社法 325 条の５第５項本文）。ただ、株主は、異議を述べれば、書面交付請求が効力を失うのを妨げることができます（会社法 325 条の５第５項ただし書）。株主が異議を述べれば書面交付請求は効力を失いませんが、負担の増した株式会社に負担軽減のトライをするチャンスが与えられているんです。

v　電子提供措置の中断

P276～277 のⅲの電子提供措置期間中に電子提供措置の中断（ex. サーバダウンなどによるウェブサイトへのアクセス不能）が生じた場合でも、以下の①～④のいずれにも該当するときは、その中断は電子提供措置の効力に影響を及ぼしません。

①電子提供措置の中断が生じることについて、株式会社が善意でかつ重大な過失がないこと、または、株式会社に正当な事由があること（会社法 325 条の 6 第 1 号）

②電子提供措置の中断が生じた時間の合計が電子提供措置期間の 1/10 を超えないこと（会社法 325 条の 6 第 2 号）

③電子提供措置開始日から株主総会の日までの期間中に電子提供措置の中断が生じたときは、その期間中に電子提供措置の中断が生じた時間の合計がその期間の 1/10 を超えないこと（会社法 325 条の 6 第 3 号）

P276～277 のⅲで説明しましたとおり、株主総会の日後の 3 か月間の期間は株主総会の決議の取消しの訴えの証拠にするための期間であり、電子提供措置のメインは株主総会の日までの期間です。よって、その期間内で中断が 1/10 を超えないかが大事なわけです。

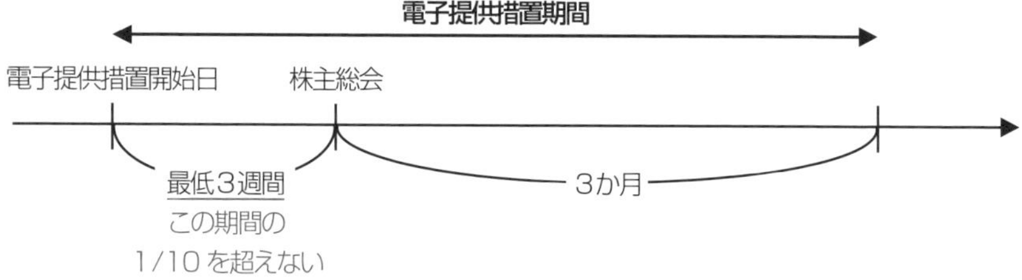

④株式会社が電子提供措置の中断が生じたことを知った後速やかに、その旨、電子提供措置の中断が生じた時間および電子提供措置の中断の内容について、その電子提供措置に付して電子提供措置をとったこと（会社法 325 条の 6 第 4 号）

たとえば、サーバ復旧後、ウェブサイト上に、「○年○月○日○時～○時頃、当サイトにアクセスできない事態が生じました」といった案内文を出すことが当たります。

vi　登記

（ⅰ）実体（会社法）→登記

電子提供措置をとる旨の定款の定めを設定または廃止した場合は、その定めの設定または廃止の登記を申請しなければなりません（会社法 915 条 1 項）。以下の事項は、登記事項だからです。

・電子提供措置をとる旨の定款の定め（会社法911条3項12号の2）

（ii）申請書の記載事項

申請例14 ―― **電子提供措置の定めの設定の登記**

事例：令和6年6月28日、非公開会社の株主総会において、以下の定めを設ける特別決議が成立した。

「当会社は株主総会の招集に際し、株主総会参考書類等の内容である情報について、電子提供措置をとるものとする。」

1．登記の事由　電子提供措置をとる旨の定款の定めの設定
1．登記すべき事項　令和6年6月28日設定
　電子提供措置に関する規定
　　当会社は株主総会の招集に際し、株主総会参考書類等の内容である情報について、電子提供措置をとるものとする。
1．登録免許税　金3万円
1．添付書面　株主総会議事録　1通
　株主リスト　1通
　委任状　1通

※最初に登場する申請例ですので（このテキストの指示どおりの順番でお読みいただいている場合〔P72＊参照〕）、このテキストの申請例の記載方針を説明します。

・実際の申請書には、P40の見本のように記載事項が多数ありますが、試験で問われるのはその一部です。このテキストで申請例として表示している事項が、基本的に試験で問われる事項です。

・このテキストの申請例は、すべて司法書士に登記申請の依頼をした場合の事例です。記述の問題は、司法書士に登記申請を依頼する事例となるからです。

電子提供措置に関する規定	当会社は株主総会の招集に際し、株主総会参考書類等の内容である情報について、電子提供措置をとるものとする。	令和6年6月28日設定 令和6年7月3日登記

ア　登記の事由

【設定】

「電子提供措置をとる旨の定款の定めの設定」と記載します。

【廃止】

「電子提供措置をとる旨の定款の定めの廃止」と記載します。

イ　登記すべき事項

【設定】

※上記申請例14のように記載します（令4.8.3民商378）。上記申請例14の「　　」の部分は、決議された事項を写すだけなので、記憶する必要はありません。

【廃止】

「年月日電子提供措置に関する規定廃止」と記載します（令4.8.3民商378）。

年月日は、「設定日」「廃止日」を記載します。この設定日と廃止日は、通常は株主総会の決議日です。

ウ　登録免許税

申請件数1件につき、3万円です（登免法別表第1.24.（1）ツ。令4.8.3民商378）。

エ　添付書面

①株主総会議事録（特別決議の要件を充たすもの。商登法46条2項。令4.8.3民商378）

電子提供措置の定めは、定款で定める必要があります。よって、電子提供措置の定めを設定することも廃止することも定款変更に当たるため、特別決議の要件を充たす株主総会議事録が必要です。

②株主リスト（商登規61条3項。令4.8.3民商378）

株主総会の決議を要しますので、株主リストが必要です（P307の「株主リストの添付の基本的な判断基準」）。株主リストについては、P304～309で説明します。

③委任状（商登法18条）

（2）例外

株主総会は、上記（1）のとおり取締役が招集するのが原則ですが、その他の者が招集する場合があります。以下の（a）（b）の場合です。株式会社の内部がゴタゴタしている場合です。

（a）少数株主による招集

当初は株主と取締役の仲は上手くいっていたが、次第に不和となり、株主が「取締役を解任したい！」と考えたなど、株主が株主総会を開いてほしいことがあります。しかし、株主は、まずは取締役に下記ⅰの招集の請求をする必要があります。それでも招集がされない場合に、株主は初めて下記ⅱの招集ができます。株主総会の招集権者は取締役なので、いきなり株主が招集することはできないんです。

i　招集の請求

以下の要件を充たす株主が、取締役に株主総会の招集を請求できます。

非公開会社	公開会社
総株主の議決権の3/100以上を有する株主 (会社法297条1項、2項)	総株主の議決権の3/100以上を 6か月前から有する株主 (会社法297条1項)

公開会社の「6か月」

株主が株主権を行使する要件として、**公開会社においては「6か月前から引き続き有する」という要件がつくことがあります**。株主権の濫用を防止するためです。公開会社の株式は市場などで容易に取得できるため、たとえば、ライバル会社が市場で株式を取得し、嫌がらせのために株主総会を招集するといったことが考えられます。**大企業の株主総会だと開催に数千万円かかることもあります**ので、かなりの打撃となります。なお、「大企業の株主総会は開催に莫大な費用がかかる」ということは、様々なところで考慮されているので、頭に入れておいてください。

定款で株主権行使の要件を下げることは可

上記の「3/100」「6か月前」は、定款で下回る割合・期間を定めることができます（会社法297条1項かっこ書）。たとえば、「2/100以上の議決権を有する」「5か月前から有する」とできます。これらは、株主が招集を請求しやすくなる方向であり、株主に有利な定款の定めなので認められるんです（P272の「定款の定めの基本的な考え方」）。会社法は、この方向で規定されています。定款で株主権行使の要件を変えられるかについては、このテキストでは今後は言及しませんが、**株主権行使の要件を下げること（株主が権利を行使しやすくなる方向）は基本的に可能**であると考えてください。

ii　株主による招集

株主は、以下の①②のいずれかの場合には、裁判所の許可を得て、自ら招集できます。

①上記ｉの請求の後遅滞なく招集手続が行われない場合（会社法297条4項1号）
②上記ｉの請求があった日から8週間以内の日を株主総会の日とする招集通知が発せられない場合（会社法297条4項2号）

②の場合にも株主が招集できるのは、たとえば、取締役の解任を目的として株主が招集の請求をした場合に、取締役が形の上では招集手続を進めているように見せながら、株主総会の開催を遅らせよう遅らせようとすることがあるからです。

（b）裁判所による招集

i　総会検査役の選任

モメそうな株主総会もあります。東京電力の株主総会などをイメージしてください。モメて混乱した株主総会は、適正な手続にそって行われず、後にその決議が取り消されたりすることがあります（会社法 831 条）。そこで、以下の表の者は、後の証拠保全のために、招集の手続および決議の方法をチェックする検査役という者を選任するよう裁判所に申し立てることができます。通常は、弁護士が検査役に選任されます。

非公開会社	公開会社
①総株主（株主総会において決議できる事項の全部について議決権を行使できない株主は除きます）の議決権の1/100 以上を有する株主 ②株式会社 （会社法 306 条1項）	①総株主（株主総会の目的である事項の全部について議決権を行使できない株主は除きます）の議決権の1/100 以上を6か月前から有する株主 ②株式会社 （会社法 306 条1項、2項）

検査役の報酬は高いですし（報酬は株式会社が支払います〔会社法 306 条4項〕）、株主総会のチェックのために検査役を選任するのは大事（おおごと）なので、「1/100 以上」という持株数の要件がついています。
株主だけでなく、株式会社も申立てができるのは、防御のためです。株式会社からしても、後で「あの株主総会はおかしかっただろ！」と難クセをつけられたくないんです。

ii　裁判所による招集の決定

裁判所は、上記 i の検査役からの報告を受け、必要がある場合は、取締役に以下の①②の全部または一部を命じます。

①一定の期間内に株主総会を招集すること（会社法 307 条1項1号）
　この場合に、株主総会が招集されます。
②検査役の調査結果を株主に通知すること（会社法 307 条1項2号）

3．招集時期

（1）定時株主総会

> **会社法296条（株主総会の招集）**
> 1　定時株主総会は、毎事業年度の終了後一定の時期に招集しなければならない。

毎事業年度の終了後一定の時期に招集される株主総会を「定時株主総会」といいます（会社法296条1項）。年1回は株主総会を開く必要があるということです。国会でいうと、毎年1月に招集される常会（通常国会）みたいなものです。

「一定の時期」とされているだけなので、3か月以内といった期間制限はありません。しかし、基準日を定めた場合は、基準日から3か月以内である必要があります。「基準日」とは、この日に株式を保有していれば、権利を行使できますよ～という日のことです（会社法124条1項）。基準日と権利行使の日との間は、3か月以内とされているんです（会社法124条2項。P191の3.）。基準日を3月31日としている株式会社が多いので、6月末に定時株主総会を開く株式会社が多いです。

（2）臨時株主総会

> **会社法296条（株主総会の招集）**
> 2　株主総会は、必要がある場合には、いつでも、招集することができる。

必要に応じて随時招集される株主総会を「臨時株主総会」といいます（会社法296条2項）。国会でいうと、臨時会（臨時国会）みたいなものです。

4．招集地

実は、招集地は会社法では特に制限はありません。よって、東京に本店（本社のことです）のある株式会社が、株主総会を大阪で開催しても構いません。株主が出席できるのなら、外国で開催してもOKです。

ただし、株主が出席しにくい招集地をことさらに選択した場合には、招集手続が著しく不公正である場合として、株主総会決議の取消事由（会社法831条1項1号）となり得ます（大阪高判昭30.2.24）。尖閣諸島で開催するとかは、取消事由になるでしょう……。

5．招集通知

株主に株主総会に参加してもらうため、取締役は株主に招集通知を発します。

ただし、株主総会において決議できる事項の全部について議決権を行使できない株主（ex. 単元未満株主）には招集通知を発しません（会社法298条2項かっこ書、299条1項）。まったく議決権を行使できないのなら、招集しても意味がないからです。

（1）発信時期

株式会社の形態に応じて、招集通知を発しなければならない時期が異なります。

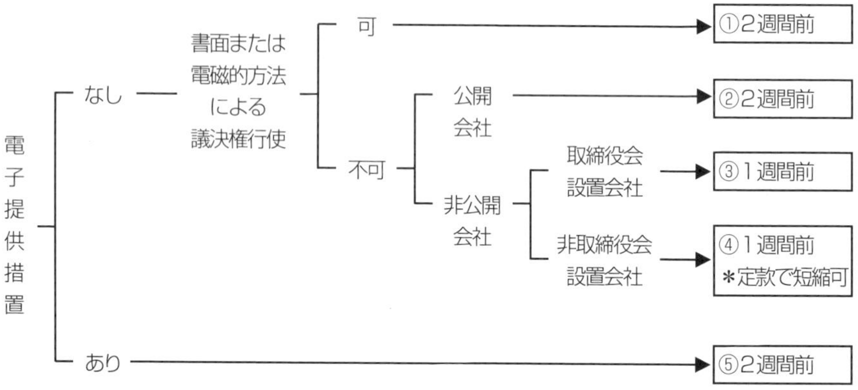

①書面または電磁的方法による議決権行使を認めた場合、株主は株主総会参考書類のみに基づいて議案に賛成するかを考えます。よって、株式会社の形態に関係なく考える時間が必要となります（会社法299条1項かっこ書）。

②公開会社（上場企業をイメージしてください）の株主は、その株式会社のことをよく知らない場合も多いので、考える時間が必要となります（会社法299条1項）。

③非公開会社の株主は、公開会社の株主よりは、株式会社のことを把握しています。しかし、取締役会があれば、経営のプロの取締役に任せているということですから、株主が船に乗っていません。よって、考える期間が1週間は必要です（会社法299条1項かっこ書）。

④取締役会がなければ、株主が船に乗っていますので、考える期間はほとんど要らないでしょう。よって、定款で1週間から短縮でき、たとえば、「株主総会の2日前までに招集通知を発する」とすることもできます（会社法299条1項かっこ書）。

⑤電子提供措置をとる場合、一律に2週間となります（会社法325条の4第1項）。電子提供措置をとるのは、ほとんどが公開会社であると考えられます。よって、公開会社の発信時期（上記②）と合わせられました。

（2）招集通知を書面によることの要否

招集を通知する方法は、株式会社の形態によって変わります。

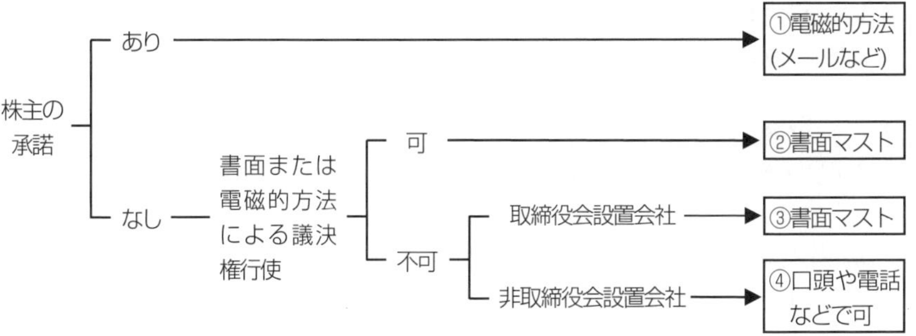

①株主の承諾があれば、電磁的方法（メールなど）によって通知を発することができます。これで、書面により通知が発せられたものとみなされます（会社法299条3項）。ただ、株主の承諾が必要とされているとおり、やはりメールなどはまだ原則的ではないんです（P275の「ネット・メールはまだ原則ではない」）。

②書面または電磁的方法による議決権行使を認めた場合、株主総会参考書類を（書面による議決権行使の場合は議決権行使書面〔返信用ハガキなど〕も）基本的に送る必要があるので、株式会社の形態に関係なく招集通知を書面でする必要があります（会社法299条2項1号）。

③取締役会設置会社の株主は船に乗っていませんので、株主が準備できるよう、書面で株主総会の情報を知らせる必要があります（会社法299条2項2号）。

④非取締役会設置会社の株主は船に乗っていますので、口頭や電話で「明後日、株主総会やるから来てね〜」と言ってもらえれば大丈夫です。

（3）株主総会の延期または続行

株主総会は、会計書類に間違いがあることが判明し会計書類を作り直す必要が生じたために「延期」されたり、紛糾したために次の日などに「続行」されたりすることがあります。株主総会において延期または続行の決議があった場合、再度、招集の決定や招集通知を発する必要はありません（会社法317条、298条、299条）。株主総会において決議したので、株主は把握しているからです。また、別の株主総会ではありません。

4　株主提案権

敵対的買収によって大株主となった株主が「取締役を替えたい！」と思ったとしましょう。しかし、**株主総会で何を議題・議案とするかは、原則として取締役または取締役会が決定します**（会社法298条1項2号、4項。P274②）。そこで、株主に「株主提案権」が認められています。金融系のドラマなどでたまに出てくるハナシです。

1．3つの株主提案権

株主提案権には、以下の3つがあります。

①議題提案権（会社法303条）
②議案提出権（会社法304条）
③議案の要領の通知請求権（会社法305条）

「議題」と「議案」という用語があってわかりにくいのですが、以下の違いです。

・議題：株主総会の目的（テーマ）
ex. 取締役の選任
・議案：議題についての具体的な案
ex. Aを取締役に選任する案

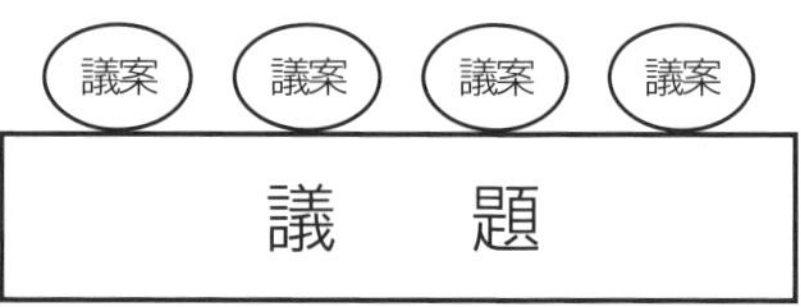

③は、自分の案を株主への招集通知に書くことを要求する権利です。これは、他の株主に、自分の議案に賛成してもらうためにします。「私の案を考えといてね」という意味です。

2．要件

この要件も、やはり株式会社の形態に応じて異なります。

	非取締役会設置会社	取締役会設置会社
①議題提案権	**持株数の要件なし** （会社法303条1項）	i　**総株主の議決権の1/100以上** or ii　**300個以上の議決権** （会社法303条2項前段）

<table>
<tr><th></th><th>非取締役会設置会社</th><th colspan="2">取締役会設置会社</th></tr>
<tr><td rowspan="4"></td><td rowspan="2"></td><td>非公開会社</td><td>公開会社</td></tr>
<tr><td>保有期間の要件なし
（会社法303条3項）</td><td>上記ｉまたはⅱを6か月前から保有（P281の「公開会社の『6か月』」）
（会社法303条2項前段）</td></tr>
<tr><td></td><td colspan="2">株主総会の日の8週間前までに取締役に請求（会社法303条2項後段）</td></tr>
<tr><td>株主は船に乗っており、経営に関わっていくため、当然に議題を提案できます。</td><td colspan="2">株主は船に乗っておらず、経営に関わらないのが原則であるため、議題を提案するのに上記の要件があります。</td></tr>
<tr><td rowspan="3">②議案提出権</td><td colspan="3">持株数の要件なし（会社法304条本文）</td></tr>
<tr><td colspan="3">会議で出席者が案を出すのは当たり前だからです（株主総会も会議です）。</td></tr>
<tr><td colspan="3">ただし、以下のｉ・ⅱの場合は提出できません（会社法304条ただし書）。
ｉ　その議案が法令もしくは定款に違反する場合
これは当たり前ですね。
ⅱ　実質的に同一の議案につき株主総会において総株主（その議案について議決権を行使することができない株主を除く）の議決権の1/10以上の賛成を得られなかった日から3年を経過していない場合
ほとんど賛成者がいないような議案を何度も出されると迷惑だからです。</td></tr>
<tr><td rowspan="3">③議案の要領の通知請求権</td><td rowspan="3">持株数の要件なし
（会社法305条1項本文）</td><td colspan="2">ｉ　総株主の議決権の1/100以上
or
ⅱ　300個以上の議決権
（会社法305条1項ただし書）</td></tr>
<tr><td>非公開会社</td><td>公開会社</td></tr>
<tr><td>保有期間の要件なし
（会社法305条2項）</td><td>上記ｉまたはⅱを6か月前から保有（P281の「公開会社の『6か月』」）
（会社法305条1項ただし書）</td></tr>
</table>

<table>
<tr><th></th><th>非取締役会設置会社</th><th>取締役会設置会社</th></tr>
<tr><td rowspan="3"></td><td colspan="2">株主総会の日の8週間前までに取締役に請求（会社法305条1項本文）
株主への招集通知に書いて発送してもらう必要があるので、事前に取締役に請求する必要があるんです。</td></tr>
<tr><td>小規模な株式会社であるため、持株数の要件はありません。</td><td>大規模な株式会社であるため、持株数の要件があります。</td></tr>
<tr><td colspan="2">ただし、以下のⅰ～ⅲの場合は請求できません。
ⅰ　取締役会設置会社において、株主が提出しようとする議案の数が 10 を超えるとき（株式会社は請求を拒めます。会社法 305 条4項柱書前段）
　100 個の議案を提出して要領の通知請求をするといった株主もいました。数が多くなると、株主総会の招集通知のコストも膨大になってしまいます。そこで、令和元年の改正で「10」という制限がつきました。
　たとえば、100 個の議案の要領の通知請求がされた場合、10 を超える議案（提出できない 90 の議案）は、株主が優先順位を定めている場合はそれに従い、そうでなければ取締役が定めます（会社法 305 条5項）。なお、役員等の選任・解任・会計監査人の不再任の議案は、それぞれ議案の数にかかわらず1の議案とみなされます（会社法 305 条4項1～3号）。たとえば、経営陣の全員の刷新を図りたい株主が提出する議案は、取締役が6人だと 12 になってしまいます。このうち、2の議案の要領の通知請求ができないのはおかしいですよね。また、定款変更の2以上の議案で、異なる議決がされたとすれば内容が相互に矛盾する可能性がある場合も1の議案とみなされます（会社法 305 条4項4号）。これは、たとえば、監査役の廃止の議案、監査役会の廃止の議案、監査等委員会の設置の議案が当たります。
ⅱ　その議案が法令もしくは定款に違反する場合（会社法 305 条6項）
ⅲ　実質的に同一の議案につき株主総会において総株主（その議案について議決権を行使することができない株主を除く）の議決権の 1/10 以上の賛成を得られなかった日から3年を経過していない場合（会社法 305 条6項）
　ⅱ・ⅲは、P287 の②と同じ理由です。</td></tr>
</table>

5 議決権

1．議決権とは？

議決権：決議に加わることができる権利
選挙でいう投票権です。

2．1株1議決権の原則と例外

（1）原則

株主は、1株につき1個の議決権を有します。これを「1株1議決権の原則」といいます（会社法308条1項本文）。

注意していただきたいのは、1人1議決権ではなく、1株1議決権であるという点です。株式は基本的に出資の対価として取得します。つまり、出した金などに応じて議決権（発言権）が変わるということです。

ex. 以下の株主構成の株式会社の株主総会では、資産太郎の意向によってほとんどの方針が決まります（1株100万円相当とします）。

①資産太郎70株（7000万円相当）
②総理大臣30株（3000万円相当）

「株式会社は、株主を、その有する株式の内容及び数に応じて、平等に取り扱わなければならない」という規定（会社法109条1項）があり、これを「株主平等の原則」といいます。よって、総理大臣だろうが関係なく、保有している株式「数」に応じて平等な扱いとなります（「内容」についてはP128～139 3で説明します）。資産太郎が70/100の株式数を保有しているので、資産太郎の発言権は70/100となるんです。出した金に応じて票数が決まるんです。株式会社は、資本主義の世界にあるからです。

（2）例外

例外的に議決権が認められない株式があります。以下の①～⑤の株式です。

①議決権制限株式（会社法108条1項3号）

株主総会の議決権のない種類株式を発行できます。「議決権制限株式」といいます。これは、P129～130の3.で説明します。

②自己株式（会社法308条2項）

詳しくはP220 1で説明しますが、「自己株式」とは、株式会社自身が保有している自社の株式です。

株式会社が保有している株式の議決権の行使は、業務執行として取締役が行います。株式会社自身が保有している自社の株式についても議決権を認めると、出資をしていない経営陣（取締役）が自分に都合のよいよう議決権を行使することになってしまいます。

③相互保有株式（会社法308条1項本文かっこ書）

「相互保有株式」とは、株式会社が互いに保有し合っている株式です。

1/4以上持たれていると×

以下のハナシでは2つの株式会社が出てくるので混乱しがちですが、要は**1/4以上の議決権を他の株式会社に“持たれている”株式会社は**、その「他の株式会社」の株主総会において**議決権を行使することができない**ということです（会社法308条1項かっこ書、会社施行規67条1項）。

1/4以上も議決権を持っていると、その「他の株式会社」が実質的に議決権を行使すること（≒上記②で議決権が認められなかった自己株式）になるからです。

ex. A株式会社の株式100株のうち20株をB株式会社が、B株式会社の株式100株のうち25株をA株式会社が保有している場合、議決権の行使の可否は以下のとおりです。

・A株式会社の株主総会

→　B株式会社は20株について議決権なし

B株式会社は、A株式会社に1/4以上の議決権を持たれているからです（上記の「1/4以上持たれていると×」）。

・B株式会社の株主総会

→　A株式会社は25株について議決権あり

A株式会社は、B株式会社に1/4以上の議決権を持たれていないからです（上記の「1/4以上持たれていると×」）。

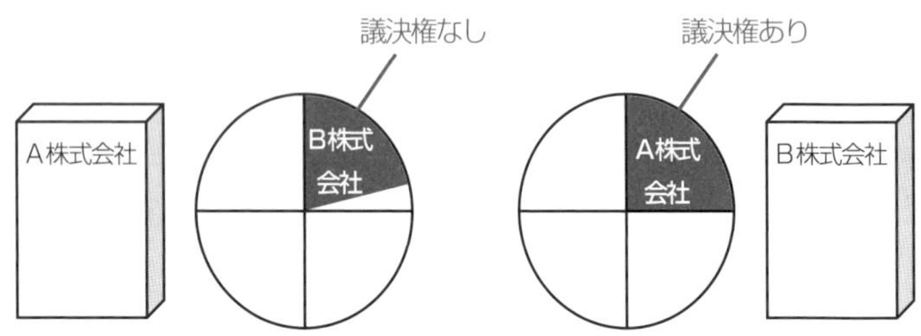

もしA株式会社の株式100株のうち25株をB株式会社が保有していれば、B株式会社の株主総会においても、A株式会社は25株について議決権がありません。A株式会社は、B株式会社に1/4以上の議決権を持たれているからです（上記の「1/4以上持たれていると×」）。

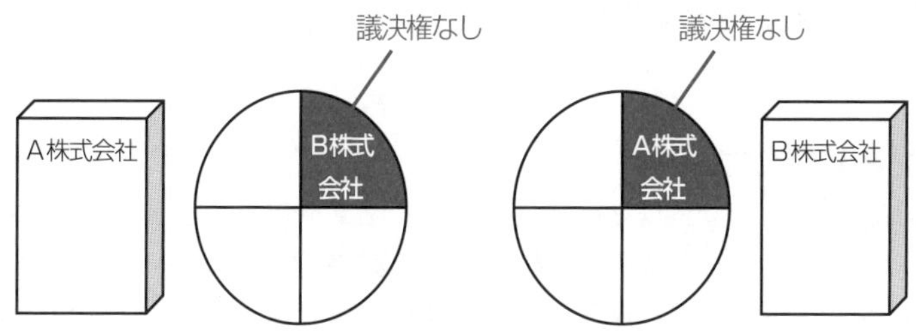

※親会社と子会社

親会社と子会社の場合、議決権の行使の可否は以下のとおりです。

・親会社の株主総会

→　子会社は議決権なし

子会社は、親会社に1/4以上の議決権を持たれているからです（上記の「1/4以上持たれていると×」）。親会社に基本的に総株主の議決権の過半数を保有されているのが、子会社だからです（P21の1.）。

・子会社の株主総会

→　親会社は議決権あり

親会社は、子会社に1/4以上の議決権を持たれていないからです（上記の「1/4以上持たれていると×」）。子会社は、原則として親会社の株式を保有していません。

④基準日後に発行された株式（会社法124条1項参照）

「基準日」とは、この日に株式を保有していれば、権利を行使できますよ～という日です（会社法124条1項）。議決権について基準日を設けた場合は、基準日の後に発行された株式については、その株主総会においては議決権行使が認められません。

ex. 3月31日を定時株主総会の議決権行使の基準日としている株式会社が多いですが、その場合、その年の4月10日に株式を取得した者には、原則としてその年の定時株主総会の議決権はありません。

⑤単元未満株式（会社法189条1項）

定款で定めることにより、一定数の株式を1単元とし、1単元で1個の議決権とすることができます（会社法188条1項）。

ex. 1単元100株とすれば、100株保有していて初めて1議決権を行使できます。

「単元未満株式」とは、1単元に満たない数の株式です。単元未満株式は、議決権が認められません（会社法189条1項）。

ex. 1単元100株であれば、99株以下は単元未満株式となり、議決権が認められません。

3. 議決権の行使の方法

株主総会に出席して議決権を行使する（議案ごとに賛成か反対かを表明する）のが原則です。ただ、書面または電磁的方法による議決権行使が認められる場合は、これらの方法で議決権を行使する株主は、ハガキの返信またはウェブサイト上で行使します（P274～275③、P275④）。

これらの方法は、今まで説明してきました。この3.では、ちょっと変わった議決権の行使の方法をみていきます。下記（1）（2）です。

（1）議決権の不統一行使

（a）意義

たとえば、2株保有している株主が、1株を賛成票に1株を反対票に投じるのが議決権の不統一行使です。

（b）可否

i　原則

議決権の不統一行使は、できるのが原則です（会社法313条1項）。「『1株を賛成、1株を反対』って意味ないだろ」と思われたかもしれませんが、議決権を行使する株主が信託会社であり、信託された株式についての議決権の行使かもしれません。信託会社ですから、複数の者（委託者）から株式の信託を受けていることもあります。委託者ごとに賛成か反対かは違いますので、不統一行使をする必要があるんです。

ii　例外

上記ｉの信託会社のように株主が他人のために株式を保有することを理由とする場合を除き、株式会社は不統一行使を拒めます（会社法313条3項）。株式会社からすると、「1株を賛成、1株を反対」などとされると処理が大変になるからです。

（c）手続

株主が議決権の不統一行使をする場合、株式会社の形態によって事前の手続が必要になる場合があります。

非取締役会設置会社	取締役会設置会社
※事前の特別な手続は不要	**株主総会の日の3日前までに、不統一行使をする旨およびその理由を通知することが必要**（会社法313条2項） 取締役会設置会社は大規模な株式会社であるため、事前に知らせてもらわないと処理が大変になるからです。

（2）議決権の代理行使

（a）意義

株主は、代理人によって議決権を行使できます（会社法310条1項前段）。家族、友人の株主、弁護士などを代理人とすることがあります。 P403

株主は、自身の仕事もありますし、海外に住んでいる場合もあります。また、多くの株式会社が総会屋が出席しにくいように同じ日（6月末の日）に株主総会を開催するという慣習があったので、今でも複数の株式会社の株主総会が同じ日に開催されることは多く、複数の株式会社の株式を保有している株主は、物理的にすべての株主総会に出席できない場合もあります。そして、議決権は財産権ですので、代理行使をしても問題ありません。そういった理由から、議決権の代理行使が認められています。

― Realistic 10　総会屋とは？ ―

「総会屋」とは、簡単にいうと、株式会社に難クセをつけて儲けようとする輩のことです。株式会社の株式を取得し、株式会社に金を要求します。株式会社が金を渡せば株主総会で他の株主の発言を抑えて株式会社の進行に協力しますが、株式会社が金を渡すことを拒めば株主総会で議事の進行を妨害して議場を混乱させます。かつては、大企業の株主総会はこの総会屋に狙われ、総会屋は重大な問題でした。

（b）定款での制限

株式会社からすると、上記の総会屋に株主総会を荒らされたくはないので、議決権の代理行使を制限したいと考えることもあります。そこで、議決権の代理行使を定款でどこまで制限できるかが問題となります。

認められること（◎）	認められないこと（×）
・代理人の資格をその株式会社の株主に限る定め（最判昭43.11.1） 株主以外の者に荒らされたくないという理由はもっともなので、認められます。そういった理由ですので、非公開会社でも公開会社でも認められます。 ※この定めがあっても、株主の親族、法人株主の職員や従業員（最判昭 51.12.24）などは代理人となれます。株主総会を荒らされたくないという理由なので、その心配がないこれらの者は代理人となれるんです。	**・議決権の代理行使を禁止すること** 上記（a）のとおり、出席できない株主もいますので、一切禁止するというのはダメです。

（c）手続

代理権の授与は株主総会ごとにする必要があります。そして、株主または代理人は、代理権を証明する書面（ex. 委任状）を株式会社に提出する必要があります（会社法310条1項後段）。

（3）書面などの閲覧・謄写

株主（株主総会において決議をした事項の全部について議決権を行使することができない株主を除きます）は、書面による議決権行使書面、電磁的方法による議決権行使の記録、または、議決権の代理行使の代理権を証明する書面の閲覧または謄写の請求をすることができます（会社法 310 条7項柱書前段、311 条4項前段、312 条5項前段）。これらの場合、請求の理由を明らかにする必要があります（会社法 310 条7項柱書後段、311 条4項後段、312 条5項後段）。株式会社の業務を妨げる目的や、株主の住所などの個人情報を集める目的の請求を防止するため、令和元年の改正で請求の理由を明らかにする必要があるとされました。このような理由から、株式会社は、「権利の確保又は行使に関する調査以外の目的で」、「利益を得て第三者に通報するため」などの場合は、閲覧または謄写の請求を拒絶できるとされました（会社法310条8項各号、311 条5項各号、312 条6項各号）。拒絶理由は、株主名簿の閲覧・謄写請求（P186（3））に合わせられました。

6 議事進行

いよいよ株主総会の本番に入ります。

1．議長

株主総会も会議ですので、議長が必要です。議長が、「今期の業績は、……。次の議案に移り、……。」などと株主総会を進行していきます。このように議長は進行役ですので、株主総会の秩序を維持し、議事を整理し（会社法 315 条1項）、命令に従わない者その他秩序を乱す者を退場させることができます（会社法 315 条2項）。これらは、会議の議長に通常認められる権限です。たとえば、地方議会の議長（地方自治法 129 条、130 条）、衆議院・参議院の議長（国会法 19 条、116 条）にも似たような権限があります。

議長は、定款に定めるのが通常です。
ex1. 議長を代表取締役としている株式会社が多いです。
ex2.「議長を株主に限る」といった定めも OK です。
定款に定めがなければ、株主総会で選出します。

2．取締役などの説明義務

取締役、会計参与、監査役および執行役は、株主から説明を求められた場合、説明しなければなりません（会社法 314 条本文）。「なんでこんなに売上が下がったんだ！」などと詰問されることもあります。

ただし、たとえば、以下の①や②の場合には説明を拒絶できます（会社法 314 条ただし書）。

①説明を求められた事項が株主総会の目的事項と関係がない場合
ex. 完全に取締役のプライベートな事項であれば、拒絶できるでしょう。
②説明することにより株主共同の利益を著しく害する場合
ex. 株主にも公開できない企業秘密であれば、拒絶できるでしょう。

3．決議できる事項

株式会社の形態に応じて、株主総会で決議できる事項が異なります。

非取締役会設置会社	取締役会設置会社
招集通知に書かれている議題に限られない 株主は船に乗っているので、事前に議題を知らされなくても、問題がないからです。そのため、議題（P274②）のない招集通知でも問題ありません。	**【原則】** **招集通知に書かれている議題**（会社法309条5項本文） 株主は船に乗っていませんので、株主が準備できるよう、事前に知らされた議題に限られるわけです。そのため、招集通知には議題（P274②）を書く必要があります。 **【例外】** 以下の①～③の事項は招集通知に書かれていなくても決議できます。 ①**株主総会に提出された資料や株式会社の業務および財産の状況を調査する者の選任**（会社法309条5項ただし書、316条） ②**会計監査人の定時株主総会への出席の要求**（会社法309条5項ただし書、398条2項） 定時株主総会には計算書類が提出されるので（会社法438条1項）、会計監査人の意見を聞く必要がある場合もあるからです。 ③**株主総会の延期や続行**（会社法317条） 延期や続行が必要かは、開いてみないとわからないからです。

4．決議要件

議案は、決議要件を充たせば見事成立ということになります。

株主総会の決議要件には、以下の（1）～（4）の4種類があります。

（1）普通決議

> **会社法309条（株主総会の決議）**
> 1　株主総会の決議は、定款に別段の定めがある場合を除き、議決権を行使することができる株主の議決権の過半数を有する株主が出席し、出席した当該株主の議決権の過半数をもって行う。

（a）普通決議による決議

株主総会の決議は、特に下記（2）～（4）の決議によるとされている事項を除き、この普通決議によります。

ex1. 非取締役会設置会社の株式の分割（会社法183条2項。P241（1））

ex2. 取締役の報酬の決定（会社法361条1項。P514）

よって、普通決議によるものを思い出せるようにするのではなく、**下記（2）～（4）の決議によるものを明確に思い出せるようにしてください。明確に思い出せるようにしていない株主総会の決議事項が普通決議による**ということになります。

（b）決議要件

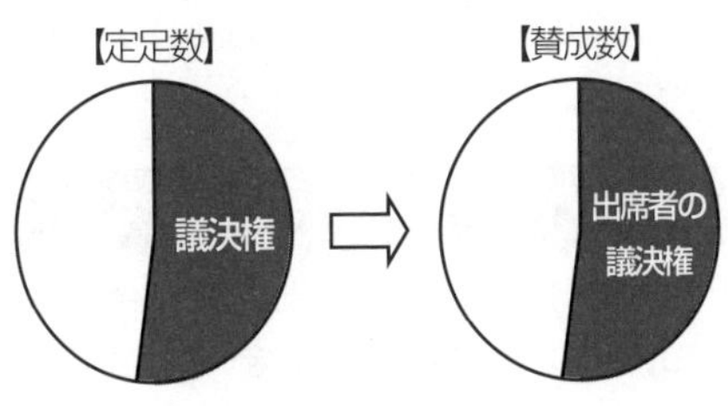

議決権を行使することができる株主の議決権の過半数（議決権数ベース）を有する株主が出席し（定足数）、出席した当該株主の議決権の過半数（議決権数ベース）の賛成で決議が成立します（会社法309条1項）。

ex. 発行済株式の総数が1000株（すべて議決権あり）である場合、501株以上の株式を有する株主が出席すれば定足数を充たします。出席株式数が501株であれば、251 株以上の賛成で決議が成立します。人数は関係ありません。よって、上記の「501株」は株主100人のうち2人が保有している、上記の「251株」は株主100人のうち1人が保有している、という場合でも成立します。

※定款による別段の定め

定款で、定足数を軽減したり（ex. 議決権の1/4以上を有する株主が出席）、排除したり（ex. 出席した株主が有する議決権の数にかかわらない〔1株でも有する株主が出席すればOK〕）することができます（会社法309条1項）。

上場企業が特にそうなんですが、出席しない株主が多いんですね（私も、何社かの株式を保有していますが、出席したことはありません。ごめんなさい……）。よって、定足数を緩和できないと、定足数の確保が難しくなってしまう株式会社があるんです。

（2）特別決議

会社法309条（株主総会の決議）

2　前項の規定〔普通決議の規定〕にかかわらず、次に掲げる株主総会の決議は、当該株主総会において議決権を行使することができる株主の議決権の過半数（3分の1以上の割合を定款で定めた場合にあっては、その割合以上）を有する株主が出席し、出席した当該株主の議決権の3分の2（これを上回る割合を定款で定めた場合にあっては、その割合）以上に当たる多数をもって行わなければならない。この場合においては、当該決議の要件に加えて、一定の数以上の株主の賛成を要する旨その他の要件を定款で定めることを妨げない。

〔省略〕

（a）特別決議による決議

以下の表の決議は、特別決議によります（上記の会社法309条2項の「〔省略〕」としたところに規定されています）。

＊試験までにはすべて記憶する必要がありますが、まだ学習していないものばかりなので、現時点では読み飛ばしてください。ただ、⑪の「定款変更」は、色々な箇所で出てくるので、ここでこれだけは押さえてください。

特別決議による必要がある決議（会社法309条2項1～12号）
①**譲渡制限株式の譲渡承認をしない場合の株式会社による買取事項の決定**（会社法140条2項）**または指定買取人の指定**（会社法140条5項）
②**特定の株主から株式を有償で取得することの決定**（会社法156条1項、160条1項）
③**全部取得条項付種類株式の取得**（会社法171条1項）、**一般承継人に対する譲渡制限株式の売渡請求**（会社法175条1項）
④**株式の併合**（会社法180条2項）
⑤**非公開会社における募集株式の発行等の募集事項の決定**（会社法199条2項、202条3項4号）・**募集事項の決定の委任**（会社法200条1項）、**非公開株の割当ての決定**（会社法204条2項）・**総数引受契約の承認**（会社法205条2項）
⑥**非公開会社における募集新株予約権の募集事項の決定**（会社法238条2項、241条3項4号）・**募集事項の決定の委任**（会社法239条1項）、**募集新株予約権の目的が非公開株または募集新株予約権が非公開新株予約権である場合の割当ての決定**（会社法243条2項）・**総数引受契約の承認**（会社法244条3項）
⑦**累積投票により選任された取締役、監査等委員である取締役または監査役の解任**（会社法339条1項）
⑧**役員等の責任の一部免除**（会社法425条1項）
⑨**資本金の額の減少**（会社法447条1項。一定の場合を除く）
⑩**株主に金銭分配請求権を与えずにする現物配当**（会社法454条4項）
⑪**定款変更**（会社法466条）、**事業の譲渡等**（会社法467条1項、468条3項）、**解散**（会社法471条3号）・**会社継続**（会社法473条）
⑫**吸収合併、新設合併、吸収分割、新設分割、株式交換、株式移転、株式交付**（会社法783条1項、795条1項、796条3項、804条1項、816条の3第1項）

（b）決議要件

議決権を行使することができる株主の議決権の過半数（議決権数ベース）を有する株主が出席し（定足数）、出席した当該株主の議決権の2/3以上（議決権数ベース）の賛成で決議が成立します（会社法309条2項柱書前段）。

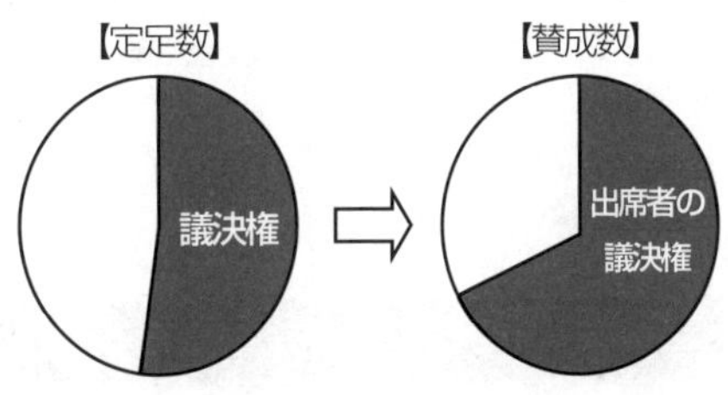

ex. 発行済株式の総数が1000株（すべて議決権あり）である場合、501株以上の株式を有する株主が出席すれば定足数を充たします。出席株式数が501株であれば、334株以上の賛成で決議が成立します。これも、人数は関係ありません。よって、上記の「501株」は株主100人のうち2人が保有している、上記の「334株」は株主100人のうち1人が保有している、という場合でも成立します。

※定款による別段の定め

定款で定足数を軽減することができます。やはり出席しない株主が多いからです。ただし、特別決議によるとされている決議は特に重要な決議なので、議決権の1/3までしか定足数を緩和できません（会社法309条2項柱書前段かっこ書）。「議決権の4分の1以上を有する株主が出席し」はダメですし、排除もできないんです。

賛成数の「2/3」のほうは、軽減できません。これを軽減すると、普通決議の要件（P297（b））に近くなってしまうからです。

（3）会社法309条3項の特殊決議

> **会社法309条（株主総会の決議）**
>
> 3　前2項の規定〔普通決議・特別決議の規定〕にかかわらず、次に掲げる株主総会（種類株式発行会社の株主総会を除く。）の決議は、当該株主総会において議決権を行使することができる株主の半数以上（これを上回る割合を定款で定めた場合にあっては、その割合以上）であって、当該株主の議決権の3分の2（これを上回る割合を定款で定めた場合にあっては、その割合）以上に当たる多数をもって行わなければならない。
>
> 〔省略〕

（a）会社法309条3項の特殊決議による決議

以下の表の決議は、この会社法309条3項の特殊決議によります（上記の会社法309条3項の「〔省略〕」としたところに規定されています）。

＊②③は、Ⅱのテキスト第5編第3章3 1.（3）、第4章3 1.（3）で学習する組織再編のハナシなので、今は読み飛ばしてください。

会社法309条3項の特殊決議による必要がある決議（会社法309条3項1～3号）
①発行する全部の株式の内容として譲渡制限株式を設ける定款変更 公開会社から非公開会社になる定款変更です。 **②吸収合併消滅株式会社または株式交換完全子会社が公開会社であり、かつ、それらの株式会社の株主に対して交付する対価が非公開株である場合の吸収合併または株式交換の承認** **③新設合併消滅株式会社または株式移転完全子会社が公開会社であり、かつ、それらの株式会社の株主に対して交付する対価が非公開株である場合の新設合併または株式移転の承認**

株主から見ると

この3項の特殊決議による必要があるのは、**自身の株式が公開株から非公開株になってしまう場合**です（上記①～③は、すべてこれです）。これは、株主にかなり不利なことだからです。非公開株になると株式の譲渡が大変になります。上場廃止をイメージしてください。

（b）決議要件

議決権を行使することができる株主の半数以上（人数ベース）、かつ、議決権を行使することができる株主の議決権の2／3以上（議決権数ベース）の賛成で決議が成立します（会社法309条3項柱書）。条文の「であって」は、「かつ」という意味です。

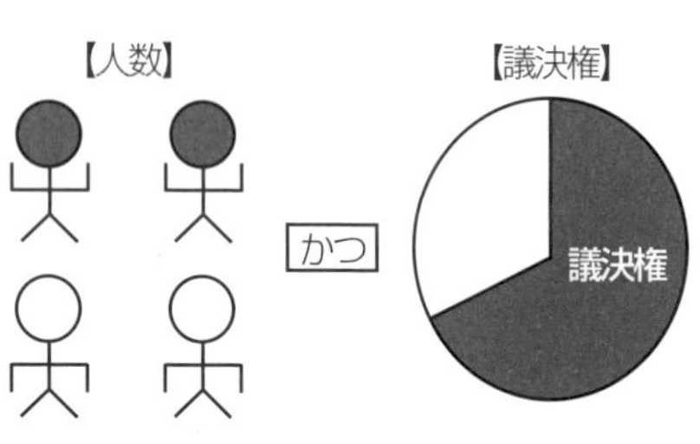

ex. 株主の数が4人・発行済株式の総数が1000株（すべて議決権あり）である場合、株主2人以上かつ667株以上の賛成で決議が成立します。人数要件がありますので、仮に株主4人のうち1人が900／1000株保有していた場合でも、その1人の賛成では成立しません。「公開株から非公開株にすることは、少人数の大株主で決めるな！」という趣旨で、人数要件があるわけです。

(4) 会社法309条4項の特殊決議

> **会社法309条(株主総会の決議)**
> 4　前3項の規定〔普通決議・特別決議・3項の特殊決議の規定〕にかかわらず、第109条第2項の規定による定款の定めについての定款の変更(当該定款の定めを廃止するものを除く。)を行う株主総会の決議は、総株主の半数以上(これを上回る割合を定款で定めた場合にあっては、その割合以上)であって、総株主の議決権の4分の3(これを上回る割合を定款で定めた場合にあっては、その割合)以上に当たる多数をもって行わなければならない。

(a) 会社法309条4項の特殊決議による決議

これも「特殊決議」というのでわかりにくいのですが、上記(3)の会社法309条3項の特殊決議とはまた別の決議です。決議要件がさらに厳しくなります。以下の表の決議は、この会社法309条4項の特殊決議によります。

会社法309条4項の特殊決議による必要がある決議(会社法309条4項)

・**以下の株主の権利について株主ごとに異なる取扱いを行う旨を定める定款変更の決議**
(会社法109条2項)

一　**剰余金の配当を受ける権利**(会社法105条1項1号)　:利益を社員に分配すること
二　**残余財産の分配を受ける権利**(会社法105条1項2号):会社を潰すときに会社財産を社員に分配すること
三　**株主総会における議決権**(会社法105条1項3号)　:決議に加わることができる権利

非公開会社では、これらの株主の基本権について、「Aのみ1株につき2議決権を有する」「Aのみ剰余金の配当を優先的に行う」といった定めをすることができます。これは、「Aは」など特定の株主をひいきしたりするハナシですので、株主平等の原則に真っ向から反します。よって、公開会社ではこの定めはダメです。しかし、非公開会社は、株主が全員家族ということもあります(P20の「非公開株の基本イメージ」)。非公開会社なら、「お父さんの株式の議決権は2倍にしよう」などとしても構わないんです。

なお、大会社でも、この定めをすることができます。株主の扱いのハナシなので、債権者の問題である大会社であるかは関係がないんです。

この定めは、定款記載事項ですが、登記事項ではありません。この定めは、"株主個人"に着目した定めであり、P126~151で説明する種類株式ではないからです(会社法109条3項参照)。種類株式であれば、登記します(P144~151 5)。

（b）決議要件

総株主の半数以上（人数ベース）、かつ、総株主の議決権の3/4以上（議決権数ベース）の賛成で決議が成立します（会社法309条4項）。

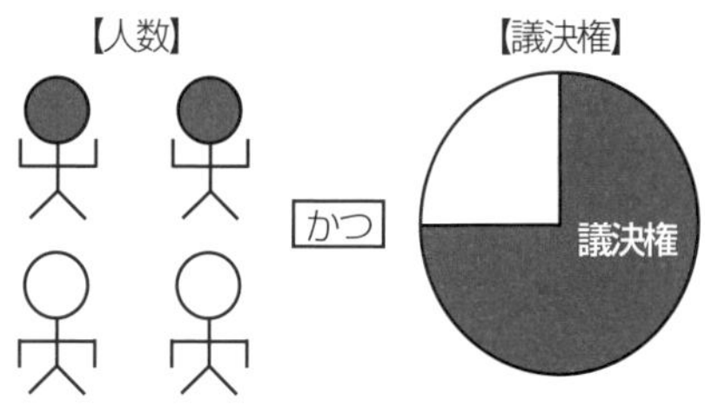

ex. 株主の数が4人・発行済株式の総数が1000株（すべて議決権あり）である場合、株主2人以上かつ750株以上の賛成で決議が成立します。これも、人数要件がありますので、仮に株主4人のうち1人が900／1000株保有していた場合でも、その1人の賛成では成立しません。これも、「少人数の大株主で決めるな！」という趣旨です。

※みなし決議

上記のとおり、株主総会で決を採って決議をするのが原則です。

しかし、株主総会の決議事項について、議決権を行使できる株主の全員が書面または電磁的記録（メールなど）で同意の意思表示をすれば、株主総会の決議があったものとみなされます（会社法319条1項）。「全員が同意しているのなら、株主総会を開かなくてもいいでしょ」ということです。これを「みなし決議」といいます。

「 P405

このみなし決議に基づいて登記申請をする場合でも、株主総会議事録（商登法46条3項）および株主リスト（商登規61条3項柱書かっこ書）を添付する必要があります。

＊株主リストについては、下記7（P304～309）で説明します。

みなし決議の場合の議事録

みなし決議の制度は、株主総会以外にもありますが（ex. P405※）、いずれも**議事録は作成します**（会社施行規16条4項1号、72条4項1号、101条4項1号、143条4項1号、法人法施行規11条4項1号、15条4項1号、60条4項1号、68条4項1号）。よって、**「○○議事録」を添付することができます**（商登法46条3項、47条4項）。

5. 議事録

（1）作成

株主総会は、議事録（株主総会議事録）を作成する必要があります（会社法318条1項）。

議事録には、出席した役員等（住所の記載までは不要）、株主総会の議事の経過の要領およびその結果などを書く必要があります（会社施行規72条3項）。

※署名または記名押印の要否

会社法上は、株主総会議事録は、議長、出席した取締役、監査役などの署名または記名押印は要求されていません。よく「おかしい！」と批判されるのですが、次のような理由によります。取締役会や監査役会においては、決議に参加した取締役や監査役であって異議をとどめない者は決議に賛成したものと推定されます（会社法369条5項、393条4項）。そこで、後に取締役や監査役の責任追及をしやすいよう、署名または記名押印が要求されています（会社法369条3項、393条2項）。しかし、株主総会には、そういった規定がないので、署名または記名押印が不要とされているんです。 P405

ただし、P380①で説明しますが、代表取締役を株主総会で選定した場合には、議長および出席した取締役の押印が要求されることがあります（商登規61条6項1号）。

（2）備置き

株式会社は、株主総会議事録を作成したら、以下のとおり備え置かなければなりません。

本　店	支　店
株主総会の日から10年間 （会社法318条2項） **会社法の保存期間** 会社法で定められている保存期間は原則10年です。 ∵債権を行使できる期間（債権の消滅時効期間の長期。民法166条1項2号）に合わせて10年とされています。	**【原則】** **写しを株主総会の日から5年間**（会社法318条3項本文） 支店なので、「写し」となります。原本は本店に備え置きます。 **【例外】** **株主総会議事録が電磁的記録（データ）で作成されており、インターネットなどを通じて、支店においても下記（3）の閲覧・謄写に応じられるようにしていれば、支店に備え置かなくてOK**（会社法318条3項ただし書、4項2号、会社施行規227条2号） これはたとえば、本店と支店をネットワークでつないでおり、請求があれば支店でも株主総会議事録を打ち出せるようにしているということです。

(3) 閲覧・謄写

上記（2）の備置きは、利害関係人に閲覧と謄写（コピーをとること）をさせるためにします。閲覧と謄写の請求ができる利害関係人は、以下のとおりです。

利害関係㊥大 ←→ ㊥小

株主	債権者	親会社の社員
株式会社の営業時間内はいつでも請求可（会社法318条4項）		裁判所の許可を得て可（会社法318条5項）

閲覧・謄写などの請求権者の記憶の仕方

①閲覧・謄写などの請求ができるかは、株主、債権者、親会社の社員について問題となります。これらの者の**株式会社に対する利害関係の大きさは、「㊥大株主→債権者→親会社の社員㊥小」**です。よって、たとえば、債権者が請求できるのなら、株主もできます。この場合であれば、債権者が請求できることを記憶しておけばOKなんです。

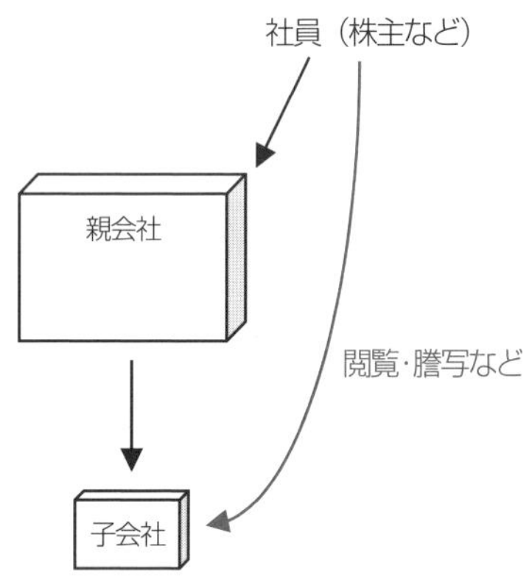

②**親会社の社員は裁判所の許可が必要**とされます。「親会社の社員」とは、親会社の株主などのことなので、直接に利害関係があるとは限らず、濫用（嫌がらせ目的など）の可能性もあるからです。右の図をご覧いただきたいのですが、結構遠いですよね。

7 株主リスト

1．意義

登記すべき事項について株主総会の決議が必要な場合には、株主総会議事録を添付する必要があります（商登法46条2項）。こういった場合に、株主総会議事録に加え、株主の氏名（名称）・住所などを記載した「株主リスト」を添付する必要があるという改正が平成28年にされました（商登規61条2項、3項）。

株主リストとは、P309のようなものです（*）。

*下記4.（2）の議決権の割合が多い順に加算し議決権の割合が2/3に達するまでの株主についての株主リストの例です。

2. 趣旨

株主総会議事録などを偽造して虚偽の役員の変更の登記を行って役員になりすますといった犯罪が後を絶ちませんでした。そこで、株主リストが添付されて、それが登記所に保存されれば、有効な株主総会であったのかを事後的に確認でき、犯罪の抑止になる、という考えで導入された添付書面です。

ただ、あくまで事後的な確認なので、株主リストも偽造されると、今でも虚偽の登記はされてしまうんですがね……。

3. 添付が要求されることがある法人

株主リストは、すべての法人で添付書面になるわけではありません。試験対策としては、以下の法人を押さえてください。

判断基準

株主がいる法人で要求されます。"株主"リストだからです。

＊以下の表の株式会社以外の法人は、Ⅱのテキストで詳しく説明します。

添付が要求されることがある法人	添付が要求されることがない法人
①株式会社 **②特例有限会社** 特例有限会社にも株主がいます。	**①持分会社** **②一般社団法人・一般財団法人**（法登規3条参照）

4. 要求される登記・リストの内容

株主リストの添付が要求される登記は以下の（1）（2）であり、（1）と（2）で株主リストの内容が少し変わります。

（1）登記すべき事項につき株主全員または種類株主全員の同意を要する場合（商登規61条2項）

ex. 取得条項付株式の定めを設ける定款変更（会社法110条、111条1項。P141（1）（2））

記載する株主	記載する事項
・株主全員 　　or **・種類株主全員** ＊議決権のない株主も含みます 　株主全員または種類株主全員について記載が要求されるのは、登記すべき事項につき株主全員または種類株主全員の同意を要する場合は、株主全員または種類株主全員がその事項についての結論を左右し得たからです。	**①株主の氏名または名称および住所** 　株主のリストですから、これは当たり前でしょう。 　なお、「名称」ともあるのは、法人も株主になれるからです。株式を持ち合っている企業グループ、銀行、親会社など、法人が株主になっている例は多々あります。 **②株式の数（種類株式発行会社は種類株式の種類および数）** **③議決権の数** ※下記（2）と異なり、議決権の数の割合（下記（2）④）の記載が要求されないのは、登記すべき事項につき株主全員または種類株主全員の同意を要するため、議決権の数の割合は関係ないからです。

（2）登記すべき事項につき株主総会の決議または種類株主総会の決議を要する場合（みなし決議〔P302※〕の場合も含みます。商登規61条3項）

ex. 取締役の選解任（会社法341条）、取締役会設置会社の定めの設定・廃止の定款変更（会社法466条）など、非常に多くの決議が該当します。

記載する株主	記載する事項
・議決権の数上位10名の株主 　これは、（学習しない細かい知識ですが）公開会社においては、上位10名の株主の氏名などを事業報告に記載する必要があるため（会社施行規119条3号、122条1項1号）、それに合わせたものです。 　　or **・議決権の数の割合を多い順に加算して議決権の数の割合が2/3に達するまでの株主** 　これは、株式会社において重大な事項については特別決議が必要とされているため、特別決議の要件である「2/3」（P299（b））に合わせたものです。 　株式会社の負担を考慮して、「上位10名」または「2/3」のうちいずれか少ない人数の株主リストで構わないとされました。なお、この株主は、議決権を有しない株主は除かれますが、株主総会または種類株主総会に出席した株主に限られません。	**①株主の氏名または名称および住所** 　株主のリストですから、やはり記載します。 **②株式の数（種類株式発行会社は種類株式の種類および数）** **③議決権の数** **④議決権の数の割合**

株主リストの添付の基本的な判断基準

株主総会議事録を添付する登記は多々あるのですが、「株主総会議事録を添付する場合は、株主リストを添付しておけばいい」という単純なものではありません。この（2）に当たり、株主リストを添付するかの判断基準は、以下のとおりです（種類株主総会議事録についても同じ考え方です）。

株主リストを添付するかの基本的な判断基準は、「**株主総会の決議を要する場合**に添付する」です。

ただし、株主総会の決議を要する場合でも、以下の場合には株主リストを添付する必要はありません。

①**登記すべき事項との関係が間接的（直接に登記すべき事項について決議しているわけではない）**

②決議の有効性を**審査する必要性が低い**

まだちょっとイメージしづらいと思います。各登記の箇所で説明していきます。

5．株主リストの作成者

株主リストは代表者が作成します（平 28.6.23 民商 99）。

6．一の申請書で株主総会の決議を要する複数の登記を申請する場合

（1）原則

商業登記は、基本的に一の申請書で（1件で）2以上の登記を申請できます（P63※）。その複数の登記がそれぞれ株主総会の決議を要する場合、登記ごとに株主リストを作成するのが原則です（平 28.6.23 民商 98）。

（2）例外

ただし、決議ごとに株主リストに記載すべき内容が一致するときは、その旨の注記がされた株主リストが1通添付されていればOKです（平 28.6.23 民商 98）。通常は決議ごとに株主リストに記載すべき株主は変わらないので、ほとんどの場合、この例外に当たります。

7. 組織再編の消滅会社等の株主リストの作成者

＊この7.は、組織再編のハナシですので、Ⅱのテキスト第5編までお読みになった後にお読みください。

組織再編の場合、存続会社等の株主リストの作成者は存続会社等の代表者で問題ありませんが、消滅会社等の株主リストを誰が作成するかが問題となります。組織再編によっては、消滅会社等が消滅し、消滅会社等の代表者が登記申請をしない場合があるからです。

組織再編の株主リストの作成者の判断基準

「その会社の登記を申請する者」が作成します。つまり、組織再編の株主リストの作成者は**組織再編の登記を申請する者と同じ**です。よって、組織再編の登記を申請する者がわかっていれば、以下の表は記憶していなくても大丈夫です。

消滅会社等	株主リストの作成者
①株式会社が組織変更をする場合	組織変更後の持分会社の代表者
②吸収合併の場合の吸収合併消滅株式会社	吸収合併存続会社の代表者
③吸収分割の場合の吸収分割株式会社	吸収分割株式会社の代表者
④株式交換の場合の株式交換完全子会社	株式交換完全子会社の代表者
⑤新設合併の場合の新設合併消滅株式会社	新設合併設立会社の代表者
⑥新設分割の場合の新設分割株式会社	新設分割株式会社の代表者
⑦株式移転の場合の株式移転完全子会社	株式移転完全子会社の代表者

＊株式交付は、株式交付子会社の登記は発生しないため、問題となりません。株式交付子会社においては株主（と新株予約権者）が株式交付親会社に替わるだけだからです。

実際の書面を見てみよう7 ―― 株主リストの見本（議決権の割合が多い順に加算し議決権の割合が2/3に達するまでの株主 ―― 上記4.（2））

証　明　書

令和6年6月28日付け定時株主総会の第2号議案につき、総議決権数（当該議案につき、議決権を行使することができる全ての株主の有する議決権の数の合計をいう。以下同じ）に対する株主の有する議決権（当該議案につき議決権を行使できるものに限る。以下同じ）の数の割合が高いことにおいて上位となる株主であって、次の①と②の人数のうち少ない方の人数の株主の氏名または名称及び住所、当該株主のそれぞれが有する株式の数（種類株主総会の決議を要する場合にあっては、その種類の株式の数）および議決権の数並びに当該株主のそれぞれが有する議決権の数に係る当該割合は、次のとおりであることを証明します。

①10名

②その有する議決権の数の割合をその割合の多い順に順次加算し、その加算した割合が3分の2に達するまでの人数

	氏名又は名称	住所	株式数（株）	議決権数	議決権数の割合
1	資産　太郎	東京都港区六本木一丁目1番1号	30	30	30.0%
2	秀英　一郎	東京都新宿区新宿一丁目2番2号	25	25	25.0%
3	法務　太郎	東京都新宿区大久保一丁目1番地1号	20	20	20.0%
			合計	75	75.0%
			総議決権数	100	

令和6年6月28日

リアリスティックジャパン株式会社

代表取締役　秀英　一郎

8 利益供与

1. 意義

利益供与：株式会社が、自社またはその子会社の計算において、株主の権利の行使について財産上の利益の供与をすること（会社法120条1項）

株主に、「この議案が可決するように協力して」などと言って、金を渡すのが典型例です。なお、「計算において」とは、その支出でということです。

利益供与をすることは、相手が何人（なんぴと）であっても禁止されます（会社法120条1項）。

ただ、金を渡したりしても、それが株主の権利の行使についてされたという立証は大変です。そこで、以下の①または②の場合には、その供与が株主の権利の行使についてされたものと推定する規定があります。

①株式会社が特定の株主に対して無償で財産上の利益を供与した場合（会社法120条2項前段）
②反対給付があっても、それが株式会社の供与した利益よりも著しく少ない場合（会社法120条2項後段）

2. 趣旨

会社法制定前の商法は何度も改正されたのですが、その1つのテーマが**「総会屋の根絶」**です。総会屋（P293のRealistic 10）を根絶するために、この利益供与も**厳しい規定**となっています。法改正などによって総会屋対策をしてきた結果、総会屋はほとんどいなくなりました。

3. 違反した場合の効果

利益供与がされた場合、以下の表の者が責任を負います。

<table>
<tr><th colspan="2"></th><th>責任の内容</th><th>免責</th></tr>
<tr><td colspan="2">利益供与を受けた者</td><td>株式会社またはその子会社に利益を返還（会社法120条3項前段）</td><td>※利益供与に当たることを知らなかった場合でも、返還しなければなりません。利益供与は不当利得となるからです。不当利得は、不当利得であることについて善意でも返還しなければなりません（民法703条）。―― 民法Ⅲのテキスト第8編第2章3 1.</td></tr>
<tr><td rowspan="2">取締役
執行役</td><td>関与した者</td><td rowspan="2">株式会社に対して供与利益の価額に相当する額を弁済（会社法120条4項本文）
上記の利益供与を受けた者に返還させるべきですが、実際に返してもらうのは相当大変です。そこで、取締役と執行役にも責任を負わせているんです。</td><td>以下のいずれかがあれば、責任を免れることができます。
①職務を行うについて注意を怠らなかったことの証明（会社法120条4項ただし書）
②総株主の同意（会社法120条5項）</td></tr>
<tr><td>利益供与をした者</td><td>以下の方法で責任を免れることができます。
・総株主の同意（会社法120条5項）
※職務を行うについて注意を怠らなかったことを証明しても、責任を免れることはできません（会社法120条4項ただし書かっこ書）。実際に利益供与をした取締役・執行役だからです。</td></tr>
</table>

※刑事責任

情を知って利益供与を受けた者、利益供与をした取締役などは、刑事罰（3年以下の懲役〔*〕または300万円以下の罰金）もあります（会社法970条1項、2項）。刑務所に入る可能性もあるんです。利益供与に対しての規制は厳しいですね……。

*令和4年6月の改正により、懲役刑と禁錮刑は拘禁刑に一本化されることになりました。この改正は、令和4年6月から3年以内に施行されます。

第3節　種類株主総会

＊種類株主総会は種類株式の際に併せて学習するべきなので、本節は、P140 までお読みいただいた後でお読みください。

1 種類株主総会とは？

種類株主総会：種類株式発行会社における種類株主ごとに組織される総会（会社法2条14号）

種類株式発行会社では、株主総会以外に、種類株主ごとに種類株主総会が組織されます。

2 株主総会に類似

種類株主総会には、株主総会の規定がほとんど準用されています。準用されていないのは、以下の①～④の規定です（会社法325条）。

①権限（会社法295条1項、2項。P271～272の1.および2.）
②決議できる事項（会社法309条5項。P295～296の3.）
③定時株主総会・臨時株主総会（会社法296条1項、2項。P283の3.）

種類株主総会は、株主総会のような株式会社の基本的な意思決定機関ではないので、特に保護が必要な場合にのみ決議が要求されます。よって、会社法に規定する事項および定款で定めた事項に限り決議でき（会社法321条。上記①②の準用なし）、定時総会・臨時総会の区分はありません（上記③の準用なし）。

④決議要件（会社法309条1～4項。P296～302の4.）

種類株主総会には、下記3の規定があるからです。

よって、上記①～④以外について、種類株主総会の規定として学習したこと以外を問われたら、**株主総会の知識**で判断してください。

3 決議要件

決議要件は、株主総会のP297（b）、P299（b）、P300（b）と基本的に同じです。ただ、それぞれの決議によらなければならない場合が異なります。よって、株主総会の規定は準用されていません。

＊以下の事項のうち、まだ学習していないものは読み飛ばしてください。

1．普通決議（会社法324条1項）による決議

普通決議による必要がある決議
①**拒否権付種類株式の拒否権の対象の承認**（会社法323条本文） ②**取締役・監査役の選解任権付種類株式の取締役・監査役の選任または取締役の解任**（会社法347条、339条1項、341条）　※特別な普通決議によります。

2．特別決議（会社法324条2項柱書）による決議

特別決議による必要がある決議（会社法324条2項1～7号）
①**全部取得条項付種類株式を設ける決定**（会社法111条2項） ②**募集株式の発行等において第三者割当てによって非公開株を発行する場合の募集事項の決定**（会社法199条4項、200条4項） ③**新株予約権の発行において第三者割当てによって非公開株を目的とする新株予約権を発行する場合の募集事項の決定**（会社法238条4項、239条4項） ④**ある種類株式の種類株主に損害を及ぼすおそれがある場合のその種類株式の決議**（会社法322条1項本文） ⑤**取締役・監査役の選解任権付種類株式の監査役の解任**（会社法347条、339条1項） ⑥**吸収合併存続株式会社、吸収分割承継株式会社、株式交換完全親株式会社が交付する対価が非公開株である種類株式である場合の吸収合併、吸収分割または株式交換の承認**（会社法795条4項） ⑦**株式交付親会社が交付する対価が非公開株である種類株式である場合の株式交付の承認**（会社法816条の3第3項）

3．会社法324条3項の特殊決議による決議

会社法324条3項の特殊決議による必要がある決議（会社法324条3項1号、2号）
①**種類株式の内容として譲渡制限株式を設ける定款変更**（会社法111条2項） ②**吸収合併消滅株式会社または株式交換完全子会社の公開株である種類株式に対して交付する対価が非公開株である場合の吸収合併または株式交換の承認**（会社法783条3項）、**新設合併消滅株式会社または株式移転完全子会社の公開株である種類株式に対して交付する対価が非公開株である場合の新設合併または株式移転の承認**（会社法804条3項）

※会社法309条4項（P301～302（4））の特殊決議に相当する決議はありません。これは"株主ごと"に異なる取扱いを行うハナシ（ex. 松本のみ1株につき2議決権を有する）なので、"特定の種類株主"（ex. A種類株主）の保護を要する場合ではないからです。

4 種類株主同士の戦い

種類株主同士は仲が悪い？

種類株式発行会社は、種類株主ごとにグループに分かれることになります。学校でも、グループに分かれると、グループ同士の仲が悪くなることがありましたよね……。種類株主同士も仲が悪いだろう（対立があるだろう）と想定されているので、**種類株主同士の利害調整**が必要となることがあります。

その利害調整の必要な場面をひととおりまとめたのが、この4でみる「ある種類株式の種類株主に損害を及ぼすおそれがあるとき（会社法322条）」です。

1．原則

株式会社が以下の表のいずれかの行為をする場合、ある種類株式の種類株主に損害を及ぼすおそれがあるときは、その損害を及ぼすおそれがある種類株式の種類株主総会の特別決議（上記3 2.④）もなければ、以下の行為の効力は生じません（会社法322条1項柱書本文、324条2項4号）。

＊やはりまだ学習していないものがありますので、以下の表の事項についても、まだ学習していないものは読み飛ばしてください。

種類株主総会の決議が必要となり得る場合（会社法322条1項1～14号）
①以下の定款変更 イ　株式の種類の追加 ロ　株式の内容の変更 ハ　発行可能株式総数または発行可能種類株式総数の増加
②特別支配株主の株式等売渡請求の承認 ③株式の併合、株式の分割 ④株式無償割当て ⑤株主割当てによる募集株式の発行等 ⑥株主割当てによる新株予約権の発行 ⑦新株予約権無償割当て

⑧**吸収合併、新設合併、吸収分割、新設分割、株式交換、株式移転、株式交付（*）**
※組織変更が入っていないのは、組織変更は総株主の同意が必要なので（会社法776条1項）、納得していない株主はいないからです。

ex. A種類株式とB種類株式を発行している種類株式発行会社が、B種類株式を剰余金の配当が優先してされる優先株式とする場合（上記①ロ）、A種類株式に損害を及ぼすおそれがある場合が多いです。A種類株式は、剰余金の配当でB種類株式に劣後することになるからです。

「損害を及ぼすおそれがある場合が多いです」と記載しましたが、ある種類株式の種類株主に損害を及ぼすおそれがあるかは実は判断が難しいです。たとえば、上記ex.において、A種類株式・B種類株式をすべて同一人物が保有しているのなら、A種類株式の株主に損害を及ぼすおそれはないと考えられます。優先するB種類株式も同じ人が保有していますから、不利益はありません。このように判断がケースバイケースになるので、試験では以下のように出題されています。
・「損害を及ぼすおそれがある or ない」と明記される（令和4年度記述、令和3年度記述、平成19年度記述、平成18年度記述）
・損害を及ぼすおそれがある前提で種類株主総会の特別決議をしている（令和2年度記述、平成29年度記述）

2．例外

株式会社が上記1.の表の行為をし、ある種類株式の種類株主に損害を及ぼすおそれがあるときでも、以下の①または②の場合には、種類株主総会の特別決議がなくても上記1.の表の行為の効力が生じます。

①種類株主総会の決議を要しない旨の定款の定めがある場合（会社法322条3項本文）

いわば「損害を及ぼすおそれがあっても無視するよ」という定款規定です（会社法322条2項）。この定めは、登記事項でもあります。無視される種類株主にものすごく不利な規定なので、この定款規定を設けるにはその種類株主の全員の同意が必要です（会社法322条4項）。上記1.で、損害を及ぼすおそれがあるかの判断は難しいと説明しました。そのため、株式会社は上記1.の表の行為をする場合には念のため常に種類株主総会の承認を得る必要が生じ、種類株主総会に拒否権を与えたような形になってしまいます。そこで、この①の定款規定を設けることができるとされたんです。

ただ、この①の定款規定があっても、上記1.の表の①の定款変更については、ある種類株式の種類株主に損害を及ぼすおそれがあるときは、その種類株式の種類株主総会の特別決議が必要です（会社法322条3項ただし書）。つまり、無視できません。以下のように、種類株主に特に大きな影響がある定款変更だからです。

イ　株式の種類の追加

→　新しいグループができますので、既存の種類株主には大問題です。

ロ　株式の内容の変更

→　種類株式の性質が変わりますので、大問題です。

ハ　発行可能株式総数または発行可能種類株式総数の増加

→　特定の種類株式を増やすために、これらを増加しているのかもしれません。

なお、単元株式数（ex. 1単元100株）についての定款変更は、上記ロの「株式の内容の変更」に当たりますが、この①の定款規定がある場合、特別決議が不要となります。たとえば、A種類株式に1単元100株の単元株式数を設定すると、100株で1議決権になってしまいますので、A種類株主に損害がある場合が多いです。しかし、これは、（まだ学習していませんが）株式の併合でも同じです。A種類株式について、100株を1株に併合すると、A種類株式を100株保有していた株主は1議決権になってしまいます。そして、株式の併合は、上記1.の表の①ではなく③なので、この①の定款規定があれば、損害を及ぼすおそれがあっても無視されるんです。それとのバランスから、上記ロの「株式の内容の変更」に当たる単元株式数についての定款変更も、この①の定款規定があれば、損害を及ぼすおそれがあっても無視されるんです。

②種類株主総会において議決権を行使することができる種類株主が存しない場合（会社法322条1項柱書ただし書）

種類株主総会の決議の基本的な考え方

種類株主総会の決議を要する場合でも、その**種類株主総会で議決権を行使することができる株主がいない場合は、種類株主総会の決議は不要**となります。「種類株主総会で議決権を行使することができる株主がいない場合」とは、以下の場合です。

・その種類株式の発行済株式の総数が0の場合

ex1. まだ実際に種類株式を発行していない場合

ex2. 種類株式を発行したが、株式会社がその種類株式を取得し（P220～222 2）、自己株式の消却（P228～232 6）をした場合

・種類株式のすべてが自己株式となっている場合

第4節　役員等総論

次の第５節から役員等を１つ１つみていきますが、役員等には共通する点がいくつもあります。それらのうち、共通する点を取り出してみたほうがいい事項については、第５節に入る前に、この第４節で取り出してみていきます。

1　取締役・会計参与・監査役に共通する規定

この1は、取締役・会計参与・監査役に共通する規定です。会計監査人などには当てはまりませんので、ご注意ください。

1．役員の予選

役員は、通常は現在の役員の任期が満了する定時株主総会で選びます。

しかし、定時株主総会に出席できない株主が多いなどの理由で、定時株主総会の前に臨時株主総会を開いて選んでおきたいというニーズがあります。そこで出てくるのが「予選」です。みなさんが司法書士になったら、この相談を受けるでしょう。

役員の予選は、一般的には、予選をしなければならない合理的な理由があり、任期満了までの期間が合理的な期間であればできます。「合理的な期間」とは、たとえば、定時株主総会の１か月前の臨時株主総会での予選はOKと解されています(昭41.1.20民事甲271参照)。

ただし、予選をした臨時株主総会から定時株主総会までの間に、株主の権利に著しい変化がある場合はダメです。株主の権利に著しい変化があると、選任権のない者が選任した、または、選任権のある者が選任できなかったことになってしまうからです。

2．補欠役員

会社法329条（選任）

3　第１項の決議〔役員の選任の決議〕をする場合には、法務省令で定めるところにより、役員（監査等委員会設置会社にあっては、監査等委員である取締役若しくはそれ以外の取締役又は会計参与。以下この項において同じ。）が欠けた場合又はこの法律若しくは定款で定めた役員の員数を欠くこととなるときに備えて補欠の役員を選任することができる。

（1）選任

株式会社は株主総会で、以下の①～③の場合に備えて補欠の役員を選任することができます（会社法 329 条3項）。取締役や監査役は人間ですので、急に死亡したりすることもあります。「株主総会を開いて選任すれば？」と思われるかもしれませんが、大企業の株主総会だと開催に数千万円かかることもあります。１人の選任のために、その金額をかけさせるのは酷です。そこで、補欠役員を選任しておけるのです。

①役員が欠けた場合

ex. １人しかいない取締役が死亡した場合が当たります。

②会社法の役員の員数を欠いた場合（会計参与については会社法に員数の規定はありません）

ex1. 取締役会設置会社において、３人しかいない取締役の１人が死亡した場合が当たります。取締役会設置会社は、取締役が最低３人必要です（会社法 331 条５項）。取締役会設置会社においては取締役が最低３人必要であることは、P398 の２.で説明しますが、その前に何度も出てくるので、先に記憶しておいてください。

ex2. 監査役会設置会社において、社外監査役でない監査役が２人・社外監査役が２人いる場合に、社外監査役の１人が死亡した場合が当たると解されています。監査役会設置会社は、監査役の半数以上が社外監査役である必要があります（会社法 335 条３項。P453 の２.）。社外監査役は、株主総会で選任しなければならないので、選任するのが大変なのです。それに対して、監査役会設置会社において、非常勤の監査役が３人・常勤の監査役が１人いる場合に、常勤の監査役が死亡した場合は当たらないと解されています。監査役会は、常勤の監査役を選定する必要があります（会社法 390 条２項２号、３項。P457 の２.）。しかし、常勤の監査役は、欠けても、監査役会の決議で容易に選定することができます。

③定款で定めた役員の員数を欠いた場合

ex. 定款で取締役の員数を５人以上と定めている株式会社において、５人しかいない取締役の１人が死亡した場合が当たります。このように定款で役員の最低人数などを定める株式会社も、けっこうあります。

この補欠役員の選任の仕方は、たとえば以下の方法があり、株式会社のニーズにできる限り応えられるようになっています。

①Ａを取締役の補欠とする（会社施行規 96 条２項１号）
②Ａを社外取締役（社外監査役）の補欠として選任する（会社施行規 96 条２項２号、３号）
③Ａを取締役Ｃの補欠として選任する（会社施行規 96 条２項４号）
④ＡおよびＢを取締役Ｃの補欠として選任し、Ａを第１順位、Ｂを第２順位とする（会社施行規 96 条２項５号）

（2）選任決議の有効期間

（a）原則

補欠役員の選任決議の有効期間は、その決議後最初に開催する定時株主総会の開始の時までです（会社施行規 96 条３項本文）。次の定時株主総会まで効力があれば十分だからです。定時株主総会は１年に１回は開かなければなりませんので、開催に数千万円かかるといった心配がありません（どうせ開く必要があります）。

ex. 事業年度が４月１日から３月 31 日までである場合に、令和６年１月 10 日の臨時株主総会で補欠取締役Ａが選任されたとき、この選任決議の有効期間は、令和５年度の事業年度（令和５年４月１日から令和６年３月 31 日まで）に関する定時株主総会（ex. 令和６年６月 28 日）の開始の時までです。

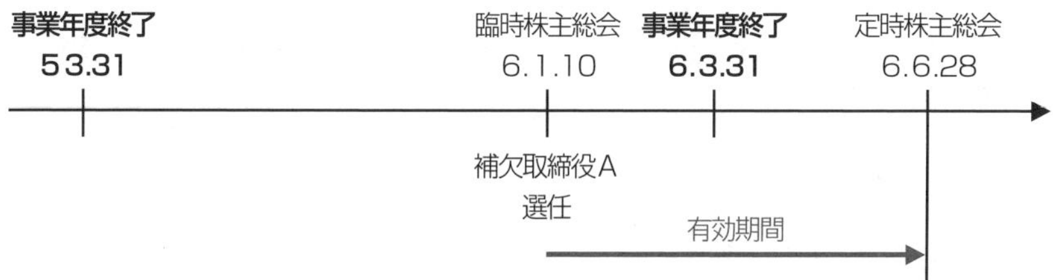

（b）例外

ただし、以下の方法で有効期間を変更することができます。

・株主総会の普通決議
　→　有効期間の短縮（会社施行規 96 条３項ただし書）
　規制の方向（短縮）ですので、株主総会の普通決議でＯＫです。
・定款
　→　有効期間の伸長（会社施行規 96 条３項本文）

規制の緩和（伸長）ですので、株主総会の特別決議で変更する必要がある定款の定めによる必要があります。

（3）正規の役員となった場合の任期

補欠役員の最後に、役員が欠け、補欠役員が正規の役員になるハナシをみましょう。

役員等と株式会社の関係は委任関係なので（会社法 330 条。P333～334 の 2.）、役員等が就任するには株式会社の選任だけではなく、役員等の就任承諾も要ります。補欠役員の就任を承諾すべき時期は、補欠役員として選任された時でも、役員が欠けた後でも OK です。

ただし、補欠役員の任期の起算点は、就任時ではなく選任時（補欠の役員として選任された時）です。P346※で理由を説明しますが、役員の任期は、就任時ではなく選任時が起算点だからです（会社法 332 条1項本文〔P344～345〕、334 条1項〔P426 4〕、336 条1項〔P444 4〕）。

ex. 事業年度が４月１日から３月 31 日までである場合に、令和５年１月 10 日の臨時株主総会で補欠取締役Aが選任され、それと同時に就任を承諾しました。その後、令和５年４月２日に取締役に欠員が生じて、Aが取締役として就任しました。この場合、令和５年１月 10 日から２年以内に終了する事業年度のうち最終のものである令和５年度の事業年度に関する定時株主総会（ex. 令和６年６月 28 日）の終結時に、Aの任期が満了します。取締役の任期は、原則として２年です（会社法 332 条１項本文。P347）。

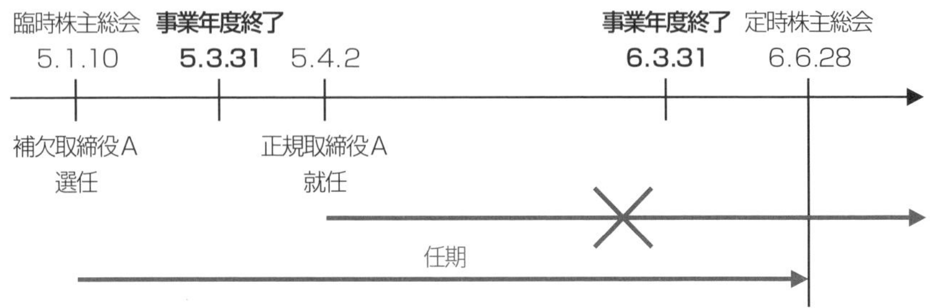

3. 役員が欠けてしまった場合

上記2.のように補欠役員がいればいいのですが、補欠役員がおらず役員が欠けてしまう場合があります。その場合、以下のようになります。

・役員が欠けた場合
・会社法の役員の員数を欠いた場合
・定款で定めた役員の員数を欠いた場合

→ ①正規の役員を選任する
→ ②権利義務役員となる（下記（1））
→ ③一時役員の職務を行うべき者を選任する（下記（2））

「役員が欠けた場合」「会社法の役員の員数を欠いた場合」「定款で定めた役員の員数を欠いた場合」の例は、P318①～③と同じです。

（1）権利義務役員（上記②）

会社法346条（役員等に欠員を生じた場合の措置）

1　役員（監査等委員会設置会社にあっては、監査等委員である取締役若しくはそれ以外の取締役又は会計参与。以下この条において同じ。）が欠けた場合又はこの法律若しくは定款で定めた役員の員数が欠けた場合には、任期の満了又は辞任により退任した役員は、新たに選任された役員（次項の一時役員の職務を行うべき者を含む。）が就任するまで、なお役員としての権利義務を有する。

（a）意義

役員が欠けた場合、会社法の役員の員数を欠いた場合または定款で定めた役員の員数を欠いた場合には、役員は退任しても、正規の役員（上記の図の①）または一時役員の職務を行うべき者（上記の図の③）が就任するまでは、依然として役員の権利義務を有します（上記の図の②。会社法346条1項）。「権利義務を有する」とは、正規の役員と権限も権利義務も同じで、同じように仕事をするということです。よって、**権利義務役員である間は、権利義務役員の退任の登記はできません**（最判昭43.12.24）。

（b）趣旨

株式会社の役員には、社会的な責任があります。株式会社ともなれば、多数の利害関係人がいます。よって、役員が欠けてしまう場合には、すぐに「サヨナラ～」とはできず、責任を果たす必要があるんです。

（c）退任事由

役員には、以下の表のような退任事由があります。権利義務役員となるかは、退任事由によって変わります。

権利義務役員となる退任事由	権利義務役員とならない退任事由
①任期満了 **②辞任** 権利義務役員となる退任事由は、この2つです。「ニン（任）ニン（任）！」と記憶しましょう。	**①死亡** **②破産手続開始の決定** **③解任** **④欠格事由の発生** これらの場合には、役員としての責任を果たすことができないからです。

ex. 取締役がA、B、Cの３人である取締役会設置会社において、Aの任期が満了しました。しかし、後任の取締役が選任されませんでした。この場合、正規の取締役または一時取締役の職務を行うべき者（仮取締役）が就任するまで、Aは取締役の権利義務を有します。

A ――――――×- - - - -
B ――――――――――――
C ――――――――――――

役員等の図で使用する記号

主に記述の問題を解くときにですが、役員等の変更は、図を描きながら解いたほうがわかりやすいです。図を描くときは、以下のような記号を使います。

○：就任　●：重任（＊）　×：退任事由発生

――――――――：正規の役員等　- - - - - - - - - -：権利義務役員

Ⓣ（と）：取締役　（と）（カ）：監査等委員である取締役　（代）：代表取締役
（さ）：会計参与　（カ）：監査役　（カ）（会）：会計限定監査役
（会）：会計監査人　（特）：特別取締役　（清）：清算人　（代）（清）：代表清算人
（支）：支配人
(外)：取締役に付けたら社外取締役、監査役に付けたら社外監査役

＊「重任」とは、任期満了と同時に就任することです。辞任と同時に就任することは含みません。辞任と同時に就任した場合は、辞任の登記と就任の登記を申請する必要があります（登研333P73）。

（d）権利義務役員となった後

この（d）では、権利義務役員となった後のハナシをみていきます。

i　さらに退任事由が生じた場合

権利義務役員となった後にさらに退任事由が生じた場合に、権利義務を有する状態が終了するかは、退任事由によって変わります。

権利義務を有する状態が終了する	権利義務を有する状態が終了しない
①**死亡**（昭 39.10.3 民事甲 3197） 死亡したら仕事ができませんので、当然終了します。 ②**欠格事由の発生** 犯罪を犯して刑に処せられた（P338～339（1））といったハナシですので、役目を果たせないため、終了します。	①**辞任**（昭 34.9.23 民事甲 2136） ②**解任**（昭 35.10.20 民四.197） 権利義務役員の地位は、法で与えられた地位です。そのため、役員が辞することはできませんし、株主総会で解くこともできません。また、これで権利義務役員から抜けられるのなら、権利義務役員として責任を果たさせる趣旨が骨抜きになります。すぐに辞めればいいことになりますから。 P322（c）の表の③との違いにご注意ください。P322（c）の表は、権利義務役員ではない者を解任するハナシです。権利義務役員ではない者の地位は株主総会が与えたものですので、株主総会で解けるんです。
＊「任期満了」はあり得ません。権利義務役員となった時点で、実体上は退任しているからです。 ＊「破産手続開始の決定」は争いがあります。	

↓

死亡と欠格事由の発生の場合は権利義務を有する状態が終了しますので、退任の登記を申請します。

ex. 取締役がA、B、Cの3人である取締役会設置会社において、令和6年6月28日、Aの任期が満了し、後任の取締役が選任されなかったため、Aが権利義務取締役となっていました。その後の令和6年10月28日、Aが死亡しました。

この場合、登記すべき事項を「令和6年6月28日　A（任期満了により）退任」とする登記を申請します。「令和6年10月28日　A死亡」ではありません。

Realistic rule

・権利義務役員の退任事由　：**権利義務役員となったときの事由**

権利義務役員となるのは、任期満了または辞任ですので（P322 の表の左の①②）、必ず「**（任期満了により）退任**」または「**辞任**」となります。

・権利義務役員の退任年月日：**権利義務役員となった年月日**

実体上、権利義務役員となったときの事由で、権利義務役員となった年月日に退任しているため、このようになります。

ii　員数に足りない人数の役員が就任した場合

員数に足りない人数の役員が就任した場合、どのような登記を申請することになるでしょうか。これは、以下のような場合のハナシです。

ex. 取締役がA、B、Cの３人である取締役会設置会社において、令和６年６月 28 日、A、B、Cの任期が満了し、後任の取締役が選任されなかったため、A、B、Cが権利義務取締役となっていました。その後の令和６年10月28日、取締役D、Eが選任され、D、Eは取締役への就任を承諾しました。この場合、以下のようになります。

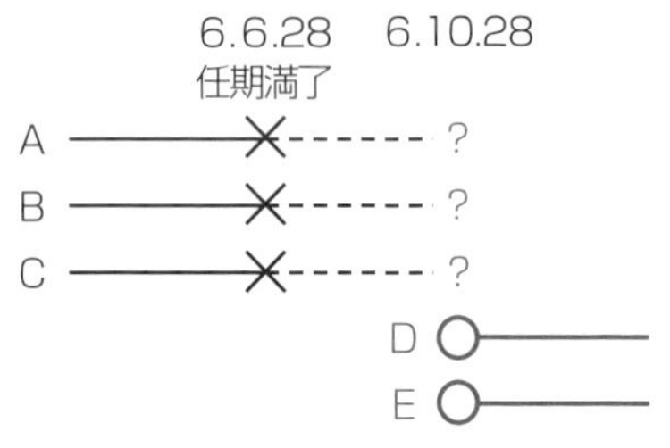

・D、E　　　→　就任の登記を申請する

３人の取締役を選任したほうがいいですが、２人でも選任され就任承諾したのであれば、就任の登記を申請できます。権利義務役員がいる場合にできないのは、権利義務役員の“退任の登記”です（P321（a））。

・A、B、C　→　１人も退任の登記を申請できない（昭37.8.18民事甲2350）

D、E２人が就任したので、１人は退任の登記を申請してもよさそうに思えます。しかし、このように員数に足りない人数の役員が就任した場合に、どの者の権利義務を有する状態が終了するかという規定はないんです。だから、「３人とも権利義務役員のまま」ということです。

取締役をもう１人選任して就任させるか、A、B、Cのうち１人を再選して就任させれば、退任の登記を申請できます。

iii　役員が再選されたが員数に足りない人数が就任承諾した場合

役員が再選されたが員数に足りない人数が就任承諾した場合、どのような登記を申請することになるでしょうか。これも具体例でみていきましょう。

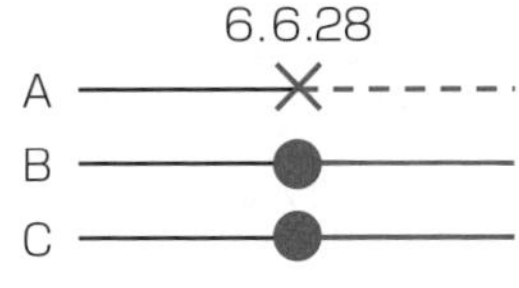

ex. 取締役がA、B、Cの３人である取締役会設置会社において、令和６年６月 28 日、A、B、Cの任期が満了しましたが、全員が再選されました。Aは、「もう引退しようかな……」と悩んでいたので、就任承諾を保留していました。それに対して、B、Cは株主総会の席上で就任を承諾しました。この場合、以下のようになります（登研 453P126）。

・A　　　→　退任の登記を申請できない
　権利義務役員となるからです。

・B、C　→　重任（P322＊）の登記を申請する
　２人でも就任承諾したのであれば、それらの者の重任の登記を申請できます。権利義務役員がいる場合にできないのは、権利義務役員の"退任の登記"です（P321（a））。

（e）取締役の就任の登記を抹消したため法律に定めた員数を欠くことになった場合

ちょっとイレギュラーなケースですが、たとえば、取締役がA、B、Cの３人である取締役会設置会社において、令和６年６月 28 日、Aの任期が満了し、Aの退任の登記とAの後任としてDの就任の登記がされました。しかし、Dは就任を承諾していませんでした。そのため、令和６年 10 月 28 日、Dの就任の登記の抹消の登記が申請されました。この場合、Aの登記を回復し、職権によりAの退任の登記を抹消します（商登規 100 条１項本文。昭 57.12.15 民四.7583）。

Dが就任していなかったのであれば、Aは権利義務取締役となり、Aの退任の登記はできなかったということになるからです。

（2）一時役員の職務を行うべき者（P321③）

会社法 346 条（役員等に欠員を生じた場合の措置）

2　前項に規定する場合〔役員が欠けた場合又はこの法律若しくは定款で定めた役員の員数が欠けた場合〕において、裁判所は、必要があると認めるときは、利害関係人の申立てにより、一時役員の職務を行うべき者を選任することができる。

（a）意義

ここで、また P321 の図をご覧ください。役員が欠けた場合、会社法の役員の員数を欠いた場合または定款で定めた役員の員数を欠いた場合には、利害関係人は申立てをし、裁判所に一時役員の職務を行うべき者（「仮取締役」「仮会計参与」「仮監査役」といいます）を選任してもらうことができます（会社法 346 条２項）。誰がこの「利

害関係人」に当たるかは出題される確率は低いですが、かなり広く解されており、株主、役員、使用人、債権者などが当たります。

一時役員の職務を行うべき者の権限は、正規の役員の権限と同じです。

「P397

（b）仮取締役・仮会計参与・仮監査役の登記

P389=「P480

仮取締役・仮会計参与・仮監査役の登記は、裁判所書記官の嘱託によってされます（会社法 937 条1項2号イ）。みなさんが司法書士になっても、みなさんが申請するわけではありません。

裁判所がらみの登記の基本的な考え方

原則として、**裁判所がらみの登記は裁判所書記官の嘱託**でされます（会社法937条、938条）。

この登記は、以下のようにされます。

役員に関する事項	取締役　　A	令和4年6月29日重任 令和4年7月3日登記
		令和6年1月10日死亡 令和6年1月17日登記
	仮取締役　　D	令和6年4月10日東京地方裁判所の選任 令和6年4月17日登記

この後、正規の取締役を選任してその就任の登記をするときは、その就任の登記と併せて、上記の仮取締役の抹消の登記を申請する必要があるでしょうか。

申請する必要はありません。

P389=P480

仮取締役・仮会計参与・仮監査役の登記は、正規の取締役・会計参与・監査役の就任の登記を申請すると職権により抹消されるからです（商登規68条1項）。

職権の登記の基本的な考え方

その登記をすべきことが明らかでないと、職権によって登記をすることはできません。登記官は公務員ですので、登記をすべきことが明らかでないときに登記をすることはできないわけです。

2 取締役・監査役・執行役に共通する規定 —— 本人確認証明書

商業登記規則６１条（添付書面）

7　設立の登記又は取締役、監査役若しくは執行役の就任（再任を除く。）による変更の登記の申請書には、設立時取締役、設立時監査役、設立時執行役、取締役、監査役又は執行役（以下この項及び第 103 条において「取締役等」という。）が就任を承諾したこと（成年後見人又は保佐人が本人に代わつて承諾する場合にあつては、当該成年後見人又は保佐人が本人に代わつて就任を承諾したこと）を証する書面に記載した取締役等の氏名及び住所と同一の氏名及び住所が記載されている市町村長その他の公務員が職務上作成した証明書（当該取締役等（その者の成年後見人又は保佐人が本人に代わつて就任を承諾した場合にあつては当該成年後見人又は保佐人）が原本と相違がない旨を記載した謄本を含む。）を添付しなければならない。ただし、登記の申請書に第４項（第５項において読み替えて適用される場合を含む。）又は前項の規定により当該取締役等の印鑑につき市町村長の作成した証明書を添付する場合は、この限りでない。

1．意義・趣旨

平成 27 年の改正までは、本人確認が行われていなかった役員等については、実際に存在しなかった者であったとしても、登記が通ってしまっていました（理論上は「年月日取締役松本ドラえもん就任」という登記も通りました）。そのため、架空の取締役の登記がされ、商業登記が犯罪に利用されることも多々ありました。

そこで、本人確認が行われていなかった役員等について、実在することを証する添付書面が要求されることになりました。これが、「本人確認証明書」です。

2．添付が要求される役員等

以下の役員等について、本人確認証明書の添付が要求されます。

①取締役（商登規 61 条７項本文）
②監査役（商登規 61 条７項本文）
③執行役（商登規 61 条７項本文）

※代表取締役は取締役の登記の際に（代表取締役は必ず取締役です）、代表執行役は執行役の登記の際に（代表執行役は必ず執行役です）、本人確認証明書が要求されます。

※会計参与および会計監査人は「資格を証する書面」が要求されていますので（P425～426④、P470～471④）、平成 27 年の改正前から実在性は担保されています。

※清算人（Ⅱのテキスト第３編第８章3 2.（2）で説明します）は清算業務のみを行うため、取締役と同じ実在性の確認は必要ないと考えられ、本人確認証明書が要求されていません。

3．添付が要求される登記

（1）原則

上記２.の①～③の者について、以下の①または②の登記を申請するときに本人確認証明書の添付が求められます。

①設立の登記（商登規61条７項本文）

組織変更、新設合併、新設分割、株式移転、特例有限会社から通常の株式会社への移行による設立の登記も含みます（いずれもⅡのテキストで学習する登記です）。

②就任の登記（商登規61条７項本文）

会社継続の登記と併せてする場合も含みます（これもⅡのテキストで学習する登記です）。

（2）例外

上記（1）①または②の登記を申請する場合でも、以下の①または②の場合には添付が不要となります。以下の①②は、いずれも１人１人別々に当たるかを考えます。

①上記（1）②の登記が再任の登記である場合（商登規61条７項本文かっこ書）

就任の登記の際に実在性を確認しているからです。再任の際にも本人確認証明書の添付を求めると申請会社に負担となってしまうので、不要とされました。

なお、上記（1）①の登記は、再任はあり得ません。“設立”の登記であり、取締役などはこれから初めて就任するからです。しかし、特例有限会社から通常の株式会社への移行のみ、再任があり得るため、この①の例外に当たることがあります。

※「再任」とは？

「再任」の定義は確定していないのですが、一般的には以下のように解されています（登記実務）。

再任：退任の登記と就任の登記が同時にされる以下のいずれかの場合

・重任する（よって、再任のほうが重任〔P322＊〕よりも広い概念です）

・権利義務役員が再選され就任する
・辞任と同時に再選され就任する
・退任したが退任の登記が未了の間に再選され就任する

②商業登記規則 61 条４～６項のいずれかにより、取締役・監査役・執行役が就任承諾書または選定を証する書面に押印した印鑑につき市区町村長の作成した印鑑証明書（個人の実印についての印鑑証明書）を添付した場合（商登規 61 条７項ただし書）

商業登記規則 61 条４～６項は P378～382 ii で説明しますが、印鑑証明書を添付すれば、印鑑証明書によって実在性の確認が可能だからです。

記述の思考過程

記述では、以下の思考過程で本人確認証明書の添付の要否を判断してください。

①自分で書いた登記すべき事項から、**取締役、監査役および執行役**についての設立の登記または就任の登記を**ピックアップ**する（上記２.および上記３.（１））
→　これらの者は、原則として本人確認証明書の添付が必要

↓

②上記①でピックアップした取締役、監査役および執行役について、**１人１人再任であるか**を検討する（特例有限会社から通常の株式会社への移行の登記を除き、設立の登記は再任はない。上記３.（２）①）
→　再任に当たる者は、本人確認証明書の添付が不要

↓

③上記①でピックアップした取締役、監査役および執行役について、再任でなかった者（上記②）が**１人１人個人の実印についての印鑑証明書を添付しているか**を検討する（上記３.（２）②）
→　印鑑証明書を添付している者は、本人確認証明書の添付が不要

例外を再任から検討するのは、再任よりも印鑑証明書の添付のほうが間違える確率が高いからです。P378～382 ii で説明しますが、印鑑証明書の添付は、この本人確認証明書の添付と同程度の少し大変な判断が求められます。

※取締役・監査役・執行役の氏名の変更の登記または更正の登記

登記後に、取締役、監査役、執行役の氏名が婚姻などによって変わったり錯誤また

は遺漏があったりして、変更の登記または更正の登記を申請することがあります。架空の氏名に変更または更正されると困りますので、本人確認証明書が必要だと考えるのが筋です。しかし、なんと不要とされています。

本人確認証明書の制度が平成27年にできる際、「氏名の変更の登記または更正の登記についても要求するべきでは？」という意見がありました。それに対して、法務省は「今後の参考にします」と述べただけです。う～ん……。

4．本人確認証明書の内容

本人確認証明書は、具体的には以下の書面などが当たります。

①住民票の写し
②戸籍の附票
③運転免許証のコピー
④在留カードのコピー（外国人の場合）

上場企業の役員は外国人である場合も多いため（ex. 日産のゴーンさんが有名でしたね）、申請会社の負担を考えて、③や④も認められました。

3 取締役・会計参与・監査役・会計監査人・執行役・清算人に共通する規定 —— 旧氏の記録

＊この3は、登記申請とは関係ありませんので、Ⅱのテキストの最後までお読みになった後にお読みください。

商業登記規則81条の2（役員等の氏の記録に関する申出等）

1　会社の代表者は、役員（取締役、監査役、執行役、会計参与又は会計監査人をいう。以下この条において同じ。）又は清算人の一の旧氏（住民基本台帳法施行令（昭和42年政令第292号）第30条の13に規定する旧氏であつて、記録すべき氏と同一であるときを除く。以下同じ。）を登記簿に記録するよう申し出ることができる。この場合において、当該登記簿（閉鎖した登記事項を除く。）にその役員又は清算人について旧氏の記録がされていたことがあるときは、最後に記録されていた旧氏より後に称していた旧氏に限り、登記簿に記録するよう申し出ることができる。

1．意義

役員等について、旧氏（ex. 婚姻前の氏）をも記録するよう申し出ることができます（商登規81条の2第1項、88条の2第1項、90条、92条、法登規3条）。この申出をすると、以下のように旧氏がかっこ書で記録されます（商登規81条の２第５項、88条の２第２項、90条、92条、法登規３条。令4.8.25民商411）。

役員に関する事項	取締役　　　　秀英花子（佐藤花子）	令和６年６月28日重任 令和６年７月３日登記

２．趣旨

婚姻、離婚、離縁などにより氏が変わった場合、現在の氏だけが登記されていると、取引先の企業などが従前の取締役と同一人物か確認できないなどの不都合がありました。商業登記は取引の安全のための制度です（商登法１条。P26 1）。そこで、平成27年の改正で、役員欄に婚姻前の氏をも記録することの申出ができるこの制度ができました。この制度ができた当初は、婚姻によって氏が変わった場合にのみ旧氏を記録できました。しかし、令和４年の改正で、離婚や養子縁組などの場合でも、旧氏を記録できるようになり、利用範囲が拡大されました。

※プライバシーは？

旧氏を登記することには、プライバシーの問題があります。しかし、商業登記には取引の安全の目的があること、および、申出をするかは申請法人の任意であることから問題ないと考えられました。

３．申出が可能な役員等

旧氏をも記録するよう申し出ることができる役員等は、以下の表の者です。なお、この旧氏の記録の申出制度は、株式会社だけではなく、持分会社や一般社団法人・一般財団法人にもありますので、併せてみていきます。

	できる役員等
株式会社	**①取締役** **②監査役** **③執行役** **④会計参与** **⑤会計監査人** **⑥清算人** （商登規81条の2第1項） 登記される役員等については、ひととおりできます。

	できる役員等
持分会社	①社員（合同会社は業務執行社員） ②代表社員が法人である場合の職務執行者 ③清算人 ④代表清算人が法人である場合の職務執行者 （商登規88条の2第1項、90条、92条）
一般社団法人 一般財団法人	①評議員 ②理事 ③監事 ④会計監査人 ⑤清算人 （法登規3条、商登規81条の2第1項）

4．申出方法

旧氏をも記録する者の氏名や記録すべき旧氏（P331の登記記録の例であれば「（佐藤）」）を記載した申出書を登記所に提出します（商登規81条の2第2項、88条の2第2項、90条、92条、法登規3条）。かつては、登記申請と同時にしか行えませんでしたが、この申出のみを行うこともできるようになりました（令4.8.25民商411）。

この申出書には、以下の書面を添付します（商登規81条の2第3項、88条の2第2項、90条、92条、法登規3条）。

①旧氏を証する書面（戸籍全部事項証明書など）

②委任状

この申出は、代理人（司法書士など）がすることもできます。②は、代理人が申出をする場合に添付します。

この申出を書面でする場合、この申出書または委任状に、会社の代表者が登記所届出印で押印する必要があります（商登規81条の2第4項、88条の2第2項、90条、92条、法登規3条）。

5．旧氏を記録しないことの申出

P331のように登記記録に旧氏が記録されている場合、会社の代表者は、旧氏の記録を希望しない旨を申し出ることができます（商登規81条の2第9項、88条の2第2項、90条、92条、法登規3条）。

第5節　取締役

1 取締役とは？

1．意義

取締役：株式会社の業務執行の決定をし、業務を執行する役員

会社法では「業務（執行）の決定」「業務を（の）執行」という用語が出てくるのですが、これらは以下の意味です。

・業務（執行）の決定：たとえば、○○社と契約をすることを決めること
・業務を（の）執行　：業務（執行）の決定に基づき、たとえば、実際に○○社と契約をすること

株主が、目的地、船の規模、乗組員など船（株式会社）の大枠を決定し、実際に舵取りをするのが取締役です。

取締役は、社長、副社長、専務、常務などをイメージしてください。ただ、世間的な肩書きと会社法の機関は、必ずしも一致しません。最近は、取締役がＣＥＯ、本部長といった肩書きであることもあります。また、部長が会社法の取締役である場合もあります。

取締役は規制の方向

そもそもの株式会社は、経営能力のない株主が経営能力のある取締役に経営を任せるという発想からスタートしました。そうすると、株主は、賢い取締役に出し抜かれる可能性があるんです。**取締役は賢いため悪事を働く可能性がある**ということです。実際に、よく事件になりますよね。よって、株主の規定は株主を保護する方向のものが多いですが、取締役の規定は取締役を**規制する方向のものが多い**です。

2．取締役と株式会社の関係

会社法330条（株式会社と役員等との関係）

株式会社と役員及び会計監査人との関係は、委任に関する規定に従う。

会社法355条（忠実義務）

取締役は、法令及び定款並びに株主総会の決議を遵守し、株式会社のため忠実にその職務を行わなければならない。

会社法では、基本的に取締役、会計参与および監査役を「役員」といっています（会社法 329 条1項）。会計監査人や執行役も含む場合、会社法では基本的に「役員等」といいます（会社法 423 条1項）。会計監査人は外部機関であるため、執行役は株主総会では選任されないため、基本的に会社法の「役員」の定義に含まれないんです。

株式会社と役員および会計監査人との関係は、委任です（会社法 330 条）。従業員と違って雇用ではないんです。そのため、原則として、雇用保険には入れませんし、労災にも入れません。

役員は委任の受任者です。よって、「善管注意義務」を負います（民法644 条）。── 民法Ⅲのテキスト第7編第7章2 1.（1）　しかし、それに加えて会社法では、「取締役は、……忠実にその職務を行わなければならない」と取締役の「忠実義務」を定めた条文もあります（会社法 355 条）。この民法上の善管注意義務と会社法上の忠実義務は、同じ内容の義務であって、忠実義務が善管注意義務を具体化したものであると解されています（最大判昭 45.6.24。通説）。「同じなら会社法の規定は不要では？」と思われるかもしれませんが、強行規定（異なる定めができない）となる点で会社法に定めている意味があると考えられています。**会社法の規定は原則として強行規定**です。でなければ、「◯◯の機関を置かなければならない」といった規定の意味がなくなります。こういった規定があっても、株式会社の判断で置かなくてよくなってしまいます。

2 権限

取締役の権限は、非取締役会設置会社（下記1.）と取締役会設置会社（下記2.）で少し違いがありますので、分けてみていきます。

1. 非取締役会設置会社

（1）業務執行の決定

> **会社法 348 条（業務の執行）**
>
> 2　取締役が2人以上ある場合には、株式会社の業務は、定款に別段の定めがある場合を除き、取締役の過半数をもって決定する。

非取締役会設置会社の業務執行の決定は、以下のように行われます。

・取締役が1人　→　その取締役が単独で業務執行の決定を行います。
　1人しかいませんから、そりゃあそうですよね。

・取締役が2人以上　→　取締役の過半数で業務執行の決定を行います（会社法348条2項）。

たとえば、取締役が3人であれば、2人以上の一致（多数決）で、どこの会社と契約をするかといったことを決めていきます。

これは、定款で別段の定めができます（会社法348条2項）。たとえば、「取締役全員の一致を要する」といった定めもできます。

なお、株式会社によっては、取締役3人のうち1人が中心人物で、その1人がほとんどのことを決めたいという場合もあります。ベンチャー企業のリーダーをイメージしてください。そういった場合は、取締役の過半数の一致で、その1人に業務執行の決定を任せることができます。

ただし、以下の①～⑤の事項は、1人の取締役に決定を任せたりすることができず、取締役の過半数で決める必要があります。これらは重要な事項なので、1人で決めたりするのは適切ではないからです。

①支配人の選任・解任（会社法348条3項1号）

支配人は、銀行の支店長をイメージしてください（銀行の支店長が必ず会社法上の支配人とは限りませんが）。支配人は、置かれた本店または支店について、裁判上または裁判外の行為をする権限を有します（会社法11条1項）。「裁判上」とは、株式会社の代理人となって裁判ができるということです。支配人は使用人なのですが、このように**けっこうスゴイ権限がある**という点が大事になります。そのようなスゴイ権限がある支配人の選任・解任は、重要な事項なのです。

②支店の設置、移転および廃止（会社法348条3項2号）

③株主総会・種類株主総会の招集に関する事項（会社法348条3項3号）

④内部統制システムに関する事項（会社法348条3項4号）

内部統制システムとは、「取締役の職務の執行が法令及び定款に適合することを確保するための体制その他株式会社の業務並びに当該株式会社及びその子会社から成る企業集団の業務の適正を確保するために必要なものとして法務省令で定める体制」のことです。……といわれて、「なるほど！」と思う方はいないですよね。大きな企業は、組織が重要となります。たとえば、取締役が末端の従業員まで見ていられません。そこで、子会社も含めたシステムを整備しろとなっているんです。このような趣旨ですので、内部統制システムの整備がマストとされているのは大会社です（会社法348条4項。これが1番出題される確率が高いです）。

⑤取締役の過半数の同意による役員等の責任の一部免除（会社法348条3項5号）

　これは、P522～523（3）で説明します。役員等の責任を一部免除するハナシですので、取締役1人で決めたりするのは適切ではないのです。

（2）業務の執行

　定款で制限しない限り、すべての取締役が業務を執行します（会社法348条1項）。非取締役会設置会社は小規模な株式会社なので、業務執行取締役と非業務執行取締役（この違いは下記2.（2）で説明します）を分けないのが原則なんです。

2．取締役会設置会社

（1）業務執行の決定

> **会社法362条（取締役会の権限等）**
> 2　取締役会は、次に掲げる職務を行う。
> 　一　取締役会設置会社の業務執行の決定

　取締役会設置会社の業務執行の決定は、取締役会で行います（会社法362条2項1号）。

　なお、業務執行の決定の度に取締役会を開催するのも大変なので、たとえば、代表取締役に業務執行の決定をさせたいという株式会社があります。そこで、取締役会の決定で、取締役に業務執行の決定を委任することができます。日本は社長の権力が強大な株式会社が多く、社長が多くのことを決めている場合が多いです。

　ただし、以下の①～⑧の事項は、決定を委任できず、取締役会で決める必要があります。やはり、これらは重要な事項なので、1人で決めたりするのは適切ではないからです。

①重要な財産の処分・譲受け（会社法362条4項1号）

②多額の借財（会社法362条4項2号）

　①②は、いくらくらいなら「重要な財産」か「多額」となるかは、株式会社の規模によります。

③支配人その他の重要な使用人の選任・解任（会社法362条4項3号）

　この趣旨は、P335①と同じです。

④支店その他の重要な組織の設置・変更・廃止（会社法362条4項4号）

⑤社債の募集事項として重要なもの（会社法362条4項5号）
社債は、Ⅱのテキスト第3編第4章第4節で説明します。
⑥内部統制システムに関する事項（会社法362条4項6号）
内部統制システムとは、P335④で説明したものです。同じく、内部統制システムの整備がマストとされているのは大会社です（会社法362条5項）。
⑦取締役会の決議による役員等の責任の一部免除（会社法362条4項7号）
これも、P522～523（3）で説明します。趣旨は、P336⑤と同じです。
⑧法令で取締役会の決議によるとされている事項
これは、P241（1）、P274など、会社法にいくつも規定されています。法令で取締役会で決議しろとされているので、特定の取締役に委任することはできません。

P335①～336⑤よりも委任できない範囲が広いのは、非取締役会設置会社は小規模であり、株式会社の自由を広く認めるべきとの考えによります。

（2）業務の執行
以下の①②の者が業務を執行します。

①代表取締役（会社法363条1項1号）
代表取締役は、株式会社を代表して契約をしたりしますので、必ず業務執行取締役となります。
②取締役会で業務を執行する取締役として選定された者（会社法363条1項2号）

取締役会設置会社は大規模な株式会社なので、全員が業務を執行せず、業務執行取締役と非業務執行取締役を分けるのが原則なんです。
原則として以下の2種類の取締役がいるわけです。

・業務執行取締役（上記①②）
業務執行の決定に基づいて実際に契約をしたりするのが業務の執行です（P333の1.）。社長、副社長、専務、常務など、毎日出社する取締役のイメージです。
・非業務執行取締役（上記①②以外の取締役）
非業務執行取締役は、上記（1）の業務執行の決定など取締役会で決定すべき決定には参加します。しかし、業務の執行はしません。取締役会のときだけ株式会社に来る取締役のイメージです。取締役が20人とかいる株式会社もあります。その中には、毎日出社しない取締役もいるんです。みなさんの株式会社にもいませんか。

3 選任

次は、取締役がどのように選ばれていくのかをみていきましょう。

1．資格

（1）法定の欠格事由

誰でも取締役になれるわけではありません。会社法では、取締役に“なれない”者が規定されています。ただし、なれる者で試験によく出る者もありますので、なれる者も併せてみていきます。なれる者は、「なれないかも？」と思わせるひっかけで出るわけです。

取締役になれる者（○）	取締役になれない者（欠格事由）（×）
①未成年者 法定代理人の同意は必要ですが（民法823条。登研386P100）、未成年者でもOKです。高校生が株式会社を作って取締役になり、ニュースになったりすることがたまにあります。 **②成年被後見人・被保佐人・被補助人** かつては、成年被後見人や被保佐人は財産の管理能力がないため、取締役になれないとされていました。司法書士などの他の職種に就くことも大幅に制限されていました。しかし、「成年被後見人などを社会的に排除している」「成年後見制度の利用を躊躇する人がいる」といった批判を受け、令和元年の改正で、多くの職種に就けるようになり、成年被後見人や被保佐人も取締役になれるとされました（会社法331条1項2号削除）。ただ、実際に取締役の仕事をこなせるかは、個別的に株主総会などが判断します。こなせないという判断であれば選任しません。 以下の方法で取締役に就きます。 ・成年被後見人 → 成年被後見人の同意（後見監督人がいる場合は後見監督人の同意も）を得たうえ	**①法人**（会社法331条1項1号） その法人から職務を行うべき者（担当者）を選任したとしても、法人は取締役になれません。 取締役は、個人の経営能力を買われて選ばれます。法人が取締役になれるとすると、実際には職務を行うべき者が取締役の職務を行うことになりますが、その法人の意向でその職務を行うべき者が変えられる可能性があります。つまり、株式会社が「この人に取締役の職務を行ってほしい」と考えた人とは別の人が、取締役の職務を行う可能性が生じるんです。 **②会社法関係の法律の罪を犯して刑に処せられ、その執行を終わり、または、その執行を受けることがなくなった（刑の時効が完成した）日から2年を経過しない者**（会社法331条1項3号） 「会社法関係の法律の罪」が会社法331条1項3号に規定されていますが、六法を開くと閉じたくなると思います……。「会社法関係の法律の罪」と押さえていただければ結構です。

で、成年後見人が就任の承諾をする（会社法331条の2第1項）

・被保佐人

→　原則として保佐人の同意を得たうえで、被保佐人が就任の承諾をする（会社法331条の2第2項）

③破産手続開始の決定を受けて復権（＊）していない者

＊破産すると、弁護士や司法書士になれないなど、権利・資格の制限がされます（弁護士法7条5号、司法書士法5条3号）。「復権」とは、そういった権利・資格の制限から解かれることです（破産法255条）。

中小企業が融資を受ける際、社長自身が保証人となることが条件である場合が多いです（問題があるといわれていますが）。株主は有限責任ですので、債権者は、株式会社の財産から回収できない場合に、社長の個人財産から回収する目論見なのです。そうすると、1度事業に失敗すると、経営者も破産してしまうことが多いです。その場合に再度取締役になれないと、起業をする人材が減ってしまうので、破産手続開始の決定を受けて復権していなくても取締役になれるとされているんです。

「執行を終わり」とは、刑務所から出てきた場合などのことです。

「執行を受けることがなくなった」とは、刑の時効が完成した場合のことですが、この「刑の時効」とは、有名な「○年逃げきれば、捕まらなくなる」のハナシ（刑事訴訟法の公訴時効）ではありません。刑の言渡しが確定した後、一定期間執行を受けなかった場合に、執行（刑務所に入ることなど）が免除されることです（刑法31条、32条）。

③上記②に掲げる法律以外の法令の規定に違反し、禁錮（＊）以上の刑に処せられ、その執行を終わるまでまたはその執行を受けることがなくなるまでの者（刑の執行猶予中の者を除く）（会社法331条1項4号）

こちらは、会社法関係の法律以外の規定に違反した場合です。よって、「2年」の要件がなく、執行を終わるか執行を受けることがなくなれば、すぐに取締役になれます。また、「禁錮以上の刑」（懲役、禁錮）などに限定されています。

＊令和4年6月の改正により、懲役刑と禁錮刑は拘禁刑に一本化されることになりました。この改正は、令和4年6月から3年以内に施行されます。

（2）定款による資格制限

定款で、「当会社の取締役は当会社の株主でなければならない」と定めることができるでしょうか。株式会社の形態に応じて異なります。

非公開会社	公開会社
○ （会社法331条2項ただし書） 株主が変わらない閉鎖的な株式会社ですから、このような定めもOKです。	× （会社法331条2項本文） 株主がコロコロ変わります。その株主から任されて経営をするのが取締役ですから、取締役になれる者を限定せずに、広く優秀な人材を募る必要があるからです。

※この（1）（2）の規定は、監査役に準用されています。監査役の資格も、取締役と同じなわけです（会社法335条1項）。（1）の規定は、執行役にも準用されています（会社法402条4項）。また、（2）と同じ内容の規定が執行役にあります（会社法402条5項）。よって、執行役の資格も、取締役と同じになります。したがって、成年被後見人・被保佐人は、監査役や執行役にもなれるようになりました。

2．選任機関

> **会社法329条（選任）**
>
> 1　役員（取締役、会計参与及び監査役をいう。以下この節、第371条第4項及び第394条第3項において同じ。）及び会計監査人は、株主総会の決議によって選任する。

P422＝P440 P468

役員は、原則として株主総会の普通決議で選任されます（会社法329条1項）。会社法329条1項に「普通決議」とは書いていませんが、「株主総会の決議」によるとされているもので、特別決議、特殊決議による必要があるもの以外は普通決議によります。特別決議、特殊決議による必要があるものを明確に記憶すべきでしたね（P296〜297（a））。

この普通決議ですが、ちょっと変わった普通決議なんです。

> **会社法341条（役員の選任及び解任の株主総会の決議）**
>
> 第309条第1項の規定〔普通決議の規定〕にかかわらず、役員を選任し、又は解任する株主総会の決議は、議決権を行使することができる株主の議決権の過半数（3分の1以上の割合を定款で定めた場合にあっては、その割合以上）を有する株主が出席し、出席した当該株主の議決権の過半数（これを上回る割合を定款で定めた場合にあっては、その割合以上）をもって行わなければならない。

普通決議は、定款によって定足数を排除することまでできました（P297※）。

P422＝P440「P468

しかし、役員の選任は、定款で軽減できる定足数は1/3までです（会社法341条かっこ書）。役員は、船（株式会社）のメインです。よって、あまりに少ない議決権で決議するのはマズイだろうと考えられたんです。

これを「特別な普通決議」と言ったりします。

3．選任方法

ある株主総会で取締役２人を選ぶとします。取締役の候補者はA、B、Cの３人です。自民一郎が60株、立憲二郎が30株、共産三郎が10株の株式を保有しています（政党っぽい氏名にしているのには理由があります）。自民一郎はA、Bを推しており、立憲二郎と共産三郎はCを推しています。

（1）原則

この場合、原則として、自民一郎が推すA、Bが取締役となります。

役員等の選任は、候補者ごとに１つの議案となるからです。取締役の候補者A、B、Cがいると、「Aを取締役に選任するかしないか」「Bを取締役に選任するかしないか」「Cを取締役に選任するかしないか」が、それぞれ１つの議案で、それぞれ自民一郎、立憲二郎、共産三郎が賛成か反対かを投票するんです。

（2）累積投票

立憲二郎と共産三郎も自分の息のかかった経営者を送り込みたいと思うでしょう。そこで、立憲二郎や共産三郎は、株主総会の日の５日前までに（会社法342条２項）、株式１株について選任される取締役の数と同数の議決権を与えるよう請求できます（会社法342条３項前段）。そして、一括投票がされ（会社法342条３項後段）、得票数の多い者から取締役に選任されます（会社法342条４項）。どういうことかというと、取締役２人の選任ですので、議決権は、自民一郎60株×２＝120個、立憲二郎30株×２＝60個、共産三郎10株×２＝20個となります。一括投票になりますので、自民一郎がAに60個、Bに60個を投票しても、立憲二郎と共産三郎がCに80個を投票すればCは当選します。この例だと、Cは確実に２位以内に入ります。

上記（1）（2）は、選挙制度の違いに似ていますね。

この累積投票は、役員等のうち取締役のみについての制度である点にご注意ください。少数株主も息のかかった"経営者を送り込みたい"という趣旨の制度なので、取締役に限定されているんです。

※累積投票は行われているのか？

実は、累積投票はほとんど行われていません。累積投票の請求をできないと定款で定めることができ（会社法342条１項）、ほとんどの株式会社がこの定めをしているからです。定款は、土台となるテンプレートがいくつかあるのですが、そのテンプレートにこの定めが入っているくらいです。

このような定款の定めができるのは、株主が露骨に対立すると経営がうまくいかなくなる可能性があるからです。選挙制度でいうと、小選挙区制にして安定政権を生み出しやすくするみたいなものです。

4．就任承諾

P333～334 の2.で説明したとおり、株式会社と役員および会計監査人との関係は、委任です（会社法330条）。委任ですので、「一方が……委託し、相手方が……承諾すること」で成立します（民法643条）。「委託」が株主総会の選任決議です。それに対しての「承諾」が必要ですので、就任する者の承諾もあってその者は取締役となります。

5．登記

＊ここから登記のハナシに入ります。このテキストの各論の登記の説明順序は、不動産登記法のテキストとほとんど同じです。基本的に「『実体→登記』→基本的な事例→申請例→完了後の登記記録→申請書の説明」の説明順序にしています。

（1）実体（会社法）→登記

取締役が就任した場合は、取締役の就任の登記を申請しなければなりません（会社法915条1項）。以下の事項は、登記事項だからです。

・取締役の氏名（会社法911条3項13号、22号イ）

（2）申請書の記載事項

申請例 15 —— **取締役の就任の登記**

事例：令和6年6月 20 日、取締役会設置会社の株主総会において、Aを取締役に選任する普通決議が成立した。令和6年6月 28 日、Aは取締役への就任承諾書を株式会社に提出した。なお、この株式会社の資本金の額は、1億円である。

1. 登 記 の 事 由	取締役の変更
1. 登記すべき事項	令和6年6月28日取締役A就任
1. 登 録 免 許 税	金1万円
1. 添 付 書 面	株主総会議事録　1通
	株主リスト　1通
	取締役の就任承諾書　1通
	取締役の本人確認証明書　1通
	委任状　1通

役員に関する事項	取締役　　　　A	令和6年6月28日就任 令和6年7月3日登記

＊登記記録は、基本的に変更がある部分のみを抜粋して掲載しています。

（a）登記の事由

「取締役の変更」と記載します。

「就任」ではなく「変更」とする理由ですが、登記の事由には抽象的な記載をします。よって、役員等の就任も、重任も、退任も、登記の事由はすべて「変更」と記載するんです。広い意味で役員等の変更があったということです。

（b）登記すべき事項

「年月日取締役◯◯就任（重任）」と記載します。

年月日は、「株主総会の選任日と取締役の就任承諾日のうち遅い日（選任と就任承諾が揃った日）」を記載します。通常は、上記申請例15のように、株主総会の選任を受けて取締役が就任承諾をします。しかし、あらかじめ取締役が就任承諾をしておいて、株主総会の選任決議がされる場合もあります。

重任（P322＊）でなければ「就任」、重任であれば「重任」と記載します。

（c）登録免許税

申請件数1件につき、以下の金額です（登免法別表第1.24.（1）カ）。

・資本金の額が1億円を超える株式会社　→　3万円
・資本金の額が1億円以下の株式会社　　→　1万円

（d）添付書面

①株主総会議事録（普通決議の要件を充たすもの。商登法46条2項）

取締役は株主総会の普通決議で選任する必要があるため（P340の2.）、普通決議の要件を充たす株主総会議事録が必要です。

②株主リスト（商登規61条3項）

株主総会の決議を要しますので、株主リストが必要です（P307の「株主リストの添付の基本的な判断基準」）。具体的には、代表者作成の証明書が当たります（P307の5.）（＊）。

＊以下、株主リストについて、具体的には代表者作成の証明書が当たることは省略します。

③就任承諾書（商登法54条1項）

就任する者の就任承諾もあって取締役になりますので、就任承諾書が必要です。

就任承諾書の援用

この就任承諾書ですが、上記①の株主総会議事録に、その取締役が株主総会に出席して株主総会の選任決議の席上で就任を承諾したという記載があれば、株主総会議事録の記載を援用する（使う）ことができます。この場合には、就任承諾書を添付せず（「就任承諾書」という書面を作らず）、その代わりに、申請書に以下のように記載できます。

「1．添付書面　　取締役の就任承諾書は株主総会議事録の記載を援用する」

この方法は他の役員等でもできます（＊）。

＊他の役員等の就任承諾書については、この援用の説明は省略しています。

④本人確認証明書（商登規61条7項）

取締役は、本人確認証明書の添付を求められる役員等です（P327①）。よって、P328～329（2）①または②に当たらない限り、本人確認証明書を添付する必要があります。具体的には、住民票の写しなどが当たります（P330の4.）。

⑤委任状（商登法18条）

司法書士が任意代理人として申請する場合、委任状が必要です（＊）。

＊以下、単に「委任状」と記載します。

4 任期

上記3で取締役の選任をみました。次は、取締役に就任した者がいつまで取締役を務めるのかという「任期」の問題をみていきます。

会社法332条（取締役の任期）

1　取締役の任期は、選任後2年以内に終了する事業年度のうち最終のものに関する定時株主総会の終結の時までとする。ただし、定款又は株主総会の決議によって、その任期を短縮することを妨げない。

1．任期の考え方

※この1.の任期の考え方は、会社法の任期の考え方なので、他の役員等でも同じです。

取締役の任期は、原則として「2年」です（会社法332条1項）。しかし、会社法332条1項は、「選任後2年以内に終了する事業年度のうち最終のものに関する定時株主総会の終結の時まで」というややこしい言い方をしています。単に2年間というわけではないんです。定時株主総会の終結の時に、前事業年度についての取締役の仕事が終わったといえるからです。以下のex.で考えてみましょう。

ex. 事業年度が4月1日から3月31日までである場合に、取締役Aが以下の株主総会で選任されたときの任期満了時は、以下のとおりです。定時株主総会は、毎年6月28日に行われるものとします。

①令和4年3月30日の臨時株主総会で選任された

→　令和5年6月28日の定時株主総会の終結時

「選任（令和4年3月30日）後2年以内に終了する事業年度のうち最終のもの（令和4年4月1日～令和5年3月31日）に関する定時株主総会（令和5年6月28日）の終結の時まで」ということです。

②令和4年4月1日の臨時株主総会で選任された

→　令和6年6月28日の定時株主総会の終結時

「選任（令和4年4月1日）後2年以内に終了する事業年度のうち最終のもの（令和5年4月1日～令和6年3月31日）に関する定時株主総会（令和6年6月28日）の終結の時まで」ということです。

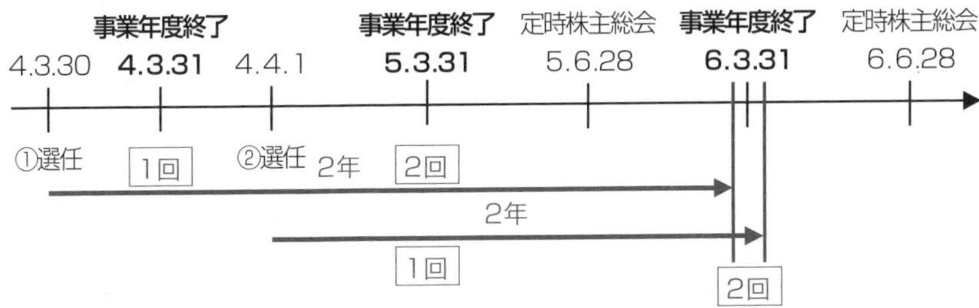

任期の簡単な計算方法

上記のように条文に当てはめると、メンドーですよね。そこで、**選任後に何回事業年度の終了（3月31日など）が到来したかを数えてください**。この「何回」には、任期の「◯年」の◯に入る数字を入れてください。数えた最後の事業年度の終了後の定時株主総会の終結の時が、任期満了時となります。

①令和４年３月30日の臨時株主総会で選任された
→　選任後の１回目の事業年度の終了は令和４年３月 31 日、２回目の事業年度の終了は令和５年３月 31 日（上記の図参照）。令和５年３月 31 日の後の令和５年６月28日の定時株主総会の終結時が任期満了時。
②令和４年４月１日の臨時株主総会で選任された
→　選任後の１回目の事業年度の終了は令和５年３月 31 日、２回目の事業年度の終了は令和６年３月 31 日（上記の図参照）。令和６年３月 31 日の後の令和６年６月28日の定時株主総会の終結時が任期満了時。

条文に当てはめた場合と同じになりましたよね。

※ただし、事業年度の変更がある場合は、この計算方法は使えません。きちんと条文に当てはめる必要があります。この計算方法は、簡略化したテクニックなので、事業年度の変更があると使えなくなるんです。

※任期の起算点

任期の起算点は、取締役の就任承諾の時ではなく、選任の時です（会社法332条１項本文）。取締役の就任承諾の時としてしまうと、取締役の意思で起算点を決められることになってしまい、株式会社の意図とズレるからです。就任承諾の時だと、たとえば、上記①の場合に、Aが「長く取締役でいたい……」と考えたら、令和４年４月１日に就任承諾をすれば、令和６年６月28日まで取締役でいられることになってしまいます。

なお、株式会社の成立時からいる取締役の任期の起算点は、株式会社の成立日です。株式会社の成立日は、設立の登記の申請日です。登記記録では「会社成立の年月日」の欄（P５）に記載されるので、「会社成立の年月日」を確認する必要があります。

2．具体的な任期

取締役の任期は、原則として２年ですが、株式会社の形態によっては１年となったり、伸長できたり短縮できたりします。

取締役の任期の発想

・短縮　→　原則OK

短縮は、悪事を働く可能性がある取締役（P333の「取締役は規制の方向」）の信任を問う機会を多くする方向なので、原則としてOKです。

・伸長　→　原則NG

伸長は、悪事を働く可能性がある取締役（P333の「取締役は規制の方向」）の信任を問う機会を少なくする方向なので、原則としてNGです。

<table>
<tr><th colspan="2"></th><th>任期</th><th>短縮</th><th>伸長</th></tr>
<tr><td rowspan="2">通常の
株式会社
（＊）</td><td>非公開会社</td><td rowspan="2">2年
（会社法332条1項本文）</td><td rowspan="2">○
定款または株主総会の普通決議で
（会社法332条1項ただし書）</td><td>10年まで○
定款で（会社法332条2項）
非公開会社は株主がほとんど変わらないので、信任を問う機会が少なくても構わないからです。</td></tr>
<tr><td>公開会社</td><td>×</td></tr>
<tr><td rowspan="3">監査等委員会設置会社</td><td>監査等委員でない取締役</td><td>1年
（会社法 332 条3項）
公開会社以上に信任を問う機会を多くする必要があるからです。</td><td>○
定款または株主総会の普通決議で
（会社法332条1項ただし書）</td><td rowspan="3">×</td></tr>
<tr><td rowspan="2">監査等委員である取締役</td><td>2年
（会社法332条3項かっこ書）</td><td>×
（会社法332条4項）</td></tr>
<tr><td colspan="2">監査等をする者なので、身分保障をする必要があります。よって、監査等委員でない取締役より任期が長く、短縮ができないとされています。</td></tr>
<tr><td colspan="2">指名委員会等設置会社</td><td>1年
（会社法332条6項）
公開会社以上に信任を問う機会を多くする必要があるからです。</td><td>○
定款または株主総会の普通決議で
（会社法332条1項ただし書）</td><td>×</td></tr>
</table>

＊このテキストでは、監査等委員会設置会社でも指名委員会等設置会社でもない株式会社を「通常の株式会社」ということがあります。

任期の短縮は、取締役ごとにできます（登研366P88）。

ex. 通常の株式会社において、「取締役Aの任期は1年、取締役Bの任期は2年」とすることもできます。

3. 任期の変更

※この3.の任期の変更の考え方は、他の役員等でも同じです。

取締役の任期を短縮または伸長する変更をした場合、在任中の取締役の任期も短縮または伸長されます（平18.3.31民商782）。

短縮の場合に、任期の変更の時点において、短縮後の任期だとすでに任期が満了していることになってしまう場合は、任期の変更時が任期満了時となります（平18.3.31民商782）。……といわれても、わかりにくいですよね。具体例で確認しましょう。

ex. 事業年度が4月1日から3月31日までである場合に、令和5年6月30日の定時株主総会で選任された取締役Aがいました。任期は2年です。令和6年の定時株主総会は、令和6年6月28日に開催されました。その後、令和6年8月28日の臨時株主総会で、取締役の任期を1年とする定款変更がされました。これにより、在任中のAの任期も変更されます。Aの任期をP346の「任期の簡単な計算方法」に従って考えると、選任後1回目の事業年度の終了は令和6年3月31日であり、令和6年3月31日の後の令和6年6月28日の定時株主総会の終結時が任期満了時だったことになってしまいます。しかし、さかのぼるのはおかしいので、定款変更をした令和6年8月28日（任期の変更時）が任期満了時となります。

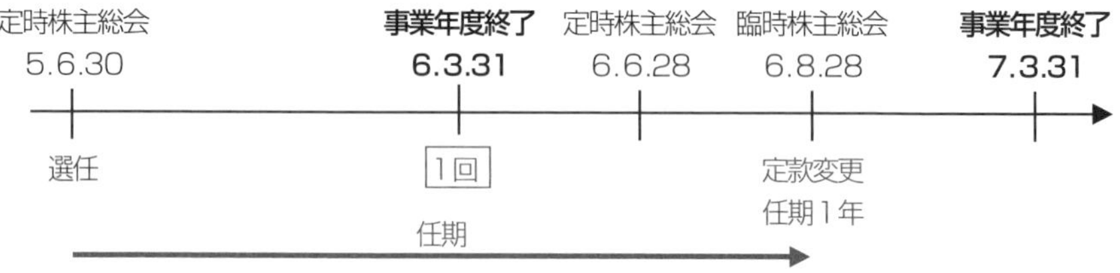

5 退任

3で「選任」、4で「任期」とみてきましたので、次は「退任」です。

1．退任事由

取締役の退任事由は、以下の（1）～（6）の6つです。

（2）～（5）は、委任の終了事由です。株式会社と取締役の関係は委任なので（会社法330条。P333～334の2.）、委任の終了事由が退任事由となります。

（1）任期満了

（a）原則

上記4でみた任期が満了すると、退任します。

（b）特殊な任期満了

上記4の任期は満了していないのですが、以下の①～③のいずれかの定款変更をすると、任期が満了します。

特殊な任期満了に当たるかの基本的な判断基準

特殊な任期満了に当たるのは、その役員等が**形態変更後の株式会社に対応できない可能性がある場合**です。他の役員等の特殊な任期満了でも、同じ基準となります。

①監査等委員会または指名委員会等を置く旨の定款変更（会社法332条7項1号）
②監査等委員会または指名委員会等を置く旨の定款の定めを廃止する定款変更（会社法332条7項2号）

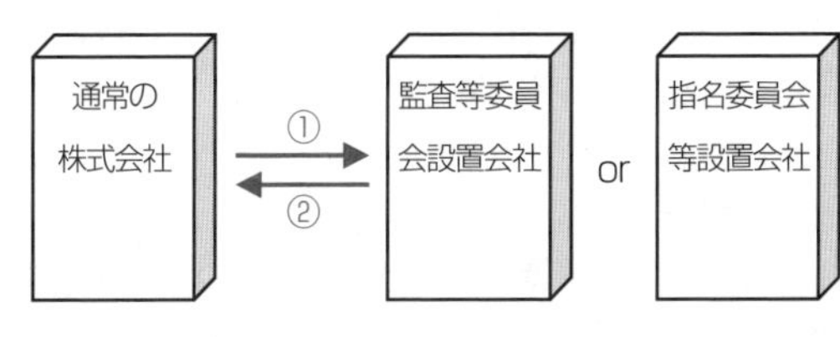

①②は、右の図のように、「通常の株式会社⇔監査等委員会設置会社or指名委員会等設置会社」といった場合の形態の変更です。詳しくは第12節（P481～495）と第13節（P496～512）で説明しますが、通常の株式会社と監査等委員会設置会社または指名委員会等設置会社では、取締役の位置づけ・役割が大きく異なります。よって、取締役が形態変更後の株式会社に対応できない可能性があるんです（上記の「特殊な任期満了に当たるかの基本的な判断基準」）。

③非公開会社が公開会社となる定款変更（会社法332条7項3号）

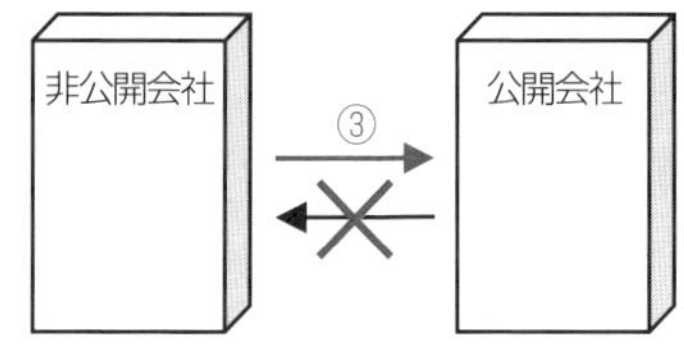

非公開会社は私の株式会社、公開会社は上場企業のトヨタなどをイメージしてください。私の株式会社の取締役は私ですが、私には公開会社の取締役は務まらないでしょう。それに対して、トヨタの取締役は私の株式会社の取締役も務まるでしょう（上記の「特殊な任期満了に当たるかの基本的な判断基準」）。だから、「非公開会社→公開会社」の場合のみ取締役の任期が満了するんです。

ただし、監査等委員会設置会社または指名委員会等設置会社であれば、非公開会社から公開会社になっても、取締役の任期は満了しません。監査等委員会設置会社と指名委員会等設置会社の会社形態は上場企業が採ることを想定していますので（実際にほとんどが上場企業です）、非公開会社でも公開会社でも、取締役の位置づけ・役割に違いがあまりないんです。

（2）死亡

取締役は、死亡したら退任となります（民法653条1号）。取締役の相続人が取締役の地位を継ぐわけではありません。取締役は、その人の経営能力を買われて経営を任されています。その相続人の経営能力が買われているわけではありません。

（3）破産手続開始の決定

破産手続開始の決定は委任の終了事由ですので（民法653条2号）、取締役の退任事由となります。P339の左の③との違いにご注意ください。つまり、「破産手続開始の決定があると、退任するが（この（3））、復権していなくてもすぐに取締役に就任することができる（P339の左の③）」ということです。この違いは、よく問われます。

（4）辞任

株式会社と取締役の関係は委任ですので、取締役のほうから一方的に辞任することができます（民法651条1項）。── 民法Ⅲのテキスト第7編第7章3 1.

株式会社の登記は、代表取締役（代表執行役）が申請するのが原則です。しかし、代表取締役が申請してくれなかった場合は、どうすればよいでしょうか。ある取締役が取締役を辞任しましたが、権利義務取締役となったわけではないのに、代表取締役がこの取締役の辞任による退任の登記を申請しませんでした。そこで、この取締役は、株式会社を訴え、「辞任の登記をせよ」という確定判決を得ました。この場合、この取締役は、自ら辞任による退任の登記を申請できます（昭30.6.15民事甲124）。

商業登記には、不動産登記のように判決による登記の規定（不登法63条1項）はありません。しかし、商業登記でも、このような判決があれば辞任した取締役が申請できます。

なお、この場合の登記すべき事項は、「年月日辞任」（判決の主文または理由で認定された退任原因と退任年月日）となります。

(5) 解任

株式会社と取締役の関係は委任ですので、株式会社からも、いつでも一方的に解任することができます（会社法339条1項、民法651条1項）。── **民法Ⅲのテキスト第7編第7章3 1.**　委任ですので、解任に正当な理由は要りません。

ただ、解任に正当な理由（取締役の任務違背（いはい）、長期の病気療養など）がないと、取締役は株式会社に対して解任によって生じた損害の賠償を請求できます（会社法339条2項）。この構造も、民法の委任の規定と似ていますね（民法651条2項）。── **民法Ⅲのテキスト第7編第7章3 1.**

解任の効力が発生するには、解任の決議が成立するのみでよく、解任された者に対する告知などは不要であると解されています（他の役員等の解任・解職も同じです。最判昭41.12.20参照）。

解任する機関は、株主総会です（会社法339条1項）。選任したのが株主総会だからです（P340の2.）。

選解任機関の基本的な考え方

会社法の基本的な考え方は、**選任・選定機関と解任・解職機関は同じ**です。よって、通常は選任した機関で解任します。

解任機関は株主総会なのですが、取締役によって決議要件が変わります。

①取締役（②③以外）	②累積投票により選任された取締役	③監査等委員である取締役
特別な普通決議	**特別決議**（会社法309条2項7号。P298⑦）	
（会社法341条）選任（P340の2.）と同じく、定足数を1/3までしか軽減できません。	累積投票は、少数株主でも息のかかった経営者を送り込めるようにした制度です。その取締役を普通決議で解任できるとなると、多数派株主がすぐに解任してしまいます。	監査をする者なので、身分保障をする必要があります。そこで、監査役（P446（5））に合わせ、簡単には解任できないようにされています（P485の「監査役に類似」）。

（6）欠格事由の発生

P338～339の（1）の欠格事由が発生すると（ex. 会社法関係の法律の罪を犯して刑に処せられた）、取締役の資格を失いますので、退任します。

※被保佐人は取締役の欠格事由ではなくなりましたので（P338の左の②）、取締役が被保佐人になっても退任しません。しかし、取締役が成年被後見人になると退任します（令3.1.29民商14）。成年被後見人は取締役の欠格事由ではなくなったのですが（P338の左の②）、後見開始の審判を受けたことは委任の終了事由ではあるからです（民法653条3号）。―― 民法Ⅲのテキスト第7編第7章[3]2.、民法Ⅰのテキスト第2編第6章第2節[1]5.

2．登記

（1）実体（会社法）→登記

取締役が退任した場合は、取締役の退任の登記を申請しなければなりません（会社法915条1項）。以下の事項は、登記事項だからです。

・取締役の氏名（会社法911条3項13号、22号イ）

（2）申請書の記載事項

申請例16 ―― **取締役の任期満了による退任の登記**

事例：令和6年6月28日、事業年度が4月1日から3月31日までである取締役会設置会社の定時株主総会において、令和4年6月24日に選任された取締役Aが再任されなかった。定時株主総会議事録には、Aが任期満了により退任する旨の記載がある。この株式会社には、他に令和5年6月30日に選任された取締役B、C、Dがいる（＊）。なお、この株式会社の資本金の額は、1億円である。

＊退任事由が任期満了ですので、権利義務取締役となるかを検討しなければなりません（P322 の左の①）。取締役会設置会社ですが、取締役が他に３人いますので、Aは権利義務取締役とはなりません（P321（a））。

1．登記の事由	取締役の変更
1．登記すべき事項	令和6年6月28日取締役A退任
1．登録免許税	金1万円
1．添付書面	株主総会議事録　1通 委任状　1通

役員に関する事項	取締役　A	令和4年6月24日就任 令和4年6月29日登記 令和6年6月28日退任 令和6年7月3日登記

（a）登記の事由

「取締役の変更」と記載します。

登記の事由には抽象的な記載をしますので、広い意味で役員等の変更があったということで「変更」と記載します。

（b）登記すべき事項

退任事由	登記すべき事項
①任期満了	**「年月日取締役○○（任期満了により）退任」** 年月日は、「定時株主総会の終結した日」を記載します。定時株主総会が1日で終了せず、次の日に継続されて終結した場合は、その「次の日」を記載します。取締役の任期は、「定時株主総会の終結の時まで」だからです（会社法332条1項。P344～345）。これらは、定時株主総会が定款で定めた期間内にきちんと開催されて終結した場合です。それに対して、たとえば、定款に定時株主総会を事業年度終了後3か月以内に開催する定めがある場合に、事業年度終了後3か月以内に定時株主総会が開催されなかった（遅れて開催されたまたは開催されなかった）ときは、開催されるべき期間の満了日を記載します（昭33.12.23 民事甲2655、昭38.5.18 民事甲1356）。この場合の退任を証する書面は、定款です。定款に、定時株主総会が開催されるべき期間が記載されているからです。 「任期満了により」は、省略してもOKです。

退任事由	登記すべき事項
②死亡	**「年月日取締役○○死亡」** 年月日は、「死亡した日」を記載します。
③破産手続開始の決定	**「年月日取締役○○退任」** 年月日は、「破産手続開始の決定があった日」を記載します。 退任事由を「資格喪失」と書くというひっかけが出ますが、「退任」です。破産手続開始の決定は、委任の終了事由であって（民法 653 条2号）、欠格事由ではないからです（P339 の左の③）。
④辞任	**「年月日取締役○○辞任」** 年月日は、「辞任の意思表示が株式会社に到達した日」を記載します。意思表示の原則どおり、意思表示が相手（株式会社）に到達した時に辞任の効力が生じるからです（民法 97 条1項）。── **民法Ⅰのテキスト第2編第5章第1節2 1.**
⑤解任	**「年月日取締役○○解任」** 年月日は、「株主総会で解任を決議した日」を記載します。取締役に告知をしなくても、株主総会の決議で効力が生じると解されているからです（最判昭 41.12.20 参照）。
⑥欠格事由の発生	**「年月日取締役○○資格喪失」** 年月日は、「欠格事由が発生した日」を記載します。 「資格喪失」とは、取締役の資格を喪失したということです。
⑦後見開始の審判	**「年月日取締役○○退任」** 年月日は、「後見開始の審判が確定した日」を記載します。 退任事由は、「資格喪失」ではなく、「退任」です。後見開始の審判は、委任の終了事由であって（民法 653 条2号）、欠格事由ではないからです（P352※）。

(c) 登録免許税

申請件数1件につき、以下の金額です（登免法別表第1.24.（1）カ）。

・資本金の額が1億円を超える株式会社　→　3万円
・資本金の額が1億円以下の株式会社　→　1万円

(d) 添付書面

取締役の退任の登記の添付書面は、退任の事由を証する書面（下記ⅰ）と委任状（下記ⅱ）の2つです。ⅰに色んな種類があるのですが、単純化するとこの2点です。

i　退任の事由を証する書面（商登法54条4項）

商業登記は少しユルイ

商業登記の添付書面の要求されるレベルは、**不動産登記よりも少しユルイ**です。たとえば、公文書が求められることはほとんどありません。

退任事由	退任の事由を証する書面
①任期満了	**【定時株主総会議事録に任期満了により退任する旨の記載がない場合】** ・定款（昭53.9.18民四.5003） 定時株主総会を開催すべき時期を明らかにするために添付します。 ・株主総会議事録（定時株主総会議事録） 退任日を明らかにするために添付します。取締役の任期は、「定時株主総会の終結の時まで」だからです（会社法332条1項。P344～345）。株主総会議事録には、開催日が書かれます（会社施行規72条3項1号）。 **【定時株主総会議事録に任期満了により退任する旨の記載がある場合】** 株主総会議事録（定時株主総会議事録。昭53.9.18民四.5003） 任期が短縮または伸長されている場合、たとえば、10年前に選任された取締役の任期満了による退任の登記でも、任期を伸長した定款を添付する必要はなく、定時株主総会議事録のみで構いません。定時株主総会議事録の記載を信じるわけです。商業登記の添付書面の要求されるレベルは、少しユルイですよね（上記の「商業登記は少しユルイ」）。 ※P349～350（b）の事由で退任する場合は、P349～350（b）の定款変更を決議した株主総会議事録が任期満了を証する書面となります。 ※上記いずれの場合でも、株主リストの添付は不要であると解されています。株主総会で取締役の退任について決議をしているわけではないからです（P307の「株主リストの添付の基本的な判断基準」）。
②死亡	戸籍全部事項証明書等・法定相続情報一覧図の写し（平29.5.18民商84。不動産登記法Ⅱのテキスト第5編第12章）、住民票の写し・医師作成の死亡診断書・遺族などからの株式会社に対する死亡届など 遺族などが作成した死亡届でも構わないことからも、商業登記の添付書面の要求されるレベルが少しユルイことをおわかりいただけると思います。
③破産手続開始の決定	破産手続開始の決定があったことを証する書面 具体的には、破産手続開始決定書謄本が当たります。

退任事由	退任の事由を証する書面
④辞任	辞任届 たとえば、5年前に選任された取締役の辞任の登記でも、任期を伸長した定款を添付する必要はなく、辞任届のみで構いません。どういうことかというと、取締役の任期は原則として2年ですので（会社法332条1項。P347）、5年前に選任された取締役は、任期を伸長していない限りすでに任期が満了しています。任期が満了した者は辞任できません。すでに退任していますから。しかし、辞任届の記載を信じるわけです。やっぱり商業登記の添付書面の要求されるレベルは、少しユルイんです（上記の「商業登記は少しユルイ」）。 **辞任届の援用** この辞任届ですが、株主総会議事録に、その取締役が株主総会に出席して株主総会の席上で辞任を申し出たという記載があれば、株主総会議事録の記載を援用する（使う）ことができます（昭36.10.12民四.197）。この場合には、辞任届を添付せず（「辞任届」という書面を作らず）、その代わりに、申請書に以下のように記載できます。就任承諾書と同じ方法が使えるわけです（P344の「就任承諾書の援用」）。 「1．添付書面　　取締役の辞任届は株主総会議事録の記載を援用する」 **この方法は他の役員等でもできます（*）。** *他の役員等の辞任届については、この援用の説明は省略しています。
⑤解任	・株主総会議事録（普通決議または特別決議の要件を充たすもの。商登法46条2項） ・株主リスト（商登規61条3項） 取締役は株主総会の普通決議または特別決議で解任する必要があるため（P351～352（5））、普通決議または特別決議の要件を充たす株主総会議事録が必要です。このように株主総会の決議を要しますので、株主リストが必要です（P307の「株主リストの添付の基本的な判断基準」）。
⑥欠格事由の発生	欠格事由に該当したことを証する書面（昭57.7.20民四.4455）
⑦後見開始の審判	後見開始の審判書の謄本およびその確定証明書、または、成年後見登記事項証明書

ii　委任状（商登法18条）

6 取締役と株式会社の利害対立

会社法356条（競業及び利益相反取引の制限）

1　取締役は、次に掲げる場合には、株主総会において、当該取引につき重要な事実を開示し、その承認を受けなければならない。

一　取締役が自己又は第三者のために株式会社の事業の部類に属する取引をしようとするとき。

二　取締役が自己又は第三者のために株式会社と取引をしようとするとき。

三　株式会社が取締役の債務を保証することその他取締役以外の者との間において株式会社と当該取締役との利益が相反する取引をしようとするとき。

会社法365条（競業及び取締役会設置会社との取引等の制限）

1　取締役会設置会社における第356条の規定の適用については、同条第1項中「株主総会」とあるのは、「取締役会」とする。

取締役は、株主から株式会社の経営を任された者ですので、株式会社の利益のために行動する必要があります。そこで、取締役が、株式会社の利益を犠牲にして自分や第三者の利益を図るおそれがあること（下記1.の競業取引、下記2.の利益相反取引）をする場合、株式会社の以下の機関の承認が必要となります。

非取締役会設置会社	取締役会設置会社
株主総会（普通決議） （会社法356条1項柱書）	**取締役会** （会社法365条1項） 競業取引または利益相反取引をした取締役は、取引について取締役会の承認を受けたか否かにかかわらず、取引の後は遅滞なく、その取引についての重要な事実を取締役会に報告する必要があります（会社法365条2項）。
利益相反取引についての判例ですが、一人会社（株主が1人の株式会社）で全株式を保有する株主兼取締役と株式会社との取引については、承認を要しません（最判昭45.8.20）。その取締役が全株式を保有しているので、「その取締役の行為＝株式会社の承認」と解されるからです。	

この競業取引・利益相反取引の規制は、取締役以外の役員等についても存在します。規制が存在するのは、以下の表の左の役員等です。

判断基準

業務執行の決定・業務の執行をする者に規制があります。

規制がある者	規制がない者
①**取締役**（会社法356条1項） ②**執行役**（会社法419条2項、356条1項） ③**清算人**（会社法482条4項、356条1項。＊） ＊清算人は、Ⅱのテキスト第3編第8章3 2.（2）で説明します。	①**会計参与** ②**監査役** ③**会計監査人**

1．競業取引

（1）意義

以下の①②の行為が競業取引に当たります。

①取締役が自己のために株式会社の事業の部類に属する取引をすること（会社法356条1項1号）

ex. ドコモの取締役が、携帯電話事業の副業を個人事業主として始めることが当たります。

②取締役が第三者のために株式会社の事業の部類に属する取引をする（※）こと（会社法356条1項1号）

ex. ドコモの取締役が、ソフトバンクの代表取締役となり、ソフトバンクを代表して取引をすることが当たります。

※取締役が同種の事業を目的とする他の株式会社の取締役に就任すること自体は、競業取引には当たりません。あくまで"取引"をする必要があります。たとえば、複数のIT企業の取締役を兼任している人はいます。

（2）趣旨

取締役は企業秘密（ノウハウ、顧客情報など）を知っています。それを利用して、勝手に自分が儲けようとしたり、他社を儲けさせようとしたりすることは、株式会社の利益のために行動すべき取締役には許されないんです。

(3) 効果

取締役が承認を得ずに競業取引をしてしまった場合、取締役はその競業取引によって株式会社に生じた損害を賠償する義務を負います(会社法423条1項)。

このとき、その競業取引によって取締役または第三者が得た利益の額が株式会社が被った損害の額と推定されます(会社法 423 条2項)。本来、損害賠償請求をするときは、「これだけの損害が生じた」ということを立証する必要があります。しかし、それを積極的にしなくていいんです。競業取引によって株式会社に生じた損害とは、取締役や第三者が企業秘密などを使って儲けたことによって株式会社の売上額が減少したことです。ですが、売上額の減少のうち、いくらが競業取引のせいなのかを立証するのは困難です。景気が悪くなったのが原因かもしれません。よって、株式会社の立証を不要としているんです。

＊競業取引の規制は、株式会社の取締役・執行役・清算人以外に、持分会社の業務執行社員、支配人、代理商にもあるため、Ⅱのテキスト第10編第2章6 4.(3)の表で比較しています。

2. 利益相反取引

(1) 意義

以下の①～③の行為が利益相反取引に当たります。

①②を「直接取引」、③を「間接取引」といいます。

①取締役が自己のために株式会社と取引をすること(直接取引。会社法356条1項2号)

ex. トヨタの取締役がトヨタから自動車を購入する売買契約をすることが当たります(＊)。

＊一般客と同じように店舗で購入するといった場合を除きます。

トヨタ
利益相反
取締役

②取締役が第三者のために株式会社と取引をすること(直接取引。会社法356条1項2号)

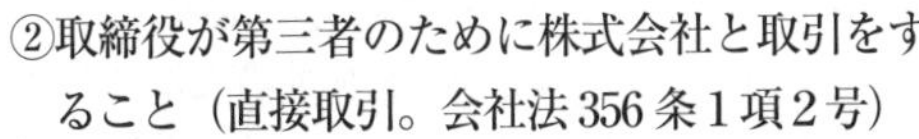

ex. トヨタの取締役が、マツダの代表取締役となり、マツダを代表してトヨタと自動車の売買契約をすることが当たります。

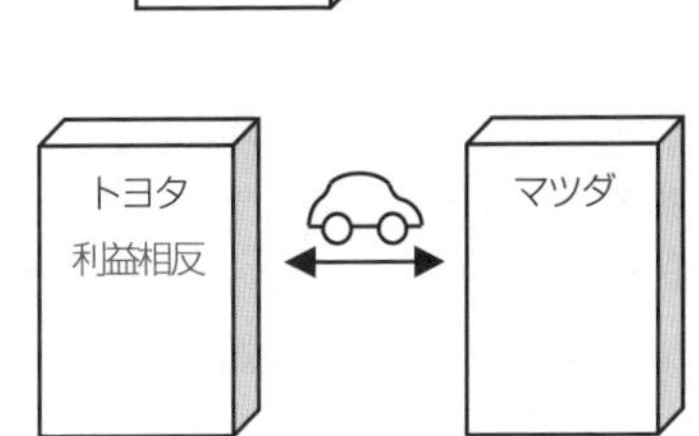

このように第三者を代表する場合だけでなく、第三者を代理する場合も当たります。

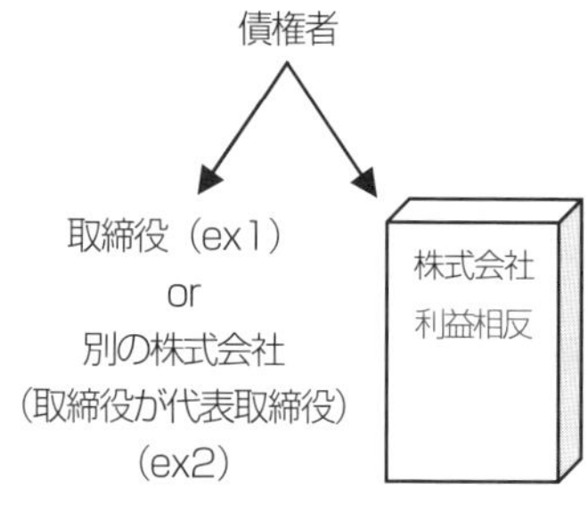

③株式会社が取締役の債務を保証することその他取締役以外の者との間において株式会社と取締役との利益が相反する取引をすること（間接取引。会社法356条1項3号）

ex1. 取締役の借金の保証人に株式会社がなることが当たります。

ex2. 取締役が代表取締役を務める別の株式会社の保証人に株式会社がなることが当たります（最判昭45.4.23）。取締役自身の債務を担保するためではありませんが、取締役が代表取締役を務めている株式会社の債務の保証人になることも、「取締役の債務を保証すること」と同視されます。

（2）趣旨

上記（1）①②は、取締役やマツダのために「300万円の自動車だけど30万円でいっか」などとなるおそれがあります。上記（1）③は、株式会社が取締役の保証人になると、株式会社が取締役の借金を返済することになるかもしれません。

（3）効果

（a）取引の効果

株主総会または取締役会の承認を受けなかった利益相反取引は、無効です。株主総会（普通決議）または取締役会の承認が、利益相反取引の要件だからです（会社法356条1項柱書、365条1項）。

無効なのですが、無効を主張できるのは株式会社だけであり、取締役は主張できません（最判昭48.12.11）。利益相反取引の規定は、株式会社を保護するためのものだからです（上記（2））。

株式会社と取締役の間だけのハナシだったら、これでいいですよね。しかし、第三者がからむ場合があります。たとえば、上記（1）①のex.の場合に取締役がさらに自動車を売却した場合の買主、上記（1）③のex.の債権者などです。株式会社が第三者に利益相反取引の無効を主張するには、株式会社の承認がないことについて第三者が悪意であることを立証する必要があります（相対的無効説。最大判昭43.12.25、最大判昭46.10.13）。株主総会または取締役会の承認は、株式会社の内部のことであり、第三者からすると「知るか！」ってハナシです。だから、第三者が悪意であることを株式会社が立証する必要があるんです。

（b）取締役の責任

利益相反取引によって株式会社に損害が生じた場合、任務を怠ったとされる取締役は損害賠償責任を負います（任務懈怠責任。会社法423条1項）。

i　任務懈怠の推定

以下の①～③の者は、株主総会または取締役会の承認があったかどうかにかかわらず、任務を怠ったものと推定されます。以下の者の側で任務を怠っていないことを立証しない限り、責任を免れられません。利益相反取引は、株式会社に損害を及ぼすおそれが強い行為です。そこで、任務懈怠の推定規定を設け、取締役が責任を負いやすいようにしているんです。

①利益相反取引をした取締役（会社法423条3項1号）
②株式会社が利益相反取引をすることを決定した取締役（会社法423条3項2号）
　これは、業務執行の決定をした取締役や株式会社を代表して契約を締結した代表取締役が当たります。
③利益相反取引についての取締役会の承認の決議に賛成した取締役（会社法423条3項3号）

②③は、「株式会社に損害が生じるとあなた達の任務懈怠(けたい)が推定されるから、ちゃんと考えて決定・賛成しなさい」ということです。

複数の取締役が責任を負うことになった場合、複数の取締役は連帯責任となります（会社法430条）。

会社法は連帯責任

会社法において、**数人の者が責任を負う場合は基本的に連帯責任（連帯債務）**となります。企業間の取引は額が莫大であり相手方の損害も莫大になることもあるので、相手方保護のため、このようになっています。このテキストでは今後は言及しませんが、**数人の者が責任を負う場合は基本的に連帯責任（連帯債務）**であると考えてください。

ii　責任の内容

＊この責任は、P518～529 1 で学習する任務懈怠責任の一種なので、このiiは、P518～529 1 をお読みになった後にお読みください。

原則	自己のために株式会社と取引をした取締役（P359①）
・**過失責任**（会社法423条1項） ・**P520（2）～524（4）（会社法425条～427条）の方法での責任の一部免除可** この損害賠償責任は、任務懈怠責任（会社法423条）の一種だからです。	・**無過失責任**（会社法428条1項） ・**P520（2）～524（4）（会社法425条～427条）の方法での責任の一部免除不可**（会社法428条2項） P359①の取締役は、たとえば、300万円の自動車を30万円で購入した者です。株式会社の損失で直接に利益を得ている者なので、責任を逃れられないんです。
・**総株主の同意（会社法424条。P520（1））による責任の全部の免除可** 自己のために株式会社と取引をした取締役でも総株主の同意があれば責任を免除できるのは、株式会社の持ち主である株主が「300万円の自動車を30万円で売っていいよ」と言っている（30万円で売ったことを認めた）からです。	

（4）利益相反取引にならない取引

株式会社と取締役との間の取引ですが、その実質から利益相反取引にならない取引があります。たとえば、以下の①～③の取引は、利益相反取引には当たりません。利益相反取引の趣旨は、取締役や第三者のために株式会社が不利益を受けることを防止することです（P360（2））。以下の①～③の取引は、その心配がないんです。

①取締役が株式会社に対して、負担のない贈与をする、無利息・無担保の貸付をする（最判昭38.12.6）

②取締役が株式会社の債務を免除する

①②は、株式会社に利益があるだけで、不利益はないからです。

③約款に基づいてする取引（運送契約・保険契約・預金契約など。東京地判昭57.2.24）

約款とは、主に業者が、不特定多数の者と同一条件で契約をするために用意するものです。携帯電話の契約をしたりするときに、ダラダラと契約条項が書かれた約款をご覧になったことがありませんでしょうか。ほとんど読まずにサインをしてしまうアレです。約款は、誰が当事者でも同じ条件なので、取締役だからといって取締役に有利になることはありません。

7 社外取締役

１．社外取締役とは？

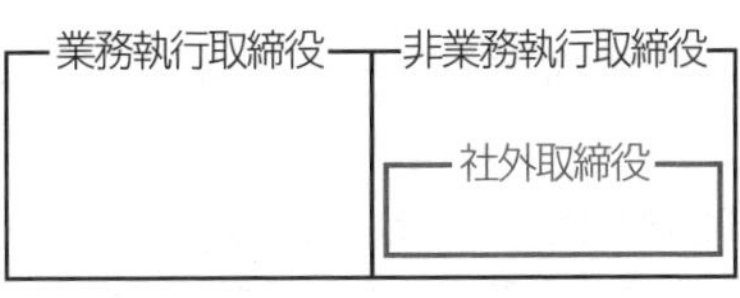

社外取締役の要件は詳しく下記２.でみますが、外部からチェックのために招へいされた大学教授、弁護士、業界の有名な経営者などをイメージしてください。たとえば、ユニクロの柳井さんは、ソフトバンクグループの社外取締役でした。P336（２）、P337（２）で、取締役には「業務執行取締役」と「非業務執行取締役」がいる旨の説明をしましたが、非業務執行取締役のうち「社外取締役」という取締役もいるんです。

２．社外取締役の要件

＊社外取締役の要件は複雑なので、この２.はP533まで読んだ後（機関の学習が終わった後）にお読みください。ある程度学習してからにしたほうがいいです。この２.を読むまでは、「社外取締役は外部から招聘された大学教授など」というフワっとしたイメージで結構です。

用語

まず、以下の用語が何を意味するのかを押さえる必要があります。

＊「その株式会社」が、社外取締役の要件が問題となる株式会社です。

・業務執行取締役等：業務執行取締役（P336（２）、P337（２））、執行役、支配人またはその他の使用人（会社法２条15号イかっこ書）

その株式会社またはその子会社の業務執行取締役等は、社外取締役とはなりません。ふりがなをふっているところを取って、「社外でない奴はしっしっしっし」と記憶しましょう。

・親会社等：親会社（P21の１.）または株式会社の経営を支配している者（法人を除く）（会社法２条４号の２、会社施行規３条の２第２項）

「株式会社の経営を支配している者」とは、たとえば、その株式会社の議決権の過半数を有している自然人の株主が当たります。いわゆる「オーナー株主」です。

・子会社等：子会社（P21の１.）または会社以外の者がその経営を支配している法人（会社法２条３号の２、会社施行規３条の２第１項）

・兄弟会社：親会社等の子会社等（会社法２条15号ニ）

親会社等（親会社またはオーナー株主）が同じである子会社等を、「兄弟会社」といいます。

「社外取締役」とは、以下の①～⑤のいずれにも該当する者です。逆にいうと、以下の①～⑤のいずれか1つでも該当しないと、社外取締役とはなりません。②以外は、P366に図にしておきました。複雑なので、P366の図をご覧になりながら以下の①、③～⑤をご覧ください。なお、②～⑤は、平成26年の改正で追加されました。

①その株式会社またはその子会社の業務執行取締役等でなく、かつ、その就任の前10年間その地位に就いたことがないこと（会社法2条15号イ）

業務執行などをする者ですので、外から来た者とはいえません。

子会社は親会社の支配下にあるので、子会社の業務執行取締役等も含みます。

業務執行取締役等を辞めても、10年間は社外取締役にはなりません。ただ、10年経過すれば、社外取締役となると平成26年の改正で要件が緩和されました。10年間も株式会社から離れていたのであれば、もう影響力はなく、外から来た者といえるからです。

②就任の前10年内のいずれかの時点でその株式会社またはその子会社の取締役、会計参与または監査役であったことがある者については、その取締役、会計参与または監査役への就任の前10年間その株式会社またはその子会社の業務執行取締役等であったことがないこと（会社法2条15号ロ）

頭が痛くなりますが……、これは「その株式会社またはその子会社の業務執行取締役等は退（しりぞ）いたが、別ポスト（これが『その株式会社またはその子会社の取締役、会計参与または監査役』です）に就いて（社内にいながら）10年待とう」という、上記①の脱法行為を防止するための規定です。

ex. 業務執行取締役を退任した社長が、すぐに監査役に就任し、10年が経過すれば、上記①の規定しかないと社外取締役の要件を充たすことになってしまいます。

別ポストに就いて10年が経つのを待とうとする者もいます。しかし、これは株式会社から離れていませんので、影響力がなくなったとはいえないですよね。

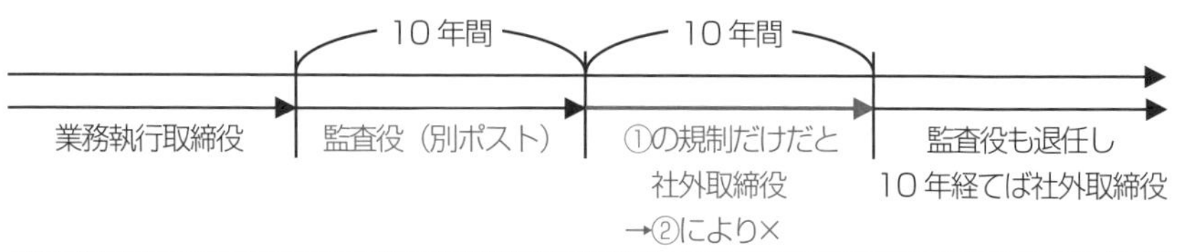

③その株式会社の親会社等（自然人に限る）または親会社等の取締役、執行役、支配人またはその他の使用人でないこと（会社法2条 15 号ハ）

「親会社等（自然人に限る）」とは、オーナー株主自身のことです。「(自然人に限る)」とあるのは、法人は取締役になれないからです（会社法 331 条1項1号。P338 の右の①)。オーナー株主や親会社等の取締役などは、その株式会社にとって「強い存在」です。このような強い存在の者も外から来た者とはいえません。下に責任を押しつける可能性があるからです。

④兄弟会社の業務執行取締役等でないこと（会社法2条 15 号ニ）

兄弟会社の業務執行取締役等は上記③に類似するからです。兄弟会社は親会社等の支配下にあるので、親会社等の指示で動く可能性があります。

⑤その株式会社の取締役、執行役、支配人もしくはその他の重要な使用人または親会社等（自然人に限る）の配偶者または２親等内の親族でないこと（会社法2条 15 号ホ）

取締役などの奥さんや親などは、外から来た者とはいえないですよね。近親者を監視することはできません。親会社等が「(自然人に限る)」とされている（オーナー株主に限定されている）のは、自然人でないと配偶者や２親等内の親族がいないからです。

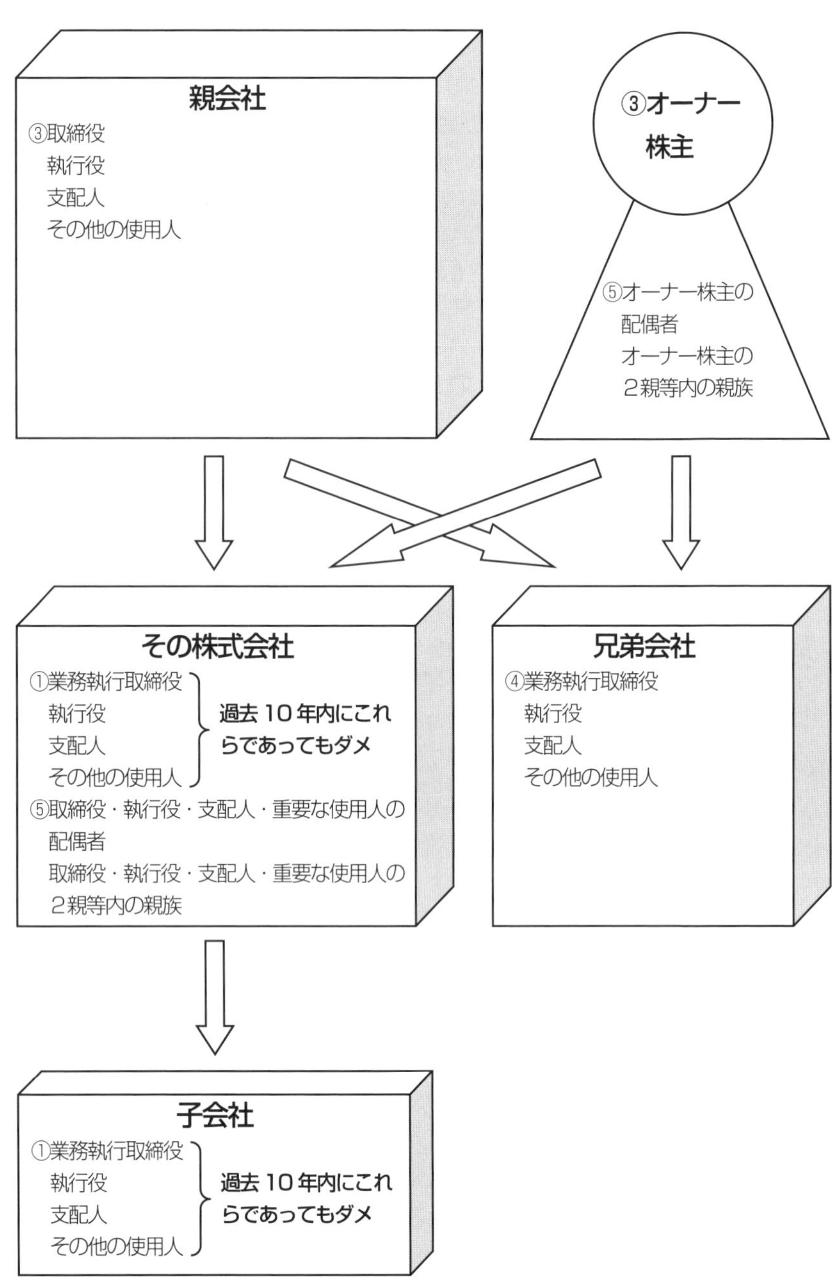
親会社
③取締役
執行役
支配人
その他の使用人
③オーナー
株主
⑤オーナー株主の
配偶者
オーナー株主の
2親等内の親族
その株式会社
①業務執行取締役
執行役
支配人
その他の使用人
過去10年内にこれらであってもダメ
⑤取締役・執行役・支配人・重要な使用人の
配偶者
取締役・執行役・支配人・重要な使用人の
2親等内の親族
兄弟会社
④業務執行取締役
執行役
支配人
その他の使用人
子会社
①業務執行取締役
執行役
支配人
その他の使用人
過去10年内にこれらであってもダメ

3．社外取締役の設置義務

社外取締役は、すべての株式会社に置かなければならないわけではありません（私の株式会社のような小さな株式会社は普通は置いていません）。

社外取締役の設置義務があるのは、以下の①～④の株式会社です。

①特別（とくべつ）取締役による議決の定めがある株式会社（会社法373条1項2号。P411③）
②監（かん）査等委員会設置会社（会社法331条6項。P482）
③指（し）名委員会等設置会社（会社法400条3項。P497）
④発行株式について有価証券報告書を内閣総理大臣に提出しなければならない公開会社かつ大会社である監査役会設置会社（上（じ）場企業などが当たります。会社法327条の2）

上場企業は、多数の株主が株式を分散して保有しているので、株主が十分に取締役を監視できません。監査役会はありますが、それだけでは不十分で、取締役として取締役会内部に監視をする者も置いたほうが適切な監査ができます。そこで、取締役の中に外部から招へいした社外取締役を入れて監視体制を強化するのが、先進国のやり方です。日本でも、平成26年の改正の際、上場企業などで社外取締役の設置を義務づける改正がされる予定でした。しかし、経済界の反対で、最後の最後で、設置義務を定めるのではなく、設置しない場合には置くことが相当でない理由を説明しろという規定となりました（「comply or explain rule」といいます）。ですが、上場企業のほぼすべてが社外取締役を置くことを選択しました。そこで、令和元年の改正で、やっと社外取締役の設置義務の規定ができました。

①～④は、ふりがなをふっているところを取って「社外から特別（とくべつ）に監視（かんし）じゃ」と記憶してください。

4．登記

社外取締役である旨の登記をするのは、上記3.①～③の場合のみです（会社法911条3項21号ハ、22号ロ、23号イ）。たとえ社外取締役がいても、上記3.①～③の株式会社でなければ登記しません。上記3.④は、令和元年の改正の際も、社外取締役である旨が登記事項とはされませんでした（令3.1.29民商14）。「有価証券報告書を内閣総理大臣に提出しなければならない」株式会社であるかと「大会社」であるかは、登記記録から必ずしも明確にならないからです。

社外取締役は、以下のように登記されます。

役員に関する事項	取締役　　　　　A （社外取締役）	令和6年6月28日就任 令和6年7月3日登記

（1）社外取締役の就任の登記・退任の登記

社外取締役の就任の登記の申請書は、登記すべき事項が「年月日取締役（社外取締役）○○就任（重任）」、社外取締役の退任の登記の申請書は、登記すべき事項が「年月日取締役（社外取締役）○○（任期満了により）退任」などとなるだけで（平14.4.25民商1067）、その他はP342～344（2）、P352～356（2）と同じです。「（社外取締役）」を加えるだけなんです。

社外取締役・社外監査役に特有の添付書面

登記すべき事項以外はP342～344（2）と同じということは、添付書面も同じです。つまり、社外性を証する書面の添付は要しません。社外性とは、P364①～365⑤のいずれにも該当すること、雑にいうと、その株式会社と関係がないことです。これは「ないことの証明」なので、できません。たとえば、「トヨタと関係がなかったことを証明しろ」と言われても、無理ですよね。「生まれてからずっと関係ないし……」としか言えないと思います。

これは、社外監査役についても同じです。

社外取締役・社外監査役に特有の添付書面はないと記憶してください。

（2）すでに登記されている取締役についての社外取締役の登記

申請例17 ―― **すでに登記されている取締役についての社外取締役の登記**

事例：令和6年6月28日、取締役が6人の監査役会設置会社の取締役会において、特別取締役による議決の定めを設ける旨の決議が成立した（特別取締役の選定と就任承諾もされた）。Aは、取締役として登記されており、社外取締役としての要件を充たす。なお、この株式会社の資本金の額は、1億円である。

＊特別取締役による議決の定めの設定の登記と特別取締役の就任の登記も申請しますが（P413【設定】①②）、この申請例では省略します。

1. 登記の事由	取締役の変更
1. 登記すべき事項	取締役Aは社外取締役である
1. 登録免許税	金1万円
1. 添付書面	委任状　1通

<table>
<tr><td rowspan="2">役員に関する事項</td><td>取締役　　A</td><td>令和5年6月30日就任
令和5年7月5日登記</td></tr>
<tr><td>取締役　　A
（社外取締役）</td><td>
令和6年7月3日社外取締役の登記</td></tr>
</table>

（a）登記の事由

「取締役の変更」と記載します。

やはり登記の事由には抽象的な記載をします。

（b）登記すべき事項

「取締役◯◯は社外取締役である」と記載します。

登記すべき事項にも年月日を記載しません（平14.4.25民商1067参照。P42の「年月日の記載」の例外）。「この日に取締役から社外取締役になった」という日はないからです。上記申請例17のAは、最初から社外取締役であったのであって、特別取締役による議決の定めを設けたから社外取締役になったわけではありません。

（c）登録免許税

申請件数1件につき、以下の金額です（登免法別表第1.24.（1）カ）。

・資本金の額が1億円を超える株式会社　→　3万円

・資本金の額が1億円以下の株式会社　→　1万円

（d）添付書面

・委任状（商登法18条）

委任状以外の添付書面は、不要です。社外取締役の選任や就任承諾があるわけではありません。また、社外性を証する書面の添付は不要です（上記（1）の「社外取締役・社外監査役に特有の添付書面」）。

（3）社外性喪失の登記

（a）実体（会社法）→登記

P364①～365⑤の社外性の要件に該当しなくなった場合、たとえば、社外取締役が業務執行取締役に選定された場合、社外取締役である旨の登記をしていた株式会社は、社外取締役である旨の登記を抹消しなければなりません（会社法915条1項、911条3項21号ハ、22号ロ、23号イ）。

（b）申請書の記載事項

申請例 18 ―― 社外性喪失の登記

事例：令和6年7月 28 日、特別取締役による議決の定めのある株式会社の社外取締役Aは、取締役会で業務執行取締役に選定された。他に社外取締役Bがいる（＊）。なお、この株式会社の資本金の額は、1億100万円である。

＊社外取締役が0人となると、特別取締役による議決の定めの廃止の登記と特別取締役の退任の登記も申請する必要があります（P414※）。

1．登記の事由	社外取締役A社外性喪失
1．登記すべき事項	令和6年7月28日社外取締役A社外性喪失
1．登録免許税	金3万円
1．添付書面	委任状　1通

役員に関する事項			
	取締役	A	令和5年6月30日就任
			令和5年7月5日登記
	取締役（社外取締役）	A	
			令和6年7月3日社外取締役の登記
	取締役	A	令和6年7月28日社外性喪失
			令和6年8月5日登記

i　登記の事由

「社外取締役◯◯社外性喪失」と記載します。

登記の事由に社外取締役であった者の氏名を記載します。登記の事由に氏名を記載する非常に珍しい登記です。

ii　登記すべき事項

「年月日社外取締役◯◯社外性喪失」と記載します。

年月日は、「社外性の要件に該当しなくなった日（ex. 社外取締役が業務執行取締役に選定された日）」を記載します。

iii　登録免許税

申請件数1件につき、以下の金額です（登免法別表第1.24.（1）カ）。

・資本金の額が1億円を超える株式会社　→　3万円

・資本金の額が1億円以下の株式会社　→　1万円

iv　添付書面

・委任状（商登法18条）

委任状以外の添付書面は、不要です（平14.4.25民商1067）。業務執行取締役に選定されたことなどを証する書面は、添付しようと思えば添付できます。しかし、就任の登記で社外性を証する書面の添付が不要なので（P368の「社外取締役・社外監査役に特有の添付書面」）、それとのバランスを取り、社外性喪失の登記でも不要とされているんです。P368にありますとおり、**社外取締役・社外監査役に特有の添付書面はない**と記憶してください。

5．社外取締役への業務の執行の委託

以下の①または②の場合に、後記の表の機関の決定で、株式会社の業務を執行することを社外取締役に委託することができます（会社法348条の2第1項、2項）。

①株式会社と取締役・執行役との利益が相反する状況にある場合

②取締役・執行役が株式会社の業務を執行することにより株主の利益を損なうおそれがある場合（ex. 取締役が株主から自社株を取得する場合が当たります。これを「MBO〔Management Buy-Out〕」といいます）

非取締役会設置会社	取締役会設置会社
取締役の決定（取締役の過半数の一致） （会社法348条の2第1項）	**取締役会の決議** （会社法348条の2第1項かっこ書、2項）

株式会社と取締役・執行役との利益相反取引などの際には、公正な立場から判断できる社外取締役が取引の可否を検討したり交渉をしたりすることが期待されます。しかし、これらの行為が業務執行に当たるとされると、社外取締役でなくなってしまいます（P364①）。そこで、令和元年の改正で、上記①または②の場合には、社外取締役に業務の執行の委託をすることができるとされ、委託を受けた業務を執行しても社外取締役でなくなることがないという規定が新設されました（会社法348条の2第3項本文）。

第6節　代表取締役

1 代表取締役とは？

代表取締役：取締役のうち、株式会社を代表する者（会社法47条1項かっこ書）

「社長」をイメージしてください。ただ、代表取締役を社長という肩書きにしないといけないわけではありませんので、副社長や専務も代表取締役である株式会社もあります。代表取締役は1人である必要はありません。上場企業だと、代表取締役が3人くらいいることはよくあります。

2 権限（代表権）

1．意義

代表取締役は、株式会社を代表する権限（代表権）を有します。たとえば、代表取締役が株式会社を代表して契約をすれば、その契約の効果は、代表取締役ではなく、株式会社に帰属します。

この代表権には、下記2.と3.の特徴があります。

2．包括的

代表取締役は、株式会社の業務に関する一切の裁判上または裁判外の行為をする権限を有します（会社法349条4項）。

「裁判外の行為」とは、たとえば、上記1.で挙げた例のように、契約をすることです。

「裁判上の行為」とは、民事裁判などで代表取締役が法廷に行って原告席や被告席に座るということです。代表取締役がした訴訟における行為が、株式会社の行為となります。代表取締役が弁護士に委任して任せることも多いですが、中小企業の社長さんだと、自分で法廷に行って訴訟をする方もいます。

3．不可制限的

P336で説明したとおり、代表取締役に大部分の業務執行の決定を委任している企業が多いです。しかし、企業の内規で、「1000万円を超える取引については、取締役会の承認を要する」などと制限を加えている場合があります。このような代表取締役の代表権についての制限は、善意の第三者には対抗できません（会社法349条5項）。

権限の制限→善意の第三者に対抗不可

会社法・商法では、**権限を制限しても善意の第三者には対抗できません**。権限を制限しても、それを**登記する方法がなく**、公示がされないからです。第三者からすると、「こんな内規がある」と言われても、「知るか！」ってハナシですよね。

3 選定

1．資格

代表取締役の資格は、取締役です。代表取締役は、取締役でもあります。

なお、代表取締役は外国人でもOKであり、すべての代表取締役が外国人でもOKです。広く優秀な人材に代表取締役になってもらったほうがいいので、国籍は問わないんです。外国人の代表取締役というと、日産のゴーンさん（ブラジル人）が有名でしたね。

さらにいうと、代表取締役の全員の住所が外国であってもOKです（平27.3.16民商29）。かつてはダメだったんですが、平成27年に変わりました。これは、外国企業を日本に呼び込むための政策（在留資格の緩和など様々な政策があります）の1つです。また、今は通信技術が発達していますので、代表取締役が外国にいても、日本にテレビ電話やメールで指示を出すことができます。

2．選定機関・選定方法

会社法349条（株式会社の代表）

1　取締役は、株式会社を代表する。ただし、他に代表取締役その他株式会社を代表する者を定めた場合は、この限りでない。

2　前項本文の取締役が2人以上ある場合には、取締役は、各自、株式会社を代表する。

3　株式会社（取締役会設置会社を除く。）は、定款、定款の定めに基づく取締役の互選又は株主総会の決議によって、取締役の中から代表取締役を定めることができる。

会社法362条（取締役会の権限等）

3　取締役会は、取締役の中から代表取締役を選定しなければならない。

非取締役会設置会社か取締役会設置会社かで、代表取締役の選定機関・選定方法は以下のように異なります。

<table>
<tr><th>非取締役会設置会社</th><th>取締役会設置会社</th></tr>
<tr><td>【原則】
・各自代表（会社法349条1項本文、2項）
各取締役が代表取締役となるのが原則です。これを「各自代表」といいます。非取締役会設置会社は、取締役の数も少ない（1人、2人など）ことが多いので、「取締役＝代表取締役」を原則としているんです。

【例外】
以下の①～③のいずれかの方法で、特定の取締役のみを代表取締役とすることができます（会社法349条1項ただし書）。非取締役会設置会社は、株主総会の権限が強い形態なので（P271の1.）、いずれも株主総会の関与があります。①②も、株主総会が絡みます。定款変更には、株主総会の特別決議が必要です（会社法309条2項11号。P298⑪）。
①定款（会社法349条3項）
これは、定款に直接「当会社の代表取締役はAである」などと書いてしまう方法です。
②定款の定めに基づく取締役の互選（会社法349条3項）
定款で「代表取締役は取締役の互選で定める」などと規定して、取締役に自分たちで過半数でもって代表取締役を選ばせる方法です。「互選」とは、過半数で選ぶということです。
③株主総会の普通決議（会社法349条3項）</td><td>・取締役会の決議で取締役の中から代表取締役を選定（会社法362条2項3号、3項）
取締役会設置会社は、取締役の数が多い（10人、20人など）ことが多いので、取締役の中から代表取締役を選定することにしているんです。</td></tr>
</table>

― Realistic 11　「選任」と「選定」 ―

会社法362条3項には「選定」とありますが、会社法は、「選任」と「選定」の用語を以下のように使い分けています。このテキストでも、会社法に合わせて使い分けています。

選任：不特定多数の中から選ぶこと

ex. 取締役の候補者は、自然人のほとんどの者です。その中から選ぶので、「選任」です。

選定：特定の者の中から選ぶこと

ex. 代表取締役の候補者は、その株式会社の取締役です。その中から選ぶので、「選定」です。

※代表取締役の予選

役員（P317の1.）と同じく、取締役会設置会社において、合理的な期間（1か月程度前）であれば（昭41.1.20民事甲271）、代表取締役を予選することもできます。取締役は、地方の支店にいたり海外にいたりすることもあり、本来代表取締役を選ぶべき時に集まれない場合もあるので、ニーズがあります。

ただし、予選をした時と本来代表取締役を選ぶべき時とで、取締役が１人でも異なる場合は、予選できません（昭41.1.20民事甲271）。取締役に変化があると、選定権のない者が選定した、または、選定権のある者が選定できなかったことになってしまうからです。

３．就任承諾

代表取締役は、選定方法により、以下のように就任承諾が必要か否かが変わります。

<table>
<tr><th colspan="4">非取締役会設置会社</th><th rowspan="2">取締役会設置会社</th></tr>
<tr><th>各自代表</th><th>定款</th><th>株主総会の普通決議</th><th>定款の定めに基づく取締役の互選</th></tr>
<tr><td colspan="3">取締役になることの就任承諾のみでよく、代表取締役になることの就任承諾は不要です。これらの株式会社は、原則として取締役と代表取締役の地位が一体であると解されているため、取締役になることの就任承諾が、代表取締役になることの就任承諾を含んでいます。１段階方式なんです。特定の者を代表取締役にしても、それは、「特定の取締役（以下の図のA）に代表権を与えること」ではなく、「特定の取締役（以下の図のB）の代表権を奪う（いわゆる平取（ひらとり）にする）こと」なんです。 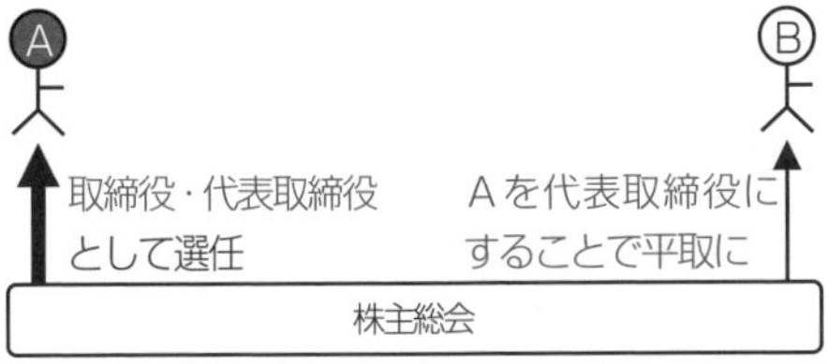
A
B
取締役・代表取締役として選任
Aを代表取締役にすることで平取に
株主総会</td><td colspan="2">取締役になることの就任承諾に加え、代表取締役になることの就任承諾が必要です。これらの株式会社は、取締役と代表取締役の地位は分離していると解されているからです。株主総会が取締役を選任し、取締役がその中から特定の者を代表取締役に選定する２段階方式なんです。 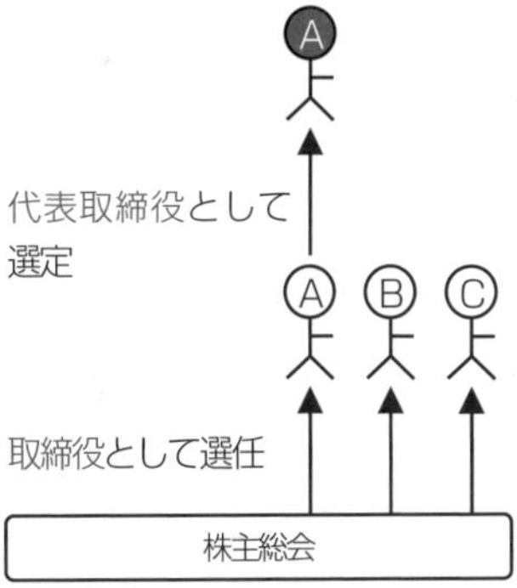
A
代表取締役として選定
A B C
取締役として選任
株主総会</td></tr>
</table>

4. 登記

（1）実体（会社法）→登記

代表取締役が就任した場合は、代表取締役の就任の登記を申請しなければなりません（会社法915条1項）。以下の事項は、登記事項だからです。

・代表取締役の氏名および住所（会社法911条3項14号）

代表取締役は、住所も登記します。代表取締役の住所に書類等を送る必要がある場合があるからです。たとえば、代表取締役は株式会社の裁判上の行為を行うため（P372の2.）、裁判書類を代表取締役の住所に送達することがあります（民訴法103条1項本文）。

（2）申請書の記載事項

申請例 19 —— 代表取締役の就任の登記

事例：令和6年6月 28 日、取締役A、取締役B、代表取締役Aとする非取締役会設置会社の株主総会（議長はA、出席取締役A、B）において、取締役Bが代表取締役に選定された。Bの住所は、東京都新宿区新宿二丁目2番2号である（＊）。株主総会議事録にAの登記所届出印は押印されていない。なお、この株式会社の資本金の額は、1億円である。

＊株式会社についての記述の問題で、特定人物の住所が示されたら、その者が代表取締役または支配人になる可能性を疑ってください。代表取締役と支配人は、住所が登記されます。なお、株主名簿管理人や代表執行役も住所が登記されるので、株主名簿管理人や代表執行役になる可能性もあります。しかし、よく出るのは代表取締役と支配人です。

1. 登記の事由　代表取締役の変更
1. 登記すべき事項　令和6年6月 28 日東京都新宿区新宿二丁目2番2号代表取締役B就任
1. 登録免許税　金1万円
1. 添付書面　株主総会議事録　1通
　株主リスト　1通
　印鑑証明書　2通
　委任状　1通

役員に関する事項	取締役	A	令和5年6月30日就任
			令和5年7月5日登記
	取締役	B	令和5年6月30日就任
			令和5年7月5日登記

	東京都新宿区新宿一丁目2番2号 代表取締役　　A	令和5年6月30日就任 令和5年7月5日登記
	東京都新宿区新宿二丁目2番2号 代表取締役　　B	令和6年6月28日就任 令和6年7月3日登記

＊このように、取締役と代表取締役が一致する場合でも、取締役も代表取締役も登記します。取締役が1人でも同じです。

※住所非表示措置

このように、代表取締役は住所が登記されます。しかし、代表取締役がＤＶやストーカー行為等の被害者である場合、住所が公開されると、加害者に見つかってしまう可能性があります。そこで、ＤＶやストーカー行為等の被害者や登記の申請人は住所非表示措置の申出をすることができ、この申出がされると、登記事項証明書（P35の1.）などに住所が記載されなくなります（商登規31条の2第1項)。

住所非表示措置の対象は、自然人のみですが、代表取締役に限られるわけではなく、住所が記録される者(支配人など)であれば対象になります(商登規31条の2第1項)。

この住所非表示措置の制度は、令和4年の改正で新設されました。

（a）登記の事由

「代表取締役の変更」と記載します。

やはり登記の事由には抽象的な記載をします。

（b）登記すべき事項

「年月日　住所　代表取締役◯◯就任（重任)」と記載します。

年月日は、以下の日を記載します。

・就任承諾が不要な場合　→　選定日

・就任承諾が必要な場合　→　選定日と就任承諾日のうち遅い日
（選定と就任承諾が揃った日）

選定の前にあらかじめ就任承諾をしておくこともできるからです。

重任（P322＊）でなければ「就任」、重任であれば「重任」と記載します。

（c）登録免許税

申請件数1件につき、以下の金額です（登免法別表第1.24.（1）カ)。

・資本金の額が1億円を超える株式会社　→　3万円

・資本金の額が1億円以下の株式会社　→　1万円

（d）添付書面

ⅰ　必要となる添付書面

①選定を証する書面

P374の表に従って、代表取締役の選定を証する必要があります。

非取締役会設置会社	取締役会設置会社
・各自代表の場合 → 株主総会議事録（普通決議の要件を充たすもの〔取締役を選任した株主総会議事録〕。商登法46条2項） 株主リスト（商登規61条3項） ・定款で代表取締役を定めた場合 → 株主総会議事録（特別決議の要件を充たすもの。商登法46条2項） 株主リスト（商登規61条3項） ・定款の定めに基づく取締役の互選で代表取締役を定めた場合 → 定款（商登規61条1項） 取締役の互選を証する書面（商登法46条1項） ・株主総会の普通決議で代表取締役を定めた場合 → 株主総会議事録（普通決議の要件を充たすもの。商登法46条2項） 株主リスト（商登規61条3項）	取締役会議事録 （商登法46条2項）

②就任承諾書（商登法54条1項）

就任承諾書の要否は、P375の3.のとおりです。

③印鑑証明書（市区町村長が作成したもの。商登規61条4～6項）

これは、かなり長いハナシとなりますので、別途項目を設け、下記ⅱで説明します。

④委任状（商登法18条）

ⅱ　印鑑証明書（市区町村長が作成したもの）

代表取締役の就任の登記においては、原則として印鑑証明書の添付が求められます。「市区町村長が作成したもの」とありますとおり、これは個人の実印についての印鑑証明書です。なお、作成後3か月以内といった、作成期限はありません。

この印鑑証明書は、以下の（ⅰ）（ⅱ）に分けて考えることが、ポイントとなります。

(ⅰ)就任承諾書に押印した印鑑についての証明書(商登規61条4項、5項)

> **商業登記規則61条(添付書面)**
>
> 4　設立(合併及び組織変更による設立を除く。)の登記の申請書には、設立時取締役が就任を承諾したこと(成年後見人又は保佐人が本人に代わつて承諾する場合にあつては、当該成年後見人又は保佐人が本人に代わつて就任を承諾したこと。以下この項において同じ。)を証する書面に押印した印鑑につき市町村長の作成した証明書を添付しなければならない。取締役の就任(再任を除く。)による変更の登記の申請書に添付すべき取締役が就任を承諾したことを証する書面に押印した印鑑についても、同様とする。
>
> 5　取締役会設置会社における前項の規定の適用については、同項中「設立時取締役」とあるのは「設立時代表取締役又は設立時代表執行役」と、同項後段中「取締役」とあるのは「代表取締役又は代表執行役」とする。

ア　原則

> 就任承諾書
>
> 取締役への就任を承諾する。
>
> 取締役A　㊞

以下の表の者は、就任承諾書に個人の実印で押印し印鑑証明書を添付する必要があります。就任意思を確認するためです。(代表)取締役・代表執行役には責任もありますので、「責任もあるけどいいの?」ということです。また、実在を証する意味もあります。

非取締役会設置会社	取締役会設置会社
①**設立時取締役**(組織変更・新設合併を除く設立の登記。商登規61条4項前段) ②**取締役**(取締役の就任の登記。商登規61条4項後段)	①**設立時代表取締役または設立時代表執行役**(組織変更・新設合併を除く設立の登記。商登規61条5項) ②**代表取締役または代表執行役**(代表取締役または代表執行役の就任の登記。商登規61条5項)

ex. P376の申請例19は、非取締役会設置会社ですので、個人の実印で押印し印鑑証明書の添付が要求されるのは取締役の就任の登記です。代表取締役の就任の登記では要求されませんので、この(ⅰ)の印鑑証明書の添付は不要です。

イ　例外

上記アの表の左の②・右の②の者は、再任の場合には個人の実印で押印し印鑑証明書を添付する必要がありません(商登規61条4項後段かっこ書)。就任の登記の際に就任意思を確認しているからです。

（ⅱ）選定を証する書面に押印した印鑑についての証明書（商登規61条6項）

商業登記規則61条（添付書面）

6　代表取締役又は代表執行役の就任による変更の登記の申請書には、次の各号に掲げる場合の区分に応じ、それぞれ当該各号に定める印鑑につき市町村長の作成した証明書を添付しなければならない。ただし、当該印鑑と変更前の代表取締役又は代表執行役（取締役を兼ねる者に限る。）が登記所に提出している印鑑とが同一であるときは、この限りでない。

一　株主総会又は種類株主総会の決議によつて代表取締役を定めた場合
　議長及び出席した取締役が株主総会又は種類株主総会の議事録に押印した印鑑

二　取締役の互選によつて代表取締役を定めた場合
　取締役がその互選を証する書面に押印した印鑑

三　取締役会の決議によつて代表取締役又は代表執行役を選定した場合
　出席した取締役及び監査役が取締役会の議事録に押印した印鑑

ア　原則

取締役会議事録

Aを代表取締役に選定した。

取締役A　㊞
取締役B　㊞
取締役C　㊞
監査役D　㊞

以下の表の者は、以下の表の代表取締役の選定を証する書面に個人の実印で押印し印鑑証明書を添付する必要があります。これは、株式会社の乗っ取りを防止するためです。乗っ取り屋が、虚偽の取締役会議事録などを作成し、「代表取締役がこの人（乗っ取り屋の一味の者）に変わりました」という変更の登記をすることを防止する必要があるんです。こういった趣旨なので、この（ⅱ）は、非取締役会設置会社でも、代表取締役の変更の登記についてのハナシとなります（取締役会設置会社では、代表執行役の変更の登記である場合もあります。商登規61条6項柱書本文）。

非取締役会設置会社	取締役会設置会社
①議長および出席した取締役が株主総会議事録に（商登規61条6項1号） 各自代表の場合、定款で代表取締役を定めた場合、株主総会の普通決議で代表取締役を定めた場合に、この①となります。 **②取締役が取締役の互選を証する書面に**（商登規61条6項2号） 定款の定めに基づく取締役の互選で代表取締役を定めた場合に、この②となります。	**出席した取締役および監査役が取締役会議事録に**（商登規61条6項3号）

> ※上記は、いずれも代表取締役（または代表執行役）の変更の登記について要求されます（商登規61条6項柱書本文）。設立の登記については要求されません（特例有限会社から通常の株式会社への移行による設立の登記は除きます）。設立の登記をする前は株式会社がまだないので、乗っ取りの対象とならないからです。

イ　例外

変更前の代表取締役または代表執行役が、登記所届出印で上記アの書面に押印した場合には、添付する必要がありません（商登規61条6項柱書ただし書）。登記所届出印は法人の実印なので（P48～49 の2.）、それが押印されていれば、乗っ取り屋の乗っ取りではないと考えられるからです。

ex. P376の申請例19は、非取締役会設置会社であり、株主総会で代表取締役を選定していますので、株主総会の議長および出席した取締役の株主総会議事録への個人の実印での押印と印鑑証明書の添付が問題となります。登記所届出印は押印されていませんので、例外には当たらず、議長Aおよび出席取締役A、Bの印鑑証明書を添付する必要があります。Aは議長であり取締役なので、「2通」となります。

なお、たとえば、以下の①～③の者が登記所届出印で押印しても、この例外には当たりません。

①取締役会に出席する権利義務がない者

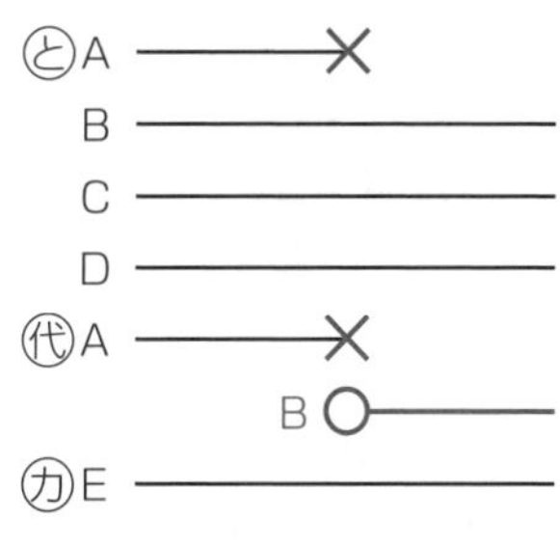

ex. 取締役がA、B、C、D、代表取締役がA、監査役Eの取締役会設置会社において、ある日の午前中に開かれた定時株主総会でAの任期が満了しました（代表取締役も退任します〔P383（1）〕）。その日の午後に開かれた取締役会にA、B、C、D、Eが出席し、Bが代表取締役に選定され、就任承諾をしました。この取締役会議事録にAが登記所届出印で押印しても、B、C、D、Eの個人の実印での押印と印鑑証明書の添付は省略できません。Aは、午前中の定時株主総会の終結時に取締役でなくなっており、取締役会に出席する権利も義務もないからです。単なるオジサンなわけです。なお、もし、Aが監査役になっていて登記所届出印で押印していれば、省略できる場合に当たります（登研370P75）。監査役は取締役会に出席する権利義務があるので（P400②）、単なるオジサンではないからです。

②新しく選定された代表取締役（前代表取締役と同じ印鑑を登記所届出印としていてもダメ〔登研241P68〕）

ex. 上記①の ex.において、Bが登記所届出印で押印してもダメです。Bは、「変更前の代表取締役または代表執行役」ではないからです。登記所届出印の印章は「◯◯株式会社代表取締役印」などですので（P48～49の2.）、BはAの印鑑を受け継ぐことが多いです。しかし、Bはこれから代表取締役に就任する者であり、まだ印鑑提出についての本人確認（P52～54の4.）をしていません。

この登記所届出印は、代表取締役の就任の登記の「申請時」に提出されている印鑑である必要があるわけです（平10.2.10民四.270）。

③支配人

支配人も、印鑑届ができます（P50①）。しかし、支配人は、「変更前の代表取締役または代表執行役」ではありません。

※外国人である場合の特例

上記（i）（ii）において、個人の実印で押印し印鑑証明書の添付を要求される者が外国人である場合、就任承諾書や選定を証する書面に署名し「署名証明書」を添付する方法が認められています（昭48.1.29民四.821、平28.6.29民商100）。不動産登記（**不動産登記法Iのテキスト第1編第6章第4節5**）と同じ方法ができるわけです。印鑑という文化がない国も多いからです。なお、外国人が印鑑届をして印鑑証明書を添付してもOKです。

P56＝

「署名証明書」とは、署名がその外国人本人のものであることを以下のいずれかの機関が証明した書面のことです（昭48.1.29民四.821、平28.6.28民商100、平29.2.10民商15）。

＊以下のex.はすべて、外国人がアメリカ在住のイギリス人である場合です。

・本国の官憲（ex. イギリスにあるイギリスの官公署）
・外国人の居住国にある本国の官憲（ex. アメリカにあるイギリス大使館）
・日本における権限がある官憲（ex. 日本にあるイギリス大使館〔在日公館〕）
・日本の公証人（やむを得ない事情がある場合）
・外国人の居住国にある官憲（やむを得ない事情がある場合。ex. アメリカにあるアメリカの官公署）

4 退任

1．退任事由

（1）取締役の地位の喪失

取締役には「任期」という項目がありましたが（P344～348 4）、代表取締役にはありません。代表取締役の資格は、取締役です（P373 の1.）。よって、取締役の地位を任期満了、破産手続開始の決定、辞任、解任または欠格事由の発生によって失った場合に、代表取締役を退任するのが基本です。

なお、わざわざ定款や選定決議で代表取締役の任期を定めることはできます。

（2）死亡

死亡すると、当然、代表取締役を退任します。

（3）代表取締役の地位のみの辞任・解職

上記（1）のとおり、取締役を辞任するまたは解任されると代表取締役も退任します。「では、代表取締役の地位のみを辞任または解職できるのか？」という問題があります。代表取締役の選定方法に応じて、以下のように解されています。

非取締役会設置会社				取締役会設置会社
各自代表	定款	株主総会の普通決議	定款の定めに基づく取締役の互選	
× 取締役になると同時に代表取締役になるので、取締役と代表取締役の地位が一体であり、切り離せないからです。 ＊株主総会の承認があれば可能であるという見解もあります。	**定款変更または株主総会の普通決議によって○** （登研432P130、597P126、646P120） これらの株式会社は、取締役と代表取締役の地位が一体です。しかし、定款変更または株主総会の普通決議で、その一体を解く（平取にする）ことができます（P375の3.）。		○ 取締役と代表取締役の地位は分離されているので（P375の3.）、何の問題もなく普通にできます。辞任は辞任の意思表示、解職は取締役の過半数（非取締役会設置会社）・取締役会の決議（取締役会設置会社。会社法362条2項3号）によります。	

(4) 代表権の帰趨(きすう)

代表取締役が欠けたり、代表取締役の選び方を変更したり、取締役会を設置したり廃止したりした場合に、代表取締役の地位(代表権)がどうなるかが問題となります。これについては会社法にまったく規定がないので、解釈となります。様々なパターンがありますので、"考え方"を押さえてください。

(a) 非取締役会設置会社

i　特定の者を代表取締役に選定していたがその代表取締役が欠けた場合

(i) 原則

他の取締役が当然に代表取締役になる(代表権が回復する)わけではありません(昭37.6.28民事甲1650。登研646P118)。代表取締役を選定し直す必要があります。

ex. 取締役がA、B、C、代表取締役がAの非取締役会設置会社において、Aが死亡した場合、B、Cが当然に代表取締役になる(代表権が回復する)わけではありません。非取締役会設置会社でも、特定の者を代表取締役に選定している場合には、他の者の代表権は奪われている(平取になっている)からです(P375の3.)。

(ii) 例外

ただし、定款に「取締役2人以内を置き、取締役の互選により代表取締役1人を置く」などと定めている場合、代表取締役が欠けたときは、他の取締役が代表取締役になります(登研646P118)。この定款の定めは、「取締役が2人の場合には代表取締役を互選により定めるが、取締役が1人の場合にはその1人が当然に代表取締役になる」という趣旨だと解されるからです。取締役が1人の場合も想定しています。

この場合、定款を添付して、P408の申請例22のように代表権付与の登記を申請します。定款を添付するのは、定款の定めに従って代表権が付与されるからです。

なお、「取締役2人を置き」であれば、他の取締役は代表取締役になりません(登研646P118)。上記の定めと異なり、取締役が1人の場合を想定していないからです。

ii　代表取締役を定める ⟷ 代表取締役を定めない

(i) 代表取締役を定めていたが定めないこととした場合

平取となっていた取締役も代表取締役になります(代表権が回復します)。各自代表の原則(P374)に戻したからです。

ex. 取締役がA、B、代表取締役がAの非取締役会設置会社において、定款規定を削除するなどして特定の者を代表取締役と定めないことにした場合、Bも代表取締役になります（代表権が回復します）。BについてP408の申請例22のように代表権付与の登記を申請します。Aについては、何の登記も申請しません。

代表取締役→代表取締役

取締役の再任に伴い代表取締役として再任された場合を除き、このex.のAのように、**代表取締役のまま（代表取締役→代表取締役）の者については重任の登記は申請しません。**

（ii）代表取締役を定めていなかったが定めることとした場合

代表取締役とされなかった者は、平取となります。各自代表ではなくなったからです。

ex. 取締役がA、B、代表取締役がA、Bの非取締役会設置会社において、Aを代表取締役とする定款規定を設けた場合、Bは平取となります。Bについて代表取締役の退任の登記（P391④）を申請します。Aについては、何の登記も申請しません。Aは、代表取締役のままだからです（上記の「代表取締役→代表取締役」）。

iii　取締役会を設置した場合

ex. 取締役がA、B、C、代表取締役がA、Bの非取締役会設置会社において、取締役会を設置し、取締役会でB、Cが代表取締役に選定された場合、以下のようになります。

・A　→　代表取締役の退任の登記（P391④）を申請します。
・B　→　何の登記も申請しません（上記の「代表取締役→代表取締役」）。
・C　→　代表取締役の就任の登記を申請します。

（b）取締役会設置会社

i　取締役会を廃止し各自代表となる場合

ex. 取締役がA、B、C、代表取締役がAの取締役会設置会社において、取締役会を廃止した場合、以下のようになります（P408の申請例22）。

・A　　　→　何の登記も申請しません（上記の「代表取締役→代表取締役」）。
・B、C　→　代表権付与の登記を申請します。

ii　取締役会を廃止し代表取締役を定める場合

ex. 取締役がA、B、C、代表取締役がA、Bの取締役会設置会社において、取締役会を廃止し、B、Cを代表取締役とする定款規定を設けた場合、以下のようになります。

・A　→　代表取締役の退任の登記（P391④）を申請します。
・B　→　何の登記も申請しません（上記の「代表取締役→代表取締役」）。
・C　→　代表取締役の就任の登記を申請します。

2．代表取締役が欠けてしまった場合

代表取締役にも、役員（P321～326の3.）と同じように、欠けてしまった場合の問題があります。

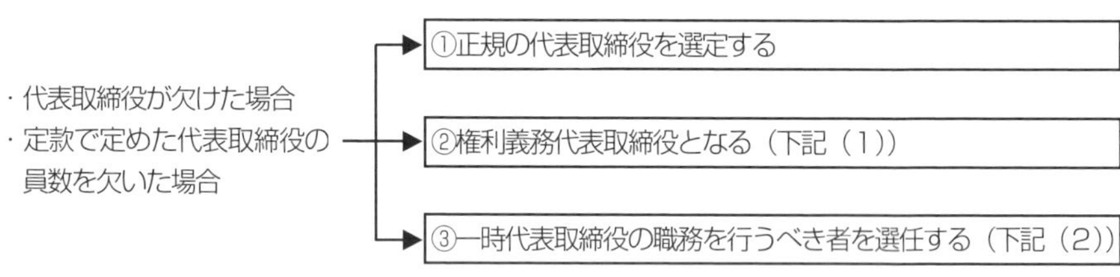
・代表取締役が欠けた場合
・定款で定めた代表取締役の員数を欠いた場合
①正規の代表取締役を選定する
②権利義務代表取締役となる（下記（1））
③一時代表取締役の職務を行うべき者を選任する（下記（2））

「代表取締役が欠けた場合」とは、代表取締役が0人になった場合です。「定款で定めた代表取締役の員数を欠いた場合」とは、たとえば、定款で代表取締役の員数を2人以上と定めている株式会社において、2人しかいない代表取締役の1人が辞任した場合が当たります。

（1）権利義務代表取締役（上記②）

（a）意義・趣旨

意義や趣旨は、権利義務役員（P321（a）（b））と同じです。社会的な責任を果たさせるため、退任しても、代表取締役の責任を果たす必要があります。

（b）退任事由

権利義務代表取締役となるのは、以下の①または②の事由です。これも、権利義務役員（P322（c））とほとんど同じですね。

①取締役または代表取締役の任期満了（会社法351条1項）
②取締役または代表取締役の辞任（会社法351条1項）

（c）取締役と権利義務代表取締役

代表取締役は取締役でもあるので、権利義務代表取締役について考えるときは、取締役の資格を失っていないか、正規の取締役なのか権利義務取締役なのかといったことが問題となり、複雑になります。以下の事例で、考え方をみていきましょう。

i　代表取締役が権利義務取締役となったが代表取締役は欠けない場合

ex. 取締役がA、B、C、代表取締役がA、Bの取締役会設置会社において、取締役Aの任期が満了しました。この場合、以下のようになります（昭 30.4.26 民事甲673 参照。登研 503P192）。

・取締役A　　　→　退任の登記を申請できない
　権利義務取締役となるからです（P322 の左の①）。

・代表取締役A　→　退任の登記を申請する
　Aは、実体上は取締役を退任していますので、代表取締役の前提資格である取締役の地位を失っています。代表取締役が欠けるわけでもありません。よって、権利義務代表取締役とはならないからです。

ii　代表取締役は欠けるが取締役は欠けない場合

ex. 取締役がA、B、C、D、代表取締役がA、Bであり、定款で代表取締役の員数を２人以上と定めている取締役会設置会社において、取締役Aの任期が満了しました。この場合、以下のようになります（昭 32.5.1 民事甲 858）。

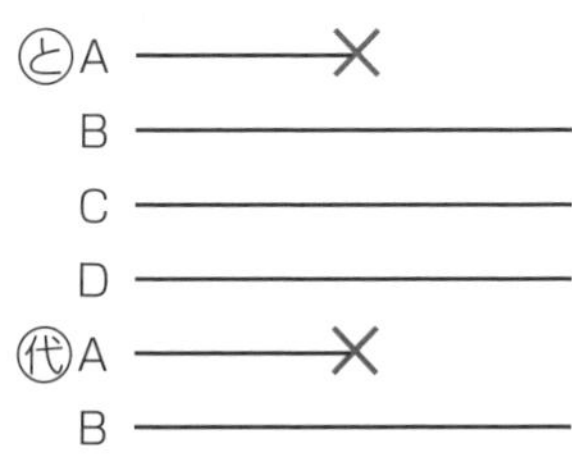

・取締役A　　　→　退任の登記を申請する
　取締役があと３人いますので、権利義務取締役とならないからです。

・代表取締役A　→　退任の登記を申請する
　たしかに、定款で定めた代表取締役の員数を欠くことになります。しかし、Aは、代表取締役の前提資格である取締役の地位を失っています。権利義務取締役であれば、権利義務代表取締役になれるのですが、Aは権利義務取締役でさえありません。よって、権利義務代表取締役とはなれないのです。

iii　権利義務取締役を代表取締役に選定した場合

ex. 取締役がA、B、C、代表取締役がAの取締役会設置会社において、令和６年６月 28 日の定時株主総会で取締役の選任が行われず、また、同日の取締役会で代表取締役の選定が行われなかったので、A、B、Cが権利義務取締役、Aが権利義務代表取締役となりました。その後の令和６年７月 28 日の取締役会でBが代表取締役に選定され、Bは就任承諾をしました。この場合、以下のようになります（昭 30.4.26 民事甲 673 参照。登研 503P192）。

・代表取締役A　→　「令和６年６月 28 日（資格喪失により）退任」とする退任の登記を申請する

後任の代表取締役Bが就任したからです。

・代表取締役B　→　「令和６年７月 28 日就任」とする就任の登記を申請する

Bは、正規の代表取締役となります（昭30.4.26民事甲673、昭39.10.3民事甲3197）。権利義務取締役ですが、権利義務取締役の権限は正規の取締役と同じだからです（P321（a））。

その後の令和６年８月 30 日の臨時株主総会でD、E、Fが取締役に選任され、就任承諾をしました。また、同日の取締役会でDが代表取締役に選定され、Dは就任承諾をしました。この場合、以下のようになります（昭39.10.3民事甲3197）。

・取締役A、B、C　→　「令和６年６月 28 日（任期満了により）退任」とする退任の登記を申請する

権利義務取締役ですので、権利義務役員となったときの事由・年月日を登記すべき事項に記載します（P324の「Realistic rule」）。退任の登記ができるのは、後任の取締役が３人就任したからです。

・取締役D、E、F　→　「令和６年８月30日就任」とする就任の登記を申請する

・代表取締役B　→　「令和６年８月 30 日（資格喪失により）退任」とする退任の登記を申請する

Bは、正規の代表取締役ですので、P324の「Realistic rule」は当たりません。令和６年８月 30 日に、代表取締役の前提資格である権利義務取締役の地位を失ったことにより退任します。

・代表取締役D　→　「令和６年８月30就任」とする就任の登記を申請する

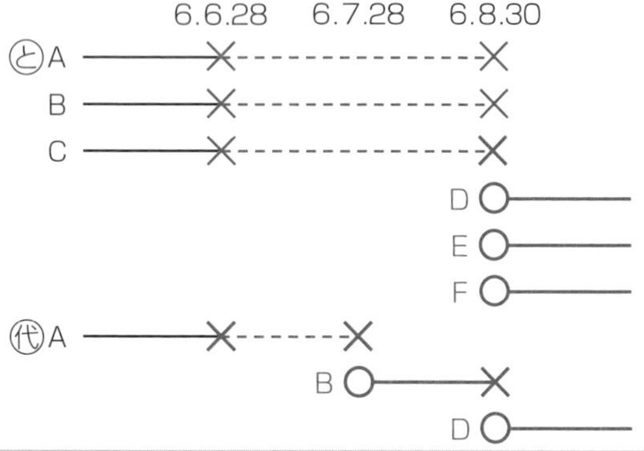

（2）一時代表取締役の職務を行うべき者（P386③）

これは、P325～326（2）と同じ考え方です。利害関係人の申立てによって裁判所が仮代表取締役を選任し（会社法351条2項）、その登記が裁判所書記官の嘱託によってされ（会社法937条1項2号イ。P326の「裁判所がらみの登記の基本的な考え方」）、株式会社が正規の代表取締役を選定してその就任の登記を申請すると仮代表取締役の登記は職権により抹消される（商登規68条1項。P326の「職権の登記の基本的な考え方」）など、すべて同じです。

=P326
┐
P480
=P326
P480

3．登記

（1）実体（会社法）→登記

代表取締役が退任した場合は、代表取締役の退任の登記を申請しなければなりません（会社法915条1項）。以下の事項は、登記事項だからです。

・代表取締役の氏名および住所（会社法911条3項14号）

（2）申請書の記載事項

申請例20 ―― 代表取締役の資格喪失による退任の登記

事例：令和6年6月28日、事業年度が4月1日から3月31日までである取締役会設置会社の定時株主総会において、令和4年6月24日に選任された取締役A（代表取締役でもある）が再任されなかった。定時株主総会議事録には、Aが任期満了により退任する旨の記載がある。この株式会社には、他に令和5年6月30日に選任・選定された取締役B、C、D、代表取締役Bがいる（*）。なお、この株式会社の資本金の額は、1億100万円である。

*退任事由が任期満了ですので、権利義務取締役となるかを検討しなければなりません（P322の左の①）。取締役会設置会社ですが、取締役が他に3人いますので、Aは権利義務取締役とはなりません（P321（a））。

1．登記の事由	取締役、代表取締役の変更
1．登記すべき事項	令和6年6月28日取締役A退任 同日代表取締役A退任
1．登録免許税	金3万円
1．添付書面	株主総会議事録　1通 委任状　1通

役員に関する事項	取締役　　　　A	令和4年6月24日就任 令和4年6月29日登記
		令和6年6月28日退任 令和6年7月3日登記
	東京都新宿区新宿一丁目2番2号 代表取締役　　　A	令和4年6月24日就任 令和4年6月29日登記
		令和6年6月28日退任 令和6年7月3日登記

（a）登記の事由

「代表取締役の変更」と記載します。
やはり登記の事由には抽象的な記載をします。

（b）登記すべき事項

退任事由		登記すべき事項
①取締役の地位を任期満了、破産手続開始の決定、辞任、解任または欠格事由の発生、後見開始の審判によって失った場合		**「年月日代表取締役◯◯（資格喪失により）退任」** ＊取締役の退任の登記も申請します（権利義務取締役となる場合を除きます）。 年月日は、「取締役の地位を失った日」を記載します。 取締役の地位を失うと、代表取締役を退任しますので（P383（1））、このように記載します。「資格喪失により」は、省略してもOKです。
②死亡 ＊権利義務取締役ではない場合です。権利義務取締役だと、取締役の退任の登記は「年月日取締役◯◯（任期満了により）退任or辞任」となります（P324の「Realistic rule」）。		**「年月日代表取締役である取締役◯◯死亡」** 年月日は、「死亡した日」を記載します。 取締役についても、死亡による退任の登記を申請しますので、このように記載します。
③代表取締役の地位のみの辞任・解職	辞任	**「年月日取締役◯◯は代表取締役を辞任」** 年月日は、「辞任した日」を記載します。 代表取締役の地位のみの辞任ですので、このように記載します。
	解職	**「年月日取締役◯◯につき代表取締役たることを解任」** 年月日は、「解職された日」を記載します。 代表取締役の地位のみの解職ですので、このように記載します。

退任事由	登記すべき事項
④代表権の喪失	**「年月日取締役○○は(代表権喪失により)代表取締役を退任」** 年月日は、「代表権を喪失した日」を記載します。 「代表権喪失により」は、省略してもOKです。代表権を喪失し、代表取締役のみ退任する登記ですので、このように記載します。

（c）登録免許税

申請件数1件につき、以下の金額です（登免法別表第1.24.（1）カ)。

・資本金の額が1億円を超える株式会社　→　3万円

・資本金の額が1億円以下の株式会社　→　1万円

（d）添付書面

代表取締役の退任の登記の添付書面は、退任の事由を証する書面（下記ⅰ)、印鑑証明書（辞任の場合に必要となることがあります。下記ⅱ)、委任状（下記ⅲ）の3つです。

ⅰ　退任の事由を証する書面（商登法54条4項）

退任事由	退任の事由を証する書面
①取締役の地位を任期満了、破産手続開始の決定、辞任、解任または欠格事由の発生、後見開始の審判によって失った場合	取締役の退任の事由を証する書面（具体的にはP355①、P355③〜356⑦）が、代表取締役の退任の事由を証する書面になります。取締役の地位を失うことで代表取締役を退任するからです（P383（1))。
②死亡	戸籍全部事項証明書等・法定相続情報一覧図の写し（**不動産登記法Ⅱのテキスト第5編第12章**)、住民票の写し・医師作成の死亡診断書・遺族などからの株式会社に対する死亡届など（P355②と同じです）

<table>
<tr><td rowspan="3">③代表取締役の地位のみの辞任・解職</td><td rowspan="2"></td><td colspan="3">非取締役会設置会社</td><td rowspan="2">取締役会設置会社</td></tr>
<tr><td>定款</td><td>株主総会の普通決議</td><td>定款の定めに基づく取締役の互選</td></tr>
<tr><td>辞任</td><td colspan="2" rowspan="2">・株主総会議事録（特別決議または普通決議の要件を充たすもの。商登法46条2項）
・株主リスト（商登規61条3項。登研832P7）</td><td>・定款（商登規61条1項）
・辞任届</td><td>辞任届</td></tr>
<tr><td></td><td>解職</td><td>・定款（商登規61条1項）
・取締役の過半数の一致があったことを証する書面（商登法46条1項）</td><td>取締役会議事録（商登法46条2項）</td></tr>
<tr><td colspan="2">④代表権の喪失</td><td colspan="4">たとえば、P385（ⅱ）のex.の場合であれば、定款変更をした株主総会議事録（特別決議の要件を充たすもの。商登法46条2項）が当たります。</td></tr>
</table>

ⅱ　印鑑証明書（市区町村長が作成したもの。商登規61条8項）

（ⅰ）趣旨

これは、平成27年の改正で新設されました。改正前は、辞任の登記は基本的に辞任届があれば通っていました。そのため、本人が作成した辞任届によらずに、勝手に辞任の登記がされることがありました。そこで、辞任意思を確認するため、辞任する者が辞任届に個人の実印で押印し、その印鑑証明書が要求されることになりました。

（ⅱ）添付が要求される者

以下の①～④の者について、辞任届に個人の実印で押印し、その印鑑証明書の添付が要求されます（商登規61条8項本文）。

①登記所に印鑑を提出している代表取締役の辞任の登記
②登記所に印鑑を提出している代表執行役の辞任の登記
③登記所に印鑑を提出している代表取締役である取締役の辞任の登記（代表取締役の資格を喪失しますので、必ず代表取締役の退任の登記もします）
④登記所に印鑑を提出している代表執行役である執行役の辞任の登記（代表執行役の資格を喪失しますので、必ず代表執行役の退任の登記もします）

登記所に印鑑を提出している者に限定されたのは、それ以外の代表取締役や代表執行役についても要求すると、株式会社に負担となるからです。実印の押印や印鑑証明書の提供を嫌がる人って、けっこういるんです……。「登記所に印鑑を提出していない代表取締役や代表執行役がいるのか？」ということですが、印鑑は代表者が複数いれば、そのうちの１人が提出すればいいので（登研 251P69。P48※）、います。

※登記所に印鑑を提出している者がいない場合
令和元年の改正で、印鑑届をしないことも認められるようになりました（P47）。この場合は、「代表取締役の辞任の登記」「代表執行役の辞任の登記」「代表取締役である取締役の辞任の登記」「代表執行役である執行役の辞任の登記」について、実印での押印とその印鑑証明書の添付が要求されます（商登規 61 条８項本文かっこ書）。印鑑届をしている者がいないので、代表権のある者すべての辞任の登記で要求されるのです。

（iii）添付が不要となる場合

辞任する者が辞任届に登記所届出印で押印した場合、個人の実印での押印と印鑑証明書の添付は不要となります（商登規 61 条８項ただし書）。
登記所届出印は最も大事な印鑑なので、金庫に入れるなど厳重に管理しています。よって、他の者が勝手に押印するのは困難だからです。

iii　委任状（商登法 18 条）

5　住所の変更の登記

1．住所の移転

代表取締役は住所を登記しますので、住所の変更の登記があります。この登記の添付書面は、委任状（商登法 18 条）を除いてありません。

氏名（名称）・住所の変更の登記・登記の更正の添付書面

【原則】
氏名（名称）・住所の変更の登記・登記の更正の添付書面は、委任状以外は不要です。
【例外】
・会計参与が法人である場合の会計参与の名称の変更の登記（P431 6）
・会計監査人が法人である場合の会計監査人の名称の変更の登記（P479 6）

2．行政上の都合による住所の変更

行政上の都合によって住所が変更される場合として、住居表示の実施（ex. 「さいたま市元町１番地」→「さいたま市元町１番１号」）と行政区画の変更（ex. 「大宮市元町１番地」→「さいたま市元町１番地」）があります。―― **不動産登記法Ⅰのテキスト第１編第７章 7 ④、⑤**　これらの場合に、住所の変更の登記を申請する必要があるのか、登録免許税を納付する必要があるのか、添付書面については、以下のとおりです。

	住居表示の実施	行政区画の変更	
		地番の変更を伴う	地番の変更を伴わない
申請の要否	**要**（昭4.9.18民事8379） 地番が変わったので（ex.「1番地」→「1番1号」）、申請してもらわないと登記官がわからないからです。		**不要** 「大宮市元町1番地」が「さいたま市元町1番地」に変わったなどであれば、登記官のほうでわかり、変更があったものとみなされるからです（商登法26条、商登規42条）。
登録免許税	**不要**（登免法5条4号、5号）		
添付書面	**市町村長の証明書などを添付すれば登録免許税が免除される** （昭37.9.11民事甲2609）		

6　表見代表取締役

> **会社法354条（表見代表取締役）**
> 株式会社は、代表取締役以外の取締役に社長、副社長その他株式会社を代表する権限を有するものと認められる名称を付した場合には、当該取締役がした行為について、善意の第三者に対してその責任を負う。

1．意義

表見代表取締役：社長、副社長その他株式会社を代表する権限を有するものと認められる名称を付された代表取締役ではない取締役（会社法354条）

民法で「表見○○」と呼ばれるものに「表見代理」がありました。── **民法Ⅰのテキスト第2編第6章第3節2**　「表見」の意味は同じく、「○○ではないが、○○のような外観がある」です。「表見代表取締役」ですから、代表取締役ではないが、代表取締役のような外観がある者のハナシです。

会社法354条で規定されているのは「取締役」ですが、使用人が代表取締役から承認を得て常務取締役の名称を使用していたことがありました。この使用人の行為にも、この会社法354条が類推適用されます（最判昭35.10.14）。使用人であっても、「常務取締役」と名乗っていれば、相手方は信頼してしまうからです。

株式会社は、下記3.の要件を充たす場合には、この表見代表取締役がした行為の責任を負います。

2．趣旨

株式会社と取引をする者は、その株式会社の登記記録を確認して、取締役に代表権があるかを確認するべきです。しかし、まだ代表取締役の登記がされていない場合もあります。また、株式会社が「社長」「副社長」などと名乗らせているのであれば、代表権があると信じてしまうのも仕方がありません。表見代理と同じく、権利外観法理が趣旨です。── 民法Ⅰのテキスト第2編第6章第3節2 1．（2）

3．要件

①外観の存在

社長、副社長その他株式会社を代表する権限を有するものと認められる名称が外観です（会社法354条）。このような名称があったら、信じてしまいますよね。

②株式会社の帰責性

上記①の名称を株式会社が付したことに、株式会社の帰責性があります。

なお、一部の取締役に招集通知を発しないで招集された取締役会で、ある取締役が代表取締役に選定されたことがありました。この選定決議は、適法に招集通知を発していないので（P402の4.）、無効です。よって、この取締役は代表取締役になりません。この取締役についても、会社法354条が類推適用されます（最判昭56.4.24）。株式会社が社長などの名称を「付した」わけではありませんが（だから「類推適用」なのですが）、無効だったとはいえ、株式会社が選定決議をしているからです。

③相手方の信頼

会社法354条には「善意」としかありませんが、相手方は無重過失でないといけない（重過失があったらダメ）とされています（最判昭52.10.14・通説）。

重過失は保護しないのが会社法の基本スタンス

会社法では、**「重大な過失があると保護しない」**としていることが多いです。会社法に書かれていなくても、上記のように判例で重過失だと保護しないとされていたり、通説でそのように解されていることが多いです。これは、以下の理由によります。

・悪意を立証するのは大変である
・重過失は保護しないとしておけば、保護を受けたい人がより気をつけるようになる

表見代理と同じ権利外観法理が趣旨なので、要件も表見代理と同じ視点で、上記①～③の3つとなるんです。── 民法Ⅰのテキスト第2編第6章第3節2 1．（3）

7 職務執行停止→職務代行者

＊この「職務執行停止」と「職務代行者」の制度は、会計参与、監査役、委員、執行役、代表執行役、清算人、代表清算人、持分会社の社員、業務執行社員にもあります（会社法352条、420条3項、483条6項、603条、655条6項、917条）。ただ、最も大事なのは取締役と代表取締役なので、ここで説明します。

1．意義・趣旨

株主同士がモメていて、特定の大株主に知らせずに株主総会が開かれたなど、株主総会の取締役の選任決議に問題がある場合があります。株主総会の瑕疵を主張する株主などは、株主総会の決議の不存在の確認の訴え（会社法830条1項）、株主総会の決議の無効の確認の訴え（会社法830条2項）、株主総会の決議の取消しの訴え（会社法831条1項）を提起できます（詳しくはⅡのテキスト第6編第2章5で説明します）。

しかし、訴えを提起しただけでは、取締役は職務を行えてしまいます。そこで、それを避けたい株主総会の瑕疵を主張する株主などは、裁判所に「取締役の職務執行の停止」とその取締役の代わりに職務を行う「職務代行者」の選任（弁護士が選任されることが多いです）を申し立てることができます（民保法23条2項、24条）。これは、民事保全法で定められた「仮の地位を定める仮処分」を申し立てる方法です。仮の地位を定める仮処分の申立てとは、簡単にいうと、「判決確定まで待っていられないので、仮にこうしてください」と申し立てるということです。ニュースで聞く原発停止の仮処分も、これです。

2．登記

裁判所によって取締役の職務執行の停止と職務代行者の選任がされると、以下のような登記が裁判所書記官の嘱託によってされます（民保法56条本文）。裁判所がらみの登記だからです（P326の「裁判所がらみの登記の基本的な考え方」）。

役員に関する事項			
	取締役	A	令和6年6月28日就任 令和6年7月3日登記
	取締役Aの職務執行停止		令和6年7月28日東京地方裁判所の決定 令和6年8月5日登記
	取締役職務代行者	B	令和6年7月28日東京地方裁判所の取締役Aの職務代行者選任 令和6年8月5日登記

3．職務代行者の権限

P326 」

仮処分命令に別段の定めがある場合を除き、職務代行者が株式会社の常務に属しない行為をするには、裁判所の許可が必要です（会社法 352 条1項）。これに違反してされた行為は無効です（会社法352条2項本文）。

ex. 代表取締役の職務代行者が、仮処分命令にその定めがないにもかかわらず臨時株主総会を招集し、取締役の選任の決議がされました。この決議に基づく取締役の就任の登記には、臨時株主総会を招集することについての裁判所の許可書を添付しなければなりません。臨時株主総会の招集は、株式会社の常務に属する行為とはいえないからです（昭34.11.6民事甲2448）。

※取締役の職務代行者を代表取締役に選定することの可否

取締役の職務代行者を代表取締役に選定することもできます。取締役の職務代行者なので、代表取締役としても常務に属する行為しかできませんが。

第7節　取締役会

1 取締役会とは？

1．意義

取締役会：すべての取締役で組織される（会社法 362 条1項）、業務執行についての株式会社の意思決定をし、取締役の職務の執行を監督する機関

取締役会設置会社においては、船（株式会社）の重要な意思決定（定款変更や誰を取締役にするかなど）は株主総会が決めますが、基本的な意思決定機関は取締役会となります。

大企業の取締役会は、ドラマなどで見たことがありませんでしょうか。株式会社の豪華な会議室に年収2000 万円くらいの重役が十数人集まっているシーンです。

取締役会カンケーは「組織＞個人」

「P453

取締役は賢いため、悪事を働く可能性があり、規制する必要がありました（P333の「取締役は規制の方向」）。取締役会は、取締役で合議体を形成し、取締役を監督する趣旨の組織です。よって、**取締役会という組織が取締役個人よりも重視されます。**取締役会や取締役会の内部組織は、このように組織重視になっています。サッカーでいうと、南米サッカーではなく、ヨーロッパサッカーです（サッカーに興味のない方はスルーしてください）。

2．員数

取締役会設置会社は、取締役が３人以上である必要があります(会社法331 条５項)。

「○○会」は３人以上

【原則】**「○○会」は構成員が３人以上必要**

【例外】**社員関係の組織**（発起人会、創立総会、株主総会、社員総会）

社員は１人であること（一人法人）も認められているからです（P７②）。

なお、非取締役会設置会社において、取締役が３人以上いても（極端なハナシ 100人いても）構いません。取締役会を設置する旨を定款に定めない限り、取締役が何人いても非取締役会設置会社です。これは、監査役など他の役員等でも同じです。たとえば、監査役が100 人いても、監査役会を設置する旨を定款に定めない限り、非監査役会設置会社です。

2 権限

> **会社法362条（取締役会の権限等）**
> 2　取締役会は、次に掲げる職務を行う。
> 一　取締役会設置会社の業務執行の決定
> 二　取締役の職務の執行の監督
> 三　代表取締役の選定及び解職

取締役会の権限はこの会社法362条2項の3つですが、1号はP336～337（1）で、3号はP373～375の2.、P383（3）で説明しました。よって、ここでは、2号の「取締役の職務の執行の監督」を説明します。

取締役が悪事を働かないよう、取締役を監督するために形成された合議体が取締役会ですので、取締役の職務の執行の監督は取締役会の職務となります。
この監督権限は、以下の範囲に及びます。

・業務執行の適法性（違法かどうか）
・業務執行の妥当性（適法だが妥当かどうか。ex. いま海外進出をするのは妥当か） =P488
取締役会は経営のプロの集団なので、妥当性を監督する能力もあるからです。 P503

⏋ P433

3 招集

この3からは、取締役会を実施する具体的な手続をみていきます。

取締役はプロ

P273 」

取締役会の招集の手続は、株主総会（P273～285 3）と比べユルく定められています。それは、取締役会のメンバーである取締役は日々経営について考えている経営のプロであるという考えが基にあるからです。

1．意義

（1）原則

取締役会を招集するには、下記2.以下の手続に従った招集手続を経る必要があるのが原則です。

（2）例外

しかし、招集手続を省略できる場合があります。それは、取締役の全員の同意（監査役設置会社にあっては監査役の全員の同意も）があるときです(会社法368条２項)。下記２.以下の招集手続は取締役（と監査役）に出席の機会を与えるためなので、全員が同意しているのなら出席の機会は確保されているといえるからです。

また、この方法は、株主総会でもOKだったので（P273（２））、メンバーが経営のプロである取締役会でもOKであるともいえます（上記の「取締役はプロ」）。

２．招集権者

（1）原則

各取締役が、招集できるのが原則です（会社法366条１項本文）。

ただ、定款または取締役会の決議で、特定の取締役だけが招集権を有すると定めることができます（会社法 366 条１項ただし書）。代表取締役のみが招集権を有するとしている株式会社も多いです。

（2）例外

以下の①～③の者には、招集権はありません。よって、招集権のある取締役（ex. 代表取締役）に「取締役会を招集して！」と言う招集請求権が認められています（会社法366条２項、383条２項、367条１項、２項）。この請求をしたのに、請求があった日から２週間以内の日を取締役会の日とする招集通知が５日以内に発せられない場合、請求をした者は、自ら取締役会の招集をすることができます(会社法366条３項、383条３項、367条３項)。

たとえば、代表取締役を解職するための取締役会なので招集権者の代表取締役が招集しない、といったことがあります。こういったときに生きてきます。

①取締役（上記（１）の定款または取締役会の決議で招集権を奪われている場合）
②監査役(取締役に不正行為があることなどが必要です〔会社法383条２項、382条〕)

「 P438

監査役は取締役会に出席する権利と義務があります。取締役会に出席し、必要があるときは意見を述べなければなりません（会社法 383 条１項本文）。監査役の仕事のメインは、取締役の職務の監査だからです。

よって、監査役にも招集請求権が認められているんです。

③株主（監査等委員会設置会社でも指名委員会等設置会社でもなく、業務監査権限を有する監査役が設けられていない場合。取締役に目的の範囲外の行為があることなどが必要です〔会社法367条１項〕）

株主に招集請求権が認められるのは、「(　　)」の場合なのですが、これは会社法に以下の考え方があるからです。

監査ナニナニの設置の有無

監査役設置会社では**監査役**が、監査等委員会設置会社では**監査等委員**が、指名委員会等設置会社では**監査委員**が（このテキストでは、監査役、監査等委員、監査委員をまとめていうとき「監査ナニナニ」といいます）、**基本的に取締役などを監視する**というのが、会社法の考え方です。よって、監査ナニナニの有無によって、株主の位置づけは以下のようになります。

・**監査ナニナニがいる場合　→　株主の権利は制限される**

基本的に監査ナニナニが取締役などを監視するので、株主は監視する者として前面に出てこないんです。

・**監査ナニナニがいない場合　→　株主の権利は制限されない**

取締役などを監視する監査ナニナニがいませんので、株主が監視する者として前面に出てきます。

ex. 取締役が、株式会社に著しい損害を及ぼすおそれのある事実を発見したときの報告先は、以下のとおりです。

・監査役設置会社（非監査役会設置会社）　→　監査役（会社法 357 条 1 項かっこ書）
・監査役会設置会社　→　監査役会（会社法 357 条 2 項）
・監査等委員会設置会社　→　監査等委員会（会社法 357 条 3 項）
・上記以外の株式会社　→　株主（会社法 357 条 1 項）

上記③の「(　　)」の場合は、要は監査ナニナニがいない場合ということです（「業務監査権限」については、P437（1）で説明します）。監査ナニナニがいないと株主が前面に出てきますので、株主に招集請求権が認められているんです。

3．招集時期

取締役会を毎週開いている株式会社もありますが、法律上最低限開かなければいけないのは3か月に1回（年4回）です。以下の理由によります。

取締役、会計参与、監査役、執行役または会計監査人は、取締役会に報告すべき事項があるときは、取締役会に報告をしなければなりません。この報告は、取締役の全員（監査役設置会社なら監査役の全員にも）に対して報告事項を通知したときは、省略できます（会社法 372 条 1 項、3 項）。取締役会のメンバーの全員に知らせたからです。

しかし、代表取締役と業務執行取締役は、3か月に1回以上、職務の執行の状況を取締役会に報告しなければなりません（会社法363条2項）。この報告は、上記のように全員に知らせても、省略できません（会社法372条2項）。これも省略できるとなると、取締役会がほとんど開かれず、取締役会が取締役を監督することができない事態が生じてしまうからです。よって、この報告を受けるため、取締役会は3か月に1回は開催しないといけないんです。

4．招集通知

取締役（監査役設置会社なら監査役も）を取締役会に出席させるため、上記2.の招集権者は、取締役（監査役〔*〕）に招集通知を発します（会社法368条1項）。

*会計限定監査役（P437～438の2.）を除きます。会計限定監査役には、取締役会の出席義務はないからです（会社法389条7項、383条。P438（6））。

（1）発信時期

この招集通知は、取締役会の開催日の1週間前までに発すればOKで、定款で1週間よりも短くする（ex. 取締役会の2日前までに招集通知を発するとする）こともできます（会社法368条1項）。

これは、株主総会で最も規制のユルイ P284④の非取締役会設置会社（書面または電磁的方法による議決権行使ができない場合）と同じです。取締役は経営のプロなので、取締役会の議題について考える時間がなくても大丈夫なのです（P399の「取締役はプロ」）。

（2）招集通知を書面によることの要否

通知は、書面による必要はなく、口頭や電話などでもOKです。

やはりこれも、株主総会で最も規制のユルイ P285④の非取締役会設置会社（書面または電磁的方法による議決権行使ができない場合）と同じです。理由も同じです。取締役は経営のプロなので、「明後日、取締役会やるから来てね～」と口頭や電話で言えば大丈夫です（P399の「取締役はプロ」）。

あらかじめ議題を決めなくてもよい点も、非取締役会設置会社の株主総会と同じです（P296）。やはり取締役は経営のプロだからです。

4　議決権

1．1人1議決権

取締役会は、取締役1人につき1議決権（人数ベース）です。代表取締役だから議決権数が多いとかはありません。株主と違い、出資をしているわけではないからです。

なお、監査役は取締役会に出席する権利と義務がありますが、議決権はありません。監査役は、あくまで取締役の監査のために取締役会に出席する立場だからです。

2．特別利害関係人

決議の内容によって、決議について特別の利害関係を有する取締役は、議決権がなくなります（会社法369条2項）。P404の1.で説明する決議要件の算定においても、いない者として扱われます（会社法369条1項）。取締役は、株主のように自分のためではなく、株式会社のために議決権を行使します。よって、特別の利害関係がある場合に議決権を行使するのは不適切なんです。

特別の利害関係を有するか問題になる決議として、以下のものを押さえてください。

特別利害関係人に当たる者	特別利害関係人に当たらない者
①代表取締役の解職の決議（会社法362条2項3号）における解職される候補の代表取締役である取締役 その代表取締役を解職するかの問題であるため、まさにその代表取締役のみに特別な利害関係があります。 **②競業取引または利益相反取引の承認の決議（会社法365条1項）における承認を受ける取締役** その取締役がする取引などですので、まさにその取締役のみに特別な利害関係があります。	**①代表取締役の選定の決議（会社法362条2項3号）における代表取締役の候補である取締役** 左の①の解職との違いですが、誰を代表取締役にするかという問題は、潜在的には取締役全員に利害関係があります。取締役は代表取締役になる資格がありますので、全員が候補者なわけです。しかし、取締役全員が議決権を行使することができないとすることはできません。よって、全員に議決権が認められるんです。

3．議決権の代理行使

P293」

取締役は、代理人によって議決権を行使できません。やむを得ない事由があって取締役会に出席できない取締役であったとしても、ダメです。「やむを得ない事由があればOK」となることが多いのですが、それさえダメであり、非常に厳しいです。

取締役は、株主から経営を任されたプロなので、代理人に任せることはできないんです。

5 議事進行

1．決議要件

> **会社法 369 条（取締役会の決議）**
>
> 1　取締役会の決議は、議決に加わることができる取締役の過半数（これを上回る割合を定款で定めた場合にあっては、その割合以上）が出席し、その過半数（これを上回る割合を定款で定めた場合にあっては、その割合以上）をもって行う。

取締役会の決議は、議決に加わることができる取締役の過半数（人数ベース）が出席し（定足数）、出席した取締役の過半数（人数ベース）の賛成で成立します（会社法 369 条１項）。

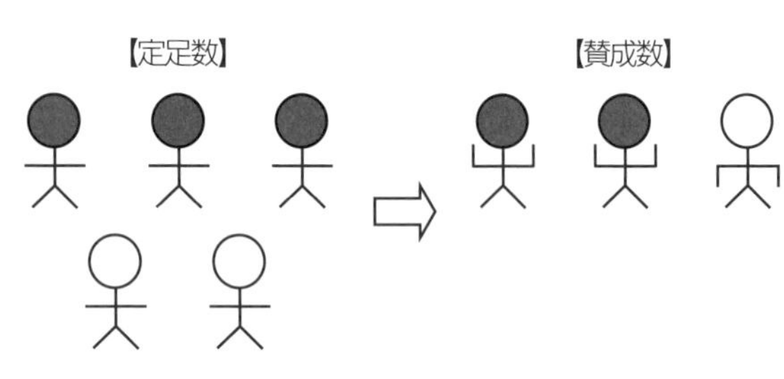

ex. 取締役が５人（特別利害関係人はいない）である場合、３人が出席すれば定足数を充たします。出席取締役数が３人であれば、そのうちの２人以上の賛成で決議が成立します。

なお、取締役３人、そのうち代表取締役１人の取締役会設置会社において、代表取締役である取締役が死亡した場合、株主総会で取締役１人を選任しなければ、代表取締役を選定する取締役会決議をすることができないでしょうか。この場合に、残りの２人の取締役のみで取締役会を開いて、その２人のうちの１人を代表取締役に選定することを認めた先例があります（昭 40.7.13 民事甲 1747）。

※定款による別段の定め

定款で定足数と賛成数を加重することはできます（会社法 369 条１項かっこ書）。「より慎重に決定しろ」という方向なので OK です。

しかし、軽減することはできません。定足数の軽減は、「人数が多すぎて定足数を確保するのが大変だから」という理由で認められますが（P297※）、取締役会のメンバーは多くても 20 人くらいです。本社が東京の株式会社で、北海道や九州、場合によっては海外の支社にいる取締役もいます。しかし、電話会議（平 14.12.18 民商 3044）やテレビ会議（会社施行規 101 条３項１号かっこ書参照）での取締役会も認められています。よって、定足数確保のための軽減は不要なんです。

※みなし決議

上記のとおり、取締役会で決を採って決議をするのが原則です。

しかし、取締役会の決議事項について、議決に加わることができる取締役の全員が書面または電磁的記録（メールなど）で同意の意思表示をすれば、取締役会の決議があったものとみなされます（会社法370条）。「全員が同意しているのなら、取締役会を開かなくてもいいでしょ」ということです。これを「みなし決議」といいます。

ここまでは、株主総会のみなし決議と同じです（P302※）。ただ、取締役会のみなし決議を行うには、みなし決議が可能である旨の定款の定めが必要です（会社法370条）。取締役会は、合議体を形成して取締役を監督することを目的とする組織ですので、開催を不要とするには要件が厳しくなるんです。定款の定め、つまり、株主の許しが必要ということです（定款は株主総会で変更します）。 P302 」

このみなし決議に基づいて登記申請をする場合、定款（商登規61条1項）および取締役会議事録（商登法46条3項。P302の「みなし決議の場合の議事録」）を添付する必要があります。定款を添付するのは、上記のとおり、定款規定がないとみなし決議ができないからです。

2．議事録

（1）作成

取締役会は、議事録（取締役会議事録）を作成する必要があります（会社法369条3項、会社施行規101条）。

※署名または記名押印の要否 P303 」

取締役会議事録は、出席した取締役および監査役の署名または記名押印が要求されます（会社法369条3項）。議事録が電磁的記録（データ）で作成されている場合は、電子署名をする必要があります（会社法369条4項、会社施行規225条1項6号）。

取締役会においては、決議に参加した取締役であって異議をとどめない者は決議に賛成したものと推定されます（会社法369条5項）。取締役会議事録の記載は、「可決成立した」など、誰が賛成したかわからないことが多いんです。そのため、株主や債権者が取締役の責任追及をしやすくなるよう、推定規定が設けられています。そこで、後に取締役や監査役の責任追及をしやすいよう、署名や押印が要求されているんです。

(2) 備置き

株式会社は、取締役会議事録を作成したら、以下のとおり備え置かなければなりません。

本　店	支　店
取締役会の日から10年間 (会社法371条1項。P303の「会社法の保存期間」)	**不要**(会社法371条1項参照) 取締役会は回数が多いので(毎週開いている株式会社もあります)、支店にも備え置くとすると、株式会社の負担となるからです。

(3) 閲覧・謄写

上記(2)の備置きは、利害関係人に閲覧と謄写(コピー)をさせるためにします。閲覧と謄写の請求ができる利害関係人は、以下のとおりです(P304の「閲覧・謄写などの請求権者の記憶の仕方①」)。

利害関係㊅ ←→ ⑭

株主		債権者	親会社の社員
監査ナニナニ(P401)がいない	監査ナニナニがいる		
株式会社の営業時間内はいつでも請求可(会計限定監査役〔P437~438の2.〕がいる場合も含みます。会社法371条2項) 監査ナニナニがいないので、株主の権利は制限されません(P401の「監査ナニナニの設置の有無」)。	**裁判所の許可を得て可**(会社法371条3項、4項、5項) 株主は、監査ナニナニがいると、権利が制限されます(P401の「監査ナニナニの設置の有無」)。 債権者は、株主よりも利害関係が小さいです。よって、株主でも裁判所の許可が要求されることがあるのなら、債権者も要求されます。 親会社の社員は裁判所の許可が必要とされます(P304の「閲覧・謄写などの請求権者の記憶の仕方②」)。 **※ただし、株式会社、親会社または子会社に著しい損害を及ぼすおそれがあると認めるときは、裁判所は許可できない**(会社法371条6項) 裁判所の許可があれば、株式会社の外部の債権者なども取締役会の内容を知ることができます。しかし、取締役会では、新商品の発売時期など企業秘密について話し合うことも多いです。よって、そのような場合には、裁判所が許可をしてはいけないとされています。		

6 登記

1. 実体（会社法）→登記

取締役会を設置または廃止した場合は、取締役会設置会社の定めの設定または廃止の登記を申請しなければなりません（会社法 915 条1項）。以下の事項は、登記事項だからです。

・取締役会設置会社である旨（会社法911条3項15号）

2. 申請書の記載事項

申請例21 —— 取締役会設置会社の定めの設定の登記

事例：令和6年6月 28 日、取締役がA、B、C、代表取締役がA、監査役がDである非取締役会設置会社・監査役設置会社の株主総会において、取締役会を設置する特別決議が成立した。同日、取締役会において、Aを代表取締役に選定する決議が成立し、Aは席上就任を承諾した。

1. 登記の事由	取締役会設置会社の定めの設定
1. 登記すべき事項	令和6年6月28日取締役会設置会社の定め設定
1. 登録免許税	金3万円
1. 添付書面	株主総会議事録　1通 株主リスト　1通 委任状　1通

取締役会設置会社に関する事項	取締役会設置会社 令和6年6月28日設定　令和6年7月3日登記

＊取締役会の設置前の代表取締役Aが再び代表取締役に選定されていますので、代表取締役の登記は不要です（P385 iii）。

記述の連鎖

＊「記述の連鎖」の項目を設け、注意していただきたい連鎖事項を説明します。機関構成は特に、「○○を置いた場合は、○○を置かないといけない」など連鎖することが多いです。

取締役会を設置するには、以下の①②の条件が揃っている必要があります。

①取締役が3人以上いる

②監査役設置会社、監査等委員会設置会社または指名委員会等設置会社である。ただし、非公開会社かつ非大会社は、会計参与設置会社であればOK（P266～267 ルール3）。

申請例22 —— **取締役会設置会社の定めの廃止の登記**

事例：令和6年7月28日、取締役がA、B、C、代表取締役がA、監査役がDである非公開会社・取締役会設置会社・監査役設置会社の株主総会において、取締役会設置会社の定めを廃止する特別決議が成立した。Bの住所は東京都新宿区新宿二丁目2番2号、Cの住所は東京都新宿区新宿三丁目3番3号である（P376＊）。なお、この株式会社の資本金の額は、1億円である。

1．登記の事由　取締役会設置会社の定めの廃止
　代表取締役の変更
1．登記すべき事項　令和6年7月28日取締役会設置会社の定め廃止
　同日代表権付与
　東京都新宿区新宿二丁目2番2号　代表取締役　B
　東京都新宿区新宿三丁目3番3号　代表取締役　C
1．登録免許税　金4万円
1．添付書面　株主総会議事録　1通
　株主リスト　1通
　委任状　1通

役員に関する事項	東京都新宿区新宿一丁目2番2号 代表取締役　A	令和5年6月30日就任 令和5年7月5日登記
	東京都新宿区新宿二丁目2番2号 代表取締役　B	令和6年7月28日代表権付与 令和6年8月5日登記
	東京都新宿区新宿三丁目3番3号 代表取締役　C	令和6年7月28日代表権付与 令和6年8月5日登記
取締役会設置会社に関する事項	取締役会設置会社 令和6年6月28日設定	令和6年7月3日登記
	令和6年7月28日廃止	令和6年8月5日登記

取締役会を廃止し、特に代表取締役を定めていませんので、各自代表となります。よって、B、Cの代表権付与の登記も申請しています（P385ⅰ）。

記述の連鎖

以下の①または②の場合、取締役会を廃止できません。
①公開会社である（P266 ルール2）
②監査役会設置会社、監査等委員会設置会社または指名委員会等設置会社である（P267 ルール4）

(1) 登記の事由

【設置】

「取締役会設置会社の定めの設定」と記載します。

【廃止】

「取締役会設置会社の定めの廃止」と記載します。

(2) 登記すべき事項

【設置】

「年月日取締役会設置会社の定め設定」と記載します。

【廃止】

「年月日取締役会設置会社の定め廃止」と記載します。

年月日は、「設定日」「廃止日」を記載します。この設定日と廃止日は、通常は株主総会の決議日です。

決議に条件・期限

株主総会や取締役会などで決議したことは、基本的には決議が成立した時に効力が生じます。しかし、効力が生じるのが遅れる場合があります。株主総会（最判昭 37.3.8）や取締役会などの決議には、以下の附款を付けることができるからです。

・**条件**（ex. ○○の効力発生と同時に効力が生じる）

「合併の効力発生と同時に取締役を選任する」など、他の事項と効力発生日を合わせたい場合などに使います。

・**期限**（ex. ○年○月○日に効力が生じる）

本来効力を生じさせたい日よりも前に株主総会などを開いた場合に使います。

※このように、条件または期限を付けることで、決議日や決定日よりも効力発生日が遅れることがあります。よって、この後の年月日の説明でも、「設定日」「廃止日」「変更日」などと記載します。これらは、条件または期限がなければ、基本的に決議日や決定日のことです。

（3）登録免許税

申請件数1件につき、3万円です（登免法別表第1.24.（1）ワ)。「取締役会」と最後に「会」がつきますので、区分は「ワ」です（P62の「ワ→『○○会（等)』」)。

（4）添付書面

①株主総会議事録（特別決議の要件を充たすもの。商登法46条2項）

株主総会と取締役は、株式会社に必ずあります（P266ルール1)。それ以外の機関は、定款に置く旨を定めることで置くことができます（会社法326条2項。*)。よって、取締役会を設置することも廃止することも定款変更に当たるため、特別決議の要件を充たす株主総会議事録が必要です。

*機関を置く旨は、定款の相対的記載事項です。定款の記載事項についての P76～77 の3.の説明を先にお読みください。

②株主リスト（商登規61条3項）

株主総会の決議を要しますので、株主リストが必要です（P307の「株主リストの添付の基本的な判断基準」)。

③委任状（商登法18条）

7　特別取締役による議決の定め

1．意義

取締役会の最後に、「特別取締役による議決の定め」という**取締役会の内部の定め**をみます。これは、取締役会の中から3人以上の取締役（これが「特別取締役」です）を選定し、その特別取締役のみが参加する取締役会で以下の①②の事項を決めることができるという定めです（会社法373条1項柱書)。

①重要な財産の処分・譲受け（会社法362条4項1号、399条の13第4項1号）
②多額の借財（会社法362条4項2号、399条の13第4項2号）

2．趣旨

上記1.の①②は、P336①②の事項で、取締役に決定を委任することができず、取締役会で決める必要がある事項でした。しかし、取締役が20人くらいいる株式会社もあります。20人もいると、本社は東京だが、北海道や九州、場合によっては海外の支社に取締役がいるといったこともあります。また、社外取締役がいると、社外取締役は外部から招へいされた大学教授などですので、他に仕事もあるのが普通で、頻繁に株式会社に来られません。にもかかわらず、財産の処分・譲受けや借財など頻繁に決定する事項について通常の取締役会を開かないといけないのは、大変です。そこで、取締役会が選定した３人以上の取締役に決定を任せられるとしたんです。東京の本社にいる社長、副社長、専務を特別取締役にして、その３人に決めさせるイメージです。

３．要件

①取(ト)締役会の決定（会社法373条１項柱書）

特(ト)別取締役による議決の定めは取締役会の内部の定めなので、取締役会が決定します。３(サ)人以上の特別取締役も、取締役会で選定します。株主総会が決めるわけではないことにご注意ください。

②取締役が６(ロ)人以上いる（会社法373条１項１号）

上記２.のとおり、取締役が20人いるなど取締役の数が多い株式会社のための制度なので、取締役が最低６人いる必要があります。

③社外取締役が１(イ)人以上いる（会社法373条１項２号）

上記２.のとおり、社外取締役は頻繁に株式会社に来られないためという趣旨もある制度だからです。また、社外取締役がいるということは、取締役会の監督機能が適切に働いていると考えられるので、特別取締役に決めさせても大丈夫だろうという理由もあります。

なお、社外取締役が特別取締役になる必要はありません。社外取締役は頻繁に株式会社に来られないので、特別取締役になれないのが通常です。

これらの要件は、フリガナをふってあるところを取って、「トロサイコー」のゴロ合わせで思いだしてください。トロ、好きですよね……。

※監査等委員会設置会社

監査等委員会設置会社は、以下のいずれかに該当しなければ、特別取締役による議決の定めを設けられます（会社法373条１項柱書かっこ書）。

・取締役の過半数が社外取締役である（会社法399条の13第５項）
・取締役の過半数が社外取締役でないが、重要な業務執行の決定を取締役に委任することができる旨の定款の定めがある（会社法399条の13第６項）

P483～484（２）で説明しますが、これらの監査等委員会設置会社は、取締役に大幅に業務執行の決定を委任できるので、それで十分だからです。

※指名委員会等設置会社

指名委員会等設置会社は、特別取締役による議決の定めを設けられません（会社法373条1項柱書かっこ書）。

P498 の1.で説明しますが、指名委員会等設置会社は、執行役に大幅に業務執行の決定を委任できるので（会社法416条4項）、それで十分だからです。

4．通常の取締役会との共通点・相違点

特別取締役による議決の定めがあると、P410 の1.の①②の事項の決定は、特別取締役のみが参加する取締役会で決められます。この取締役会と通常の取締役会との同じ点・異なる点は、以下のとおりです。

通常の取締役会と同じ点	通常の取締役会と異なる点
①**決議要件**（会社法373条1項柱書。P404の1.） 議決に加わることができる特別取締役の過半数（人数ベース）が出席し（定足数）、出席した特別取締役の過半数（人数ベース）の賛成で決議が成立します。 ただ、定足数と賛成数の加重は、取締役会で定められます（会社法373条1項柱書かっこ書）。また、特別取締役の互選によって定められた特別取締役が、決議の後遅滞なく、決議の内容を特別取締役以外の取締役に報告する必要があります（会社法373条3項）。取締役を監督するのが取締役会の仕事ですので、他の取締役を蚊帳（かや）の外にしないためです。 ②**監査役の出席** 特別取締役による取締役会にも、監査役は出席する権利と義務があり、必要があるときは意見を述べなければなりません。 ただ、監査役が2人以上いる場合、監査役の互選によって監査役の中から出席する監査役を定められます（会社法383条1項ただし書）。3人程度の取締役会なので、出席する監査役も1人で十分だと考えられるからです。	①**みなし決議**（会社法373条4項、370条。P405※） 集まるのが大変だから東京の本社にいる3人で決めていいという制度なので、その取締役会さえ開かないのはダメです。 ②**特定の取締役を招集権者とすること**（会社法373条4項、366条1項ただし書。P400（1）） ③**監査役による招集請求**（会社法383条4項。P400②） ④**株主による招集請求**（会社法373条4項、367条。P400～403③） ⑤**監査等委員会が選定する監査等委員による招集**（会社法373条4項、399条の14。P484の2.） ②～⑤は、東京の本社にいる3人（特別取締役）の意思だけで招集できるようにするためです。本社の3人全員が招集権を有し（②）、他の者には招集請求権・招集権を認めません（③～⑤）。

5．登記

（1）実体（会社法）→登記

特別取締役による議決の定めを設定または廃止した場合は、登記を申請しなければなりません（会社法915条1項）。以下の事項は、登記事項だからです。

①特別取締役による議決の定めがある旨（会社法911条3項21号イ）
②特別取締役の氏名（会社法911条3項21号ロ）
③取締役のうち社外取締役である者については社外取締役である旨（会社法911条3項21号ハ）

【設定】

以下の登記を申請します。

①特別取締役による議決の定めがある旨の登記
②特別取締役の就任の登記
③社外取締役が新たに就任する場合は、社外取締役の就任の登記（P368（1）の登記）
④取締役のうち社外取締役である者がすでにいる場合は、社外取締役である旨の登記（P368～369（2）の登記）

ただし、社外取締役である旨の登記がすでにされている場合は、この④の登記は申請しません。社外取締役である旨の登記をするのはP367①～③なので、「社外取締役である旨の登記がすでにされている場合」とは、監査等委員会設置会社である場合です。P367③の指名委員会等設置会社は、特別取締役による議決の定めを設けられません（P412※）。

【廃止】

以下の登記を申請します。

①特別取締役による議決の定めの廃止の登記
②特別取締役の退任の登記
③取締役のうち社外取締役である者について社外取締役である旨の抹消の登記

社外取締役である旨の登記をするのは P367①～③なので、P367①～③に該当しなくなれば社外取締役である旨の登記を抹消します。よって、社外取締役である旨の登記を残すべき場合は、この③の登記は申請しません。「社外取締役である旨の登記を残すべき場合」とは、監査等委員会設置会社である場合、監査等委員会設置会社である旨の登記も申請する場合（P367②）、指名委員会等設置会社である旨の登記も申請する場合（P367③）です。

※特別取締役による議決の定めを置く要件を充たさなくなった場合

特別取締役による議決の定めを置く要件を充たさなくなった以下の①または②の場合にも、上記の【廃止】の登記を申請します。要件を充たさなくなった場合、特別取締役による議決の定めは当然に効力が失われるからです(平14.12.27民商3239参照)。

①取締役の数が５人以下となった（P411②の要件を充たさなくなった）
②社外取締役が０人となった（P411③の要件を充たさなくなった）

この登記の添付書面は、下記（2）（d）と異なり、委任状のみです。取締役の退任の登記や社外取締役の退任の登記などがされるため、特別取締役による議決の定めの効力が失われたことが明らかだからです。

（2）申請書の記載事項

申請例 23 ―― 特別取締役による議決の定めの設定の登記

事例：令和６年６月 28 日、取締役がA、B、C、D、E、Fである監査等委員会設置会社でも指名委員会等設置会社でもない取締役会設置会社の取締役会において、特別取締役による議決の定めを設ける決議が成立し、特別取締役としてA、B、Cが選定された。同日、A、B、Cは特別取締役への就任承諾書を株式会社に提出した。取締役Fは社外取締役である。なお、この株式会社の資本金の額は、１億円である。

1. 登記の事由	特別取締役による議決の定めの設定 特別取締役、取締役の変更
1. 登記すべき事項	令和6年6月28日特別取締役による議決の定め設定 同日就任 特別取締役　A　同 B　同 C 取締役Fは社外取締役である
1. 登録免許税	金4万円
1. 添付書面	取締役会議事録　1通 特別取締役の就任承諾書　3通 委任状　1通

役員に関する事項	取締役　　　F	令和5年6月30日就任 令和5年7月5日登記
	取締役　　　F （社外取締役）	 令和6年7月3日社外取締役の登記
	特別取締役　　A	令和6年6月28日就任 令和6年7月3日登記
	特別取締役　　B	令和6年6月28日就任 令和6年7月3日登記
	特別取締役　　C	令和6年6月28日就任 令和6年7月3日登記
特別取締役に関する事項	特別取締役による議決の定めがある 令和6年6月28日設定　令和6年7月3日登記	

記述の連鎖

特別取締役による議決の定めを設けるには、以下の①～③の要件（P411①～③の要件）を充たしている必要があります。

①取締役会が決定している

特別取締役は3人以上である必要があります。

②取締役が6人以上いる

記述では、当初は取締役が6人いるが、特別取締役による議決の定めを設ける直前に1人退任して5人以下になっている、といったひっかけも考えられます。

③社外取締役が1人以上いる

＊以下、【設定】については、P413【設定】①②の登記の説明を記載します。P413【設定】③④の登記の説明は、P368（1）、P368～369（2）をご覧ください。

（a）登記の事由

【設定】

「特別取締役による議決の定めの設定
特別取締役の変更　　　　　　　　　」と記載します。

【廃止】

「特別取締役による議決の定めの廃止
特別取締役、取締役（＊）の変更　」と記載します。

＊社外取締役である旨の登記を残すべき場合は、取締役については記載しません（P413～414③）。

（b）登記すべき事項

【設定】

「年月日特別取締役による議決の定め設定」と記載します。

年月日は、「設定日」を記載します。

「年月日就任

特別取締役　○○　　同　○○　　同　○○」などと記載します。

年月日は、「取締役会の選定日と特別取締役の就任承諾日のうち遅い日（選定と就任承諾が揃った日）」を記載します。

【廃止】

「年月日特別取締役による議決の定め廃止

同日退任

特別取締役　○○　　同　○○　　同　○○

同日取締役（社外取締役）○○につき特別取締役による

議決の定め廃止により変更　　取締役　○○（＊）　　」などと記載します。

＊社外取締役である旨の登記を残すべき場合は、取締役については記載しません（P413～414③）。

年月日は、「廃止日」を記載します。特別取締役による議決の定めを廃止することにより、特別取締役は当然に退任します。また、社外取締役である旨の登記を抹消します。

（c）登録免許税

【設定・廃止】

申請件数１件につき、３万円です（登免法別表第1.24.（1）ツ）。特別取締役による議決の定めは、取締役会の内部の定めですが、最後に「会（等）」がつきませんので、区分は「ワ」ではなく「ツ」です（P62の「ワ→『○○会（等）』」）。

【特別取締役の変更・取締役の変更】

申請件数１件につき、以下の金額です（登免法別表第1.24.（1）カ）。

・資本金の額が１億円を超える株式会社　→　３万円

・資本金の額が１億円以下の株式会社　　→　１万円

（d）添付書面

①取締役会議事録（商登法46条2項）

【設定】

特別取締役による議決の定めを設ける決議と特別取締役の選定の決議は、取締役会でします（P411①）。取締役会の内部の定めだからです。

【廃止】

特別取締役による議決の定めを廃止する決議も、取締役会でします。取締役会の内部の定めだからです。特別取締役を解職する決議などはしません。特別取締役による議決の定めを廃止すれば、特別取締役は当然に地位を失い退任するからです。

②就任承諾書（商登法54条1項）

【設定】

特別取締役も、その地位に就くには就任承諾が必要です。よって、設定の場合には必要となります。

③委任状（商登法18条）

第8節　会計参与

1 会計参与とは？

> **会社法374条（会計参与の権限）**
>
> 1　会計参与は、取締役と共同して、計算書類（第435条第2項に規定する計算書類をいう。以下この章において同じ。）及びその附属明細書、臨時計算書類（第441条第1項に規定する臨時計算書類をいう。以下この章において同じ。）並びに連結計算書類（第444条第1項に規定する連結計算書類をいう。第396条第1項において同じ。）を作成する。この場合において、会計参与は、法務省令で定めるところにより、会計参与報告を作成しなければならない。

会計参与：取締役（または執行役）と共同して、計算書類などを作成する役員（会社法374条1項前段、6項）

その名のとおり、「会計」に「参」加し「与（くみ）」するのが仕事です。

会計参与は、税理士さんをイメージしてください。株式会社と顧問契約を締結して、株式会社の外から会計の手伝いをしていた税理士さんが、役員として株式会社の内部に入り、取締役などと共同して計算書類などを作成するのが会計参与です。税理士さんなどの会計の専門家が役員となり、取締役などと共同して計算書類などを作成することで、内部監査がされ、計算書類などの正確性が担保されます。計算書類は、詳しくはⅡのテキスト第3編第5章第2節で説明しますが、P22※で説明した貸借対照表などのことです。

ただ、会計参与は、実際にはほとんど置かれていません。役員になると任務懈怠責任（会社法423条1項。P518）などで損害賠償責任を負う可能性もあるからです。今でも、税理士さんは株式会社と顧問契約を締結して、株式会社の外から会計の手伝いをしているのが現状です。私の株式会社の顧問税理士さんに、「会計参与になろうと思ったことありますか？」と聞いたら、「考えたこともない」って言っていました……。

内部機関

この会計参与は、株式会社の**内部機関**です。P12の図でも、船内にいます。

2 権限

1．計算書類などの作成

上記1で説明したとおり、取締役などと共同して計算書類などを作成するのが、会計参与の基本的な仕事です。

2．会計参与報告の作成

会計参与は、計算書類などを作成することに加え、「会計参与報告」というものを作成します（会社法 374 条1項後段）。これは、計算書類などをどのように作成したかなどを記載した報告です（会社施行規 102 条）。

会計のプロとして、計算書類などの作成の経緯を株主や債権者へ情報提供するために作成するんです。

3．会計帳簿の閲覧など

会計参与は、いつでも、会計帳簿およびこれに関する資料を閲覧・謄写（コピー）したり、取締役、執行役および支配人その他の使用人に対して会計に関する報告を求めたりすることができます（会社法 374 条2項、6項）。

「会計帳簿」は、電球を買ったなど、株式会社のお金の出し入れ1つ1つが記録されます。会社の経理の人のパソコンの画面によく出ているのが会計帳簿なのですが、ご覧になったことがないでしょうか。この会計帳簿を基に計算書類を作りますので、会計参与は当然に閲覧・謄写ができます。また、計算書類の作成をする際に取締役などに「これは何の支出？」と聞かないといけないことも多々あります。

4．子会社調査権

会計参与は、職務を行うため必要があるときは、子会社に対して会計に関する報告を求めること、会計参与設置会社または子会社の業務および財産の状況の調査をすることができます（会社法 374 条3項）。

この節では、会計参与が作成する書類として計算書類「など」と記載していますが、この「など」に子会社に関係する書類もあるんです。連結計算書類というものです。そのため、子会社の調査権もあるんです。

ただ、子会社は、正当な理由があれば、報告または調査を拒めます（会社法 374 条4項）。

子会社はあくまで別会社なので、権限の濫用である可能性があるからです。

5．不正行為の報告

会計参与は、取締役または執行役の職務の執行に関して、不正の行為または法令もしくは定款に違反する重大な事実があることを発見したときは、遅滞なく、これを以下の表の機関に報告しなければなりません。

①監査役設置会社（非監査役会設置会社）	②監査役会設置会社	③監査等委員会設置会社	④指名委員会等設置会社	⑤左記①〜④以外の株式会社
監査役 （会社法 375条1項かっこ書）	**監査役会** （会社法 375条2項）	**監査等委員会** （会社法 375条3項）	**監査委員会** （会社法 375条4項）	**株主** （会社法375条1項）
監査ナニナニがいる場合、基本的に監査ナニナニが監視するので、報告先も監査ナニナニとなるんです（P401 の「監査ナニナニの設置の有無」）。				監査ナニナニがいないので、報告先が株主となるんです（P401 の「監査ナニナニの設置の有無」）。

6．取締役会への出席

取締役会の出席者は、基本的に取締役と監査役（P400②）です。

しかし、会計参与も出席する権利と義務がある取締役会があります。それは、年1回、定時株主総会の前に行われる取締役会です。この取締役会では、定時株主総会に提出する計算書類などの承認がされます。会計参与は、この取締役会に出席し、必要があるときは意見を述べなければなりません（会社法 376 条1項）。会計参与は計算書類などの正確性を担保するためにいるので、自分が作成した計算書類などを承認する取締役会には、作成者として出席する必要があるわけです。

この年1回の取締役会には会計参与も出席します。よって、この取締役会は、P402の4.の招集通知を会計参与にも発する必要があります（会社法 376 条2項）。また、P400（2）の方法で招集手続を省略するには、会計参与全員の同意も必要となります（会社法 376 条3項）。ただ、会計参与は、出席しても、取締役会議事録への署名または記名押印をする義務はありません（会社法 369 条3項参照）。

7．計算書類などの備置き・閲覧

（1）備置き

株式会社は、計算書類などを本店および支店に備え置かなければなりません（会社法 442 条1項、2項。Ⅱのテキスト第3編第5章第2節2 6．（2）（a））。

それに加え、会計参与は、計算書類などを5年間、会計参与の事務所の場所の中で、株式会社の本店または支店と異なる場所（株式会社と税理士さんの事務所が同じオフィス内にあることもまれにあります）に備え置かなければなりません（会社法378条1項、会社施行規103条2項、3項)。株式会社とは別の場所で、税理士さんなどの事務所で計算書類などを備え置けということです。これは、株主、債権者、親会社の社員が、株式会社以外の場所で下記（2）の閲覧などをできるようにするための規定です。株式会社だと不都合なことを隠す可能性があるので、資格者である税理士さんなどの事務所でも閲覧などをできるようにしておく必要があるんです。

（2）閲覧など

上記（1）の備置きは、利害関係人に閲覧などをさせるためにします。閲覧などの請求ができる利害関係人は、以下のとおりです（P304の「閲覧・謄写などの請求権者の記憶の仕方①」)。

利害関係㊥大 ←――――――――→ ㊥小

株主	債権者	親会社の社員
株式会社の営業時間内はいつでも請求可 （会社法378条2項） 計算書類は貸借対照表などですが、企業秘密というほどではありません。株式会社の財産の状況の概略しかわからないんです。よって、債権者でもいつでも請求できます。		**裁判所の許可を得て可** （会社法378条3項。P304の「閲覧・謄写などの請求権者の記憶の仕方②」）

3 選任

1．資格

（1）資格者

会計参与には、取締役や代表取締役と異なり、以下の資格者でないとなれません。会計のプロでないとなれないわけです。

・公認会計士または監査法人（公認会計士事務所が法人化したもの。会社法333条1項）
　ずっと税理士さんを例に説明してきましたが、公認会計士さんでもOKです。
・税理士または税理士法人（税理士事務所が法人化したもの。会社法333条1項）

監査法人または税理士法人だと、監査法人または税理士法人は、その社員の中から会計参与の職務を行うべき者（要は担当者）を選定して、株式会社に通知する必要があります（会社法333条2項前段)。

（2）欠格事由

公認会計士や税理士であっても、会計参与になれない者がいます。以下の①～③の者です。②③は細かいので、まず①を押さえてください。

①その株式会社または子会社の取締役、監査役、執行役、支配人またはその他の使用人（会社法333条3項1号）

取締役、執行役、支配人またはその他の使用人だとダメなのは、業務執行者からの地位の独立性を担保するためです。

その株式会社の監査役がダメなのは、自分のことを監査できないからです。監査役は、会計参与の監査もします（P432 1）。子会社の監査役がダメな理由は、よくわからないといわれています。子会社の監査役は、親会社の監査はしないんですよね……。

②業務の停止処分を受けてその停止の期間を経過しない者（会社法333条3項2号）

③税理士法の規定により税理士業務を行うことができない者（会社法333条3項3号）

その株式会社
- 取締役（×）
- 監査役（×）
- 執行役（×）
- 支配人（×）
- 使用人（×）

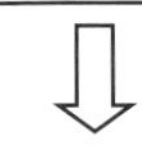

子会社
- 取締役(×)
- 監査役(×)
- 執行役(×)
- 支配人(×)
- 使用人(×)

2．選任機関

P340＝P440「P468

会計参与の選任機関は株主総会であり、普通決議で選任されます（会社法329条1項）。ただ、この普通決議は特別な普通決議であり、定款で軽減できる定足数は1/3までです（会社法341条）。

これらは、いずれも取締役（P340の2.）と同じです。会社法329条1項、341条に「役員」と規定されているとおり、会計参与や監査役も同じなんです。

取締役と違う点は、株主総会において、会計参与が選任について意見を述べられることです（辞任・解任についても同じです。会社法345条1項）。

株主総会の議案を決定するのは原則として取締役または取締役会ですので（会社法298条1項2号、4項。P274②）、会計参与の選任の議案（候補者）も取締役または取締役会が決定します。そうすると、取締役に都合のいい会計参与が候補者になる可能性があります。そこで、会計参与に「株主のみなさん、この候補者はおかしいですよ！」などと言う意見陳述権が与えられているんです。

3．就任承諾

会計参与も、その地位に就くには就任承諾が必要です。株式会社と役員および会計監査人との関係は、委任だからです（会社法330条。P333～334の2.）。

4．登記

（1）実体（会社法）→登記

会計参与が就任した場合は、会計参与の就任の登記を申請しなければなりません。初めて会計参与を置くときは、会計参与設置会社の設定の登記も申請しなければなりません（会社法915条1項）。以下の事項は、登記事項だからです。

①会計参与の氏名または名称（会社法911条3項16号）
②計算書類等の備置場所（会社法911条3項16号。P420～421（1）のことです）
③会計参与設置会社である旨（会社法911条3項16号）

（2）申請書の記載事項

申請例24 —— **会計参与設置会社の定めの設定の登記・会計参与の就任の登記**

事例：令和6年6月28日、株主総会において、会計参与を設置する特別決議、税理士Aを会計参与に選任する普通決議が成立し、Aは席上就任を承諾した。Aの事務所は東京都新宿区新宿四丁目4番4号である。なお、この株式会社の資本金の額は、1億100万円である。

1．登記の事由	会計参与設置会社の定めの設定 会計参与の変更
1．登記すべき事項	令和6年6月28日会計参与設置会社の定め設定 同日就任 会計参与　A （書類等備置場所）東京都新宿区新宿四丁目4番4号
1．登録免許税	金6万円
1．添付書面	株主総会議事録　1通 株主リスト　1通 会計参与の就任承諾書は株主総会議事録の記載を援用する 税理士であることを証する書面　1通 委任状　1通

役員に関する事項	会計参与　　　A （書類等備置場所）東京都新宿区新宿四丁目4番4号	令和6年6月28日就任 令和6年7月3日登記
会計参与設置会社に関する事項	会計参与設置会社 令和6年6月28日設定　　令和6年7月3日登記	

記述の連鎖

初めて会計参与を置くときは、上記のように設定の登記と就任の登記を同時に申請する必要があり、片方だけを申請すると却下されます（商登法24条6号、8号）。

※会計参与はどのような株式会社でも置けますので（P266③）、「○○設置会社である」といった条件はありません。

（a）登記の事由

「会計参与設置会社の定めの設定
　会計参与の変更　　　　　　　」と記載します。

（b）登記すべき事項

「年月日会計参与設置会社の定め設定」と記載します。

年月日は、「設定日」を記載します。

「年月日就任（重任）
　会計参与　○○
　（書類等備置場所）住所（会計参与の事務所の所在場所）」と記載します。

年月日は、「株主総会の選任日と会計参与の就任承諾日のうち遅い日（選任と就任承諾が揃った日）」を記載します。

会計参与設置会社の定めの設定の登記と同時にする場合は必ず「就任」となりますが、そうでない場合に重任であれば「重任」と記載します。

書類等備置場所は、会計参与の事務所です。税理士さんなどの事務所や税理士法人などの主たる事務所または従たる事務所を記載します。

（c）登録免許税

【設置】

申請件数1件につき、3万円です（登免法別表第1.24.（1）ツ）。

【会計参与の変更】

申請件数1件につき、以下の金額です（登免法別表第1.24.（1）カ）。

・資本金の額が１億円を超える株式会社　→　３万円
・資本金の額が１億円以下の株式会社　→　１万円

（d）添付書面

①株主総会議事録（商登法46条２項）

【設置】（特別決議の要件を充たすもの）

株主総会と取締役以外の機関は、定款に置く旨を定めることで置くことができます（会社法326条２項。P77のex2.）。よって、会計参与を設置することは定款変更に当たるため、特別決議の要件を充たす株主総会議事録が必要です。

【会計参与の変更】（普通決議の要件を充たすもの）

会計参与は株主総会の普通決議で選任する必要があるため（P422の２.）、普通決議の要件を充たす株主総会議事録が必要です。

②株主リスト（商登規61条３項）

株主総会の決議を要しますので、株主リストが必要です（P307の「株主リストの添付の基本的な判断基準」）。

③就任承諾書（商登法54条２項１号）

【会計参与の変更】

就任する者の就任承諾もあって会計参与になりますので、就任承諾書が必要です。

④資格を証する書面（商登法54条２項２号、３号）

【会計参与の変更】

会計参与は、公認会計士、監査法人、税理士または税理士法人でないとなれないので（会社法333条１項）、以下の資格者であることを証する書面が必要となります。

・自然人の場合 ―― 公認会計士、税理士

公認会計士であることを証する書面（具体的には日本公認会計士協会事務総長名義の証明書）または税理士であることを証する書面（具体的には日本税理士会連合会会長名義の証明書）を添付します（商登法54条２項３号）。

・法人の場合 ―― 監査法人、税理士法人

登記事項証明書を添付します（商登法54条２項２号本文。※）。

ただし、株式会社の本店所在地を管轄する登記所と監査法人または税理士法人の主たる事務所の所在地を管轄する登記所が同じ場合、添付する必要はありません（商登法54条２項２号ただし書）。登記官が内部で確認できるからです。同じ建物の中のハ

ナシですから。
※登記事項証明書の代わりに、会社法人等番号を提供することもできます（商登法19条の3）。

登記事項証明書→会社法人等番号

商業登記法の規定により**登記事項証明書の添付が要求される場合、申請書に会社法人等番号を記載すれば登記事項証明書の添付が不要**となります（商登法19条の3。＊）。これは、平成25年に新設された規定です（施行は平成27年です）。いわゆるマイナンバー法の施行に伴い、「会社法人等番号をもっと活用しよう」という趣旨です。

＊よって、この後、登記事項証明書が添付書面となる場合は、「登記事項証明書（または会社法人等番号を申請書に記載）」などと記載します。

この場合には、申請書の添付書面の項目に以下のように記載します。

> 1．添　付　書　面　　**登記事項証明書　添付省略**
> 　　　　　　　　　　　**（会社法人等番号　1111−05−111111）**

なお、登記事項証明書を添付する場合は、その登記事項証明書は作成後3か月以内のものでなければなりません（商登規36条の2）。

登記事項証明書→作成後3か月以内

商業登記で添付する**登記事項証明書**は、**作成後3か月以内のもの**でなければなりません（商登規36条の2）。「作成後3か月以内」とは、要は「登記所で証明書を取得してから3か月以内」ということです。あまり古い証明書はダメなんです。

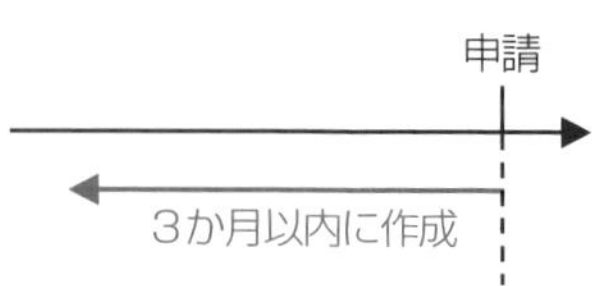

⑤委任状（商登法18条）

4　任期

会計参与には取締役の任期の規定が準用されますので（会社法334条1項）、任期はP344～348 4と同じです（原則2年など）。

ただし、監査等委員である取締役の規定（P347）は準用されません（会社法334条1項かっこ書）。

5 退任

1．退任事由

会計参与の退任事由は、以下の（1）～（6）などです。

基本的に取締役と同じです（P349～352 の1.）。株式会社と会計参与の関係も委任だからです（会社法 330 条。P333～334 の2.）。ただ、以下、説明を記載している点については、少しだけ取締役と異なります。

（1）任期満了

（a）原則

上記4の任期が満了すると、退任します。

（b）特殊な任期満了

上記4の任期は満了していないのですが、以下の①～④のいずれかの定款変更をすると、任期が満了します。①～③は取締役と同じであり、理由も同じです（P349 の「特殊な任期満了に当たるかの基本的な判断基準」）。

①監査等委員会または指名委員会等を置く旨の定款変更（会社法 334 条1項、332 条7項1号）
②監査等委員会または指名委員会等を置く旨の定款の定めを廃止する定款変更（会社法 334 条1項、332 条7項2号）
③非公開会社が公開会社となる定款変更（会社法 334 条1項、332 条7項3号）
ただし、監査等委員会設置会社または指名委員会等設置会社であれば、非公開会社から公開会社になっても、会計参与の任期は満了しません。
④会計参与を置く旨の定款の定めを廃止する定款変更（会社法 334 条2項）
会計参与を置かないことにしたので、会計参与は当然に退任します。取締役にこの④がなかったのは、取締役は株式会社の必置機関であり（P266 ルール1）、廃止できないからです。

（2）死亡

（3）破産手続開始の決定

（4）辞任

（5）解任

株主総会の特別な普通決議（会社法 341 条）でいつでも一方的に解任できる点は、取締役と同じです（会社法 339 条1項、民法 651 条1項）。

ただ、累積投票により選任されたため、または、監査等委員であるため、解任の決議要件が特別決議になる（P352②、③）という規定はありません。会計参与には、累積投票がありませんし（P341（2））、監査等委員である会計参与はいないからです。

（6）欠格事由の発生

P422①～③の欠格事由に該当すると、退任します。欠格事由の内容は、取締役（P338～339（1））と異なります。

※会計参与が成年被後見人になると退任します。後見開始の審判を受けたことは委任の終了事由だからです（民法653条3号）。

2．登記

（1）実体（会社法）→登記

会計参与が退任した場合は、会計参与の退任の登記を申請しなければなりません。また、会計参与を置く旨の定款の定めを廃止した場合は、その廃止の登記も申請しなければなりません（会社法915条1項）。以下の事項は、登記事項だからです。

①会計参与の氏名または名称（会社法911条3項16号）
②計算書類等の備置場所（会社法911条3項16号。P420～421（1）のことです）
③会計参与設置会社である旨（会社法911条3項16号）

（2）申請書の記載事項

申請例25　――　**会計参与設置会社の定めの廃止の登記・会計参与の退任の登記**

事例：令和6年6月28日、会計参与Aが登記されている会計参与設置会社・非取締役会設置会社の株主総会において、会計参与設置会社の定めを廃止する特別決議が成立した。なお、この株式会社の資本金の額は、1億100万円である。

1．登記の事由	会計参与設置会社の定めの廃止 会計参与の変更
1．登記すべき事項	令和6年6月28日会計参与設置会社の定め廃止 同日会計参与A退任
1．登録免許税	金6万円
1．添付書面	株主総会議事録　1通 株主リスト　1通 委任状　1通

役員に関する事項	会計参与　　A （書類等備置場所）東京都新宿区新宿四丁目4番4号	令和6年6月28日退任 令和6年7月3日登記
会計参与設置会社に関する事項	会計参与設置会社	
	令和6年6月28日廃止	令和6年7月3日登記

記述の連鎖

非公開会社かつ非大会社で非監査役設置会社・取締役会設置会社（会社法327条2項ただし書。P266～267）であった場合には、以下の①～③のいずれかに当たらない限り、会計参与設置会社の定めを廃止できません（P266～267 ルール3）。
①監査役設置会社（会計限定監査役の定めがある株式会社も含む）となる
②監査等委員会設置会社となる
③指名委員会等設置会社となる

（a）登記の事由

「会計参与設置会社の定めの廃止
　会計参与の変更　　　　　　　」と記載します。

（b）登記すべき事項

【廃止】
「年月日会計参与設置会社の定め廃止」と記載します。
年月日は、「廃止日」を記載します。

【会計参与の変更】
登記すべき事項の書き方は、P353～354（b）の取締役と同じです。年月日も同じです。

退任事由	登記すべき事項
①任期満了	「年月日会計参与○○（任期満了により）退任」
②死亡	「年月日会計参与○○死亡」
③破産手続開始の決定	「年月日会計参与○○退任」
④辞任	「年月日会計参与○○辞任」
⑤解任	「年月日会計参与○○解任」
⑥欠格事由の発生	「年月日会計参与○○資格喪失」
⑦後見開始の審判	「年月日会計参与○○退任」

（c）登録免許税

【廃止】

申請件数1件につき、3万円です（登免法別表第1.24.（1）ツ）。

【会計参与の変更】

申請件数1件につき、以下の金額です（登免法別表第1.24.（1）カ）。

・資本金の額が1億円を超える株式会社　→　3万円

・資本金の額が1億円以下の株式会社　→　1万円

（d）添付書面

①株主総会議事録（特別決議の要件を充たすもの。商登法46条2項）

【廃止】

株主総会と取締役以外の機関は、定款に置く旨を定めることで置くことができます（会社法326条2項。P77のex2.）。よって、会計参与を置く旨を廃止することは定款変更に当たるため、特別決議の要件を充たす株主総会議事録が必要です。

②株主リスト（商登規61条3項）

【廃止】

株主総会の決議を要しますので、株主リストが必要です（P307の「株主リストの添付の基本的な判断基準」）。

③退任の事由を証する書面（商登法54条4項）

【会計参与の変更】

退任の事由を証する書面は、基本的にはP355～356のⅰの取締役と同じです。

退任事由	退任の事由を証する書面
①任期満了	**【定時株主総会議事録に任期満了により退任する旨の記載がない場合】** ・定款（昭53.9.18民四.5003） ・株主総会議事録（定時株主総会議事録） **【定時株主総会議事録に任期満了により退任する旨の記載がある場合】** 株主総会議事録（定時株主総会議事録。昭53.9.18民四.5003） ※P427（b）の事由で退任する場合は、P427（b）の定款変更を決議した株主総会議事録が任期満了を証する書面となります。
②死亡	戸籍全部事項証明書等・法定相続情報一覧図の写し（不動産登記法Ⅱのテキスト第5編第12章）、住民票の写し・医師作成の死亡診断書・遺族などからの株式会社に対する死亡届など

③破産手続開始の決定	破産手続開始の決定があったことを証する書面 具体的には、破産手続開始決定書謄本（公認会計士・税理士の場合）または登記事項証明書（監査法人・税理士法人の場合。法人が破産すると法人の登記記録に記録されます）が当たります。
④辞任	辞任届
⑤解任	・株主総会議事録（普通決議の要件を充たすもの。商登法46条2項） ・株主リスト（商登規61条3項）
⑥欠格事由の発生	欠格事由に該当したことを証する書面
⑦後見開始の審判	後見開始の審判書の謄本およびその確定証明書、または、成年後見登記事項証明書

④委任状（商登法18条）

6 氏名（名称）・書類等備置場所の変更の登記

会計参与は、氏名（名称）・書類等備置場所を登記しますので（会社法911条3項16号）、これらの変更の登記があります。

ex. 従たる事務所のない会計参与である税理士法人Aが主たる事務所を移転した場合、書類等備置場所の変更の登記を申請する必要があります。書類等備置場所は、会計参与の事務所です（P420～421（1））。従たる事務所がないのであれば主たる事務所が書類等備置場所となっているため、変更の登記が必要となるんです。

これらの登記の添付書面は、原則として委任状（商登法18条）のみです（P393の「氏名（名称）・住所の変更の登記・登記の更正の添付書面」の原則）。

ただし、法人の名称の変更の登記のみ、登記事項証明書の添付（または会社法人等番号を申請書に記載）が必要です（商登法54条3項本文、2項2号本文。P393の「氏名（名称）・住所の変更の登記・登記の更正の添付書面」の例外）。会計参与が法人ということは、監査法人または税理士法人の登記もされています。登記されている事項でズレがあるとまずいので、名称を正確に確認するため、添付が必要となっているんです。

ですが、やはりこの登記事項証明書の添付（または会社法人等番号を申請書に記載）も、株式会社の本店所在地を管轄する登記所と監査法人または税理士法人の主たる事務所の所在地を管轄する登記所が同じであれば、不要となります（商登法54条3項ただし書、2項2号ただし書）。

第9節　監査役

1 監査役とは？

> **会社法381条（監査役の権限）**
> 1　監査役は、取締役（会計参与設置会社にあっては、取締役及び会計参与）の職務の執行を監査する。この場合において、監査役は、法務省令で定めるところにより、監査報告を作成しなければならない。

監査役：取締役および会計参与の職務執行の監査をする役員（会社法381条1項）

その名のとおり、「監査」するのが仕事です。

監査役の独立性の確保

監査役の地位は他の役員等以上に守られており、独立性が確保されています。監査役の仕事は監査ですが、自身の地位が不安定だと監査を躊躇（ちゅうちょ）してしまいます。取締役の耳の痛いことを言ったからすぐにクビになるのであれば、思い切った監査ができません。そこで、その地位が守られているんです。何か不祥事が起きたときに、「第三者委員会が調査するが、その地位は守られているのか？　独立性は確保されているのか？」といったことが問題になりますよね。あれと同じです。

よって、監査役が厳しいチェックをしており、取締役や従業員が「監査役の監査に引っかからないかな……」とビクビクしている株式会社もあります。

しかし、取締役に引退後のいわゆる天下りのポストとして与えられる場合もありますし、中小企業だと取締役の奥さんが監査役になっている株式会社もあります。そういった株式会社では、監査役の監査がきちんと機能していないことが多いです。

2 権限

1．通常の監査役

（1）監査権

上記1で説明したとおり、取締役および会計参与の職務執行の監査をするのが、監査役の基本的な仕事です。

この監査権限は、以下の範囲に及びます。

・業務執行の適法性（違法かどうか）

P399
」
┐
P488
P503

※業務執行の妥当性（適法だが妥当かどうか。ex. いま海外進出をするのは妥当か）には及びません。監査役は、取締役会と違い経営のプロではないので、妥当性を監査する能力はないからです。

（2）調査権

監査をするためには、当然、株式会社の業務の調査権が必要となります。

（a）自社に対する調査権

そこで、監査役は、いつでも取締役、会計参与、支配人およびその他の使用人に対して事業の報告を求めることができ、業務および財産の状況を調査することができるとされています（会社法 381 条2項）。監査役に「◯◯の書類を出せ！」と言われると、冷や汗ものです……。

（b）子会社に対する調査権

監査役は、職務を行うため必要があるときは、上記（a）の調査権を子会社に対しても行使できます（会社法 381 条3項）。

子会社を隠れみのにした違法行為や会計操作もあるからです。

ただし、子会社の場合は、正当な理由があれば拒めます（会社法 381 条4項）。子会社は、あくまで別会社だからです。

（3）株主総会の提出議案の調査・報告

株主総会で何を議案とするかは、原則として取締役または取締役会が決定します（会社法 298 条1項2号。P274②）。監査役は、その議案などを調査し、法令もしくは定款に違反するまたは著しく不当な事項があると認めるときは、その調査の結果を株主総会に報告しなければなりません（会社法 384 条、会社施行規 106 条）。

監査役は、株主総会の提出議案などのチェック機関にもなっているわけです。

（4）取締役の不正行為の報告

監査役は、取締役が不正の行為をし、もしくは、そのような行為をするおそれがあると認めるとき、または、法令もしくは定款に違反する事実もしくは著しく不当な事実があると認めるときは、遅滞なく、その旨を取締役（取締役会設置会社では取締役会）に報告しなければなりません（会社法 382 条）。

取締役（取締役会）の対処を期待して、取締役（取締役会）に報告するとされています。

— Realistic 12　ポイントを押さえる —

「法令もしくは定款に違反するまたは著しく不当な事項があると認めるときは」（上記（3））
「不正の行為をし、もしくは、そのような行為をするおそれがあると認めるとき、または、法令もしくは定款に違反する事実もしくは著しく不当な事実があると認めるときは」（上記（4））

……といわれても、「正確に記憶できない……」と思うと思います。これは条文の文言なので、問題文にも記載され得るのですが、**この文言を変えたひっかけが出る確率は低い**です。同じような文言は、このテキストで特に注意するべき説明をしていない限り、サラっとお読みください。以下のようにポイントを押さえた学習をすれば十分ですし、それが要領のいい学習方法です。

「監査役が株主総会の議案などに問題がないかをチェック→問題があれば株主総会に報告」（上記（3））
「監査役が取締役の問題を発見→取締役（取締役会）に報告」（上記（4））

（5）差止請求権

上記（4）は、取締役（取締役会）の対処を期待して取締役（取締役会）に報告するということでした。しかし、「ちゃんと対処するの？」って思いますよね。そこで、監査役には差止請求権が認められています。

監査役は、取締役が株式会社の目的の範囲外の行為その他法令もしくは定款に違反する行為をし、または、これらの行為をするおそれがある場合であって、その行為によって株式会社に著しい損害が生じるおそれがあるときは、その取締役に対して、その行為をやめることを請求することができます（会社法385条1項）。差止請求訴訟を提起することもできます。

……といわれても、「何を記憶すればいいの？」って思いますよね。以下の2点のポイントを押さえてください（上記のRealistic 12）。

①「著しい損害」が生じるおそれでOK（会社法385条1項）

下記cf.で説明しますが、差止請求の要件として「回復することができない損害」という厳しい要件が求められる場合もあります。しかし、そこまでは不要です。

②裁判所が、取締役に対して仮処分によってその行為をやめることを命じるときは、監査役に担保を立てさせてはいけない（会社法385条2項）

これもP396〜397 7と同じく、「判決確定まで待っていられないので、仮にこうしてください」と申し立てる仮の地位を定める仮処分のハナシです。監査役が取締役の行為の差止請求訴訟を提起する場合に、裁判前または裁判中に取締役の行為をやめることを命じる仮処分を出してもらえます。判決確定まで放置しておくと、株式会社の損害が拡大してしまうからです。裁判所に仮処分の決定をしてもらうには、担保を立てるのが普通です（民保法14条1項）。裁判前または裁判中ですので、仮処分の申立てをした者が裁判で勝つとは限らないからです。

しかし、この②はその特則で、担保を立てさせてはいけないとされています。これは、監査役の地位を強化するためです。監査役が担保を立てることにビビって、仮処分の申立てをしないとマズイですから。

cf. 株主の差止請求権

株主にも取締役の行為の差止請求権が認められています。ただ、株主が差止めをする要件は、以下のとおり、上記の監査役と少し異なります。

監査ナニナニ（P401）がいない	監査ナニナニ（P401）がいる
「著しい損害」が生じるおそれでOK （会社法360条1項） なお、P438（4）で説明しますが、会計限定監査役の定めがある株式会社は、監査役設置会社ではなく、こちら側に当たりますので、ご注意ください。これは、よく聞かれます。 監査ナニナニがいないので、株主が取締役を監視する必要があります（P401の「監査ナニナニの設置の有無」）。	**「回復することができない損害」が生じるおそれがある**（会社法360条3項） たとえば、株式会社の財産が流出した場合、「著しい損害」は、その財産が戻ってくるかにかかわらず、大きな損害であれば当たります。それに対して、「回復することができない損害」は、流出した財産が戻ってこない損害です。 監査ナニナニがいると、株主の権利は制限されるんです（P401の「監査ナニナニの設置の有無」）。

さらに非公開会社と公開会社で少し要件が違います。

非公開会社	公開会社
株主 （会社法360条2項）	**6か月前から株式を有する株主** （会社法360条1項）
非公開会社でも公開会社でも、持株数の要件はありませんし（P124の「思い出し方①」）、議決権制限株式（P129～130の3.）でも構いません。 ただ、公開会社だと、6か月の要件がつきます（P281の「公開会社の『6か月』」）。	

（6）訴訟における代表権

株式会社の訴訟における代表権は、代表取締役（代表執行役）が有しています（P372の2.）。

しかし、株式会社と取締役との間の訴えについては以下の表のような特則があります。取締役が訴訟の当事者だと、代表取締役（代表執行役）は手を抜くかもしれないからです。取締役と代表取締役（代表執行役）は、何十年もその株式会社で頑張ってきた仲である場合が多いです。

＊監査等委員会設置会社と指名委員会等設置会社についても、併せて記載しておきます。

<table>
<tr><th colspan="4">株式会社と取締役との間の訴え</th></tr>
<tr><th rowspan="2">監査ナニナニ（P401）がいない</th><th colspan="3">監査ナニナニ（P401）がいる</th></tr>
<tr><th>監査役設置会社</th><th>監査等委員会設置会社</th><th>指名委員会等設置会社</th></tr>
<tr><td>①株主総会が定めた者（会社法353条）
②上記①の者がいなければ、取締役会が定めた者（会社法364条）
この①②によって定める者は、訴えの相手方である取締役以外の者であれば、特に制限はありません。</td><td>監査役
（会社法386条1項）</td><td colspan="2">【原則】
監査等委員会が選定する監査等委員・監査委員会が選定する監査委員（会社法399条の7第1項2号、408条1項2号）
「選定する」とされている点は、P499の「『選定された委員』が多いワケ」で説明します。
【例外】
監査等委員・監査委員が訴訟の当事者であるときは、株主総会が定める者（それがいなければ取締役会が定める者）（会社法399条の7第1項1号、408条1項1号）
監査役と異なり、監査等委員・監査委員は取締役です（P487、P500）。よって、株式会社と取締役との間の訴えの「取締役」は監査等委員・監査委員である場合もあります。お仲間だと手を抜くかもしれませんので、株主総会（または取締役会）が定めるとされているんです。</td></tr>
</table>

2．会計限定監査役

会社法389条（定款の定めによる監査範囲の限定）
1　公開会社でない株式会社（監査役会設置会社及び会計監査人設置会社を除く。）は、第381条第1項の規定にかかわらず、その監査役の監査の範囲を会計に関するものに限定する旨を定款で定めることができる。

（1）意義

通常の監査役は、業務監査と会計監査の双方をします。しかし、下記（3）の要件を充たす株式会社は、監査役の監査の範囲を会計監査に限定できます（会社法389条1項）。これを「会計限定監査役」といったりします。

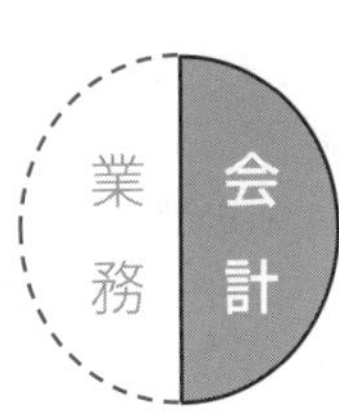

（2）趣旨

1950年～1974年は、「業務監査は取締役会が行う、会計監査は監査役が行う」と分けられていました。1974年から監査役の業務監査権が認められました。しかし、**小規模の企業**には監査役に会計監査のみ行うことを依然として認めようということで、会計限定監査役の制度が残されました。小規模の企業だと、業務監査までできる人材を探すのは大変なんです。監査役になってくれる人を探すのも大変ですから……。

（3）要件

会計限定監査役の定めを設けるには、以下の①～③の要件を充たす必要があります。

①非公開会社である（会社法389条1項）
②監査役会設置会社および会計監査人設置会社ではない（会社法389条1項かっこ書）
会計監査人設置会社だとダメなのは、次の理由によります。会計監査人が取締役の不正行為などを発見したときは、監査役に報告し、監査役が是正措置を取ります。そこで、監査役に業務監査権がないと、監査役が是正措置を取れず、会計監査人が報告した意味がなくなってしまうんです。
上記①②により、監査役会設置会社および会計監査人設置会社ではない非公開会社・非大会社にのみ認められるということになります。「非大会社」がどこからきたかというと、大会社は会計監査人を置かないといけないので（P267 ルール6）、「会計監査人設置会社ではない」ということは非大会社であるということなんです。
③定款規定を設ける（会社法389条1項）

（4）監査役設置会社ではない？

> **会社法2条（定義）**
> 九　監査役設置会社　監査役を置く株式会社（その監査役の監査の範囲を会計に関するものに限定する旨の定款の定めがあるものを除く。）又はこの法律の規定により監査役を置かなければならない株式会社をいう。

会社法２条９号で監査役設置会社が定義されていますが、「監査役の監査の範囲を会計に関するものに限定する旨の定款の定めがあるものを除く」とありますとおり、会計限定監査役の定めがある株式会社は、会社法上の監査役設置会社ではありません。

よって、会社法の条文で単に「監査役設置会社」とあれば、その条文は会計限定監査役の定めがある株式会社には適用されないことになります。会計限定監査役の定めがある株式会社にも適用される条文は、「監査役設置会社（監査役の監査の範囲を会計に関するものに限定する旨の定款の定めがある株式会社を含む。）」などと規定されます（会社法911条3項17号柱書〔監査役設置会社の登記事項の規定〕）。

（5）権限

会計限定監査役には、P432（1）～436（6）の権限はありません（会社法389条7項）。試験では、このことがよく聞かれます。

ただ、会計監査はしますので、P432～433（1）の監査権、P433（2）の調査権、P433（3）の株主総会の提出議案の調査・報告は、会計に関するものに限って認められます（会社法389条1項、4～6項、3項）。

P400

（6）取締役会への出席

会計限定監査役には、取締役会の出席義務はありません（会社法389条7項、383条）。取締役会は"業務"執行の意思決定をする機関だからです（P398の1.）。

しかし、会計監査をするうえで必要があれば、出席してもOKです。出席した場合には、取締役会議事録への署名または記名押印をする義務を負います（会社法369条3項。P405（1）※）。

3 選任

1．資格

（1）欠格事由

P338～339 の 1.の取締役の資格の規定は監査役に準用されているので（会社法 335 条 1 項）、監査役の資格は取締役と同じです。

（2）兼任禁止

監査役には、兼任禁止規定があります。監査役は、以下の表の左の者との兼任が禁止されます。

自分を監査できない

監査役の兼任禁止規定は、**「自分を監査できない」**という発想です。

兼任禁止に当たる	兼任禁止に当たらない
①その株式会社またはその子会社の取締役、支配人またはその他の使用人（会社法 335 条2項） **②子会社の会計参与または執行役**（会社法 335 条2項） 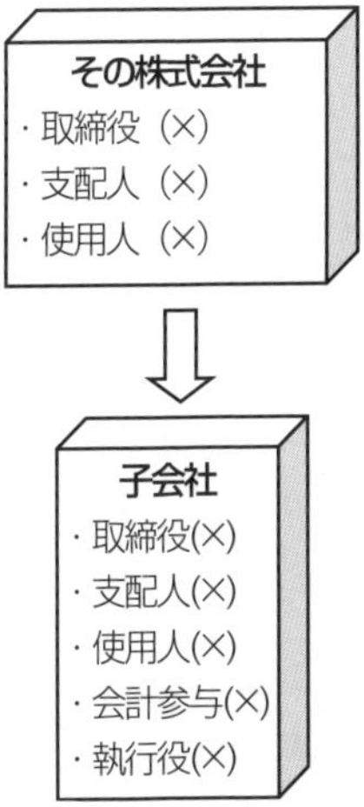 **その株式会社** ・取締役（×） ・支配人（×） ・使用人（×） ⇩ **子会社** ・取締役(×) ・支配人(×) ・使用人(×) ・会計参与(×) ・執行役(×) 監査役は、その株式会社および子会社（P433（b））の監査をします。よって、監査される職と兼任できないんです（上記の「自分を監査できない」）。	**①親会社の取締役、支配人、執行役またはその他の使用人** 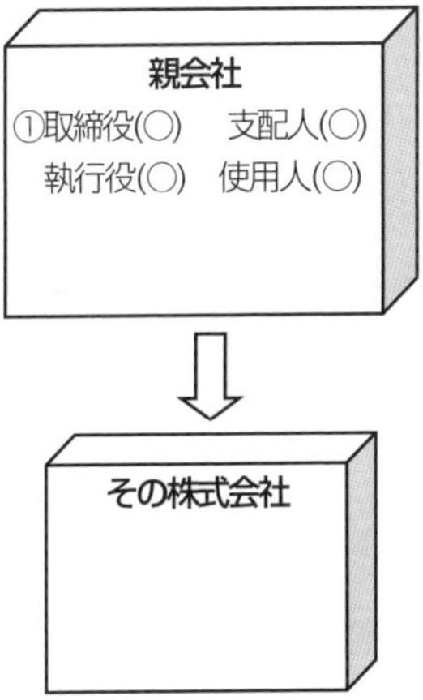 **親会社** ①取締役(○)　支配人(○) 執行役(○)　使用人(○) ⇩ **その株式会社** 監査役は、親会社の監査はしないからです（上記の「自分を監査できない」）。子会社の取締役との兼任禁止（左の①）とのひっかけでよく出ます。「親会社

※その株式会社の会計参与が入っていないのは、その株式会社の監査役であることは会計参与の欠格事由だからです（会社法333条3項1号。P422①）。兼任禁止規定がないだけで、その株式会社の会計参与と兼任できるわけではありません。また、その株式会社の執行役が入っていないのは、執行役のいる指名委員会等設置会社に監査役はいないからです（P266②）。これも、その株式会社の執行役と兼任できるわけではありません。	の監査役＝子会社の取締役」はダメですが、「親会社の取締役＝子会社の監査役」はOKです。単純記憶ではひっかかるので、上記の「自分を監査できない」の判断基準から思考するようにしてください。

※兼任が禁止される地位に就いた場合

兼任が禁止される地位にある者を選任した場合、その選任が無効となるのではなく、その就任承諾は、従前の地位を辞任する意思表示であって、選任された地位に就任すると解されています（最判平元.9.19参照）。

ex1. 親会社の監査役がその子会社の取締役に選任されて就任を承諾した場合には、親会社の監査役を辞任するとともに子会社の取締役に就任する意思表示があったものとされるので、監査役の辞任の登記と取締役の就任の登記を申請します。

ex2. 取締役がその株式会社の監査役に選任されて就任を承諾した場合には、取締役を辞任するとともに監査役に就任する意思表示があったものとされるので、取締役の辞任の登記と監査役の就任の登記を申請します。

cf. 欠格事由

欠格事由は、兼任禁止と異なり、欠格者が就任承諾をしても、従前の地位を辞任する意思表示があり、新しい地位に就任するとは解されません。これは当たり前です。監査役の欠格事由は、たとえば、犯罪者が当たります（P338～339 の右の②、P339 の右の③）。犯罪者が「監査役に就任します」と言ったからといって、犯罪者を辞任したとは解されません。犯罪者を辞任できるわけがありませんよね。

2．選任機関

P340＝P422「P468

監査役の選任機関は株主総会であり、普通決議で選任されます（会社法329条1項）。ただ、この普通決議は特別な普通決議であり、定款で軽減できる定足数は1／3までです（会社法341条）。

これらは、いずれも取締役と会計参与（P340の2.、P422の2.）と同じです。会社法329条1項、341条に「役員」と規定されているとおり、会計参与や監査役も同じなんです。

取締役と違う点は、株主総会において、監査役が選任について意見を述べられることです（辞任・解任についても同じです。会社法345条4項、1項）。これは、会計参与と同じ趣旨です（P422の2.）。

なお、監査役についてはさらに独立性を強化するため（P432の「監査役の独立性の確保」）、取締役が監査役の選任に関する議案を株主総会に提出するには、以下の機関の同意を得なければならないとされています。

監査役設置会社（非監査役会設置会社）	監査役会設置会社
監査役（監査役が2人以上いる場合はその過半数） （会社法343条1項）	**監査役会（監査役の過半数で決議）** （会社法343条3項）

監査役や監査役会の同意がないと取締役は監査役の選任に関する議案を株主総会に提出できないので、実質的には監査役や監査役会に決定権を持たせているといえます。

3．就任承諾

監査役も、その地位に就くには就任承諾が必要です。株式会社と役員および会計監査人との関係は、委任だからです（会社法330条。P333〜334の2.）。

4．登記

（1）実体（会社法）→登記

監査役が就任した場合は、監査役の就任の登記を申請しなければなりません。初めて監査役を置くときは、監査役設置会社の設定の登記も申請しなければなりません（会社法915条1項）。以下の事項は、登記事項だからです。

①監査役の氏名（会社法911条3項17号ロ）
②監査役設置会社である旨（会社法911条3項17号柱書）

（2）申請書の記載事項

申請例26 ―― **監査役設置会社の定めの設定の登記・監査役の就任の登記**

事例：令和6年6月28日、非取締役会設置会社の株主総会において、監査役を設置する特別決議、Aを監査役に選任する普通決議が成立し、Aは就任承諾書を株式会社に提出した。なお、この株式会社の資本金の額は、1億円である。

1．登記の事由　監査役設置会社の定めの設定
　　　　　　　　監査役の変更
1．登記すべき事項　令和6年6月28日監査役設置会社の定め設定
　　　　　　　　同日監査役A就任
1．登録免許税　金4万円
1．添付書面　株主総会議事録　1通
　　　　　　　　株主リスト　1通
　　　　　　　　監査役の就任承諾書　1通
　　　　　　　　監査役の本人確認証明書　1通
　　　　　　　　委任状　1通

役員に関する事項	監査役　　A	令和6年6月28日就任 令和6年7月3日登記
監査役設置会社に関する事項	監査役設置会社 令和6年6月28日設定　令和6年7月3日登記	

記述の連鎖

①初めて監査役を置くときは、上記のように設定の登記と就任の登記を同時に申請する必要があり、片方だけを申請すると却下されます（商登法24条6号、8号）。
②以下の株式会社である場合、監査役を置けません。
・監査等委員会設置会社（P265①）
・指名委員会等設置会社（P266②）

（a）登記の事由

「監査役設置会社の定めの設定
　監査役の変更　　　　　　　　」と記載します。

（b）登記すべき事項

「年月日監査役設置会社の定め設定」と記載します。
年月日は、「設定日」を記載します。
「年月日監査役◯◯就任（重任）」と記載します。
年月日は、「株主総会の選任日と監査役の就任承諾日のうち遅い日（選任と就任承諾が揃った日）」を記載します。

監査役設置会社の定めの設定の登記と同時にする場合は必ず「就任」となりますが、そうでない場合に重任であれば「重任」と記載します。

（c）登録免許税

【設置】

申請件数1件につき、3万円です（登免法別表第1.24.（1）ツ）。

【監査役の変更】

申請件数1件につき、以下の金額です（登免法別表第1.24.（1）カ）。

・資本金の額が1億円を超える株式会社　→　3万円

・資本金の額が1億円以下の株式会社　→　1万円

（d）添付書面

①株主総会議事録（商登法46条2項）

【設置】（特別決議の要件を充たすもの）

株主総会と取締役以外の機関は、定款に置く旨を定めることで置くことができます（会社法326条2項。P77のex2.）。よって、監査役を設置することは定款変更に当たるため、特別決議の要件を充たす株主総会議事録が必要です。

【監査役の変更】（普通決議の要件を充たすもの）

監査役は株主総会の普通決議で選任する必要があるため（P440～441の2.）、普通決議の要件を充たす株主総会議事録が必要です。

②株主リスト（商登規61条3項）

株主総会の決議を要しますので、株主リストが必要です（P307の「株主リストの添付の基本的な判断基準」）。

③就任承諾書（商登法54条1項）

【監査役の変更】

就任する者の就任承諾もあって監査役になりますので、就任承諾書が必要です。

④本人確認証明書（商登規61条7項）

監査役は、本人確認証明書の添付を求められる役員等です（P327②）。よって、P328～329（2）①または②に当たらない限り、本人確認証明書を添付する必要があります。具体的には、住民票の写しなどが当たります（P330の4.）。

⑤委任状（商登法18条）

4 任期

「選任後○年以内に終了する事業年度のうち最終のものに関する定時株主総会の終結の時まで」という任期の定め方は、取締役（P344～345）や会計参与（P426 4）と同じです。

しかし、「○年」に入る具体的な年数が、以下の表のとおり異なる点があります。

	任期	短縮	伸長
非公開会社	4年 （会社法336条1項）	**【原則】**× 任期が短くされるかもしれないと、身分保障がされず、有効な監査ができなくなるからです（P432の「監査役の独立性の確保」）。 **【例外】** 定款によって、任期の満了前に退任した監査役の補欠として選任された監査役の任期を、退任した監査役の任期の満了する時までとすることはできます（会社法336条3項）。なお、選任決議の際に「補欠であること」と「任期を退任した監査役の任期の満了する時までとすること」を定める必要があります。 ex. この定款の定めがある株式会社において、ある監査役が選任から3年後に死亡したためにその監査役の補欠として選任された監査役の任期は、1年となります。 本来の任期（4年） 補欠として選任 これは、他の役員等と任期を合わせたい株式会社の要望に応えた規定です。	10年まで○ 定款で（会社法336条2項） 非公開会社は株主がほとんど変わらないので、信任を問う機会が少なくても構わないからです。
公開会社			×

5 退任

1．退任事由

監査役の退任事由は、以下の（1）～（6）の6つです。

基本的に取締役や会計参与と同じです（P349～352 の1.、P427～428 の1.）。株式会社と監査役の関係も委任だからです（会社法 330 条。P333～334 の2.）。ただ、以下、説明を記載している点については、少しだけ取締役や会計参与と異なります。

（1）任期満了

（a）原則

上記4の任期が満了すると、退任します。

（b）特殊な任期満了

上記4の任期は満了していないのですが、以下の①～④のいずれかの定款変更をすると、任期が満了します。①②は取締役や会計参与と同じであり、②は理由も同じです（P349 の「特殊な任期満了に当たるかの基本的な判断基準」）。また、④は会計参与と同じです。

①監査等委員会または指名委員会等を置く旨の定款変更（会社法 336 条4項2号）

監査等委員会設置会社または指名委員会等設置会社には、監査役が存在しないからです（P265①、P266②）。

②非公開会社が公開会社となる定款変更（会社法 336 条4項4号）

③監査役の監査の範囲を会計に関するものに限定する旨の定款の定めを廃止する定款変更（会社法 336 条4項3号）

監査役の監査権が、会計監査のみから、業務監査と会計監査になります。会計監査しかできない監査役(中小企業がなんとかみつけた監査役をイメージしてください)では、業務監査に対応できないので、任期が満了するんです。この③について、会計限定監査役の定めの設定か廃止かわからなくなったら、P349 の「特殊な任期満了に当たるかの基本的な判断基準」から思い出してください。

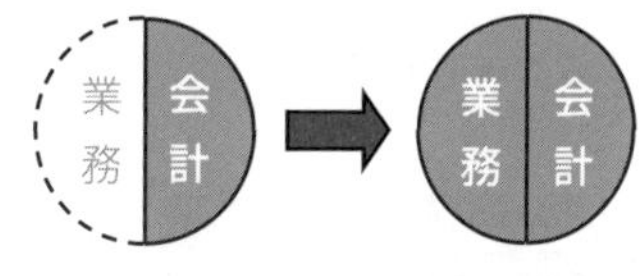

④監査役を置く旨の定款の定めを廃止する定款変更（会社法 336 条4項1号）

監査役を置かないことにしたので、監査役は当然に退任します。

※監査等委員会または指名委員会等を置く旨の定款の定めを廃止する定款変更がないのは、監査等委員会設置会社または指名委員会等設置会社には監査役がそもそもいないからです（P265①、P266②）。

(2) 死亡

(3) 破産手続開始の決定

(4) 辞任

(5) 解任

株主総会でいつでも一方的に解任できる点は、取締役と同じです（会社法339条1項、民法651条1項）。

ただ、その決議は特別決議による必要があります（会社法339条1項、309条2項7号。P298⑦）。解任を難しくし、地位を安定させるためです。簡単に解任されるのでは、ビクビクしてしまい監査ができなくなるからです（P432の「監査役の独立性の確保」）。

(6) 欠格事由の発生

※欠格事由ではありませんが、監査役が成年被後見人になると退任します。後見開始の審判を受けたことは委任の終了事由だからです（民法653条3号）。

2. 登記

(1) 実体（会社法）→登記

監査役が退任した場合は、監査役の退任の登記を申請しなければなりません。また、監査役を置く旨の定款の定めを廃止した場合は、その廃止の登記も申請しなければなりません（会社法915条1項）。以下の事項は、登記事項だからです。

①監査役の氏名（会社法911条3項17号ロ）
②監査役設置会社である旨（会社法911条3項17号柱書）

(2) 申請書の記載事項

申請例27 ―― **監査役設置会社の定めの廃止の登記・監査役の退任の登記**

事例：令和6年6月28日、監査役Aが登記されている監査役設置会社・非取締役会設置会社・非会計監査人設置会社の株主総会において、監査役設置会社の定めを廃止する特別決議が成立した。なお、この株式会社の資本金の額は、1億100万円である。

1．登記の事由	監査役設置会社の定めの廃止 監査役の変更
1．登記すべき事項	令和6年6月28日監査役設置会社の定め廃止 同日監査役A退任
1．登録免許税	金6万円
1．添付書面	株主総会議事録　1通 株主リスト　1通 委任状　1通

役員に関する事項	監査役　A	令和4年6月24日就任 令和4年6月29日登記
		令和6年6月28日退任 令和6年7月3日登記
監査役設置会社に関する事項	監査役設置会社	
	令和4年6月24日設定	令和4年6月29日登記
	令和6年6月28日廃止	令和6年7月3日登記

記述の連鎖

①取締役会設置会社（P266～267 ルール3）
【原則】監査役設置会社の定めを廃止できない
【例外】・監査等委員会設置会社となる
・指名委員会等設置会社となる
・非公開会社かつ非大会社であれば、会計参与設置会社となる
②会計監査人設置会社（P268 ルール7）
【原則】監査役設置会社の定めを廃止できない
【例外】・監査等委員会設置会社となる
・指名委員会等設置会社となる

（a）登記の事由

「監査役設置会社の定めの廃止
監査役の変更　　　　　　　」と記載します。

（b）登記すべき事項

【廃止】

「年月日監査役設置会社の定め廃止」と記載します。

年月日は、「廃止日」を記載します。

【監査役の変更】

登記すべき事項の書き方は、P353～354（b）の取締役、P429（b）の会計参与と同じです。年月日も同じです。

退任事由	登記すべき事項
①任期満了	「年月日監査役○○（任期満了により）退任」
②死亡	「年月日監査役○○死亡」
③破産手続開始の決定	「年月日監査役○○退任」
④辞任	「年月日監査役○○辞任」
⑤解任	「年月日監査役○○解任」
⑥欠格事由の発生	「年月日監査役○○資格喪失」
⑦後見開始の審判	「年月日監査役○○退任」

（c）登録免許税

【廃止】

申請件数1件につき、3万円です（登免法別表第1.24.（1）ツ）。

【監査役の変更】

申請件数1件につき、以下の金額です（登免法別表第1.24.（1）カ）。

・資本金の額が1億円を超える株式会社　→　3万円
・資本金の額が1億円以下の株式会社　→　1万円

（d）添付書面

①株主総会議事録（特別決議の要件を充たすもの。商登法46条2項）

【廃止】

株主総会と取締役以外の機関は、定款に置く旨を定めることで置くことができます（会社法326条2項。P77のex2.）。よって、監査役を置く旨を廃止することは定款変更に当たるため、特別決議の要件を充たす株主総会議事録が必要です。

②株主リスト（商登規61条3項）

【廃止】

株主総会の決議を要しますので、株主リストが必要です（P307の「株主リストの添付の基本的な判断基準」）。

③退任の事由を証する書面（商登法54条4項）

【監査役の変更】

退任の事由を証する書面は、基本的にはP355～356のⅰの取締役と同じです。

ただし、解任の株主総会議事録は、普通決議ではなく特別決議の要件を充たすものである必要があります（P446（5））。

退任事由	退任の事由を証する書面
①任期満了	**【定時株主総会議事録に任期満了により退任する旨の記載がない場合】** ・定款（昭53.9.18民四.5003） ・株主総会議事録（定時株主総会議事録） **【定時株主総会議事録に任期満了により退任する旨の記載がある場合】** 株主総会議事録（定時株主総会議事録。昭53.9.18民四.5003） ※P445（b）の事由で退任する場合は、P445（b）の定款変更を決議した株主総会議事録が任期満了を証する書面となります。
②死亡	戸籍全部事項証明書等・法定相続情報一覧図の写し（不動産登記法Ⅱのテキスト第5編第12章）、住民票の写し・医師作成の死亡診断書・遺族などからの株式会社に対する死亡届など
③破産手続開始の決定	破産手続開始の決定があったことを証する書面 具体的には、破産手続開始決定書謄本が当たります。
④辞任	辞任届
⑤解任	・株主総会議事録（特別決議の要件を充たすもの。商登法46条2項） ・株主リスト（商登規61条3項）
⑥欠格事由の発生	欠格事由に該当したことを証する書面
⑦後見開始の審判	後見開始の審判書の謄本およびその確定証明書、または、成年後見登記事項証明書

④委任状（商登法18条）

6 会計限定監査役の登記

1．実体（会社法）→登記

P438（4）で説明したとおり、会計限定監査役の定めがある株式会社は会社法上の監査役設置会社ではありません。しかし、平成 26 年の改正前は、会計限定監査役の定めがある株式会社でも単に「監査役設置会社」と登記されており、会計限定監査役の定めがある株式会社であることが登記記録からはわかりませんでした。そこで、平成 26 年の改正で、以下の事項が登記事項とされました。よって、監査役の監査の範囲を会計に関するものに限定する旨の定款の定めを設定・廃止する定款変更をした場合には、その設定・廃止の登記を申請しなければなりません（会社法 915 条 1 項）。

・監査役の監査の範囲を会計に関するものに限定する旨の定款の定めがある旨（会社法 911 条 3 項 17 号イ）

2．申請書の記載事項

申請例 28 ―― 会計限定監査役の定めの設定の登記

事例：令和 6 年 6 月 28 日、監査役 A が登記されている非監査役会設置会社・非会計監査人設置会社である非公開会社の株主総会において、監査役の監査の範囲を会計に関するものに限定する定めを設ける特別決議が成立した。なお、この株式会社の資本金の額は、1 億円である。

1．登記の事由	監査役の監査の範囲を会計に関するものに限定する旨の定款の定めの設定
1．登記すべき事項	令和6年6月 28 日監査役の監査の範囲を会計に関するものに限定する旨の定款の定め設定
1．登録免許税	金1万円
1．添付書面	株主総会議事録　1通 株主リスト　1通 委任状　1通

役員に関する事項	監査役　　A	令和 4 年 6 月 24 日就任 令和 4 年 6 月 29 日登記
	監査役の監査の範囲を会計に関するものに限定する旨の定款の定めがある	令和 6 年 6 月 28 日設定 令和 6 年 7 月 3 日登記

平成 26 年の改正後、登記記録のどこに記録されることになるか注目されていましたが、役員区に記録されることになりました（商登規別表第５）。

記述で申請前の登記記録（通常は別紙１）にこの記録があった場合、以下の論点にご注意ください。

・役員等の会社に対する責任の免除に関する規定（会社法426条１項）を設けられない（P522④）

記述の連鎖

【設定】

以下の①～③の株式会社は、この定めを設けられませんので（P437①②）、登記もできません。

①公開会社
②監査役会設置会社
③会計監査人設置会社

【廃止】

この定めを廃止すると、監査役の任期が満了するので（P445③）、以下の①または②の登記も申請することになります。

①（後任の監査役が就任した場合）従前の監査役の退任の登記 ＋ 後任の監査役の就任の登記
＊後任の監査役が就任しなかった場合、従前の監査役は権利義務監査役となり（P322 の左の①）、退任の登記はできません。
②（従前の監査役が再任され就任した場合）従前の監査役の重任の登記

（1）登記の事由

【設定】

「監査役の監査の範囲を会計に関するものに限定する旨の定款の定めの設定」と記載します。

【廃止】

「監査役の監査の範囲を会計に関するものに限定する旨の定款の定めの廃止」と記載します。

(2) 登記すべき事項

【設定】

「年月日監査役の監査の範囲を会計に関するものに限定する旨の定款の定め設定」と記載します。

【廃止】

「年月日監査役の監査の範囲を会計に関するものに限定する旨の定款の定め廃止」と記載します。

年月日は、「設定日」「廃止日」を記載します。

(3) 登録免許税

申請件数1件につき、以下の金額です（登免法別表第1.24.（1）カ）。

・資本金の額が1億円を超える株式会社　→　3万円

・資本金の額が1億円以下の株式会社　　→　1万円

役員区に記録されるので（商登規別表第5）、役員等カンケーの区分となりました。

(4) 添付書面

①株主総会議事録（特別決議の要件を充たすもの。商登法46条2項）

この定めは、定款で規定します（P437③）。よって、設定することも廃止することも定款変更に当たるため、特別決議の要件を充たす株主総会議事録が必要です。

②株主リスト（商登規61条3項）

株主総会の決議を要しますので、株主リストが必要です（P307の「株主リストの添付の基本的な判断基準」）。

③委任状（商登法18条）

第10節　監査役会

1 監査役会とは？

1．意義

監査役会：すべての監査役で組織される（会社法390条1項）、監査役の合議体

監査役は、独任制の機関です。監査役は強い監査権限を持っているので、他の監査役が反対していても、P432～438 2の権限を行使できます。しかし、取締役会は合議体で、取締役が20人くらいいることもありますので、それに対抗するため、監査役も合議体を形成できるんです。それが「監査役会」です。

監査役会は「組織＜個人」

このように、あくまで合議体である取締役会に対抗するために合議体を形成しただけですので、**監査役個人が組織よりも重視**されます。監査役は、あくまで**独任制**の機関なんです。サッカーでいうと、ヨーロッパサッカーではなく、南米サッカーです（サッカーに興味のない方はスルーしてください）。

P398
」

2．員数

監査役会設置会社は、監査役が3人以上である必要があります（会社法335条3項。P398の「『○○会』は3人以上」）。

また、監査役会の監査役の半数以上は、社外監査役である必要があります（会社法335条3項）。監査を強化するためです。監査役会を置くのがマストなのは、公開会社かつ大会社です（P267 ルール5）。想定されているのは上場企業です。上場企業ですから、厳格な監査をすることが求められますので、半数以上は外部から人材を登用しないといけないんです。監査役は取締役に引退後のいわゆる天下りのポストとして与えられる場合もありますが、半数が天下りはダメということです。取締役からすぐに監査役になった者は、社外監査役とはなりません（下記3.①）。

社外監査役は、すべての株式会社において置かなければならないわけではありません。設置義務のある株式会社は、監査役会設置会社のみです。社外監査役である旨の登記をするのも、監査役会設置会社のみです（会社法911条3項18号）。

3．社外監査役の要件

＊社外監査役の要件も複雑なので、この3.はP533まで読んだ後（機関の学習が終わった後）にお読みください。

「社外監査役」とは、以下の①～⑤のいずれにも該当する者です。逆にいうと、以下の①～⑤のいずれか1つでも該当しないと、社外監査役とはなりません。社外監査役についても、②以外はP456に図にしておきました。複雑なので、P456の図をご覧になりながら以下の①、③～⑤をご覧ください。なお、②～⑤は、平成26年の改正で追加されました。

＊「その株式会社」が社外監査役の要件が問題となる株式会社です。

①就任の前10年間その株式会社またはその子会社の取締役、会計参与、執行役、支配人またはその他の使用人であったことがないこと（会社法2条16号イ）

監査される者であった者は、外から来た者とはいえません。

子会社は親会社の支配下にあるので、子会社の取締役なども含みます。

取締役などを辞めて10年経過すれば、社外監査役となると平成26年の改正で要件が緩和されました。やはり10年間も株式会社から離れていたのであれば、もう影響力はなく、外から来た者といえるからです。

なお、この①は、就任の前10年間、つまり、過去要件です。それならば、現在取締役などである者が社外監査役となるかですが、現在取締役などであると、そもそも「監査役」になれません（会社法335条2項、333条3項1号。P439の左の①、P422①）。また、指名委員会等設置会社には監査役はいませんので、その株式会社の執行役が監査役になることもありません。

②就任の前10年内のいずれかの時点でその株式会社またはその子会社の監査役であったことがある者については、その監査役への就任の前10年間その株式会社またはその子会社の取締役、会計参与、執行役、支配人またはその他の使用人であったことがないこと（会社法2条16号ロ）

頭が痛くなりますが……、これも「その株式会社またはその子会社の取締役、会計参与、執行役、支配人またはその他の使用人は退（しりぞ）いたが、別ポスト（これが『その株式会社またはその子会社の監査役』です）に就いて（社内にいながら）10年待とう」という、上記①の脱法行為を防止するための規定です。

ex. 取締役を退任した社長が、すぐに監査役に就任し、10年が経過すれば、上記①の規定しかないと社外監査役の要件を充たすことになってしまいます。

別ポストに就いて10年が経つのを待とうとする者もいます。しかし、これは株式会社から離れていませんので、影響力がなくなったとはいえないですよね。

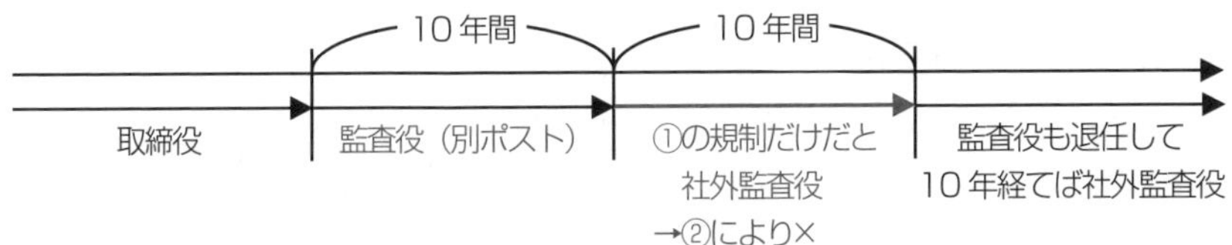

③その株式会社の親会社等（P363。自然人に限る）または親会社等の取締役、監査役、執行役、支配人またはその他の使用人でないこと（会社法2条 16 号ハ）

「親会社等（自然人に限る）」とは、オーナー株主自身のことです。「(自然人に限る)」とあるのは、法人は監査役になれないからです（会社法 335 条 1 項、331 条 1 項 1 号。P439（1）、P338 の右の①)。オーナー株主や親会社等の取締役などその株式会社にとって強い存在は、やはり外から来た者とはいえません。

④兄弟会社（P363～364）の業務執行取締役等（P363）でないこと（会社法2条 16 号ニ）

兄弟会社の業務執行取締役等は上記③に類似するからです。兄弟会社は親会社等の支配下にあるので、親会社等の指示で動く可能性があります。

⑤その株式会社の取締役、支配人もしくはその他の重要な使用人または親会社等（自然人に限る）の配偶者または2親等内の親族でないこと（会社法2条 16 号ホ）

やはり取締役の奥さんや親などは、外から来た者とはいえません。親会社等が「(自然人に限る)」とされている（オーナー株主に限定されている）のは、自然人でないと配偶者や 2 親等内の親族がいないからです。

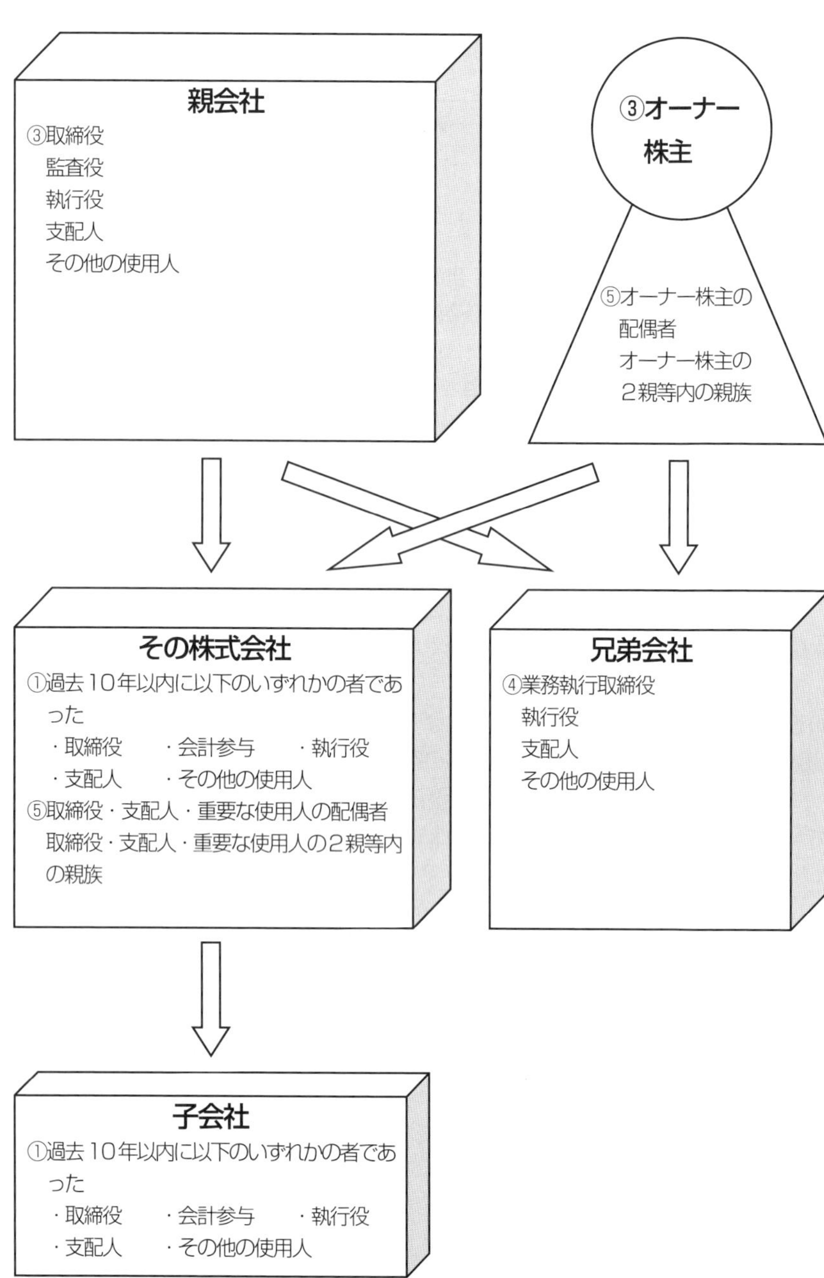
親会社
③取締役
監査役
執行役
支配人
その他の使用人
③オーナー
株主
⑤オーナー株主の
配偶者
オーナー株主の
2親等内の親族
その株式会社
①過去10年以内に以下のいずれかの者であった
・取締役　・会計参与　・執行役
・支配人　・その他の使用人
⑤取締役・支配人・重要な使用人の配偶者
取締役・支配人・重要な使用人の2親等内の親族
兄弟会社
④業務執行取締役
執行役
支配人
その他の使用人
子会社
①過去10年以内に以下のいずれかの者であった
・取締役　・会計参与　・執行役
・支配人　・その他の使用人

2 権限

1．監査報告の作成

監査役会は、監査役1人1人が作成した監査報告（会社施行規129条1項）に基づいて、監査報告を作成します（会社法390条2項1号、会社施行規130条1項）。

2．常勤の監査役の選定・解職

監査役会は、常勤の監査役の選定および解職を行います（会社法390条2項2号、3項）。「常勤の監査役」の定義はないのですが、平日は毎日出社する監査役というイメージです。

監査役会がなければ、常勤の監査役を選定する必要はありません。しかし、監査役会を置くということは、その株式会社は上場企業であると想定されます。よって、監査の業務量も増えるので、常勤の監査役が必要だろうと考えられたんです。

3．監査の方針、監査役会設置会社の業務および財産の状況の調査の方法その他の監査役の職務の執行に関する事項の決定

監査役会は、「企画部門の監査は監査役Aが、営業部門は監査役Bが、経理部門は監査役Cが行う」など、どのように監査するかを決定します。しかし、監査役1人1人の権限の行使は制限できません。たとえば、上記の定めがあっても、監査役Aが「営業部門に不正がある」と考えたときは、Aは営業部門の監査をすることができます。

監査役は、独任制の機関だからです（ P453の「監査役会は『組織<個人』」 ）。

4．監査役からの報告

監査役会は監査役に、いつでも職務の執行の状況の報告を求めることができます（会社法390条4項）。監査役は独任制の機関ですが、監査役会のメンバーではありますので、報告を求められたら報告する義務はあるんです。

3 招集

この3からは、監査役会を実施する具体的な手続をみていきます。

少人数を想定

監査役会の規定は、監査役の人数が**少人数（3～5人程度）であることを想定**して規定されています。実際に多くの監査役会設置会社において、監査役の員数は3～5人程度です。

監査役はプロ

監査役も、日々監査について考えている**監査のプロ**です。

1．意義

（1）原則

監査役会は、下記2.以下の手続に従った招集手続を経る必要があるのが原則です。

（2）例外

しかし、招集手続を省略できる場合があります。それは、監査役の全員の同意があるときです（会社法392条2項）。下記2.以下の招集手続は監査役に出席の機会を与えるためなので、全員が同意しているのなら出席の機会は確保されているといえるからです。

監査役は通常は3～5人しかいませんから（上記の「少人数を想定」）、この方法で集まれば十分なことが多いでしょう。

2．招集権者

すべての監査役が、招集できます（会社法391条）。

取締役会のように、特定の監査役だけが招集権を有するとすることはできません。監査役会は、監査役個人が組織よりも重視されるので、招集権を奪えないんです（P453の「監査役会は『組織＜個人』」）。

3．招集時期

取締役会のように、3か月に1回（年4回）は開かないといけないという規定（P401～402の3.）はありません。

取締役会のように、取締役の監督をすることができない事態が生じないように、という理由が当たらないからです。監査役会は、監査役を監督するために形成されるのではなく、取締役会に対抗するために合議体を形成しているだけです。

4．招集通知

監査役を監査役会に出席させるため、上記2.の監査役会を招集する監査役は、他の監査役に招集通知を発します（会社法392条1項）。

（1）発信時期

この招集通知は、監査役会の開催日の1週間前までに発すればOKで、定款で1週間よりも短くする（ex. 監査役会の2日前までに招集通知を発するとする）こともできます（会社法392条1項）。

監査役は、日々監査について考えていますので、考える時間がなくても大丈夫なのです（上記の「監査役はプロ」）。

（2）招集通知を書面によることの要否

通知は、書面による必要はなく、口頭や電話などでもOKです。

監査役は監査のプロなので、「明後日、監査役会やるから来てね～」と口頭や電話で言えば大丈夫です（上記の「監査役はプロ」）。

また、あらかじめ議題を決めなくてもOKです。やはり監査役は監査のプロだからです。

4　議決権

1．1人1議決権

監査役会は、監査役1人につき1議決権（人数ベース）です。株主と違い、出資をしているわけではないからです。

2．議決権の代理行使

監査役は、代理人によって議決権を行使できません。

監査役は、株主から監査を任されたプロなので、代理人に任せることはできないんです。

5 議事進行

1．決議要件

> **会社法 393 条（監査役会の決議）**
> 1　監査役会の決議は、監査役の過半数をもって行う。

監査役会の決議は、監査役の過半数（人数ベース）の賛成で成立します(会社法 393 条1項)。

ex. 監査役が4人である場合、3人が出席すれば3人全員の賛成がないと決議が成立しません。2人しか出席しなければ、決議することができません。

定足数によって賛成数が緩和されないのです。監査役は通常は3～5人しかいませんので（P458 の「少人数を想定」）、定足数で賛成数を緩和する必要はないと考えられたんです。

※定款による別段の定め

定款で賛成数を緩和することも加重することもできません。監査役会の決議は、「定足数もなく、賛成数の緩和も加重もなく、とにかく全監査役の過半数」なわけです。

※みなし決議

監査役会の決議は、監査役の全員が書面または電磁的記録（メールなど）で同意の意思表示をすれば監査役会の決議があったものとみなされる、という規定はありません。

監査役は通常は3～5人しかいませんので（P458 の「少人数を想定」）、監査役会は簡単に開催できます。「一堂に集まれないことがあるから書面や電磁的記録で」という規定は不要なんです。

2．議事録

（1）作成

監査役会は、議事録（監査役会議事録）を作成する必要があります（会社法 393 条2項、会社施行規 109 条）。

※署名または記名押印の要否

出席した監査役の署名または記名押印が要求されます（会社法 393 条２項）。議事録が電磁的記録（データ）で作成されている場合は、電子署名をする必要があります（会社法 393 条３項、会社施行規 225 条１項７号）。

監査役会においては、決議に参加した監査役であって異議をとどめない者は決議に賛成したものと推定されます（会社法 393 条４項）。これも、取締役会議事録（P405（1）※）と同じく、株主や債権者が監査役の責任追及をしやすくなるよう設けられた推定規定です。

（2）備置き

株式会社は、監査役会議事録を作成したら、以下のとおり備え置かなければなりません。

本 店	支 店
監査役会の日から 10 年間 （会社法 394 条 1 項。P303 の「会社法の保存期間」）	**不要** （会社法 394 条 1 項参照） 支店にも備え置くとすると、株式会社の負担となるからです。

（3）閲覧・謄写

上記（2）の備置きは、利害関係人に閲覧と謄写（コピー）をさせるためにします。閲覧と謄写の請求ができる利害関係人は、以下のとおりです（P304 の「閲覧・謄写などの請求権者の記憶の仕方①」）。

株主	債権者	親会社の社員
裁判所の許可を得て可（会社法 394 条2項、3項） 監査役会設置会社ですから、監査ナニナニがいます。よって、株主の権利は制限されます（P401 の「監査ナニナニの設置の有無」）。 債権者は、株主よりも利害関係が小さいです。よって、株主でも裁判所の許可が要求されるのなら、債権者も要求されます。 親会社の社員は裁判所の許可が必要とされます（P304 の「閲覧・謄写などの請求権者の記憶の仕方②」）。		

6 登記

1．実体（会社法）→登記

監査役会を設置または廃止した場合は、監査役会設置会社の定めの設定または廃止の登記を申請しなければなりません（会社法915条1項）。以下の事項は、登記事項だからです。

①監査役会設置会社である旨（会社法911条3項18号）
②監査役のうち社外監査役であるものについて社外監査役である旨（会社法911条3項18号）

2．申請書の記載事項

申請例29 ―― **監査役会設置会社の定めの設定の登記**

事例：令和6年6月28日、監査役がA、B（いずれも社外監査役ではない）である監査役設置会社・取締役会設置会社の株主総会において、監査役会を設置する特別決議、C、D（いずれも社外監査役の要件を充たす）を監査役に選任する普通決議が成立した。同日、C、Dは監査役への就任承諾書を株式会社に提出した。なお、この株式会社の資本金の額は、1億円である。

1．登記の事由	監査役会設置会社の定めの設定 監査役の変更
1．登記すべき事項	令和6年6月28日監査役会設置会社の定め設定 同日就任 監査役（社外監査役）　C　　同　D
1．登録免許税	金4万円
1．添付書面	株主総会議事録　1通 株主リスト　1通 監査役の就任承諾書　2通 監査役の本人確認証明書　2通 委任状　1通

役員に関する事項	監査役　　A	令和5年6月30日就任 令和5年7月5日登記
	監査役　　B	令和5年6月30日就任 令和5年7月5日登記

	監査役　C （社外監査役）	令和6年6月28日就任 令和6年7月3日登記
	監査役　D （社外監査役）	令和6年6月28日就任 令和6年7月3日登記
監査役会設置会社に関する事項	監査役会設置会社 令和6年6月28日設定　令和6年7月3日登記	

記述の連鎖

以下の①～⑤の株式会社は、監査役会を設置できません。

①監査役が3人未満である（P453の2.）

②監査役の半数以上が社外監査役ではない（P453の2.）

③非取締役会設置会社（P267 ルール4）

④監査等委員会設置会社（P265①）

⑤指名委員会等設置会社（P266②）

申請例30 ―― **監査役会設置会社の定めの廃止の登記**

事例：令和6年7月28日、監査役がA、B、C（社外監査役）、D（社外監査役）である公開会社・非大会社の株主総会において、監査役会設置会社の定めを廃止する特別決議が成立した。なお、この株式会社の資本金の額は、1億円である。

1．登記の事由　監査役会設置会社の定めの廃止
　監査役の変更
1．登記すべき事項　令和6年7月28日監査役会設置会社の定め廃止
　同日監査役（社外監査役）Cにつき監査役会設置会社の定め廃止により変更
　監査役　C
　同日監査役（社外監査役）Dにつき監査役会設置会社の定め廃止により変更
　監査役　D
1．登録免許税　金4万円
1．添付書面　株主総会議事録　1通
　株主リスト　1通
　委任状　1通

記述の連鎖

以下の株式会社は、監査役会を廃止できません。
・公開会社かつ大会社（P267 ルール5）
ただし、以下の①または②の場合は、公開会社かつ大会社でも監査役会を廃止できます。
①監査等委員会設置会社になる（P267 ルール5）
②指名委員会等設置会社になる（P267 ルール5）

（1）登記の事由

【設置】
「監査役会設置会社の定めの設定
　監査役の変更　　　　　　　　　　」と記載します。
社外監査役の登記も申請する必要があります（P453 の 2.）。

【廃止】
「監査役会設置会社の定めの廃止
　監査役の変更　　　　　　　　　　」と記載します。
社外監査役の登記をするのは監査役会設置会社のみなので（会社法 911 条3項 18 号。P453 の 2.）、監査役会設置会社の定めの廃止の登記をする場合は、監査役のうち社外監査役である者について社外監査役である旨の抹消の登記も申請します。

（2）登記すべき事項

【設置】
「年月日監査役会設置会社の定め設定　　　　＊1
　年月日監査役（社外監査役）○○就任（重任）　＊2
　監査役○○は社外監査役である　　　　　　＊3」などと記載します。

＊1　年月日は、「設定日」を記載します。
＊2　社外監査役の就任または重任の登記をする場合。年月日は、「株主総会の選任日と監査役の就任承諾日のうち遅い日（選任と就任承諾が揃った日）」を記載します。
＊3　すでに登記されている監査役についての社外監査役の登記をする場合。登記すべき事項にも年月日を記載しません（平 14.4.25 民商 1067 参照。P42 の「年月日の記載」の例外）。P369（b）と同じ理由です。

【廃止】
「年月日監査役会設置会社の定め廃止
　年月日監査役（社外監査役）○○につき監査役会設置会社の定め廃止により変更
　監査役　○○」と記載します。
年月日は、「廃止日」を記載します。

（3）登録免許税

【監査役会の設置・廃止】

申請件数1件につき、3万円です（登免法別表第1.24.（1）ワ）。「監査役会」と最後に「会」がつきますので、区分は「ワ」です（P62の「ワ→『○○会（等）』」）。

【監査役の変更】

申請件数1件につき、以下の金額です（登免法別表第1.24.（1）カ）。

・資本金の額が1億円を超える株式会社　→　3万円
・資本金の額が1億円以下の株式会社　→　1万円

（4）添付書面

①株主総会議事録（特別決議の要件を充たすもの。商登法46条2項）

株主総会と取締役以外の機関は、定款に置く旨を定めることで置くことができます（会社法326条2項。P77のex2.）。よって、監査役会を設置または廃止することは定款変更に当たるため、特別決議の要件を充たす株主総会議事録が必要です。

②株主リスト（商登規61条3項）

株主総会の決議を要しますので、株主リストが必要です（P307の「株主リストの添付の基本的な判断基準」）。

③委任状（商登法18条）

※社外監査役に特有の添付書面はありません（P368の「社外取締役・社外監査役に特有の添付書面」）。

※監査役の就任（重任）の登記をする場合は、P443（d）の添付書面も必要となります。

第11節　会計監査人

1　会計監査人とは？

> **会社法396条（会計監査人の権限等）**
> 1　会計監査人は、次章の定めるところにより、株式会社の計算書類及びその附属明細書、臨時計算書類並びに連結計算書類を監査する。この場合において、会計監査人は、法務省令で定めるところにより、会計監査報告を作成しなければならない。

会計監査人：計算書類などを監査する株式会社の機関（会社法396条1項前段）

その名のとおり、「会計」の「監査」をするのが仕事です。

会計監査人には、公認会計士さんがなります。公認会計士さんは、監査の時期になると、株式会社に乗り込んで「○○の書類を見せてください」「○○さんを呼んでください。これがどのような支出かを聞きます。」など、株式会社の外部から株式会社の財務を厳しくチェックします。

外部機関

この会計監査人は、株式会社の**外部機関**です。P12の図でも、船の外にいます。

監査ナニナニの下

会計監査人は、外部機関なのですが、**監査ナニナニ（監査役、監査等委員、監査委員。P401）の監督下**に置かれます。P12の図でも、監査役から会計監査人に「←」が出ています。これは、取締役の不当な扱いから会計監査人を守るためです。どうしても、経営陣（取締役）の力が強くなってしまうので、厳しい会計監査をしてもらうには、監査ナニナニが守る必要があるんです。

2　権限

1．計算書類などの監査

上記[1]で説明したとおり、計算書類などを監査するのが会計監査人の基本的な仕事です。計算書類は、詳しくはⅡのテキスト第3編第5章第2節で説明しますが、P22※で説明した貸借対照表などのことです。

会計監査人は、その職務を行うに当たって、会計監査人設置会社またはその子会社の取締役、会計参与、監査役、執行役、支配人またはその他の使用人などを使用できません（会社法396条5項）。会計監査の公正を確保するためです。

2．その他の権限

会計監査人のその他の権限は、会計参与の P419 の 2.～420 の 5.とほとんど同じものが認められています（会社法 396 条 1 項後段、2～4 項、6 項、397 条）。

3 選任

1．資格

会計監査人には、以下の資格者でないとなれません。

・公認会計士または監査法人（公認会計士事務所が法人化したもの）（会社法 337 条 1 項）

監査法人だと、監査法人は、その社員の中から会計監査人の職務を行うべき者（要は担当者）を選定して、株式会社に通知する必要があります（会社法 337 条 2 項前段）。

2．選任機関

（1）議案の内容の決定権者

会計監査人は、株主総会で選任します。

株主総会の議案の内容は、原則として取締役または取締役会が決定します（会社法 298 条 1 項 2 号、4 項。P274②）。しかし、会計監査人の選任議案（会計監査人の候補者）は、以下の機関が決定します。P472①でみる不再任の議案、P474（a）でみる解任の議案の内容の決定も同じです。

監査役設置会社（非監査役会設置会社）	監査役会設置会社	監査等委員会設置会社	指名委員会等設置会社
監査役（監査役が2人以上いる場合はその過半数）（会社法 344 条 1 項、2 項）	**監査役会**（会社法 344 条 3 項）	**監査等委員会**（会社法 399 条の 2 第 3 項 2 号）	**監査委員会**（会社法 404 条 2 項 2 号）

取締役または取締役会が選任議案、不再任の議案、解任議案を決定すると、経営陣と会計監査人が癒着したり、正当な監査をしたために不再任とされたり解任されたりする可能性があるからです。実際に、会計監査人が機能していなくて大きな不祥事を起こした大企業もあります。そこで、平成 26 年の改正で、監査ナニナニがこれらの議案の内容を決定するとされました。決定権者が監査ナニナニとされたのは、会計監査人は監査ナニナニの監督下に置かれるからです（P466 の「監査ナニナニの下」）。

P340
P422
P440
└

（2）株主総会の決議

選任機関は株主総会であり、普通決議で選任されます（会社法329条1項）。この普通決議は特別な普通決議ではなく、定款で定足数を排除することもできます。P340の会社法341条をご覧ください。会社法341条は、定足数を1/3までしか軽減できない特別な普通決議の規定ですが、「役員」とありますとおり、会計監査人には適用されません。

会計監査人は外部機関であり、船（株式会社）のメインである役員ではありませんので、その選任を少ない議決権で決議してしまっても構わないんです。

なお、会計監査人は、株主総会において、選任について意見を述べることができます（辞任・解任についても同じです。会社法345条5項、1項）。

3．就任承諾

会計監査人も、その地位に就くには就任承諾が必要です。株式会社と役員および会計監査人との関係は、委任だからです（会社法330条。P333～334の2.）。

4．登記

（1）実体（会社法）→登記

会計監査人が就任した場合は、会計監査人の就任の登記を申請しなければなりません。初めて会計監査人を置くときは、会計監査人設置会社の設定の登記も申請しなければなりません（会社法915条1項）。以下の事項は、登記事項だからです。

①会計監査人の氏名または名称（会社法911条3項19号）
②会計監査人設置会社である旨（会社法911条3項19号）

（2）申請書の記載事項

申請例31 ―― **会計監査人設置会社の定めの設定の登記・会計監査人の就任の登記**

事例：令和6年6月28日、監査役設置会社の株主総会において、会計監査人を設置する特別決議、A監査法人を会計監査人に選任する普通決議が成立し、同日、Aは就任承諾書を株式会社に提出した。この株式会社の本店とAの主たる事務所は、異なる登記所の管轄区域内にある。なお、この株式会社の資本金の額は、5億円である。

1. 登記の事由	会計監査人設置会社の定めの設定 会計監査人の変更
1. 登記すべき事項	令和6年6月28日会計監査人設置会社の定め設定 同日会計監査人A監査法人就任
1. 登録免許税	金6万円
1. 添付書面	株主総会議事録　1通 株主リスト　1通 会計監査人の就任承諾書　1通 登記事項証明書　1通 委任状　1通

役員に関する事項	会計監査人　A監査法人	令和6年6月28日就任 令和6年7月3日登記
会計監査人設置会社に関する事項	会計監査人設置会社 令和6年6月28日設定　令和6年7月3日登記	

記述の連鎖

①初めて会計監査人を置くときは、上記のように設定の登記と就任の登記を同時に申請する必要があり、片方だけを申請すると却下されます（商登法24条6号、8号）。

②以下のいずれかの株式会社でなければ、会計監査人を置けません（P268 ルール7）。

・監査役設置会社

・監査等委員会設置会社

・指名委員会等設置会社

（a）登記の事由

「会計監査人設置会社の定めの設定
会計監査人の変更　」と記載します。

（b）登記すべき事項

「年月日会計監査人設置会社の定め設定」と記載します。

年月日は、「設定日」を記載します。

「年月日会計監査人○○就任（重任）」と記載します。

年月日は、「株主総会の選任日と会計監査人の就任承諾日のうち遅い日（選任と就任承諾が揃った日）」を記載します。

会計監査人設置会社の定めの設定の登記と同時にする場合は必ず「就任」となりますが、そうでない場合に重任であれば「重任」と記載します。

（c）登録免許税

【設置】

申請件数1件につき、3万円です（登免法別表第1.24.（1）ツ）。

【会計監査人の変更】

申請件数1件につき、以下の金額です（登免法別表第1.24.（1）カ）。

・資本金の額が1億円を超える株式会社　→　3万円

・資本金の額が1億円以下の株式会社　→　1万円

（d）添付書面

①株主総会議事録（商登法46条2項）

【設置】（特別決議の要件を充たすもの）

株主総会と取締役以外の機関は、定款に置く旨を定めることで置くことができます（会社法326条2項。P77のex2.）。よって、会計監査人を設置することは定款変更に当たるため、特別決議の要件を充たす株主総会議事録が必要です。

【会計監査人の変更】（普通決議の要件を充たすもの）

会計監査人は株主総会の普通決議で選任する必要があるため（P468（2））、普通決議の要件を充たす株主総会議事録が必要です。

②株主リスト（商登規61条3項）

株主総会の決議を要しますので、株主リストが必要です（P307の「株主リストの添付の基本的な判断基準」）。

③就任承諾書（商登法54条2項1号）

【会計監査人の変更】

就任する者の就任承諾もあって会計監査人になりますので、就任承諾書が必要です。

④資格を証する書面（商登法54条2項2号、3号）

【会計監査人の変更】

会計監査人は、公認会計士または監査法人でないとなれないので（会社法337条1項）、以下の資格者であることを証する書面が必要となります。

・自然人の場合 ―― 公認会計士

公認会計士であることを証する書面（具体的には日本公認会計士協会事務総長名義の証明書）を添付します（商登法54条2項3号）。

・法人の場合 ―― 監査法人

登記事項証明書を添付（または会社法人等番号を申請書に記載）します（商登法54条2項2号本文、19条の3）。

ただし、株式会社の本店所在地を管轄する登記所と監査法人の主たる事務所の所在地を管轄する登記所が同じ場合、添付する必要はありません（商登法 54 条2項2号ただし書）。登記官が内部で確認できるからです。同じ建物の中のハナシですから。

⑤委任状（商登法18条）

4 任期

1．期間

会社法338条（会計監査人の任期）

1　会計監査人の任期は、選任後1年以内に終了する事業年度のうち最終のものに関する定時株主総会の終結の時までとする。

会計監査人の任期は、選任後1年以内に終了する事業年度のうち最終のものに関する定時株主総会の終結の時までです（会社法338条1項）。

株主総会が選任機関なので、定時株主総会の終結の時までというのは役員と同じです。しかし、任期が1年と短くなっています。しかも、伸長することも短縮することもできません。会計監査人は、株式会社の外部から株式会社の財務を厳しくチェックする立場です。任期を長くできると、経営陣と癒着するおそれが生じます。逆に短くできると、会計監査人は保身のために厳しい監査をしなくなります。そこで、「ガチガチに1年」としたんです。

2．みなし再任（自動再任）

会社法338条（会計監査人の任期）

2　会計監査人は、前項の定時株主総会〔選任後1年以内に終了する事業年度のうち最終のものに関する定時株主総会〕において別段の決議がされなかったときは、当該定時株主総会において再任されたものとみなす。

(1) 意義・趣旨

任期は1年なのですが、会計監査人には変わった規定があります。任期が満了する定時株主総会において別段の決議がされなかったときは、再任されたものとみなされます（会社法338条2項）。これを「みなし再任」や「自動再任」といいます。

毎年、選任決議を要するとすると、会計監査人は再選されるために仕事をするようになってしまいます。また、同一の会計監査人による継続的な監査が行われることが望ましいです。そこで、会計監査人は自動再任を原則としたんです。

※「別段の決議」とは？

定時株主総会で「別段の決議」がされると、みなし再任となりません。この「別段の決議」は、以下の①または②の決議のことです。

①その会計監査人を「再任しない」旨（不再任）の決議
②別の会計監査人を「後任として選任する」旨の決議

なお、単に別の会計監査人を選任しただけでは、この②に当たりません。“後任として”選任する旨の決議である必要があります。

ex. 会計監査人A監査法人の任期が満了する定時株主総会において、単にB監査法人を選任しただけでは、A監査法人は退任しません。「B監査法人をA監査法人の後任として選任する」という決議をした場合に、A監査法人は退任します。

つまり、①も②も「再任しない」という株式会社の意思が決議に現れている必要があるんです。“後任として”は前任者を再任しない意味ですよね。

(2) 登記

みなし再任となった会計監査人については、以下のように重任の登記をします。

1. 登記の事由	会計監査人の変更
1. 登記すべき事項	令和7年6月28日会計監査人A監査法人重任
1. 登録免許税	金3万円
1. 添付書面	株主総会議事録　1通
	登記事項証明書　1通
	委任状　1通

普通の就任の登記と異なるのは、以下の3点です。

①登記すべき事項は「就任」ではなく「重任」と記載
　任期満了と同時に再任されたものとみなされるからです（会社法338条2項）。
②株主リスト（P470②）は不要
　株主総会で会計監査人について決議をしているわけではないからです（P307の「株主リストの添付の基本的な判断基準」）。
③就任承諾書は不要
　みなし再任でも、株式会社と会計監査人との委任契約の内容によっては、契約の更新について就任承諾が必要な場合もあります。ただ、会社法は自動再任を原則としたので、就任承諾が必要な場合も就任承諾は得られているだろうということで、添付書面は要求されていないんです。
※株主総会議事録（定時株主総会議事録）は必要
　重任の日（定時株主総会の開催日）を明らかにするため、添付します。
※資格を証する書面（P470～471④）は必要
　会計監査人には資格者しかなれないので、依然として資格を有しているかは確認する必要があります。資格者でない者が会計監査人でいるのはマズイです。

5 退任

1．退任事由

　会計監査人の退任事由は、以下の（1）～（6）などです。
　基本的に取締役、会計参与、監査役と同じです（P349～352の1.、P427～428の1.、P445～446の1.）。株式会社と会計監査人の関係も委任だからです（会社法330条。P333～334の2.）。ただ、以下、説明を記載している点については、少しだけ取締役などと異なります。

（1）任期満了

（a）原則

P472※の別段の決議がされると、退任します。

（b）特殊な任期満了

P471の1.の任期は満了していないのですが、以下の定款変更をすると、任期が満了します。

・会計監査人を置く旨の定款の定めを廃止する定款変更（会社法338条3項）

取締役（P349〜350（b））・会計参与（P427（b））・監査役（P445（b））と異なり、以下の①〜③では任期は満了しません（会社法338条3項参照）。監査役には、②はありませんが（P445※）。

①監査等委員会または指名委員会等を置く旨の定款変更
②監査等委員会または指名委員会等を置く旨の定款の定めを廃止する定款変更
③非公開会社が公開会社となる定款変更

会計監査人は、公認会計士または監査法人であり、どのような株式会社にも対応できるからです（P349の「特殊な任期満了に当たるかの基本的な判断基準」）。

（2）死亡
（3）破産手続開始の決定
（4）辞任
（5）解任
（a）原則
株主総会の普通決議でいつでも一方的に解任できる点は、取締役と同じです（会社法339条1項、民法651条1項）。

ただ、この普通決議は特別な普通決議ではなく、定款で定足数を排除することもできます。選任（P468（2））と同じです。

（b）監査ナニナニによる解任
会計監査人は、以下の表の①〜③の場合に、以下の表の機関が解任することもできます。

監査役設置会社（非監査役会設置会社）	監査役会設置会社	監査等委員会設置会社	指名委員会等設置会社
監査役全員の同意（会社法340条1項、2項、4項）		**監査等委員全員の同意**（会社法340条5項）	**監査委員全員の同意**（会社法340条6項）
①職務上の義務に違反しまたは職務を怠った場合 ②会計監査人としてふさわしくない非行があった場合 ③心身の故障のため、職務の執行に支障がありまたはこれに堪えない場合 これら①〜③の文言を変えたひっかけが出たりすることはないと思いますので、ざっくり「会計監査人に問題があり、解任に正当な理由がある場合だな〜」という程度で記憶してください。			

選任機関と解任機関は同じであるのが会社法の基本的な考え方です（P351 の「選解任機関の基本的な考え方」）。この（b）は、その例外で、株主総会で選任した会計監査人を監査ナニナニが解任できます。会計監査人がいるのは、ほとんどが上場企業です。上場企業の株主総会は、手間も時間もかかり、開くのが大変です。問題がある会計監査人1人を解任するために開いていられない場合もあるんです。そこで、例外的に監査ナニナニが全員で同意するなら解任できるとされました。ここでも、会計監査人が監査ナニナニの監督下に置かれていることがわかります（P466 の「監査ナニナニの下」）。

（6）欠格事由の発生

会計監査人の欠格事由は、会社法337条3項に規定されていますが、ちょっと細かいです。

※欠格事由ではありませんが、会計監査人が成年被後見人になると退任します。後見開始の審判を受けたことは委任の終了事由だからです（民法653条3号）。

2．登記

（1）実体（会社法）→登記

会計監査人が退任した場合は、会計監査人の退任の登記を申請しなければなりません。また、会計監査人を置く旨の定款の定めを廃止した場合は、その廃止の登記も申請しなければなりません（会社法915条1項）。以下の事項は、登記事項だからです。

①会計監査人の氏名または名称（会社法911条3項19号）
②会計監査人設置会社である旨（会社法911条3項19号）

（2）申請書の記載事項

申請例32 ―― 会計監査人設置会社の定めの廃止の登記・会計監査人の退任の登記

事例：令和6年6月28日、会計監査人A監査法人が登記されている、負債の合計額が200億円以上となったことが1度もない会計監査人設置会社・非取締役会設置会社の定時株主総会において、資本金の額を4億円とする貸借対照表の承認および会計監査人設置会社の定めを廃止する特別決議が成立した。

1. 登 記 の 事 由　会計監査人設置会社の定めの廃止
会計監査人の変更
1. 登記すべき事項　令和6年6月28日会計監査人設置会社の定め廃止
同日会計監査人A監査法人退任
1. 登 録 免 許 税　金6万円
1. 添 付 書 面　株主総会議事録　1通
株主リスト　1通
委任状　1通

役員に関する事項	会計監査人　A監査法人	令和5年6月30日就任 令和5年7月5日登記 令和6年6月28日退任 令和6年7月3日登記
会計監査人設置会社に関する事項	会計監査人設置会社 令和5年6月30日設定　令和5年7月5日登記	
	令和6年6月28日廃止　令和6年7月3日登記	

記述の連鎖

以下の①～③の株式会社は、会計監査人設置会社の定めを廃止できません。
①大会社（P267 ルール6）
②監査等委員会設置会社（P265①）
③指名委員会等設置会社（P266②）

（a）登記の事由

「会計監査人設置会社の定めの廃止
会計監査人の変更　」と記載します。

（b）登記すべき事項

【廃止】

「年月日会計監査人設置会社の定め廃止」と記載します。
年月日は、「廃止日」を記載します。

【会計監査人の変更】

登記すべき事項の書き方は、P353～354（b）の取締役と同じです。年月日も同じです。

退任事由	登記すべき事項
①任期満了	「年月日会計監査人○○（任期満了により）退任」
②死亡	「年月日会計監査人○○死亡」
③破産手続開始の決定	「年月日会計監査人○○退任」
④辞任	「年月日会計監査人○○辞任」
⑤解任	「年月日会計監査人○○解任」
⑥欠格事由の発生	「年月日会計監査人○○資格喪失」
⑦後見開始の審判	「年月日会計監査人○○退任」

（c）登録免許税

【廃止】

申請件数１件につき、３万円です（登免法別表第1.24.（1）ツ）。

【会計監査人の変更】

申請件数１件につき、以下の金額です（登免法別表第1.24.（1）カ）。

・資本金の額が１億円を超える株式会社　→　３万円

・資本金の額が１億円以下の株式会社　→　１万円

（d）添付書面

①株主総会議事録（特別決議の要件を充たすもの。商登法46条２項）

【廃止】

株主総会と取締役以外の機関は、定款に置く旨を定めることで置くことができます（会社法326条２項。P77のex2.）。よって、会計監査人を置く旨を廃止することは定款変更に当たるため、特別決議の要件を充たす株主総会議事録が必要です。

②株主リスト（商登規61条３項）

【廃止】

株主総会の決議を要しますので、株主リストが必要です（P307の「株主リストの添付の基本的な判断基準」）。

③退任の事由を証する書面（商登法54条４項）

【会計監査人の変更】

退任の事由を証する書面は、基本的にはP355～356のｉの取締役と同じです。

退任事由	退任の事由を証する書面
①任期満了	株主総会議事録（定時株主総会議事録） その会計監査人を「再任しない」旨（不再任）の決議（P472①）か別の会計監査人を「後任として選任する」旨の決議（P472②）がされた定時株主総会議事録となります。 ※P473～474（b）の会計監査人を置く旨の定款の定めの廃止で退任する場合は、その旨の定款変更を決議した株主総会議事録が任期満了を証する書面となります。
②死亡	戸籍全部事項証明書等・法定相続情報一覧図の写し（不動産登記法Ⅱのテキスト第5編第12章）、住民票の写し・医師作成の死亡診断書・遺族などからの株式会社に対する死亡届など
③破産手続開始の決定	破産手続開始の決定があったことを証する書面 具体的には、破産手続開始決定書謄本（公認会計士の場合）または登記事項証明書（監査法人の場合。法人が破産すると法人の登記記録に記録されます）が当たります。
④辞任	辞任届
⑤解任	・株主総会議事録（普通決議の要件を充たすもの。商登法46条2項） ・株主リスト（商登規61条3項） ※監査ナニナニによる解任の場合は、監査役全員の同意書・監査等委員全員の同意書・監査委員全員の同意書を添付します。
⑥欠格事由の発生	欠格事由に該当したことを証する書面
⑦後見開始の審判	後見開始の審判書の謄本およびその確定証明書、または、成年後見登記事項証明書

― Realistic 13　「○○会議事録」「○○の同意書」 ―

記述で解答を記載する際、「○○会議事録」と「○○の同意書」は書き分けてください。以下のような違いがあるからです。

「○○会」　：招集手続を経るなど、会社法の手続に従って開催する必要がある

「○○の同意」：招集手続などは不要で（そもそも一堂に集まることが不要）、○○の同意が書面や電磁的記録（メールなど）でされていればOK

④委任状（商登法18条）

6 氏名（名称）の変更の登記

会計監査人は、氏名（名称）を登記しますので（会社法911条3項19号）、これらの変更の登記があります。

添付書面の考え方は、会計参与（P431 6）と同じです（理由も同じです）。

7 会計監査人が欠けてしまった場合

1．対応方法

会計監査人も、欠けてしまった場合の問題があります。会計監査人にはP317～320の2.のような補欠制度がないので、1人しかいない会計監査人が死亡してしまった場合などには欠けることになります。その場合、以下のようになります。

・会計監査人が欠けた場合
・定款で定めた会計監査人の員数を欠いた場合
→ ①正規の会計監査人を選任する
→ ②一時会計監査人の職務を行うべき者を選任する

「会計監査人が欠けた場合」とは、会計監査人が0人になった場合です。「定款で定めた会計監査人の員数を欠いた場合」とは、たとえば、定款で会計監査人の員数を2人以上と定めている株式会社において、2人しかいない会計監査人の1人が辞任した場合が当たります。

上記①②の方法しかないとおり、取締役・会計参与・監査役・代表取締役と異なり、権利義務役員の制度がありません。会計監査人は、役員ではなく外部の者なので、株式会社の多数の利害関係人のために責任を果たせとはならないんです。

「それでは、欠けると、株主総会で正規の会計監査人を選任したり、裁判所に選任の申立てをしたりしないといけなくなり、困るのでは？」と思われたかもしれません。そこで、上記②の一時会計監査人の職務を行うべき者（仮会計監査人）の選任を、以下の機関がするとされています。以下の機関であれば、すぐに選任できます。

監査役設置会社（非監査役会設置会社）	監査役会設置会社	監査等委員会設置会社	指名委員会等設置会社
監査役（会社法346条4項）	**監査役会**（会社法346条6項）	**監査等委員会**（会社法346条7項）	**監査委員会**（会社法346条8項）

選任機関が監査ナニナニになっています。ここでも、会計監査人が監査ナニナニの

監督下に置かれていることがわかります（P466の「監査ナニナニの下」）。

P326
P389
L

2．登記

監査ナニナニが仮会計監査人を選任したら、株式会社は以下のように仮会計監査人の就任の登記を申請しなければなりません（会社法915条1項、911条3項20号）。仮会計監査人ですが、裁判所がからんでいません。よって、裁判所書記官の嘱託によってはされないんです（P326の「裁判所がらみの登記の基本的な考え方」）。

1．登記の事由	仮会計監査人の変更
1．登記すべき事項	令和7年6月28日仮会計監査人B就任
1．登録免許税	金3万円
1．添付書面	監査役会議事録　1通
	公認会計士であることを証する書面　1通
	仮会計監査人の就任承諾書　1通
	委任状　1通

正規の会計監査人の就任の登記と異なるのは、以下の2点です。

①登記の事由と登記すべき事項は「会計監査人」ではなく「仮会計監査人」と記載
②株主総会議事録（P470①）と株主リスト（P470②）ではなく、監査役の選任書、監査役会議事録、監査等委員会議事録または監査委員会議事録を添付
　株主総会ではなく、監査ナニナニが選任するからです。
※就任承諾書（P470③）は必要
　仮会計監査人でも、公認会計士さんや監査法人は当然に仮会計監査人にされるわけではなく、就任承諾によってその地位に就きます。
※資格を証する書面（P470～471④）は必要
　仮会計監査人も資格者しかなれないので、資格を有しているかの確認は必要です。

この後、正規の会計監査人を選任してその就任の登記をするときは、その就任の登記と併せて、上記の仮会計監査人の抹消の登記を申請する必要はありません。

P326＝
P389

仮会計監査人の登記は、正規の会計監査人の就任の登記を申請すると、職権により抹消されるからです（商登規68条1項）。これは、取締役・会計参与・監査役・代表取締役と同じです。正規の会計監査人の就任の登記をすれば、仮会計監査人が退任したことが明らかであることは同じだからです（P326の「職権の登記の基本的な考え方」）。

第12節　監査等委員会設置会社

＊この第12節の監査等委員会設置会社と次の第13節（P496～512）の指名委員会等設置会社は、特殊な形態です。なお、会社法では、「監査等委員会設置会社→指名委員会等設置会社」の順で規定されています。しかし、制度ができたのは、「指名委員会等設置会社→監査等委員会設置会社」の順なので、先に第13節（P496～512）の指名委員会等設置会社の説明をお読みください。

1　監査等委員会設置会社とは？

監査等委員会設置会社：監査等委員会を置く株式会社（会社法2条11号の2）

監査等委員会設置会社についても、まずは船の図を示します。

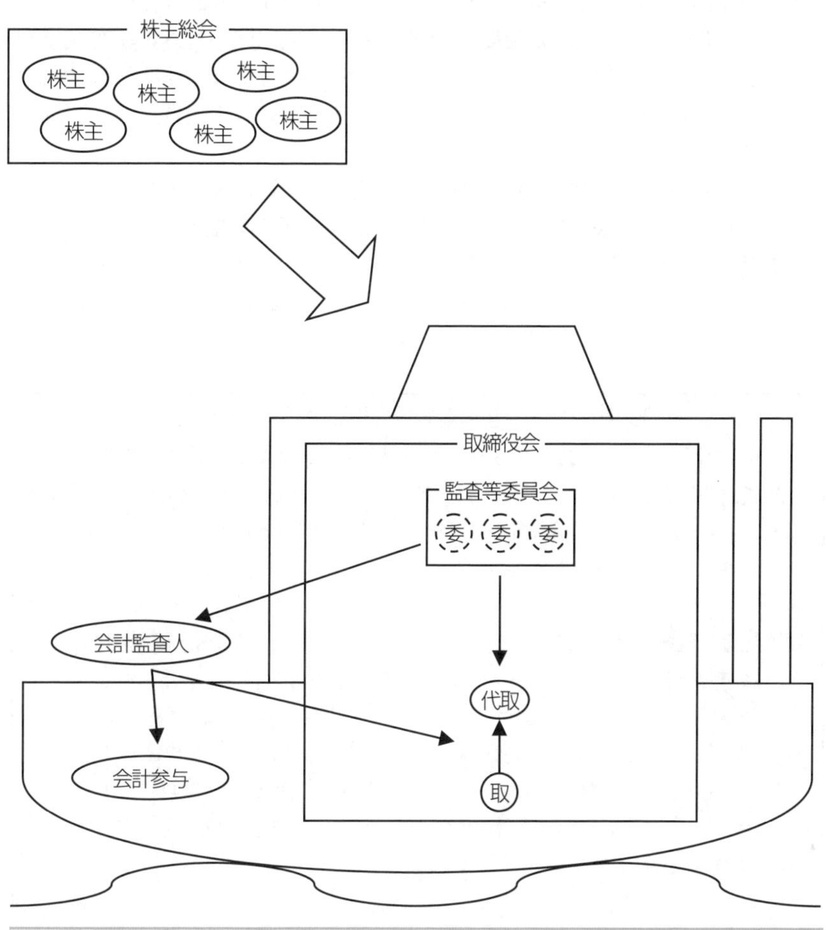

監査等委員会設置会社は、平成 26 年の改正で新設された会社形態です。会計参与を置くかは任意ですが、それ以外は以下の機関構成しか認められず、機関設計がガチガチです。

「株主総会＋取締役会＋監査等委員会＋会計監査人」

上場企業の不祥事が相次いでいることは、ご存知だと思います。その原因の１つに「上場企業の多くが採用する監査役会設置会社では、適切な監査ができない」ということがあります。監査役会のメンバーは半数が社外監査役なのですが、取締役会の外部からの監査となります。外部からだと、不正などを見つけられない場合があります。そこで、欧米の先進国では、取締役会の内部に外部からきた者（社外取締役）を入れて監視していく体制が多くなっています。それを体現したのが指名委員会等設置会社だったのですが、P497 の Realistic 16 で説明した理由から、指名委員会等設置会社は広まりませんでした。

そこで、**監査役会設置会社と指名委員会等設置会社の間の会社形態**を作った、別の言い方をすると、**取締役会の中に監査役会を放り込んで監査等委員会としたの**が、監査等委員会設置会社です。前ページの図をご覧ください。取締役会の中に監査等委員会があります。監査等委員会の過半数は、社外取締役で構成されます（会社法 331 条６項）。外部の者を中心とする監査機関が、取締役会の内部にあるわけです。

― Realistic 14　監査等委員会設置会社は広まった ―

監査等委員会設置会社を選択するかも完全に任意です。しかし、指名委員会等設置会社と異なり、監査等委員会設置会社への移行がハイペースで進んでおり、すでに上場企業の約３割が移行しています。指名委員会等設置会社の反省を踏まえ、上場企業が導入する気になる以下の①～③の導入促進剤となる要素が盛り込まれたからです。

①上場企業は監査役会設置会社だと、以下のとおり外部の者（社外取締役・社外監査役）を３人登用する必要があります。

・社外取締役を最低１人は置く必要がある（会社法 327 条の2。P367④）
・社外監査役を最低２人は置く必要がある（会社法 335 条3項。P453 の2.）

それに対して、監査等委員会設置会社では、監査等委員会（最低３人）の過半数（最低２人）社外取締役がいれば OK です。上場企業でも、外部から人材を登用するのは大変なので、１人の違いは大きいんです。

②監査等委員会設置会社には指名委員会・報酬委員会がありません。
　これによって、指名委員会等設置会社の導入の弊害となっていた「過半数が外部の者（社外取締役）である指名委員会に役員の人事権を、報酬委員会に役員等の報酬決定権を握られる」ということがないことになります。

③利益相反取引において、事前に監査等委員会の承認を得た場合、取締役の任務懈怠責任の推定規定（会社法423条3項。P361のⅰ）が適用されません（会社法423条4項）。
　これは、監査等委員会設置会社にしかない特典です。監査等委員会設置会社を導入してもらうための国からのプレゼントのようなものです。

2 取締役

　監査等委員会設置会社には、執行役と代表執行役はいません。よって、以下の①②の者が業務を執行します（P337（2））。

①代表取締役（会社法363条1項1号）
②取締役会で業務を執行する取締役として選定された者（会社法363条1項2号）

3 取締役会

1．権限

（1）意義

　取締役会の権限は、以下の3つです。

①業務執行の決定など（会社法399条の13第1項1号）
②取締役の職務の執行の監督（会社法399条の13第1項2号）
③代表取締役の選定および解職（会社法399条の13第1項3号）

（2）業務執行の決定の委任

　ただし、上記（1）①の業務執行の決定は、以下の場合には、指名委員会等設置会社の取締役会が執行役に委任できる（P498の1.）のと同じ範囲で（会社法399条の13第5項各号）、取締役に委任できます。

取締役の過半数が社外取締役である場合	取締役の過半数が社外取締役ではない場合
当然に委任可 （会社法399条の13第5項本文）	**定款の定めがあれば委任可** （会社法399条の13第6項）

監査等委員会の過半数は、必ず社外取締役です。「取締役の過半数が社外取締役であるか」とは、監査等委員でない取締役も含めた「全取締役の過半数が社外取締役であるか」ということです。

ex. 監査等委員である取締役が3人、監査等委員でない取締役が17人だとすると（これくらい取締役がいる上場企業が多いです）、11/20人以上が社外取締役であるかということです。

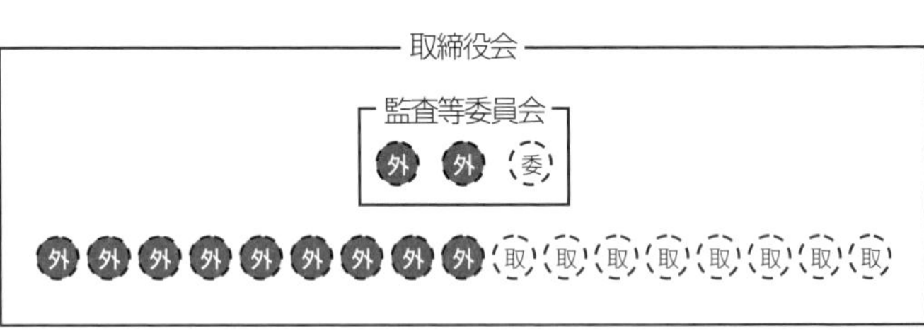

11/20人も社外取締役がいるのであれば、監督機能が充実していると考えられます。よって、当然に委任できます。

そのような上場企業はそうはありません。ですが、取締役の過半数が社外取締役ではない場合でも、定款の定めがあれば委任できます。

2．運営

基本的には、P399[3]～406[5]の規定が適用されます。

ただし、1つ特則があります。P400（1）の定款または取締役会の決議で招集権者が定められていても、監査等委員会で選定された監査等委員も取締役会を招集できます（会社法399条の14）。P499①と同じ規定です。趣旨も同じですし、「選定された」となっている理由も同じです。監査等委員会も取締役会の内部組織なので、「選定された監査等委員」という規定が多いです（P499の「『選定された委員』が多いワケ」）。

4　監査等委員会

1．取締役会との共通点

監査等委員会の規定も、**取締役会の規定に類似**しています。以下の規定は、取締役会と同じです。監査等委員会も、取締役会のメンバーである取締役から構成される機関だからです。

・委員会の員数は3人以上（会社法331条6項。＝P398の2.）
・招集手続の要否（会社法399条の9第1項、2項。＝P399～400の1.）
・招集通知（会社法399条の9第1項。＝P402の4.）
・議決権（会社法399条の10第2項。＝P402～403 4）
・決議要件（会社法399条の10第1項。≒P404～405の1.）
・議事録（会社法399条の10第3項～5項、399条の11。＝P405～406の2.）

2．取締役会との相違点

監査役に類似

監査等委員は、**監査役に類似**しています。監査等委員は取締役ですが、監査する者だからです。

（1）メンバー

（a）兼任禁止

監査等委員会の監査等委員にも兼任禁止規定があります。監査等委員は、以下の①または②の者との兼任が禁止されます。

自分を監査できない

この兼任禁止規定も、**「自分を監査できない」**という発想です。監査役（P439）に類似しているんです（上記の「監査役に類似」）。

その株式会社
・業務執行取締役(×)
・支配人(×)
・使用人(×)

子会社
・業務執行取締役(×)
・支配人(×)
・使用人(×)
・会計参与(×)
・執行役(×)

①その株式会社またはその子会社の業務執行取締役、支配人またはその他の使用人（会社法331条3項）
②子会社の会計参与または執行役（会社法331条3項）

なお、以下の者が入っていない理由は、以下のとおりです。

・「その株式会社の非業務執行取締役」
　→　監査等委員は取締役（非業務執行取締役）だからです（P487の「監査等委員は取締役」）。

・「その株式会社の会計参与」

→　その株式会社の取締役であることは、会計参与の欠格事由だからです（P422①）。監査等委員は取締役です。

・「その株式会社の執行役」

→　監査等委員会設置会社に執行役はいないからです（P483 2）。

― Realistic 15　監査等委員会設置会社は最低何人で作れる？ ―

監査等委員会設置会社も、最低5人いれば作れます。

ex. ①3人：監査等委員である取締役

②1人：代表取締役（業務執行取締役）

③1人：会計監査人

※代表取締役が株主となる

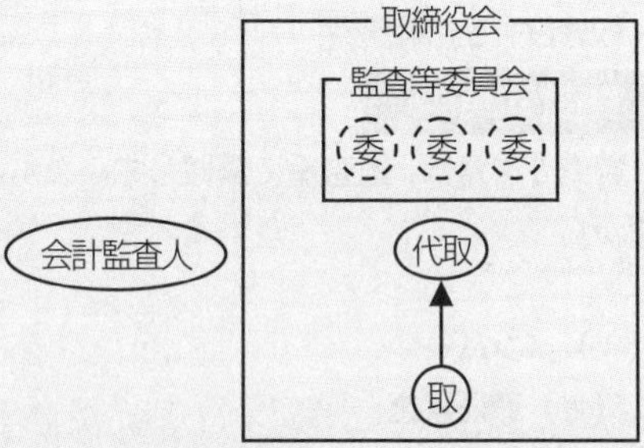

①取締役会と監査等委員会のメンバーは、3人以上いる必要があります（P398の「『○○会』は3人以上」）。

②代表取締役は監査等委員でない取締役である必要があります。代表取締役は必ず業務執行取締役なので（会社法363条1項1号。P337①）、監査等委員である取締役との兼任が禁止されるからです（上記（a）①）。

③公認会計士が取締役だと監査ができませんので（公認会計士法24条1項1号）、取締役ではない者が会計監査人になる必要があります。

＊P490～491の申請例33は、監査等委員会設置会社の役員等が5人である事例にしています。

（b）選任機関

監査等委員の選任機関は株主総会であり、普通決議で選任されます（会社法329条1項）。ただ、この普通決議は特別な普通決議で、定款で軽減できる定足数は1/3までです（会社法341条）。監査役（P440～441の2.）と同じなわけです（P485の「監査役に類似」）。

監査等委員も、指名委員会等設置会社の委員（P500（a））のように「選任機関を取締役会にするべきだ」という意見もありました。しかし、取締役会からの独立性の確保のため、株主総会が選任機関とされました。

なお、通常の取締役と異なるのは、監査等委員である取締役と監査等委員でない取締役（P481 の図でいうと、監査等委員会の中にいる取締役と外にいる取締役）とを区別して選任する必要がある点です（会社法329条2項）。

監査等委員である取締役と監査等委員でない取締役は別類型

監査等委員である取締役と監査等委員でない取締役は、どちらも取締役ではありますが、会社法は**別類型**として扱っています。

監査等委員は取締役

監査等委員は取締役です。P481 の図をご覧ください。監査等委員は取締役会の中にいます。これは問題を解くうえでポイントになり得ます。監査等委員会設置会社の出題はまだ多くはないのですが、指名委員会等設置会社の委員はこれがポイントになることが多いので（P500 の「委員は取締役」）、同じだと考えられます。

監査役（P440～441 の2.）と同じく（P485 の「監査役に類似」）、株主総会において、監査等委員は、監査等委員である取締役と監査等委員でない取締役（*）の選任について意見を述べられます（辞任・解任についても同じです。会社法342条の2第1項、4項）。これは、会計参与と同じ趣旨です（P422 の2.）。

*監査等委員でない取締役の選任・辞任・解任の場合は、意見を述べられる監査等委員は監査等委員会が選定する監査等委員です（会社法342条の2第4項）。監査等委員会設置会社には、指名委員会はありません。その代わりに、意見を述べるという形で、監査等委員でない取締役の選任・辞任・解任について監査等委員会に影響力を持たせているんです。

監査等委員である取締役についてはさらに独立性を強化するため、取締役が監査等委員である取締役の選任に関する議案を株主総会に提出するには、監査等委員会の同意を得なければならないとされています（会社法 344 条の2第1項）。これも、監査役（P440～441 の2.）と同じです。

※常勤の監査等委員の選定の要否

監査等委員会は、常勤の監査等委員を選定する必要はありません。

（c）就任承諾

監査等委員である取締役も監査等委員でない取締役も、その地位に就くには就任承諾が必要です。これらの者は取締役であり、株式会社と役員および会計監査人との関係は、委任だからです（会社法330条。P333～334 の2.）。

（2）招集権者

すべての監査等委員が招集でき、特定の招集権者を定めることはできません（会社法399条の8。≠P400（1））。

理由は、指名委員会等設置会社の委員会（P500（b））と同じです。

（3）権限

> **会社法399条の2（監査等委員会の権限等）**
> 3　監査等委員会は、次に掲げる職務を行う。
> 一　取締役（会計参与設置会社にあっては、取締役及び会計参与）の職務の執行の監査及び監査報告の作成

監査等委員会は、取締役および会計参与の職務の執行を監査します（会社法399条の2第3項1号）。

この監査権限は、以下の範囲に及びます。

P433
└
P399＝
P503

・業務執行の適法性（違法かどうか）
・業務執行の妥当性（適法だが妥当かどうか。ex. いま海外進出をするのは妥当か）
監査等委員会のメンバーは取締役なので、妥当性を監査する能力もあるからです。

なお、監査等委員会には、監査役、監査役会、監査委員会と異なり、監査権限だけでなく監督権限もあります。なので、当初は「監査・監督委員会」という名称になる予定でした。しかし、「監督」の部分が「等」になり、監査等委員会となったんです。

監査等委員会のその他の権限は、以下のとおり、監査役とほとんど同じです（P485の「監査役に類似」）。少しだけ異なる点がありますので、その点も記載します。なお、指名委員会等設置会社の監査委員会の権限も監査役とほとんど同じなので、指名委員会等設置会社の監査委員会（P503～504（b））ともほとんど同じ規定となります。

（a）自社および子会社に対する調査権（会社法399条の3第1項～3項。≒P433（2））

監査役と異なるのは、調査権を行使できるのが監査等委員会が選定する監査等委員であることです。

監査等委員会は、組織重視の機関だからです。監査等委員会は取締役会の内部組織です（P499の「『選定された委員』が多いワケ」）。

（b）取締役の不正行為の報告（会社法399条の4。=P433～434（4））

（c）差止請求権（会社法399条の6。=P434～435（5））

※上記（b）と（c）は、監査等委員会が選定する監査等委員ではなく、すべての監査等委員が行使できます。「目は全員が光らせておけ！」ということです。

5 登記（監査等委員会設置会社への移行）

監査等委員会設置会社についても、通常の株式会社が監査等委員会設置会社に移行した場合の登記をみます。

1．実体（会社法）→登記

通常の株式会社が監査等委員会設置会社に移行した場合、下記2.のような登記を申請しなければなりません（会社法915条1項）。以下の事項は、登記事項だからです。

①監査等委員会設置会社である旨（会社法911条3項22号柱書）
②監査等委員である取締役の氏名（会社法911条3項22号イ）
③監査等委員でない取締役の氏名（会社法911条3項22号イ）
④取締役のうち社外取締役である者については社外取締役である旨（会社法911条3項22号ロ）
⑤重要な業務執行の決定の取締役への委任についての定款の定めがあるときは、その旨（会社法911条3項22号ハ）

この⑤は、取締役の過半数が社外取締役ではない場合に業務執行の決定を取締役に委任するための定款の定め（P483～484（2））です。この定めがあると取締役会の性質が大きく変わるので、この定めは機関の設置の有無に近いといえます。よって、登記事項とされたんです。

※取締役の過半数が社外取締役である場合に業務執行の決定を取締役に委任できること（P483～484（2））が登記事項とならないのは、取締役の過半数が社外取締役であることは、上記④が登記事項であることにより明らかだからです。

2. 申請書の記載事項

申請例33 ―― 監査等委員会設置会社への移行の登記

事例：取締役がA、B、C、代表取締役がA、監査役がD、E（社外監査役）、F（社外監査役）、会計監査人がGである取締役会設置会社・監査役設置会社・監査役会設置会社・会計監査人設置会社において、以下の決議が成立した。

<臨時株主総会（令和6年7月28日開催）>

・監査役設置会社の定めを廃止する特別決議
・監査役会設置会社の定めを廃止する特別決議
・監査等委員会を設置する特別決議
・重要な業務執行の決定の取締役への委任についての定款の定めを設ける特別決議
・以下の者を選任する普通決議
　監査等委員である取締役B
　監査等委員である取締役（社外取締役）E（*）
　監査等委員である取締役（社外取締役）F（*）
*監査等委員の過半数が社外取締役であるか（P482）を確認する必要があります。
　監査等委員でない取締役A
　被選任者は、いずれも席上で就任を承諾した。

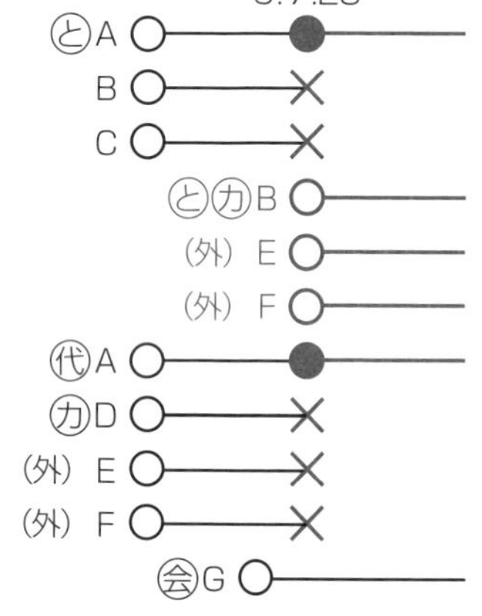

<取締役会（同日開催。取締役全員出席）>

・以下の者を選定する決議
　代表取締役A（住所：東京都新宿区新宿一丁目2番2号）（*）
*監査等委員が代表取締役（業務執行取締役）になっていないか（P485①）を確認する必要があります。
　被選定者は、席上で就任を承諾した。
　なお、この株式会社の資本金の額は、5億円である。

1. 登 記 の 事 由	監査役設置会社の定めの廃止 監査役会設置会社の定めの廃止 監査等委員会設置会社の定めの設定 重要な業務執行の決定の取締役への委任についての定款の定めの設定 取締役、取締役・監査等委員、代表取締役、監査役の変更
1. 登記すべき事項	令和6年7月28日監査役設置会社の定め廃止 同日監査役会設置会社の定め廃止 同日監査等委員会設置会社の定め設定

	同日設定
	重要な業務執行の決定の取締役への委任についての定款の定めがある
	同日退任
	取締役　B　　同　C
	監査役　D　　監査役（社外監査役）　E　　同　F
	同日重任
	取締役　A
	東京都新宿区新宿一丁目2番2号　代表取締役　A
	同日就任
	取締役・監査等委員　B
	取締役・監査等委員（社外取締役）　E　　同　F
1．登録免許税	金9万円
1．添付書面	株主総会議事録　1通
	株主リスト　1通
	取締役・監査等委員の就任承諾書は株主総会議事録の記載を援用する
	取締役の就任承諾書は株主総会議事録の記載を援用する
	取締役会議事録　1通
	代表取締役の就任承諾書は取締役会議事録の記載を援用する
	印鑑証明書　4通
	委任状　1通

役員に関する事項			
	取締役	A	令和5年6月30日就任
			令和5年7月5日登記
	取締役	A	令和6年7月28日重任
			令和6年8月5日登記
	取締役	B	令和5年6月30日就任
			令和5年7月5日登記
			令和6年7月28日退任
			令和6年8月5日登記
	取締役	C	令和5年6月30日就任
			令和5年7月5日登記
			令和6年7月28日退任
			令和6年8月5日登記

	取締役・監査等　B 委員	令和6年7月28日就任 令和6年8月5日登記
	取締役・監査等　E 委員 （社外取締役）	令和6年7月28日就任 令和6年8月5日登記
	取締役・監査等　F 委員 （社外取締役）	令和6年7月28日就任 令和6年8月5日登記
	東京都新宿区新宿一丁目2番2号 代表取締役　　　A	令和5年6月30日就任 令和5年7月5日登記
	東京都新宿区新宿一丁目2番2号 代表取締役　　　A	令和6年7月28日重任 令和6年8月5日登記
	監査役　　　　　D	令和5年6月30日就任 令和5年7月5日登記 令和6年7月28日退任 令和6年8月5日登記
	監査役　　　　　E （社外監査役）	令和5年6月30日就任 令和5年7月5日登記 令和6年7月28日退任 令和6年8月5日登記
	監査役　　　　　F （社外監査役）	令和5年6月30日就任 令和5年7月5日登記 令和6年7月28日退任 令和6年8月5日登記
監査役設置会社に関する事項	監査役設置会社 令和6年7月28日廃止　令和6年8月5日登記	
監査役会設置会社に関する事項	監査役会設置会社 令和6年7月28日廃止　令和6年8月5日登記	
監査等委員会設置会社に関する事項	監査等委員会設置会社 令和6年7月28日設定　令和6年8月5日登記	
重要な業務執行の決定の取締役への委任に関する事項	重要な業務執行の決定の取締役への委任についての定款の定めがある 令和6年7月28日設定　令和6年8月5日登記	

記述の連鎖

【機関の設置・廃止】

以下の①または②の機関がなければ設置し、その登記をしなければなりません。

①取締役会

②会計監査人

以下の③～⑤の機関があれば廃止し、その登記をしなければなりません。

③監査役

④監査役会

⑤指名委員会等

要は

監査等委員会設置会社の機関設計は会計参与を置くかどうかを除いて以下の1パターンなので（P265①）、**以下の機関構成がわかっていれば大丈夫**です。

「株主総会＋取締役会＋監査等委員会＋会計監査人」

この機関構成にある機関がないのであれば設置して（上記①②）、この機関構成にない機関があるのであれば廃止します（上記③～⑤）。

【任期満了による退任】

以下の者が任期満了により退任します。

①取締役（P349①）

②会計参与（P427①）

③監査役（P445①）

監査等委員会設置会社には監査役は存在しません（P265①）。

【社外取締役の登記】

監査等委員である取締役の過半数について、必ず社外取締役である旨の登記をしなければなりません（P367の4.、P367②）。

監査等委員会設置会社への移行前の株式会社の機関設計によって、上記の登記が必要となります。上記申請例33は、【機関の設置・廃止】③④、【任期満了による退任】①③（取締役の重任は①も含みます）、【社外取締役の登記】を申請しています。

以下では、上記の「記述の連鎖」で出てこなかった登記に絞って説明します。

（1）登記の事由

「監査等委員会設置会社の定めの設定
重要な業務執行の決定の取締役への委任についての定款の定めの設定（＊1）
取締役（＊2）、取締役・監査等委員（＊3）の変更」と記載します。

＊1　この定めがある場合のみ記載します。
＊2　監査等委員でない取締役は、「取締役」と記載します。
＊3　監査等委員である取締役は、「取締役・監査等委員」と記載します。

（2）登記すべき事項

「年月日監査等委員会設置会社の定め設定　＊1
年月日設定　＊1
重要な業務執行の決定の取締役への委任についての定款の定めがある
年月日退任
取締役　B　＊3　同　C
年月日重任　＊2
取締役　A　＊4
年月日就任　＊2
取締役・監査等委員　B　＊3
取締役・監査等委員（社外取締役）　E　同　F」などと記載します。

＊1　年月日は、「設定日」を記載します。この定めがある場合のみ記載します。
＊2　年月日は、「株主総会の選任日と就任承諾日のうち遅い日（選任と就任承諾が揃った日）」を記載します。
＊3　このBのように、移行前に取締役であった者が、取締役を退任して監査等委員である取締役に就任した場合、「重任」ではなく、「退任」「就任」とします。移行前の取締役と監査等委員である取締役の地位は、同じではないからです。
＊4　このAのように、移行前に取締役であった者が、取締役を退任したのと同時に監査等委員でない取締役に就任した場合、「重任」とします。移行前の取締役と監査等委員でない取締役の地位は、同じだからです。

（3）登録免許税

【監査等委員会の設置】

申請件数1件につき、3万円です（登免法別表第1.24.（1）ワ）。「監査等委員会」と最後に「会」がつきますので、区分は「ワ」です（P62の「ワ→『◯◯会（等）』」）。

【重要な業務執行の決定の取締役への委任についての定款の定め】

申請件数1件につき、3万円です（登免法別表第1.24.（1）ツ）。

【取締役・監査等委員、取締役の変更】

申請件数1件につき、以下の金額です（登免法別表第1.24.（1）カ）。

・資本金の額が1億円を超える株式会社　→　3万円
・資本金の額が1億円以下の株式会社　→　1万円

（4）添付書面

①株主総会議事録（商登法46条2項）

【監査等委員会の設置・重要な業務執行の決定の取締役への委任についての定款の定め】（特別決議の要件を充たすもの）

株主総会と取締役以外の機関は、定款に置く旨を定めることで置くことができます（会社法326条2項。P77のex2.）。よって、監査等委員会を設置することは定款変更に当たるため、特別決議の要件を充たす株主総会議事録が必要です。

重要な業務執行の決定の取締役への委任についての定款の定めも、定款の定めですから、この定めがある場合は、特別決議の要件を充たす株主総会議事録が必要です。

【取締役・監査等委員、取締役の変更】（普通決議の要件を充たすもの）

監査等委員である取締役も監査等委員でない取締役も株主総会の普通決議で選任する必要があるため（P486～487（b））、普通決議の要件を充たす株主総会議事録が必要です。

②株主リスト（商登規61条3項）

株主総会の決議を要しますので、株主リストが必要です（P307の「株主リストの添付の基本的な判断基準」）。

③就任承諾書（商登法54条1項）

【取締役・監査等委員、取締役の変更】

就任する者の就任承諾もあって監査等委員である取締役または監査等委員でない取締役になりますので（P487（c））、就任承諾書が必要です。

④本人確認証明書（商登規61条7項）

【取締役・監査等委員、取締役の変更】

監査等委員である取締役も監査等委員でない取締役も、本人確認証明書の添付を求められる役員等です（P327①）。よって、P328～329（2）①または②に当たらない限り、本人確認証明書を添付する必要があります。具体的には、住民票の写しなどが当たります（P330の4.）。

なお、再任の場合には本人確認証明書は不要となりますが（P328（2）①）、上記申請例33のBのように、移行前の取締役が監査等委員である取締役になった場合も再任に当たります（登研808P148）。

⑤委任状（商登法18条）

第13節　指名委員会等設置会社

1 指名委員会等設置会社とは？

指名委員会等設置会社：指名委員会、監査委員会および報酬委員会の3つの委員会を置く株式会社（会社法2条12号）

このテキストでは株式会社を船にたとえていますので、指名委員会等設置会社についてもまずは船の図を示します。「指名委員会等」の「等」は、監査委員会と報酬委員会のことです。

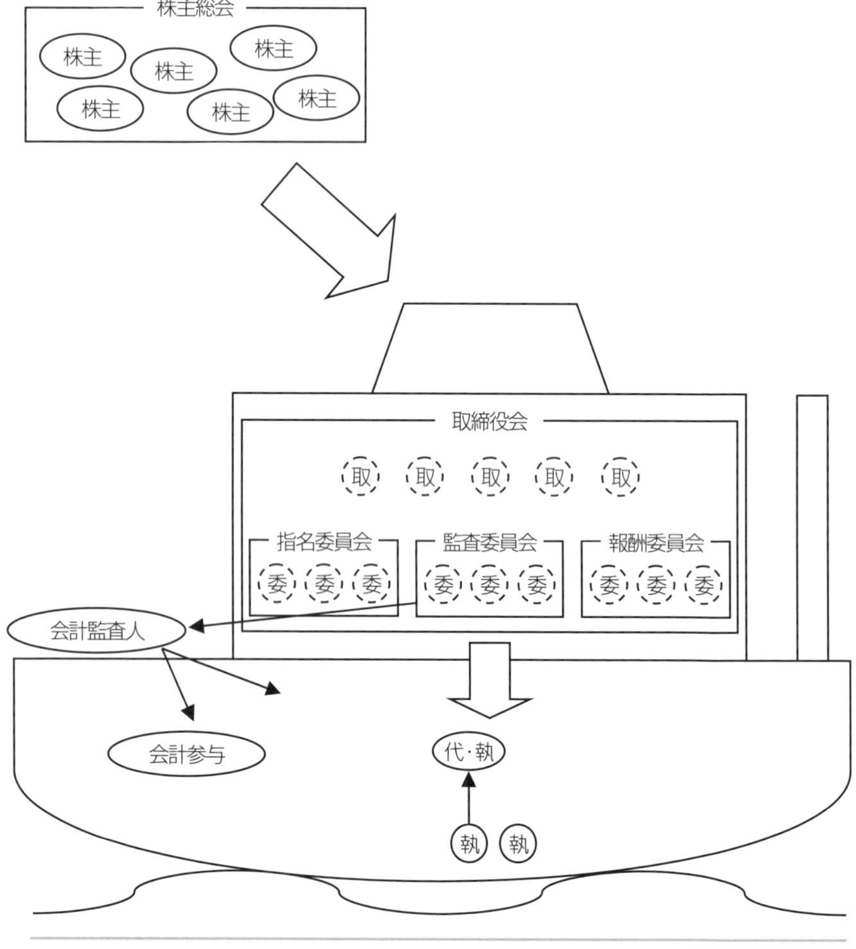

指名委員会等設置会社は、アメリカの上場企業の機関構成を参考にして平成 14 年に新設された**非常に厳しい監視体制**の会社形態です。会計参与を置くかは任意ですが、それ以外は以下の機関構成しか認められず、機関設計がガチガチです。

「株主総会＋取締役会＋指名委員会等（指名委員会・監査委員会・報酬委員会）
＋執行役＋会計監査人」

通常の株式会社では、取締役会・取締役が、業務執行の決定（＊）、業務の執行（＊）、そして、その執行の監督までを行います。しかし、執行機関と監督機関が同じだと、どうしても監督がユルくなってしまいます。

＊業務執行の決定と業務の執行の違いは、P333 の 1.をご覧ください。

そこで、指名委員会等設置会社では、**取締役会が業務執行の決定と執行の監督を行い、執行役が業務の執行を行う**と**厳格に分離**しました。取締役会は、業務執行の決定と執行の監督に専念します。そして、指名委員会等設置会社には「執行役」という機関があり、この執行役が業務を執行します。

取締役会	執行役
・業務執行の決定 ・執行の監督	・業務の執行

また、取締役会の監督機能を強化するために、取締役会の内部に「指名委員会」「監査委員会」「報酬委員会」という３つの委員会が置かれます。これら３つの委員会は、それぞれ過半数が社外取締役で構成され、取締役、執行役などを厳しく監督していきます（会社法 400 条３項）。

― Realistic 16　指名委員会等設置会社は広まらなかった ―

指名委員会等設置会社を選択するかは完全に任意です。国としては、上場企業の多くに指名委員会等設置会社になって欲しかったのですが、上場企業でも 100 社にも満たず（日立グループ各社、みずほフィナンシャルグループ、関西電力などわずかです）、広まりませんでした。以下のような理由があります。

①アメリカの上場企業の機関構成を参考にして設計された非常に厳しい監視体制を採る会社形態なので、日本企業の体質と合わない

②過半数が外部の者（社外取締役）である指名委員会に役員の人事権を、報酬委員会に役員等の報酬決定権を握られる

人によっては１番大事であるポストと金を外部の者に握られるわけです。

2 取締役

取締役は、原則として業務の執行はできません（会社法 415 条）。また、支配人その他の使用人と兼任することができません（会社法 331 条4項）。上記1で説明したとおり、取締役会から執行役に業務の執行を分離し、取締役を業務執行の決定と執行の監督に専念させたのが指名委員会等設置会社だからです。

ただ、例外的に、取締役は執行役を兼任することはできます（会社法 402 条6項。監査委員は除きます〔P501～502（a）〕）。執行役と兼任している場合、執行役として業務の執行ができます。P497 の趣旨には反するようにも思えますが、執行の監督をするためには、現場の状況を知る必要もあります。完全に執行と分離すると、蚊帳（かや）の外になってしまい、かえってマズいんです。

3 取締役会

1．権限

P497 の図にありますとおり、取締役会は業務執行の決定と執行の監督をします（会社法 416 条1項）。

ただし、この業務執行の決定は、特に重要なもの（ex. 株主総会に提出する議案の内容の決定、合併契約の内容の決定）を除き、執行役に委任できます（会社法 416 条1項、4項）。実際に業務の執行をするのは執行役ですので、執行役が業務執行の決定もある程度行えたほうがスピーディーな経営ができるため、認められているんです。

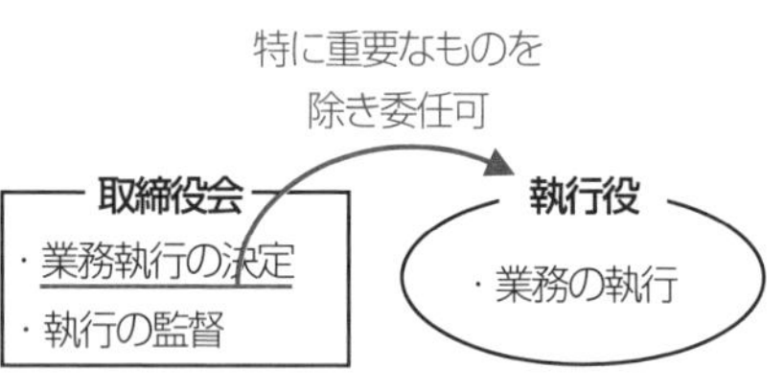

2．運営

基本的には、P399 3～406 5の規定が適用されます。
ただし、以下のような特則があります。

（1）招集権者

以下の①②の者も、取締役会を招集（招集請求）できます。

①各委員会で選定された委員（会社法417条1項）

委員会は取締役会の内部組織なので、委員は取締役です（会社法400条2項。P496の図をご覧ください）。取締役は、取締役会を招集できます（会社法366条1項本文）。よって、この①の意味は、「P400（1）の定款または取締役会の決議で招集権者が定められていても、各委員会で選定された委員は招集できる」ということです。取締役会と委員会の連絡を密にするため、委員会の側から取締役会を招集できるとされているんです。

「選定された委員」が多いワケ

上記のように、委員会の規定は「選定された委員」という規定が多いです。委員会は**組織重視**の機関だからです。委員会は取締役会の内部組織です（P398の「取締役会カンケーは『組織＞個人』」）。

②執行役（会社法417条2項）

執行役は、招集権のある取締役に「取締役会を招集して！」と請求をしたのに、請求があった日から2週間以内の日を取締役会の日とする招集通知が5日以内に発せられない場合、自ら取締役会を招集できます（会社法417条2項）。

執行役に招集請求権が認められているのは、執行役が業務の執行をするうえで、取締役会の決議が必要となることもあるからです。上記1.の委任があるとは限りませんし、委任があったとしても特に重要なものは委任できません。

（2）報告義務

以下の①②の者は、取締役会に職務の執行の状況を報告しなければなりません。

①各委員会で選定された委員（会社法417条3項）

②執行役（会社法417条4項）

執行役は業務の執行をする者ですので、P401～402の3.の代表取締役や業務執行取締役と同じく、3か月に1回以上の報告が要求されます。

4　委員会

1．3委員会の共通点

まずこの1.では、3委員会に共通する点をくくり出しています。委員会ごとに異なる規定は、下記2.でみていきます。

（1）取締役会との共通点

委員会の規定は、**取締役会の規定に類似**しています。以下の規定は、取締役会と同じです。委員会は、取締役会の内部機関だからです（P496 の図をご覧ください）。

・各委員会の員数は３人以上（会社法 400 条１項。＝P398 の２.）
・招集手続の要否（会社法 411 条１項、２項。＝P399～400 の１.）
・招集通知（会社法 411 条１項。≒P402 の４.）
・議決権（会社法 412 条２項。＝P402～403 4）
・決議要件（会社法 412 条１項。≒P404～405 の１.）
・議事録（会社法 412 条３～５項、413 条１項、３～５項。＝P405～406 の２.）

（2）取締役会との相違点

（a）メンバー

委員は、取締役会が、取締役の中から選定します（会社法 400 条２項。解職も取締役会がします〔会社法 401 条１項〕）。

取締役は株主総会が選任します（P340 の２.）。しかし、委員会は取締役会の内部機関なので（P496 の図をご覧ください）、取締役会が委員を選定・解職するんです。

委員は取締役

委員は取締役の中から選定されるので、**委員は取締役**です。このことは、問題を解くうえでポイントになることが多いです。

なお、就任承諾が必要なのは、取締役（P342 の４.）と同じです。株式会社と委員との関係も、委任であると解されているからです。

（b）招集権者

各委員会のすべての委員が招集でき、特定の招集権者を定めることはできません（会社法 410 条。≠P400（１））。

委員会は、委員の過半数が社外取締役であり、社外取締役を中心に厳しい監督をします（P497）。仮に社外取締役以外の委員が招集権者とされてしまうと、社外取締役の招集権が奪われ、社外取締役が委員会を招集したくてもできなくなってしまいます。

（c）議事録の閲覧と謄写の請求権者

株主、債権者、親会社の社員が議事録の閲覧と謄写の請求をするのに裁判所の許可が必要なのは（会社法413条3項、4項）、P406（3）と同じです。株主も裁判所の許可が必要なのは、指名委員会等設置会社には必ず監査ナニナニ（監査委員）がいるからです（P401の「監査ナニナニの設置の有無」）。

それに加えて、取締役も閲覧と謄写の請求ができます。裁判所の許可は不要です（会社法413条2項）。委員会は取締役会の内部機関なので、その委員会のメンバーでない取締役（P496の図をご覧ください）にも議事録の閲覧と謄写の請求権が認められているんです。

2．3委員会の相違点

この2.では、3委員会の異なる点をみていきます。

委員会は強い

指名委員会等設置会社は、取締役会が厳格に執行の監督を行います。それを具体的に行うのが委員会です。よって、**委員会の権限は大きい**です。

（1）指名委員会

> **会社法404条（指名委員会等の権限等）**
>
> 1　指名委員会は、株主総会に提出する取締役（会計参与設置会社にあっては、取締役及び会計参与）の選任及び解任に関する議案の内容を決定する。

株主総会の議案の内容は、原則として取締役または取締役会が決定します（会社法298条1項2号、4項。P274②）。しかし、指名委員会等設置会社では、指名委員会が、株主総会に提出する取締役（および会計参与）の選任・解任に関する議案の内容を決定します（会社法404条1項）。取締役会は、この決定を覆せません。取締役（会計参与）として誰が適任かを、過半数が外部の者で占める指名委員会で決めるとされているんです。

（2）監査委員会

（a）メンバー

監査委員会の監査委員には、P498 2 の取締役の兼任禁止規定に加えて、さらに兼任禁止規定があります。監査委員は、以下の①②の者との兼任が禁止されます。

要は

「**監査委員は、とにかく業務執行はするな！**」ということです。監査する者なので、取締役（P498 2）以上に強く兼任が禁止されます。

その株式会社
・執行役（×）

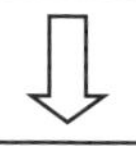

子会社
・執行役(×)
・業務執行取締役(×)
・会計参与(×)
・支配人(×)
・使用人(×)

①その株式会社またはその子会社の執行役（会社法400条4項）

②子会社の業務執行取締役、会計参与、支配人またはその他の使用人（会社法400条4項）

なお、以下の者が入っていない理由は、以下のとおりです。

・「その株式会社の取締役」
→監査委員は取締役だからです（P500の「委員は取締役」）。

・「その株式会社の会計参与」
→その株式会社の取締役であることは、会計参与の欠格事由だからです（P422①）。監査委員は取締役です（P500の「委員は取締役」）。

・「その株式会社の支配人・使用人」
→取締役として兼任が禁止されているからです（P498 2）。監査委員は取締役です（P500の「委員は取締役」）。

— Realistic 17　指名委員会等設置会社は最低何人で作れる？ —

指名委員会等設置会社は、最低5人いれば作れます。

ex. ①3人：取締役3人がすべての委員会の委員を兼任
　②1人：執行役
　③1人：会計監査人
　※執行役が株主となる

①取締役会と各委員会は、3人以上いる必要があります（P398の「『○○会』は3人以上」）。各委員は兼任できます。

②社外取締役でなければ（P364①）取締役・委員と執行役を兼任できるのですが、監査委員と執行役は兼任できませんので（上記（a））、執行役になる者が1人必要となります。

③公認会計士が取締役または執行役だと監査ができませんので（公認会計士法24条1項1号）、取締役または執行役ではない者が会計監査人になる必要があります。

（b）権限

> **会社法 404 条（指名委員会等の権限等）**
>
> 2　監査委員会は、次に掲げる職務を行う。
>
> 一　執行役等（執行役及び取締役をいい、会計参与設置会社にあっては、執行役、取締役及び会計参与をいう。以下この節において同じ。）の職務の執行の監査及び監査報告の作成

監査委員会は、執行役、取締役および会計参与の職務の執行を監査します（会社法404 条2項1号）。

この監査権限は、以下の範囲に及びます。

P433
」
=P399
P488

・業務執行の適法性（違法かどうか）

・業務執行の妥当性（適法だが妥当かどうか。ex. いま海外進出をするのは妥当か）

監査委員会のメンバーは取締役なので、妥当性を監査する能力もあるからです。

監査委員会のその他の権限は、以下のとおり、監査役とほとんど同じです。少しだけ異なる点がありますので、その点も記載します。

i　自社および子会社に対する調査権（会社法 405 条1～3項。≒P433（2））

監査役と異なるのは、調査権を行使できるのが監査委員会が選定する監査委員であることです。委員会は組織重視の機関だからです。委員会は取締役会の内部組織です（P499 の「『選定された委員』が多いワケ」）。

ii　執行役・取締役の不正行為の報告（会社法 406 条。≒P433~434（4））

監査役と異なるのは、執行役の不正行為についても取締役会への報告義務があることです。指名委員会等設置会社には執行役がいますので、執行役も監視対象となるからです。

iii　差止請求権（会社法 407 条1項。≒P434~435（5））

監査役と異なるのは、執行役の違反行為についても差止請求権があることです。上記 ii と同じく、指名委員会等設置会社には執行役がいるからです。

※上記 ii と iii は、監査委員会が選定する監査委員ではなく、すべての監査委員が行使できます。「目は全員が光らせておけ！」ということです。

（3）報酬委員会

会社法 404 条（指名委員会等の権限等）

3　報酬委員会は、第 361 条第1項〔取締役の報酬等の規定〕並びに第 379 条第1項及び第2項〔会計参与の報酬等の規定〕の規定にかかわらず、執行役等〔執行役、取締役及び会計参与〕の個人別の報酬等の内容を決定する。執行役が指名委員会等設置会社の支配人その他の使用人を兼ねているときは、当該支配人その他の使用人の報酬等の内容についても、同様とする。

報酬委員会は、執行役、取締役および会計参与の報酬を決定します（会社法 404 条3項前段）。これは、「Aは 1000 万円」など個人別の具体的な報酬であり、**最終決定**です。取締役会でも覆せませんし、株主総会の決議が必要なわけでもありません。

委員会の権限は大きいこと（P501 の「委員会は強い」）がおわかりいただけると思います。指名委員会がする取締役（会計参与）の選任・解任についての決定は、選解任という最重要事項についてのものなので、さすがに議案の内容の決定にとどまり、最終決定には株主総会の決議が必要です。しかし、報酬にいたっては、報酬委員会が最終決定をするんです。

なお、執行役が支配人その他の使用人を兼ねているときは、その支配人その他の使用人についての報酬も報酬委員会が決定します（会社法 404 条3項後段）。

5 執行役

1．執行役とは？

（1）意義

執行役：指名委員会等設置会社の業務の執行をする機関（会社法418条2号。P497）

名称のとおりですね。なお、取締役会から業務執行の決定の委任があれば（通常はあります。P498の1.）、委任された事項の業務執行の決定もします（会社法418条1号）。

（2）員数

執行役は、1人でも2人以上でもOKです（会社法402条1項）。実際には、10人前後いる指名委員会等設置会社が多いです。

2．選任

（1）選任機関

執行役の選任機関は（解任機関も）、取締役会です（会社法402条2項、403条1項。P351の「選解任機関の基本的な考え方」）。

指名委員会等設置会社は、「監督は取締役会に、執行は執行役に」と監督と執行を厳格に分離しました（P497）。そこで、取締役会が執行役を監督できるよう、選解任機関を取締役会としたんです。首を握るのが、最大の監督になりますよね。

（2）就任承諾

執行役も、その地位に就くには就任承諾が必要です。株式会社と執行役との関係も、委任だからです（会社法402条3項）。

3．任期

執行役の任期は、取締役（P347）に合わせ、1年（定款で短縮可）となっています（会社法402条7項）。ただ、注意していただきたいのは、任期は選任後1年以内に終了する事業年度のうち最終のものに関する定時株主総会の終結後最初に招集される取締役会の終結の時までである点です（会社法402条7項本文）。これまでみてきた役員等は、定時株主総会の終結の時が、任期の満了時点でした。選任機関が株主総会だったからです。しかし、上記2.（1）のとおり執行役の選任機関は取締役会です。よって、取締役会の終結の時が任期の満了時点となるんです。取締役会で執行役の選任が行われますので、定時株主総会の終結の時としてしまうと、空白期間ができてしまいます。

6 代表執行役

1．代表執行役とは？

（1）意義

代表執行役：執行役のうち、指名委員会等設置会社を代表する者

指名委員会等設置会社に代表取締役はいません。代表執行役が指名委員会等設置会社を代表します。

代表執行役は、株式会社の業務に関する一切の裁判上または裁判外の行為をする権限を有します（会社法349条4項、420条3項）。

（2）員数

代表執行役も1人である必要はありません。

2．選定

（1）選定機関

代表執行役の選定機関は（解職機関も）、取締役会です（会社法420条1項前段、2項。P351の「選解任機関の基本的な考え方」）。執行役の互選によるわけではありません。定款で、「執行役の互選による」と定めることもできません。

取締役会が執行役を監督できるよう、代表執行役の選定機関・解職機関が取締役会とされているんです。

（2）就任承諾

代表執行役も、その地位に就くには就任承諾が必要です。

7 登記（指名委員会等設置会社への移行）

指名委員会等設置会社の登記も様々なものがありますが、このテキストでは、通常の株式会社が指名委員会等設置会社に移行した場合の登記をみます。

1．実体（会社法）→登記

通常の株式会社が指名委員会等設置会社に移行した場合、下記2.のような登記を申請しなければなりません（会社法915条1項）。以下の事項は、登記事項だからです。

①指名委員会等設置会社である旨（会社法911条3項23号柱書）
②取締役のうち社外取締役である者については社外取締役である旨（会社法911条3項23号イ）
③委員の氏名（会社法911条3項23号ロ）
④執行役の氏名（会社法911条3項23号ロ）
⑤代表執行役の氏名および住所（会社法911条3項23号ハ）

2．申請書の記載事項

申請例34 ―― 指名委員会等設置会社への移行の登記

事例：取締役がA、B、C、代表取締役がA、監査役がD、E（社外監査役）、F（社外監査役）、会計監査人がGである取締役会設置会社・監査役設置会社・監査役会設置会社・会計監査人設置会社において、以下の決議が成立した。

＜臨時株主総会（令和6年7月28日開催）＞

・監査役設置会社の定めを廃止する特別決議
・監査役会設置会社の定めを廃止する特別決議
・指名委員会等を設置する特別決議
・以下の者を選任する普通決議
　取締役A　取締役B　取締役C　取締役（社外取締役）H　取締役（社外取締役）I
　被選任者は、いずれも席上で就任を承諾した。

＜取締役会（同日開催。取締役全員出席）＞

・以下の者を選定・選任する決議
　指名委員A　指名委員H　指名委員I（＊）
　監査委員B　監査委員H　監査委員I（＊）
　報酬委員C　報酬委員H　報酬委員I（＊）

＊各委員会の委員の過半数が社外取締役であるか（P497）を確認する必要があります。

　執行役A　執行役C（＊）
　代表執行役A（住所：東京都新宿区新宿一丁目2番2号）

＊監査委員が執行役になっていないか（P502①）を確認する必要があります。

　被選定者・被選任者は、いずれも席上で就任を承諾した。
　なお、この株式会社の資本金の額は、5億円である。

1．登記の事由	監査役設置会社の定めの廃止
	監査役会設置会社の定めの廃止
	指名委員会等設置会社の定めの設定
	取締役、代表取締役、監査役、委員、執行役、代表執行役の変更
1．登記すべき事項	令和6年7月28日監査役設置会社の定め廃止
	同日監査役会設置会社の定め廃止
	同日指名委員会等設置会社の定め設定
	同日退任
	代表取締役　A
	監査役　D　　監査役（社外監査役）　E　同　F
	同日重任
	取締役　A　同　B　同　C
	同日就任
	取締役（社外取締役）　H　同　I
	指名委員　A　同　H　同　I
	監査委員　B　同　H　同　I
	報酬委員　C　同　H　同　I
	執行役　A　同　C
	東京都新宿区新宿一丁目2番2号　代表執行役　A
1．登録免許税	金9万円
1．添付書面	株主総会議事録　1通
	株主リスト　1通
	取締役の就任承諾書は株主総会議事録の記載を援用する
	取締役会議事録　1通
	委員の就任承諾書は取締役会議事録の記載を援用する
	執行役の就任承諾書は取締役会議事録の記載を援用する
	代表執行役の就任承諾書は取締役会議事録の記載を援用する
	印鑑証明書　5通
	委任状　1通

役員に関する事項			
	取締役	A	令和5年6月30日就任 令和5年7月5日登記
	取締役	A	令和6年7月28日重任 令和6年8月5日登記

取締役　　　B 取締役　　　B	令和5年6月30日就任 令和5年7月5日登記 令和6年7月28日重任 令和6年8月5日登記
取締役　　　C 取締役　　　C	令和5年6月30日就任 令和5年7月5日登記 令和6年7月28日重任 令和6年8月5日登記
取締役　　　H （社外取締役）	令和6年7月28日就任 令和6年8月5日登記
取締役　　　I （社外取締役）	令和6年7月28日就任 令和6年8月5日登記
東京都新宿区新宿一丁目2番2号 代表取締役　A	令和5年6月30日就任 令和5年7月5日登記 令和6年7月28日退任 令和6年8月5日登記
監査役　　　D	令和5年6月30日就任 令和5年7月5日登記 令和6年7月28日退任 令和6年8月5日登記
監査役　　　E （社外監査役）	令和5年6月30日就任 令和5年7月5日登記 令和6年7月28日退任 令和6年8月5日登記
監査役　　　F （社外監査役）	令和5年6月30日就任 令和5年7月5日登記 令和6年7月28日退任 令和6年8月5日登記
指名委員　　A	令和6年7月28日就任 令和6年8月5日登記
指名委員　　H	令和6年7月28日就任 令和6年8月5日登記
指名委員　　I	令和6年7月28日就任 令和6年8月5日登記
監査委員　　B	令和6年7月28日就任 令和6年8月5日登記
監査委員　　H	令和6年7月28日就任 令和6年8月5日登記

	監査委員　　　I	令和6年7月28日就任 令和6年8月5日登記
	報酬委員　　　C	令和6年7月28日就任 令和6年8月5日登記
	報酬委員　　　H	令和6年7月28日就任 令和6年8月5日登記
	報酬委員　　　I	令和6年7月28日就任 令和6年8月5日登記
	執行役　　　A	令和6年7月28日就任 令和6年8月5日登記
	執行役　　　C	令和6年7月28日就任 令和6年8月5日登記
	東京都新宿区新宿一丁目2番2号 代表執行役　　A	令和6年7月28日就任 令和6年8月5日登記
監査役設置会社に関する事項	監査役設置会社 令和6年7月28日廃止　令和6年8月5日登記	
監査役会設置会社に関する事項	監査役会設置会社 令和6年7月28日廃止　令和6年8月5日登記	
指名委員会等設置会社に関する事項	指名委員会等設置会社 令和6年7月28日設定　令和6年8月5日登記	

記述の連鎖

【機関の設置・廃止】

以下の①または②の機関がなければ設置し、その登記をしなければなりません。

①取締役会

②会計監査人

以下の③～⑤の機関があれば廃止し、その登記をしなければなりません。

③監査役

④監査役会

⑤監査等委員会

要は

指名委員会等設置会社の機関設計は会計参与を置くかどうかを除いて以下の1パターンなので（P266②）、**以下の機関構成がわかっていれば大丈夫**です。

「株主総会＋取締役会＋指名委員会等（指名委員会・監査委員会・報酬委員会）＋執行役＋会計監査人」

この機関構成にある機関がないのであれば設置して（上記①②）、この機関構成にない機関があるのであれば廃止します（上記③〜⑤）。

【（任期満了による）退任】

以下の者が（任期満了により）退任します。

①取締役（P349①）

②代表取締役

代表取締役は、資格（取締役）喪失により退任します。また、指名委員会等設置会社には代表取締役は存在しません（P506 の 1．（1））。

③会計参与（P427①）

④監査役（P445①）

指名委員会等設置会社には監査役は存在しません（P266②）。

【社外取締役の登記】

社外取締役である旨の登記をしていなければ、社外取締役である旨の登記をしなければなりません（P367 の 4.、P367③）。

指名委員会等設置会社への移行前の株式会社の機関設計によって、上記の登記が必要となります。上記申請例 34 は、【機関の設置・廃止】③④、【（任期満了による）退任】②④（取締役の重任は①も含みます）、【社外取締役の登記】を申請しています。

以下では、上記の「記述の連鎖」で出てこなかった登記に絞って説明します。

（1）登記の事由

「指名委員会等設置会社の定めの設定
　委員、執行役、代表執行役の変更　」と記載します。

（2）登記すべき事項

「年月日指名委員会等設置会社の定め設定　＊1
　年月日就任　＊2
　指名委員　○○　同　○○　同　○○
　監査委員　○○　同　○○　同　○○
　報酬委員　○○　同　○○　同　○○
　執行役　○○　同　○○
　住所　代表執行役　○○　」などと記載します。

＊1　年月日は、「設定日」を記載します。

＊2　年月日は、「取締役会の選定日・選任日と就任承諾日のうち遅い日（選定・選任と就任承諾が揃った日）」を記載します。

（3）登録免許税

【指名委員会等の設置】

申請件数1件につき、3万円です（登免法別表第1.24.（1）ワ）。「指名委員会等」と最後に「等」がつきますので、区分は「ワ」です（P62の「ワ→『◯◯会（等）』」）。

【委員、執行役、代表執行役の変更】

申請件数1件につき、以下の金額です（登免法別表第1.24.（1）カ）。

・資本金の額が1億円を超える株式会社　→　3万円

・資本金の額が1億円以下の株式会社　→　1万円

（4）添付書面

①株主総会議事録（特別決議の要件を充たすもの。商登法46条2項）

②株主リスト（商登規61条3項）

【指名委員会等の設置】

株主総会と取締役以外の機関は、定款に置く旨を定めることで置くことができます（会社法326条2項。P77のex2.）。よって、指名委員会等を設置することは定款変更に当たるため、特別決議の要件を充たす株主総会議事録が必要です。また、株主総会の決議を要しますので、株主リストも必要となります。

③取締役会議事録（商登法46条2項）

【委員、執行役、代表執行役の変更】

委員、執行役および代表執行役は取締役会で選定・選任する必要があるため（P500（a）、P505の2.（1）、P506の2.（1））、取締役会議事録が必要です。

④就任承諾書（商登法54条1項）

【委員、執行役、代表執行役の変更】

就任する者の就任承諾もあって委員、執行役および代表執行役になりますので（P500（a）、P505の2.（2）、P506の2.（2））、就任承諾書が必要です。

⑤印鑑証明書（市区町村長が作成したもの。商登規61条5項、6項。P378～382のⅱ）

【代表執行役の変更】

⑥本人確認証明書（商登規61条7項）

【執行役の変更】

執行役は、本人確認証明書の添付を求められる役員等です（P327③）。よって、P328～329（2）②に当たらない限り、本人確認証明書を添付する必要があります。具体的には、住民票の写しなどが当たります（P330の4.）。なお、指名委員会等設置会社への移行の登記の場合は、P328（2）①（再任の登記の場合の省略）はあり得ません。通常の株式会社に執行役はいないため、再任があり得ないからです。

⑦委任状（商登法18条）

第 14 節　役員等の比較

役員等について比較して記憶したほうがいい事項は、この第 14 節で説明します。

1 費用

一部の役員等は、株式会社に対して、職務の執行について費用などを請求できます。

会計参与	監査役	監査等委員	指名委員会等設置会社の委員
会計参与、監査役、監査等委員または指名委員会等設置会社の委員は、株式会社に対して、職務の執行について以下の①~③の請求をすることができます(会社法 380 条、388 条、399 条の2第4項、404 条4項)。 ①費用の前払い ②支出した費用および支出の日以後におけるその利息の償還 ③負担した債務の債権者に対する弁済(その債務が弁済期にない場合は相当の担保の提供) ex. 監査役が、「九州の支店にいる取締役が違法行為をしている可能性がある」と考え、監査が必要だと判断したら、株式会社に対して九州への出張費などを請求できます。 請求された株式会社は、これらの費用などが請求者の職務の執行に必要でないことを証明しないと拒めません(会社法 380 条柱書、388 条柱書、399 条の2第4項柱書、404 条4項柱書)。民法の原則どおりでいくと、請求者が費用が必要であることなどを立証しなければなりません(民法 649 条、650 条)。しかし、それだと資金不足で職務を行えなくなってしまうかもしれません。そこで、立証責任が転換されているんです。			

2 報酬等

役員等は報酬、賞与(ボーナス)などを株式会社から受けます。いわゆる「役員報酬」というやつです。私も、自分の株式会社からもらっています。この報酬等は、どの機関が決定するでしょうか。お金のハナシですから、役員等は強い関心があります。

<table>
<tr><th colspan="2"></th><th>決定機関</th><th>左記の機関で報酬の総額のみが決定された場合</th></tr>
<tr><td rowspan="2">取締役</td><td>通常の株式会社</td><td rowspan="2">**定款 or 株主総会（普通決議）**
（会社法361条1項）
取締役が決めるとすると、自分の報酬等ですから、不当に高くするお手盛の危険が生じるからです。
上記の決定機関は、監査等委員会設置会社でも同じです。報酬委員会がないからです。ただし、監査等委員である取締役と監査等委員でない取締役の報酬等を区別して定めなければなりません（会社法361条2項。P487の「監査等委員である取締役と監査等委員でない取締役は別類型」）。
なお、株主総会において、監査等委員である取締役は以下のことができます。
・監査等委員である取締役
　→　監査等委員である取締役の報酬等について、意見を述べる（会社法361条5項）
・監査等委員会が選定する監査等委員
　→　監査等委員でない取締役の報酬等について監査等委員会の意見を述べる（会社法361条6項）
取締役の報酬として、令和元年の改正で、以下の①～③も定められることが明記されました。
＊下記の指名委員会等設置会社においても同じです（会社法409条3項3～5号）。
①募集株式（会社法361条1項3号）
②募集新株予約権（会社法361条1項4号）
③上記①または②の払込みに充てるための金銭（会社法361条1項5号）
報酬として上記①～③を定める場合には、募集株式または募集新株予約権の数の上限などを定める必要があります（会社法361条1項3～5号）。</td><td rowspan="2">**取締役会で具体的な配分を決定**（最判昭60.3.26。**監査等委員である取締役については、監査等委員である取締役の協議**。会社法361条3項）
お手盛の防止が趣旨ですので、総額を株主がきちっと定めておけば不当に高くはならないからです。
上場企業では、株主総会では役員報酬の総額のみを定め、取締役会で具体的な配分を決定することが多いです。</td></tr>
<tr><td>監査等委員会設置会社</td></tr>
</table>

<table>
<tr><th colspan="2"></th><th>決定機関</th><th>左記の機関で報酬の総額のみが決定された場合</th></tr>
<tr><td rowspan="3">会計参与</td><td>指名委員会等設置会社</td><td>報酬委員会
(会社法 404 条3項前段)
指名委員会等設置会社には報酬委員会がありますので、報酬委員会が取締役・会計参与の具体的な報酬を決定します。</td><td>※報酬委員会の決定は、最終決定です(P504(3))。</td></tr>
<tr><td>通常の株式会社</td><td rowspan="3">定款 or 株主総会(普通決議)
(会社法 379 条1項、387 条1項)
業務執行機関である取締役には決めさせないという趣旨です。チェックをする側の者がチェックをされる側の者に金を握られるわけにはいかないからです。取締役はチェックをされる側の者です。
なお、会計参与・監査役は、株主総会において会計参与・監査役の報酬等について意見を述べることができます(会社法 379 条3項、387 条3項)。</td><td rowspan="2">会計参与の協議
(会社法 379 条2項)</td></tr>
<tr><td>監査等委員会設置会社</td></tr>
<tr><td colspan="2">監査役</td><td>監査役の協議
(会社法 387 条2項)</td></tr>
<tr><td colspan="2">会計監査人</td><td>取締役
(会社法 399 条1項)
なんと取締役が定められます。平成 26 年の改正の際、監査ナニナニが決定することにする改正が検討されました。しかし、それが見送られてしまいました……。ただ、取締役が定める場合には、監査ナニナニの同意が必要とはされています(会社法 399 条)。</td><td></td></tr>
</table>

3 株主総会・取締役会・監査役会・監査等委員会・指名委員会等

株主総会・取締役会・監査役会・監査等委員会・指名委員会等は、前節まででみました。しかし、規定も多く、まだ整理できていない方が多いと思います。そこで、ここで表で比較してまとめておきます。

<table>
<tr><th colspan="2"></th><th>株主総会</th><th>取締役会</th><th>監査役会</th><th>監査等委員会</th><th>指名委員会等</th></tr>
<tr><td rowspan="2">招集手続</td><td>原則</td><td colspan="5">要</td></tr>
<tr><td>例外</td><td colspan="5">全員の同意で不要</td></tr>
<tr><td rowspan="2">招集権者</td><td>原則</td><td>取締役</td><td>取締役
（特定の取締役と定めることが可）</td><td>監査役</td><td>監査等委員</td><td>各委員会の委員</td></tr>
<tr><td>例外</td><td>①少数株主
②裁判所</td><td>①招集権を奪われた取締役
②監査役
③株主</td><td colspan="3"></td></tr>
<tr><td colspan="2">最低限開く必要がある時期</td><td>年1回</td><td>3か月に1回</td><td colspan="3">なし</td></tr>
<tr><td rowspan="2">招集通知</td><td>発信時期</td><td>①2週間前
②1週間前（定款で短縮できる場合も）</td><td colspan="3">1週間前
（定款で短縮可）</td><td>1週間前
（取締役会で短縮可）</td></tr>
<tr><td>書面要否</td><td>①電磁的方法
②書面マスト
③口頭や電話などで可</td><td colspan="4">口頭や電話などで可</td></tr>
<tr><td rowspan="3">議決権</td><td>原則</td><td>1株1議決権</td><td colspan="4">1人1議決権</td></tr>
<tr><td>特別利害関係人</td><td>議決権あり</td><td>議決権なし</td><td></td><td colspan="2">議決権なし</td></tr>
<tr><td>代理行使</td><td>○</td><td colspan="4">×</td></tr>
</table>

	株主総会	取締役会	監査役会	監査等委員会	指名委員会等
決議要件	①普通決議 ②特別決議 ③3項の特殊決議 ④4項の特殊決議	過半数が出席し（人数ベース）、出席者の過半数の賛成（人数ベース）	監査役の過半数の賛成（人数ベース）	過半数が出席し（人数ベース）、出席者の過半数の賛成（人数ベース）	
みなし決議	○	定款規定があれば○	×		
議事録への署名または記名押印	不要	要			
異議をとどめない者の賛成推定の規定	なし	あり			

第15節　役員等の損害賠償責任

「役員等になると社会的地位も上がって……」と思われるかもしれませんが、良いことばかりではありません。世の役員等が恐れているのですが、損害賠償責任を負わされる場合があります。しかも、株式会社が被った損害（下記1）などなので、賠償額は億単位になることもあります……。

役員等の損害賠償責任は、その株式会社に対するもの（下記1）と第三者に対するもの（下記2）があります。

1　株式会社に対する責任

会社法423条（役員等の株式会社に対する損害賠償責任）

1　取締役、会計参与、監査役、執行役又は会計監査人（以下この章において「役員等」という。）は、その任務を怠ったときは、株式会社に対し、これによって生じた損害を賠償する責任を負う。

1．意義

取締役、会計参与、監査役、執行役または会計監査人は、その任務を怠ったときは、株式会社に対し、任務懈怠（けたい）によって株式会社に生じた損害を賠償する責任を負います（会社法423条1項）。これを「任務懈怠責任」といいます。

（1）任務懈怠責任とは？

法令違反行為を行ったり指示したりした場合、任務懈怠に当たると考えられています。

ex1. 取締役が株式会社の財産を横領する事件がたまにありますが、任務懈怠に当たります。業務上横領罪（刑法253条）にもなります。

ex2. 運送会社の取締役が、過積載（かせきさい）（法令違反行為）をトラックの運転手に指示した場合、任務懈怠に当たります。

それに対して、経営判断のミスは、任務懈怠が認められにくいです。

ex. 海外進出を決定したが、大失敗に終わったため株式会社に損害が生じても、任務懈怠には当たりにくいです。

常に最適な経営判断はできないですから、経営判断のミスで当たってしまうと酷ですよね。

(2) 法的性質

この任務懈怠責任は、過失責任です（最判昭51.3.23）。役員等は、任務懈怠について過失がなければ、損害賠償責任を負わなくて済むわけです。

「『任務懈怠＝過失』ではないの？」と思われた方もいると思います。「任務懈怠＝過失」と考えることもできるので、そのように考える有力説もあります。しかし、判例の考え方は上記のとおりです。

2. 趣旨

役員等と株式会社との関係は、委任です（会社法330条、402条3項）。よって、役員等は善管注意義務を負います（民法644条）。また、取締役と執行役は忠実義務も負います（会社法355条、419条2項前段）。したがって、善管注意義務や忠実義務に違反して株式会社に損害を与えたときは、民法の債務不履行責任（民法415条）によって株式会社に対して損害賠償責任を負います。

しかし、この民法の債務不履行責任の規定だけでは不十分です。役員等の行為によって生じる株式会社の損害は莫大だからです（数十億円となることもあります）。そこで定められたのが、この任務懈怠責任なのです。

3. 責任の免除

任務懈怠責任は、非常に重い責任です。賠償額が、億単位になることもあります。そうすると、優秀な人が任務懈怠責任が怖くて役員等にならなくなります。優秀な人が役員等にならなければ、日本の企業は競争力を失い、日本経済も衰退してしまいます。そこで、下記（1）～（4）の4つの責任の免除の規定が設けられています。

株主の関与マスト

下記（1）～（4）はすべて、**どこかで株主の関与**があります。任務懈怠責任は株式会社に生じた損害についての賠償責任なので、株式会社の持ち主である株主の関与なく免除することはできないからです。ただ、株主の関与は**1回**でOKです。

（1）株主による任務懈怠責任の全部免除（会社法424条）

役員等の任務懈怠責任を全部免除するには、以下の要件を充たす必要があります。

・総株主の同意（会社法424条）

Ⅱのテキスト第6編第4章1で学習することですが、株主が役員等の責任を追及する株主代表訴訟というものがあります。この訴訟は、1株しか保有していない株主でも提起できます（会社法847条1項）。よって、たとえば、発行済株式の総数が1000株の場合に999株を保有する株主の同意で責任を全部免除してしまうと、1株しか保有していない株主の株主代表訴訟の提起権を奪ってしまうことになるので、マズインです。

よって、総株主の同意のない下記（2）～（4）は、すべて責任の一部免除です。

（2）株主総会による任務懈怠責任の一部免除（会社法425条）

（a）要件

以下の①～③の要件を充たせば、任務懈怠責任の一部を免除することができます。

①任務懈怠をした役員等が職務を行うについて善意でかつ重過失がない（会社法425条1項柱書）

会社法なので、重過失があるとダメです（P395の「重過失は保護しないのが会社法の基本スタンス」）。

②株主総会の特別決議（会社法425条1項柱書、309条2項8号。P298⑧）

株主の関与が必要とされます（P519の「株主の関与マスト」）。そして、一部とはいえ責任を免除しますので、特別決議が必要です。

なお、Ⅱのテキスト第6編第4章2を学習した後にお読みいただきたいのですが、任務懈怠責任が特定責任の場合、最終完全親会社等の株主総会の特別決議も必要です。特定責任は、最終完全親会社等の株主も責任追及ができるからです（会社法847条の3第4項）。

③監査役設置会社、監査等委員会設置会社または指名委員会等設置会社であれば、取締役が取締役（執行役）の責任の一部免除に関する議案を上記②の株主総会に提出する際に、監査ナニナニ全員の同意（会社法425条3項）

不当な責任の一部免除でないか、監査ナニナニにチェックさせるのです。

※定款規定や登記は不要です。

（b）最低責任限度額

免除できる額は、任務懈怠責任によって株式会社に生じた損害額から以下の最低責任限度額を引いた額が限度です。

①代表取締役または代表執行役（会社法425条1項1号イ）
→　1年あたりの職務執行の対価に6をかけた額（＊）
②代表取締役以外の業務執行取締役または代表執行役以外の執行役（会社法425条1項1号ロ）
→　1年あたりの職務執行の対価に4をかけた額（＊）
③非業務執行取締役、会計参与、監査役または会計監査人（会社法425条1項1号ハ）
→　1年あたりの職務執行の対価に2をかけた額（＊）

＊その役員等が有利発行で新株予約権を引き受けていれば、その額も足されます（会社法425条1項2号）。

……といわれても、わかりにくいですよね。具体例で確認しましょう。

ex. 代表取締役の任務懈怠によって株式会社に生じた損害が2億円の場合、代表取締役の1年の報酬が2000万円であれば、「2億円－2000万円×6＝8000万円」の限度で免除できます。言い方を変えると、2000万円×6＝1億2000万円は必ず責任を負えということです。

責任を負う最低額が上記①～③です。業務執行にどれだけ関わっているかによって、責任を負う最低額が変わるわけです。

業務執行への関与度を基準に統一

上記①～③の責任の重さは、かつては社外取締役であるか否かなどが基準でした。しかし、平成26年の改正で**業務執行への関与度を基準にすることで統一**されました。たとえば、平取でも、業務執行取締役は上記②、非業務執行取締役は上記③とされます。業務執行に直接関与していなければ、任務懈怠責任の発生のリスク管理を自ら十分にすることができないからです。

（3）取締役・取締役会による任務懈怠責任の一部免除（会社法426条）

（a）要件

以下の①～⑥の要件を充たした場合にも、任務懈怠責任の一部を免除することができます。

①任務懈怠をした役員等が職務を行うについて善意でかつ重過失がない（会社法426条1項）

やはり会社法なので、重過失があるとダメです（P395の「重過失は保護しないのが会社法の基本スタンス」）。

②非取締役会設置会社　→　取締役の過半数の同意（責任を負う取締役を除く。会社法426条1項）

取締役会設置会社　→　取締役会の決議（会社法426条1項。責任を負う取締役は議決権なし〔会社法369条2項〕）

業務執行決定機関で免除の決定ができるのが、この（3）の制度です。

③取締役が2人以上いる（会社法426条1項かっこ書）

上記②のとおり、非取締役会設置会社は取締役の過半数で免除を決定します。取締役が1人だと、独断で免除を決定することになり、それは問題があるので、この要件があります。

④監査役設置会社（監査役の監査の範囲を会計に関するものに限定していない株式会社）、監査等委員会設置会社または指名委員会等設置会社（会社法426条1項）

業務監査権のある監査ナニナニがいる株式会社である必要があります。株主ではなく、取締役または取締役会が免除の決定をするので、監視体制の整った株式会社でないといけないんです。

⑤取締役（執行役）の責任について、非取締役会設置会社において上記②の取締役の過半数の同意を得る場合、または、取締役会設置会社において上記②の議案を取締役会に提出する場合に、監査ナニナニ全員の同意（会社法426条2項、425条3項）

やはり不当な責任の一部免除でないか、監査ナニナニにチェックさせます。

⑥本規定によって免除をすることができる旨の定款規定がある（会社法426条1項）

取締役または取締役会が免除の決定をするのですが、株主の関与がないのはマズイです。定款変更は株主総会の特別決議でしますので、定款規定という形で株主が関与します（P519の「株主の関与マスト」）。

なお、取締役が取締役（執行役）についてのこの定款規定を設ける議案を株主総会に提出する際にも、監査ナニナニ全員の同意が必要となります（会社法426条2項、425条3項）。ここでも、厳しいチェックが入ります。

（b）最低責任限度額

免除できる額は、P521（b）と同じです。

（c）株主による異議

取締役は、上記（a）②の同意または決議を行ったときは、株主に対して、1か月以上の異議申立期間を定めて以下の方法で「異議がある株主はいませんか〜？」というお知らせをする必要があります（会社法426条3項、4項）。

①公告　or　②通知
※非公開会社では通知に限定されます（会社法426条4項）。

この異議申立期間内に、総株主の議決権の3/100以上を有する株主が異議を述べたときは、免除ができなくなります（会社法426条7項）。

定款規定はあるといっても、実際に免除するのは取締役または取締役会なので、株主に異議権が認められているんです。

※「公告」とは？

会社が重要な事項を広く一般に知らせる方法として「公告」というものがあります。会社は、会社法で「公告しなければならない」とされている場合には、以下の3つのいずれかの方法で公告をする必要があります。

①官報に掲載（会社法939条1項1号）
「官報」とは、政府発行の機関紙で法令の公布や公務員の人事などが掲載されます。私の主観ですが、この国にある新聞のうち、最もつまらない新聞です……。会社が公告の掲載料を支払うと官報に掲載してくれます。
②時事に関する事項を掲載する日刊新聞紙に掲載（会社法939条1項2号）
読売新聞や朝日新聞などに掲載します。新聞も掲載料を支払うと掲載してくれます。
③電子公告（会社法939条1項3号）
会社のウェブサイトに掲載します。

（4）責任限定契約（会社法427条）

（a）要件

以下の①および②の要件を充たした場合に、株式会社と責任限定契約を結んだ非業務執行取締役、会計参与、監査役または会計監査人は、任務懈怠責任が当然に限定されます。これは、**業務執行をしない者**が安心して株式会社の役員等になれるための制度です。上記（1）～（3）は、決議などがされて初めて免除されるので、実際に免除されるとは限りません。それに対して、この責任限定契約はあらかじめ契約しておくものですので、善意で重過失がなければ、確実に責任は限定されます。業務執行をしない者のための制度なので、対象は、非業務執行取締役、会計参与、監査役、会計監査人のみです。

①任務懈怠をした役員等が職務を行うについて善意でかつ重過失がない（会社法427条1項）

やっぱり重過失があるとダメなんです（P395の「重過失は保護しないのが会社法の基本スタンス」）。

②本規定による契約を締結することができる旨の定款規定がある（会社法427条1項）

責任限定契約を締結すれば当然に責任が限定されますが、株主の関与がないのはマズイです。定款規定という形で株主が関与します（P519の「株主の関与マスト」）。

なお、監査役設置会社、監査等委員会設置会社または指名委員会等設置会社においては、取締役が取締役についてのこの定款規定を設ける議案を株主総会に提出する際に、監査ナニナニ全員の同意が必要となります（会社法427条3項、425条3項）。やはり厳しいチェックが入ります。

（b）責任限度額

以下の①または②のいずれか高い額が、責任の限度額となります（会社法427条1項）。

①定款で定めた額の範囲内であらかじめ株式会社が定めた額
②P521③の最低責任限度額

（5）登記

（a）実体（会社法）→登記

上記（1）～（4）の4つの責任の免除の規定がありました。そのうち、以下の定めは登記事項です。よって、以下の定めを設定または廃止した場合は、その定めの設定または廃止の登記を申請しなければなりません（会社法915条1項）。

・取締役・取締役会による任務懈怠責任の一部免除についての定款の定め（会社法911条3項24号。上記（3））
・責任限定契約についての定款の定め（会社法911条3項25号。上記（4））
これらは、定款規定があって初めて一部免除または契約の締結ができるからです。

それに対して、上記（1）の総株主の同意による任務懈怠責任の全部免除（会社法424条）と上記（2）の株主総会の特別決議による任務懈怠責任の一部免除（会社法425条）は、登記事項ではありません。免除をするにあたって定款規定は不要であり、株主が同意または決議をすれば免除できるからです。

（b）申請書の記載事項

申請例35 ── 役員等の会社に対する責任の免除に関する規定の設定の登記

事例：令和6年6月28日、取締役がA、B、C、監査役がDである取締役会設置会社・監査役設置会社（監査役の監査の範囲を会計に関するものに限定していない）の株主総会において、以下の定めを設ける特別決議が成立した。
「当会社は、会社法第426条第1項の規定により、取締役会の決議によって、取締役、監査役の負う同法第423条第1項の責任を法令の限度において免除することができる。」

1．登記の事由	役員等の会社に対する責任の免除に関する規定の設定
1．登記すべき事項	令和6年6月28日設定 役員等の会社に対する責任の免除に関する規定 当会社は、会社法第426条第1項の規定により、取締役会の決議によって、取締役、監査役の負う同法第423条第1項の責任を法令の限度において免除することができる。
1．登録免許税	金3万円
1．添付書面	株主総会議事録　1通 株主リスト　1通 委任状　1通

取締役等の会社に対する責任の免除に関する規定	当会社は、会社法第426条第1項の規定により、取締役会の決議によって、取締役、監査役の負う同法第423条第1項の責任を法令の限度において免除することができる。 令和6年6月28日設定　　令和6年7月3日登記

記述の連鎖

この定めを設けるには、以下の①②の条件が揃っている必要があります。

①取締役が2人以上いる（P522③）

②監査役設置会社（監査役の監査の範囲を会計に関するものに限定していない株式会社）、監査等委員会設置会社または指名委員会等設置会社（P522④）

申請例36 ―― 非業務執行取締役等の会社に対する責任の制限に関する規定の設定の登記

事例：令和6年6月28日、役員等が取締役Aのみである株式会社の株主総会において、以下の定めを設ける特別決議が成立した。

「当会社は、会社法第427条第1項の規定により、取締役（業務執行取締役等であるものを除く）または監査役との間に、同法第423条第1項の責任を限定する契約を締結することができる。ただし、当該契約に基づく責任の限度額は、500万円以上であらかじめ定めた金額または法令が規定する額のいずれか高い額とする。」

1．登記の事由　非業務執行取締役等の会社に対する責任の制限に関する規定の設定

1．登記すべき事項　令和6年6月28日設定

非業務執行取締役等の会社に対する責任の制限に関する規定

当会社は、会社法第427条第1項の規定により、取締役（業務執行取締役等であるものを除く）または監査役との間に、同法第423条第1項の責任を限定する契約を締結することができる。ただし、当該契約に基づく責任の限度額は、500万円以上であらかじめ定めた金額または法令が規定する額のいずれか高い額とする。

1．登録免許税　金3万円

1．添付書面　株主総会議事録　1通

株主リスト　1通

委任状　1通

非業務執行取締役等の会社に対する責任の制限に関する規定	当会社は、会社法第 427 条第 1 項の規定により、取締役（業務執行取締役等であるものを除く）または監査役との間に、同法第 423 条第 1 項の責任を限定する契約を締結することができる。ただし、当該契約に基づく責任の限度額は、500 万円以上であらかじめ定めた金額または法令が規定する額のいずれか高い額とする。 令和 6 年 6 月 28 日設定　　令和 6 年 7 月 3 日登記

記述の連鎖

この定めを設けるための要件は、特にありません（P524（a））。責任限定契約を締結できるのは非業務執行取締役、会計参与、監査役または会計監査人のみですが、上記申請例 36 のように、締結できる者や実際に締結する者がいなくても OK です。上記申請例 36 は、役員等が取締役 A しかいませんので、A は業務執行取締役です。

i　登記の事由

（i）取締役・取締役会による任務懈怠責任の一部免除

【設定】

「役員等の会社に対する責任の免除に関する規定の設定」と記載します。

【廃止】

「役員等の会社に対する責任の免除に関する規定の廃止」と記載します。

（ii）責任限定契約

【設定】

「非業務執行取締役等の会社に対する責任の制限に関する規定の設定」と記載します。

【廃止】

「非業務執行取締役等の会社に対する責任の制限に関する規定の廃止」と記載します。

ii　登記すべき事項

（i）取締役・取締役会による任務懈怠責任の一部免除

【設定】

※上記申請例 35 のように記載します。上記申請例 35 の事例の「　　」の部分は、決議された事項を写すだけなので、記憶する必要はありません。

【廃止】

「年月日役員等の会社に対する責任の免除に関する規定廃止」と記載します。

年月日は、「設定日」「廃止日」を記載します。この設定日と廃止日は、通常は株主総会の決議日です。

（ii）責任限定契約

【設定】

※上記申請例36のように記載します。上記申請例36の「　　」の部分は、決議された事項を写すだけなので、記憶する必要はありません。

【廃止】

「年月日非業務執行取締役等の会社に対する責任の制限に関する規定廃止」と記載します。

年月日は、「設定日」「廃止日」を記載します。この設定日と廃止日は、通常は株主総会の決議日です。

iii　登録免許税

いずれも、申請件数1件につき、3万円です（登免法別表第1.24.（1）ツ）。

iv　添付書面

①株主総会議事録（特別決議の要件を充たすもの。商登法46条2項）

いずれも定款規定です。よって、設定することも廃止することも定款変更に当たるため、特別決議の要件を充たす株主総会議事録が必要です。

②株主リスト（商登規61条3項）

株主総会の決議を要しますので、株主リストが必要です（P307の「株主リストの添付の基本的な判断基準」）。

③委任状（商登法18条）

【責任の免除の規定のまとめ】

責任の免除の規定の最後に、4つの免除の規定の比較できる事項を比較してみます。

	総株主の同意 （会社法424条）	特別決議 （会社法425条）	取締役・取締役会 （会社法426条）	責任限定契約 （会社法427条）
免除の範囲	全部免除	一部免除		
対象役員等	代表取締役 代表執行役 取締役 執行役 会計参与 監査役 会計監査人			非業務執行取締役 会計参与 監査役 会計監査人
役員等の帰責性		任務懈怠をした役員等が職務を行うについて善意でかつ重過失がない		
決議など	総株主の同意	株主総会の特別決議	取締役の過半数の同意または取締役会の決議	※決議はなし（株式会社との契約）
議案提出		監査ナニナニ全員の同意 （取締役〔執行役〕の責任について）		
定款規定	不要		要	
登記	×		○	
その他の要件			・取締役が2人以上 ・監査役設置会社、監査等委員会設置会社または指名委員会等設置会社	

2 第三者に対する責任

> **会社法429条（役員等の第三者に対する損害賠償責任）**
> 1　役員等〔取締役、会計参与、監査役、執行役又は会計監査人〕がその職務を行うについて悪意又は重大な過失があったときは、当該役員等は、これによって第三者に生じた損害を賠償する責任を負う。

1．意義

役員等（取締役、会計参与、監査役、執行役または会計監査人）は、職務を行うについて悪意または重大な過失があったときは、これによって第三者に生じた損害を賠償する責任を負います（会社法429条1項。P395の「重過失は保護しないのが会社法の基本スタンス」）。

ex. 株式会社が経営難で支払能力がないにもかかわらず、そのことを隠して代表取締役Aが株式会社を代表して、自動車の販売会社B社から後払いで社用車を購入しました。この場合、B社はAに対して、自動車の売買代金が支払われなかったことによる損害賠償請求ができます。

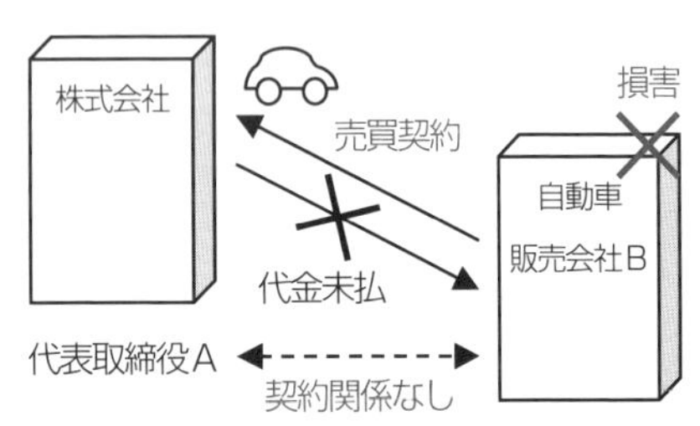

2．趣旨（法的性質）

この会社法429条が何のための制度なのかは、この損害賠償責任の法的性質を考えることでわかります。問題となるのは、不法行為責任を定めた民法709条との関係です。以下の2つの対立する考え方がありますが、判例・通説は法定責任説です。

	法定責任説 （最大判昭 44.11.26・通説） →←	不法行為責任説
法的性質	会社法 429 条は、役員等の責任を加重するための特別の法定責任です。 **【役員等が負う責任】** **・民法 709 条の不法行為責任** **・会社法 429 条の責任**	会社法 429 条は、役員等の民法 709 条の不法行為責任を軽減する特則です。 **【役員等が負う責任】** **・会社法 429 条の責任**
理由	上記 1.の ex.でいうと、株式会社が B 社に責任を負うのは当然です。契約関係は、株式会社と B 社の間にあるからです。 しかし、代表取締役 A と B 社との間には契約関係はありません。そのため、民法の規定だけだと、A は契約関係にない者でも責任を負う不法行為責任しか負わないことになります。しかし、役員等の行為によって生じる第三者の損害は莫大なこともあります。また、株式会社には財産がなく、役員等にはあることもあります。そこで、民法 709 条の不法行為責任とは別に、特別に役員等に負わされた責任が会社法 429 条の責任です。	役員等は大量かつ迅速に職務を処理しなければならないため、責任を軽減してあげる必要があります。
悪意重過失の対象	**職務の執行についての悪意または重過失**	**第三者に対する加害についての悪意または重過失**

3 補償契約・役員等のために締結される保険契約

役員等は、職務の執行について損害賠償請求訴訟を提起されたりするリスクがあります。そこで、主に上場企業では、「補償契約」（下記 1.）と「役員等のために締結される保険契約」（下記 2.）という契約が活用されています。優秀な人に安心して役員等になってもらうためです。しかし、かつては会社法にはこれらの契約についての規定は一切ありませんでした。そこで、令和元年の改正で、これらの契約の規律を明確にするために明文化されました。

1．補償契約

（1）意義

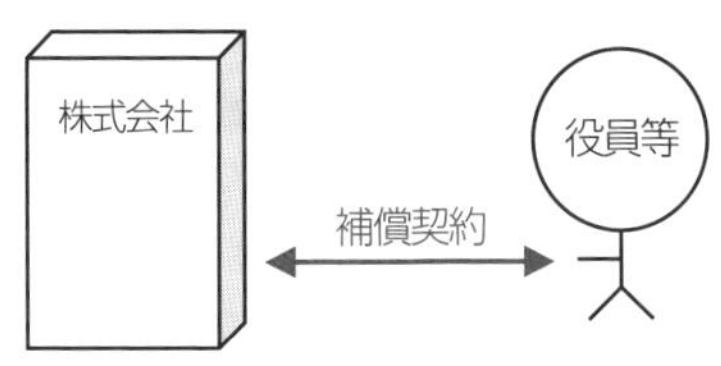

補償契約：株式会社と役員等の間で締結する、以下の①②の全部または一部を株式会社が補償することを約する契約（会社法430条の2第1項）

①役員等がその職務の執行に関して法令の規定に違反したことが疑われまたは責任の追及にかかる請求を受けたことに対処するために支出する「費用」
　ex. 役員等が損害賠償請求訴訟を提起された場合の弁護士費用が当たります。

②役員等がその職務の執行に関して第三者に生じた損害を賠償する責任を負う場合における、役員等が損害賠償することにより生じる「損失」・和解が成立したときの和解金を支払うことにより生じる「損失」

補償契約の対象が上記①（費用）と②（損失）に限定されるのは、無制限に認めてしまうと上記1と2の規定の意味がなくなってしまうからです。

補償契約の内容の決定をするには、以下の機関の決議による必要があります。補償契約は利益相反取引に準じるものですので、P357に合わせた規定とされました。

非取締役会設置会社	取締役会設置会社
株主総会（普通決議） （会社法430条の2第1項柱書）	**取締役会の決議** （会社法430条の2第1項柱書かっこ書） なお、補償がされた後は、補償をした取締役と補償を受けた取締役は、遅滞なく、重要な事実を取締役会に報告しなければなりません（会社法430条の2第4項）。

（2）補償の対象外

補償契約を締結しても、株式会社は以下の①～③の補償をすることはできません。

①上記（1）①の費用のうち通常要する費用の額を超える部分（会社法430条の2第2項1号）

②株式会社が上記（1）②の損害を賠償するとすれば役員等が株式会社に対して任務懈怠責任を負う場合には、上記（1）②の損失のうち任務懈怠責任にかかる部分（会社法430条の2第2項2号）

株式会社に対する任務懈怠責任についても補償できるとなると、任務懈怠責任を免除することになってしまうからです。

③役員等がその職務を行うについて悪意または重過失があったことにより上記（1）②の責任を負う場合の上記（1）②の損失の全部（会社法430条の2第2項3号）

悪意または重大な過失がある場合は、役員等は自分で責任を負う必要があります。しかし、この③に上記（1）①の費用は入っていません。それは、悪意または重過失があっても防御活動はできるようにするためです。

（3）求償

補償契約に基づいて上記（1）①の費用を補償した株式会社が、役員等が自己もしくは第三者の不正な利益を図りまたは当該株式会社に損害を加える目的で職務を執行したことを知ったときは、役員等に対し、補償した金額に相当する金銭を返還することを請求することができます（会社法430条の2第3項）。

役員等に不正な目的があったのであれば、返還請求できるのは当然ですね。

2．役員等のために締結される保険契約

役員等のために締結される保険契約
：役員等を被保険者として株式会社と保険者（保険会社など）の間で締結する、役員等が職務の執行に関して責任を負うことまたは責任の追及にかかる請求を受けることによって生じることのある損害を保険者（保険会社など）が填補することを約する契約（会社法430条の3第1項）

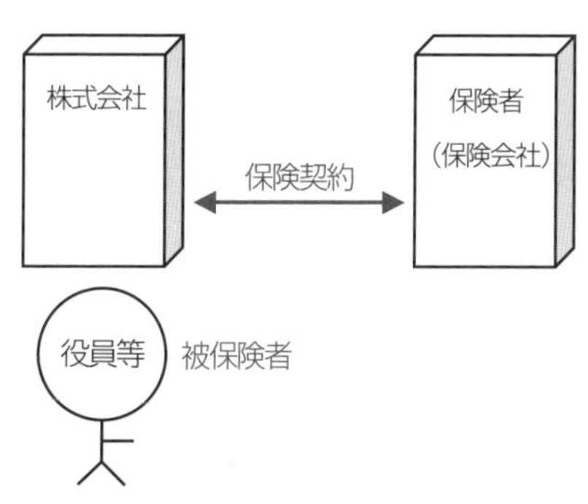

これは、株式会社が役員等のために保険会社と保険契約を締結する形式を採ります（生命保険契約でもこういった形式が採られます）。保険会社にはこのような商品があり、「D&O保険」といわれています。「D&O」はDirectors and Officersで、役員等のための保険ということです。

この保険契約の内容の決定をするには、以下の機関の決議による必要があります。この契約も利益相反取引に準じるものですので、P357に合わせた規定とされました。

非取締役会設置会社	取締役会設置会社
株主総会（普通決議） （会社法430条の3第1項）	**取締役会の決議** （会社法430条の3第1項かっこ書）

事項索引

あ

か

さ

条文索引

【会社施行規】

【会社計算規】

【商登準則】

【整備法】

【振替法】

【商　法】

【法人法施行規】

【法登規】

【認定法】

判例索引

最高裁

高裁

地裁

先例索引

登記研究索引

令和６年４月商業登記規則改正による
『【第３版】リアリスティック会社法・商法・商業登記法Ⅰ・Ⅱ』の修正

令和６年４月、商業登記規則が改正され、代表取締役等の住所の非表示措置の制度が導入されました。また、この制度についての通達が、令和６年７月26日に発出されました（令6.7.26民商116）。この改正の施行は令和６年10月１日であり、令和７年度司法書士試験から出題範囲になりますので、『【第３版】リアリスティック会社法・商法・商業登記法Ⅰ・Ⅱ』について、以下の追加をお願いいたします。

		修正前	修正後
会社法・商法・商業登記法Ⅰ【第３版】	P377／15行目の下	追加	※後記◆◆１◆◆を追加
会社法・商法・商業登記法Ⅱ【第３版】	P614／下から12行目	③住所非表示措置の申出、旧氏の記録の申出（上記①のオンラインによる登記申請と同時にする場合に限ります。商登規101条１項１の２号）	③住所非表示措置の申出、旧氏の記録の申出、代表取締役等の住所の非表示措置の申出（上記①のオンラインによる登記申請と同時にする場合に限ります。商登規101条１項１の２号）

※代表取締役等の住所の非表示措置

■意義

申出を受けて、登記事項証明書等に代表取締役等の住所を行政区画以外は記載しない措置をとる制度（商登規 31 条の３第１項柱書）

■対象

株式会社（令 6.7.26 民商 116）の以下の者

①代表取締役（商登規 31 条の３第１項柱書）
②代表執行役（商登規 31 条の３第１項柱書）
③代表清算人（商登規 31 条の３第１項柱書）

■要件

①登記申請と同時に申し出ること

この申出は、以下の登記などの申請と同時にする場合に限りすることができます（商登規 31 条の３第１項柱書）。

・設立の登記
・代表取締役・代表執行役の就任の登記（重任の登記も含む〔令 6.7.26 民商 116〕）
・代表取締役・代表執行役の住所の変更の登記
・清算人の登記
・代表清算人の就任の登記
・代表清算人の住所の変更の登記
・本店の管轄外移転の新所在地における登記

＊これらの登記をする場合であれば、代表取締役等の住所に変更がない場合でも、申出をすることができます。

②所定の書面を添付すること

i　上場会社以外の株式会社の場合（商登規 31 条の３第１項１号）

→　以下の書面

・株式会社の本店所在場所における実在性を証する書面

具体的には、併せて行う登記申請を受任した資格者代理人がその株式会社の本店がその所在場所において実在することを確認した結果を記載した書面（資格者代理人が原則として職印で押印する必要あり〔令 6.7.26 民商 116〕）、または、株式会社が受取人として記載された書面がその本店の所在場所に宛てて配達証明郵便等により送付されたことを証する書面が当たります。

・代表取締役等の氏名及び住所が記載されている市町村長等による証明書

具体的には、住民票の写し、運転免許証の写しが当たります。

ただし、登記の申請書に上記の証明書（ex. 住民票の写し）を添付している場合は不要です。

・株式会社の実質的支配者の本人特定事項を証する書面

具体的には、併せて行う登記申請を受任した資格者代理人が法令に基づく確認の結果を記載した書面が当たります。

ii　上場会社である株式会社の場合（商登規31条の３第１項３号）

→　株式会社の株式が上場されていることを認めるに足りる書面

具体的には、その株式会社の上場についての情報が掲載された金融商品取引所のウェブサイトのページの写しが当たります（令6.7.26民商116）。

■措置の終了

以下のような場合には、登記官が職権で当該措置を終了させます。

・株式会社から当該措置を希望しない旨の申出があった場合（商登規 31 条の３第４項１号）

この申出書または代理人によって申出をする場合の委任状に、代表取締役等が登記所届出印で押印する必要があります（商登規31条の３第５項）。

この申出は、登記申請と同時である必要はなく、単独で行うことができます。

・当該株式会社が本店所在場所に実在しないことが認められた場合（商登規 31 条の３第４項２号）

本店が架空であった場合などが当たります。本店に宛てた郵便物が宛所不明により不達となったときなどに発覚します。

＊登記事項証明書等の表示（令6.7.26民商116）

役員に関する事項		
	取締役　A	令和5年6月30日就任
		令和5年7月5日登記
	取締役　A	令和7年6月28日重任
		令和7年7月3日登記
	取締役　B	令和5年6月30日就任
		令和5年7月5日登記
	取締役　B	令和7年6月28日重任
		令和7年7月3日登記
	東京都新宿区新宿一丁目２番２号	令和5年6月30日就任
	代表取締役　A	令和5年7月5日登記
	東京都新宿区	令和7年6月28日重任
	代表取締役　A	令和7年7月3日登記
	東京都新宿区新宿二丁目２番２号	令和6年6月28日就任
	代表取締役　B	令和6年7月3日登記
	東京都新宿区新宿二丁目２番２号	令和7年6月28日重任
	代表取締役　B	令和7年7月3日登記

― 著者 ―　松本 雅典（まつもと まさのり）

司法書士試験講師。All About 司法書士試験ガイド。法律学習未経験ながら、5か月で平成22年度司法書士試験に合格。それまでの司法書士受験界の常識であった方法論と異なる独自の方法論を採ったことにより合格した。

現在は、その独自の方法論を指導するため、辰已法律研究所にて、講師として後進の指導にあたる（1年合格コース「リアリスティック一発合格松本基礎講座」を担当）。合格まで平均4年かかる現状を超短期（4～7か月）で合格することを当たり前に変えるため、指導にあたっている。

なお、司法書士試験に合格したのと同年に、宅建試験・行政書士試験も受験し、ともに一発合格。その翌年に、簡裁訴訟代理等能力認定。

【著書】

『【第4版】司法書士5ヶ月合格法』（自由国民社）
『予備校講師が独学者のために書いた司法書士5ヶ月合格法』（すばる舎）
『試験勉強の「壁」を超える50の言葉』（自由国民社）
『【第4版】司法書士試験リアリスティック1　民法Ⅰ［総則］』（辰已法律研究所）
『【第4版】司法書士試験リアリスティック2　民法Ⅱ［物権］』（辰已法律研究所）
『【第5版】司法書士試験リアリスティック3　民法Ⅲ［債権・親族・相続］』（辰已法律研究所）
『【第5版】司法書士試験リアリスティック4　不動産登記法Ⅰ』（辰已法律研究所）
『【第5版】司法書士試験リアリスティック5　不動産登記法Ⅱ』（辰已法律研究所）
『【第3版】司法書士試験リアリスティック6　会社法・商法・商業登記法Ⅰ』（辰已法律研究所）
『【第3版】司法書士試験リアリスティック7　会社法・商法・商業登記法Ⅱ』（辰已法律研究所）
『【第2版】司法書士試験リアリスティック8　民事訴訟法・民事執行法・民事保全法』（辰已法律研究所）
『【第3版】司法書士試験リアリスティック9　供託法・司法書士法』（辰已法律研究所）
『司法書士試験リアリスティック10 刑法』（辰已法律研究所）
『司法書士試験リアリスティック11 憲法』（辰已法律研究所）
『司法書士試験リアリスティック12 記述式問題集 基本編［不動産登記］［商業登記］』（辰已法律研究所）

『司法書士試験リアリスティック 13 記述式問題集 応用編［不動産登記］［商業登記］』（辰已法律研究所）
『【第２版】司法書士リアリスティック不動産登記法記述式』（日本実業出版社）
『【第２版】司法書士リアリスティック商業登記法記述式』（日本実業出版社）

【監修書】

『司法書士<時間節約>問題集　電車で書式〈不動産登記 90 問〉』（日本実業出版社）
『司法書士<時間節約>問題集　電車で書式〈商業登記 90 問〉』（日本実業出版社）
『司法書士試験　仕事を辞めずに一発合格する方法』（中央経済社）

【運営サイト】

司法書士試験リアリスティック
https://sihousyosisikenn.jp/

【X（旧 Twitter）】

松本 雅典（司法書士試験講師）@matumoto_masa
https://twitter.com/matumoto_masa

【ネットメディア】

All About で連載中
https://allabout.co.jp/gm/gt/2754/

【YouTube チャンネル】

松本雅典・司法書士試験講師
https://www.youtube.com/@realistic-matumoto

辰已法律研究所（たつみほうりつけんきゅうじょ）
https://service.tatsumi.co.jp/

司法書士試験対策をはじめとする各種法律資格を目指す方のための本格的な総合予備校。実務家というだけではなく講師経験豊かな司法書士、弁護士を講師として招聘する一方、入門講座ではWebを利用した復習システムを取り入れる等、常に「FOR THE 受験生」を念頭に講座を展開している。

司法書士試験　リアリスティック⑥
会社法・商法・商業登記法Ⅰ　第3版

令和元年 9月30日　初　版　第1刷発行
令和5年 4月 1日　第3版　第1刷発行
令和6年11月20日　　　　　第2刷発行

著　者　松本　雅典
発行者　後藤　守男
発行所　辰已法律研究所
〒169-0075
東京都新宿区高田馬場 4-3-6
TEL. 03-3360-3371（代表）

印刷・製本　壮光舎印刷（株）

ⒸM.Matsumoto 2024 Printed in JAPAN
ISBN978-4-86466-595-7

【講座案内】

司法書士

リアリスティック一発合格
松本基礎講座

絶対に受かりたい受験生に
絶対に受からせたい講師が
講師自身が受験界最短で合格した方法論を提供する講座

司法書士試験
松本の新教科書 5ヶ月合格法
リアリスティック①
民法Ⅰ
松本雅典 第4版
リアリスティック②
民法Ⅱ
松本雅典 第4版
リアリスティック⑥
会社法・商法・商業登記法Ⅰ
松本雅典
リアリスティック⑦
会社法・商法・商業登記法Ⅱ
松本雅典
リアリスティック⑪
松本の新問題集 5ヶ月合格法
リアリスティック⑫
記述式問題集
講座の詳細はこちら

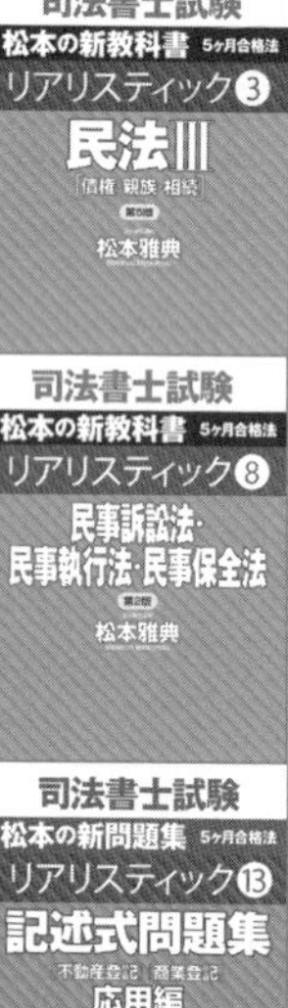

司法書士試験
松本の新教科書 5ヶ月合格法
リアリスティック③
民法Ⅲ
松本雅典
リアリスティック⑧
民事訴訟法・民事執行法・民事保全法
松本雅典
松本の新問題集 5ヶ月合格法
リアリスティック⑬
記述式問題集
応用編
松本雅典

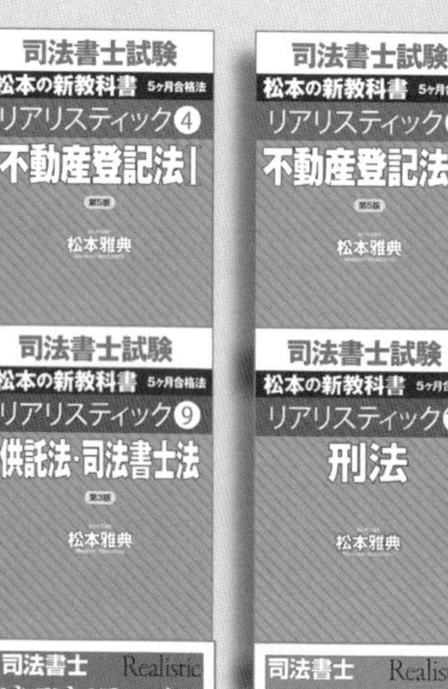

司法書士試験
松本の新教科書 5ヶ月合格法
リアリスティック④
不動産登記法Ⅰ
松本雅典
リアリスティック⑤
不動産登記法Ⅰ
松本雅典
リアリスティック⑨
供託法・司法書士法
松本雅典
リアリスティック⑩
刑法
松本雅典

司法書士 Realistic
リアリスティック
不動産登記法
記述式［第2版］
松本雅典

司法書士 Realistic
リアリスティック
商業登記法
記述式［第2版］

Realistic

スケジュール・受講料等の詳細は
右記より資料をご請求ください。https://service.tatsumi.co.jp/pamphlet/

従来の勉強法	松本式 5ヶ月合格勉強法	ここが違う。

従来型	松本式
格まで4年は覚悟する。	絶対に合格できるという自信をもつ。合理的な勉強法で真剣に学習すれば1年で必ず合格できる試験である。
本試験「直前」に使えるように情報を一元化する。	本試験「当日」に問題を解くときに、頭の中で思い出す検索先を一つに特定する＝情報の一元化ではなく検索先の一元化

従来型	松本式
分にあった勉強法を探	最短で合格できる勉強法に、ただひたすら自分をあわせる。
過去問は何回も何回も繰り返し解く。	過去問の元になっている条文・判例自体を思い出せるようにすれば過去問は何回も解く必要がない。

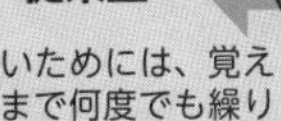

従来型	松本式
れないためには、覚えれるまで何度でも繰り返し復習するしかない。	一度頭に入ったことは頭からなくなることはない。思い出すプロセスを決めて、そのプロセスを本試験で再現できるよう訓練するのが勉強である。
過去問を「知識が身についているかの確認」に使う。	過去問を「問題の答えを出すために必要な知識」を判別するために使う。知識の確認ツールとしては、過去問は不十分である。

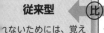

従来型	松本式
キスト・過去問にない題に対処するためにっと知識を増やすよう努力する。	テキスト・過去問に載っていない知識の肢を、テキスト・過去問に載っている知識から推理で判断する訓練をする。知識を増やすことに労力をかけない。
テキストに、関連する他の科目の内容や定義などをどんどん書き込んでいく。	基本テキストに関連する他の科目の内容や定義などは、「言葉」としては書かない。本試験で思い出すための記号しか書かない（リレイティング・リコレクト法）。

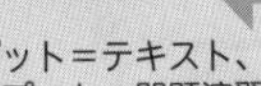

従来型	松本式
ンプット＝テキスト、ウトプット＝問題演習	インプットもアウトプットもテキストで行う。
記述は書いて書いて書きまくる。	記述式を書いて勉強するのは時間がかかり過ぎる。申請書はシャドウイング＋ 音読で。

リアリスティック一発合格 松本基礎講座

■春 Start（7月スタート設定あり）

リアリスティック一発合格 松本基礎講座（全135回）

リアリスティック導入講義	オリエンテーション講義	民法	不動産登記法	会社法 商業登
4回	1回	※根抵当権については不動産登記法で取り扱います。 28回	21回	3

無料体験 可

※民法開講後にお申込みになった方も左記「導入講義」「オリエンテーション講義」（全5回）をご受講ください（通学部はWEB受講。通信部DVDは一括発送）。

①超短期合格法の要諦『検索先の一元

②インプットと同時にアウトプットの仕方（松本

③記憶を活かすための工夫満載

通学部（定員制）

LIVEは日曜（12:00～）・木曜（18:45～）の週2日。社会人の方も無理なく受講できる！

通信部

DVD講義

WEBスクール

スケジュール・受講料等の詳細は
右記より資料をご請求ください。https://service.tatsumi.co.jp/pamphlet/

— 講座の体系 —

回数は 2025 年受験対策向けのものです。

民事訴訟法
民事執行法
民事保全法
12 回

供託法
司法書士法
5 回

刑法
7 回

憲法
6 回

10 回

記述式
応用編 10 回

アリスティック記述完成講座

オプション講座

司法書士
オープン総合編 8回

全国総合模試 2回

司法書士試験 筆記試験

実現する講義
ウトプット法）を指導

各自で検索先の一元化を進めながら、松本式アウトプットを繰り返す。

便利な「通学＆通信 相互乗り入れ制度」

受講方法＼申込内容	通学部を申込	通信部を申込	
		DVD を申込	WEB を申込
LIVE 講義への出席	可	可	可
WEB 講義視聴	可	DVD のみの申込みなら不可。WEB + DVD をお申込みなら可	可
教材のお渡し方法	手渡し	発送	発送

↑詳細は
こちら

【講座案内】

リアリスティック一発合格 松本基礎講座

本講座では、松本雅典著『**司法書士試験リアリスティック**』を講座テキストとして使用します。

司法書士試験
松本の新教科書 5ヶ月合格法
リアリスティック⑥
会社法・商法・商業登記法Ⅰ
松本雅典

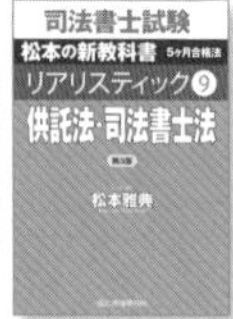

司法書士試験
松本の新教科書 5ヶ月合格法
リアリスティック⑪
憲法
松本雅典

本講座を全科
（またはそれ
パック）でご
ただいた方に
スト全 13 冊
ゼントいたしま

テキストの見開き見本

受講者に記憶していただくのは、
キストのほか、各科目で配付する
ページのレジュメ、それだけです

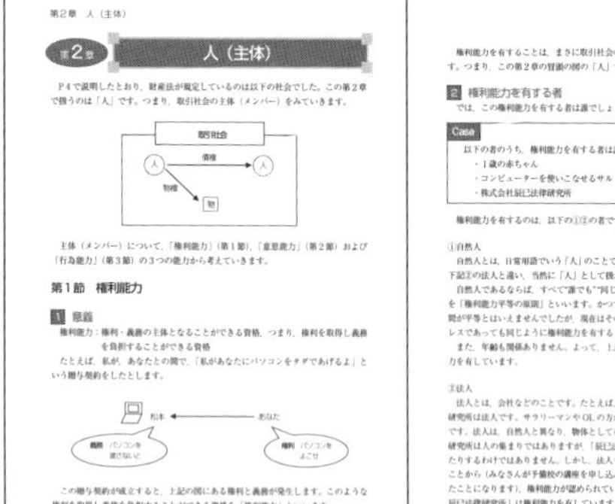

図、Case、イメージの湧き
すい例など様々な工夫を
し、初めて法律を学ぶ人に
理解できるテキストとな
います。

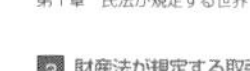

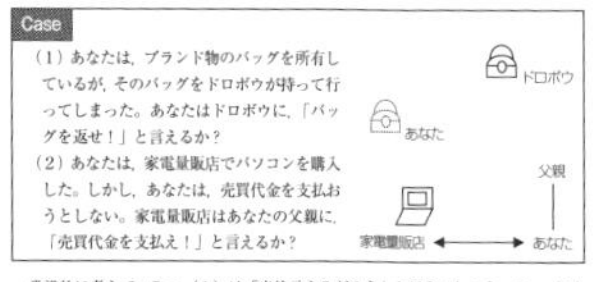

簡単な例からスタートしますが、法律
の根本的な考え方まできちんと説明し
ています。

←**詳細は
こちら**

**スケジュール・受講料等の詳細は
右記より資料をご請求ください。https://service.tatsumi.co.jp/pamphlet/**

— TEXT —

特に重要な条文は、ボックスにして原文を掲載しています。

このような理由から、「意思能力」「行為能力」という問題が生じます。つまり、第2節と第3節で扱う意思能力と行為能力は、「権利能力はある（取引社会の主体〔メンバー〕ではある）が、物事の分別がつかない者や、保護する必要がある者をどう扱うか？」という問題なのです。

意思能力はこの第2節で、行為能力は次の第3節で説明します。

> **民法3条の2**
> 法律行為の当事者が意思表示をした時に意思能力を有しなかったときは，その法律行為は，無効とする。

1 意義

意思能力：自分の法律行為の結果を弁識するに足るだけの精神能力

かつては，意思能力については明文規定がありませんでした。しかし，今後は高齢社会になり，意思能力が問題となる事件は増えると考えられ，意思無能力者を保護する必要性が高まります。そこで，平成 29 年の改正で明文化されました。

用語解説 ―― 「明文規定」

「明文規定」とは，条文があるということです。学説問題の肢（選択肢）の中で，「明文規定がある」「明文規定がない」という文言はよく出てきますので，意味がわかるようにしておいてください。

59

第 10 章　時効

4．援用権者

Case

Aは，Bから 100 万円を借りており，あなたはAの保証人となっている。AのBに対する債務が，弁済されないまま弁済期から５年が経過した場合，あなたはAのBに対する債務の消滅時効を援用できるか？

取得時効の占有者や消滅時効の債務者が時効を援用できることは，問題ありません。上記 Case でいえば，Aは問題なく消滅時効を援用できます。では，保証人であるあなたは援用できるでしょうか。こういったことが問題となります。

援用権者として認められるかの判断基準

援用権者として認められるのは，援用をしなければ自身の財産を失ってしまう者です。

＊以下の表には，この後に学習する用語が多数出てきます。よって，いったん飛ばし，財産法の学習がひととおり終わった後（Ⅲのテキスト第８編までお読みになった後）にお読みください。

援用権者として認められる者	援用権者として認められない者
①**保証人**（民法 145 条かっこ書） ②**連帯保証人**（民法145条かっこ書） 援用をしなければ債務の履行の責任を負いますので（民法 446 条１項），自身の財産を失ってしまう者です。 よって，上記 Case の保証人であるあなたは，AのBに対する債務の消滅時効を援用できます。 ①②は，平成 29 年の改正で判例（大判大4.7.13，大判大 4.12.11，大判昭 7.6.21）が明文化されました。	①**連帯債務者** 連帯債務者は，かつては援用権者と解されていました。しかし，平成 29 年の改正で，連帯債務における時効の効果は相対的効力になりました。他の連帯債務者の債務が時効によって消滅しても，連帯債務者の債務に変化が生じなくなったので（民法 441 条本文），連帯債務者は援用をしなければ自身の財産を失ってしまう者とはいえなくなったんです。 ②**一般債権者**（大判大 8.7.4） 一般債権者は債務者の特定の財産を目的としていませんので，援用をしなければ自身の財産を失ってしまう者とはいえません。また，P115 の「一般債権者が該当するかどうかの記憶のテクニック」もご確認ください。

この講座のテキストは、「できる」「当たる」「認められる」などその事項に該当するものは左に、「できない」「当たらない」「認められない」など該当しないものは右に配置するという一貫した方針で作成されています。これは、本番の試験でテキストを思い出す時に、「この知識はテキストの表の左に書いてあったな。だから、『できる』だ」といったことができるようにするためです。

担保物権である，⑦の留置権，⑧の先取特権，⑨の質権，⑩の抵当権は，物の利用価値と交換価値のうち，「交換価値」を把握する物権です。つまり，原則として物を使うことはできませんが，他人の物を売っ払ったりすることはできます。たとえば，銀行が建物を目的として抵当権の設定を受けた場合は，銀行からみると，その建物は右の図のように見えているのです。銀行にとってはその建物にシステムキッチンが付いていて使いやすいかなどはどうでもよく，銀行は「金に替えるといくらになるのか」しか考えていないのです。

銀行

「所有権」「用益物権」「担保物権」のイメージ

物の所有者が物に対して持つオールマイティーな権利が「所有権」です。所有権は「利用価値」と「交換価値」を把握しています。その「利用価値」と「交換価値」を他人に切り売りすることができます。利用価値を切り売りしてできた他人の物権が「用益物権」であり，交換価値を切り売りしてできた他人の物権が「担保物権」です。

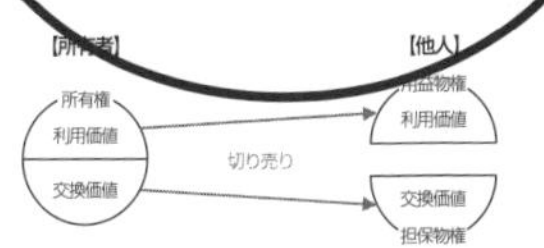

会社法 309 条３項の特殊決議による必要がある決議（会社法 309 条３項１～３号）
①**発行する全部の株式の内容として譲渡制限株式を設ける定款変更** 公開会社から非公開会社になる定款変更です。
②**吸収合併消滅株式会社または株式交換完全子会社が公開会社であり，かつ，それらの株式会社の株主に対して交付する対価が非公開株である場合の吸収合併または株式交換の承認**
③**新設合併消滅株式会社または株式移転完全子会社が公開会社であり，かつ，それらの株式会社の株主に対して交付する対価が非公開株である場合の新設合併または株式移転の承認**

株主から見ると

この３項の特殊決議による必要があるのは，自身の株式が公開株から非公開株になってしまう場合です（上記①～③は，すべてこれです）。これは，株主にかなり不利なことだからです。非公開株になると株式の譲渡が大変になります。上場廃止をイメージしてください。

決議要件

議決権を行使することができる株主の半数以上（人数ベース），かつ，議決権を行使することができる株主の議決権の２／３以上（議決権数ベース）の賛成で決議（会社法 309 条３項柱書）。「かつ」という意

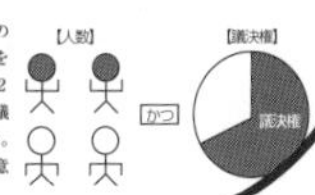

重要ポイントについては、図を記載。

人・発行済株式の総数が 1000 株（すべて議決権あり）である場合，かつ 667 株以上の賛成で決議が成立します。人数要件がありますの4人のうち１人が 900／1000 株保有していた場合でも，その１人の賛成では成立しません。「公開株から非公開株にすることは，少人数の大株主で決めるな！」という趣旨で，人数要件があるわけです。

講義スタイル

本講座出身の合格者が「この形式の講義以外は受けられなくなるほど」と絶賛する講義スタイル！

本講座は従来から一貫した講義スタイルで多くの合格者を生み出してきました。
毎回講義の冒頭は松本講師が受講生に向かって話すところから始まりますが、講義は基本的に、テキストを画面に写し、講師と一緒にテキストに書き込みをするスタイルで行われます。
４色（赤：結論、青：趣旨・理由、緑：複数の知識を記憶できる共通する視点など、黒：試験には出ない具体例や実務の話）を使い分け、どこをどう記憶すればよいのかを視覚化しながら説明していきます。
どの箇所を線でつなぐか、図はどこに書き込むかといったことも一目瞭然になります。

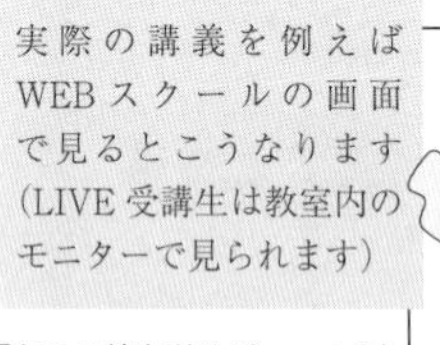

実際の講義を例えば
WEBスクールの画面
で見るとこうなります
(LIVE受講生は教室内の
モニターで見られます)

「どこに線を引けばいいの？」
「どこを説明しているの？」
などということは起こりません。

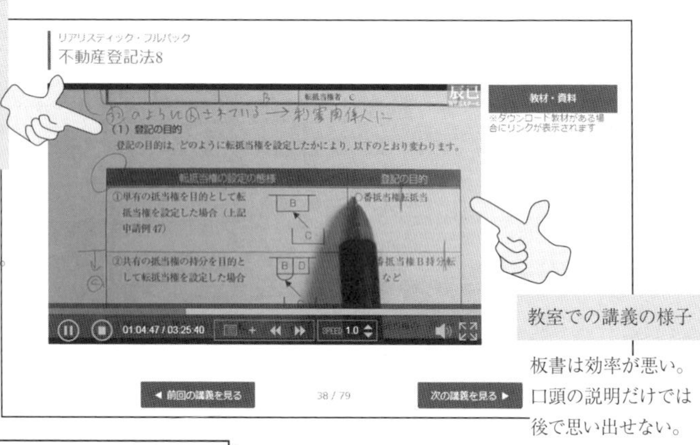

教室での講義の様子

板書は効率が悪い。
口頭の説明だけでは
後で思い出せない。
だから、この講義スタイ

第1章　抵当権の登記

権利部（乙区）（所有権以外の権利に関する事項）			
順位番号	登記の目的	受付年月日・受付番号	権利者その他の事項
1	抵当権設定	平成30年6月28日 第12457号	原因　平成30年6月28日金銭消費貸借同日設定 債権額　金1000万円 利息　年2% 損害金　年14% 債務者　A 抵当権者　B
付記1号	1番抵当権転抵当	平成30年11月28日 第19451号	原因　平成30年11月28日金銭消費貸借同日設定 債権額　金800万円 利息　年4% 損害金　年14% 債務者　B 転抵当権者　C

（1）登記の目的

登記の目的は，どのように転抵当権を設定したかにより，以下のとおり変わります。

転抵当権の設定の態様	登記の目的
①単有の抵当権を目的として転抵当権を設定した場合（上記申請例47）	○番抵当権転抵当
②共有の抵当権の持分を目的として転抵当権を設定した場合	「○番抵当権B持分転抵当」など
③抵当権の一部を目的として転抵当権を設定した場合	「○番抵当権の一部（金1000万円のうち金700万円分）転抵当」など

426

書き込みが完成するとテキストのページはこうなります。

書き込んだ時の記憶が残っているので、復習がし易
試験の時に思い出し易い！

このスタイルだから講義終了時点でのテキストは全
生共通！
（講義の受け方によって差が出ない）

スケジュール・受講料等の詳細は
右記より資料をご請求ください。https://service.tatsumi.co.jp/pamphlet/

お得な辰巳の受験生割引制度

本気のあなたを全力で支援します。

1
松本式なら一挙に司法書士も狙える！

他資格からのトライアル割引　**15%割引**

行政書士、宅建士、社労士、など法律系国家資格をお持ちの方や、これらの資格を目指されている方を応援！

2
松本式勉強法なら在学中合格を狙える！

在学生キャッシュバック　**15%キャッシュバック**

やる気のある学生の皆さんを応援いたします。お申込の際にキャッシュバック申込書を添付してください。定価でのお申込後にキャッシュバックをいたします。

3
独学者支援・受験経験者支援・基礎再受講者支援

Re-Try 割引　**15%割引**

対象①：これまで予備校を利用せずに独学で勉強してきたが、松本式の学習法に共鳴し、この機会に直接松本講師の指導を受けたいと思っている方 **（独学者支援）**

対象②：司法書士本試験受験経験のある方で、中々合格ラインに届かないので、これを機会に松本式の勉強法でもう一度基礎固めをして一気にいきたい方 **（受験経験者支援）**

対象③：過去に司法書士の入門講座（辰巳 or 他校）を受講したが、挫折した or 理解不十分なので、この機会に松本式の勉強法で、もう一度基礎からやり直してみたい方 **（基礎再受講者支援）**

4
友人と一緒に申し込めば二人ともお得

スタディメイト支援　**15%割引**

友人と一緒に申し込めば、お二人ともに、割引が適用されます。

5
合格(うか)って嬉しいご祝儀！！

合格者・研修費用贈呈　お申込額の **50%**（または25%）

対象年度の司法書士試験に見事最終合格された暁には、お祝いといたしまして「リアリスティック一発合格松本基礎講座」へのお支払金額（オープン・模試の部分は含まず）の半額（または4分の1）を司法書士会の研修費用などに活用していただくために贈呈いたします。短期合格を目指して頑張ってください。

リアリスティック・フルパック

※価格は 2025 年受験対策向けのものです。

パックで申し込めば、合格に必要なカリキュラム（講義＆演習）が全て揃います。受講料もお得です。

リアリスティック一発合格松本基礎講座

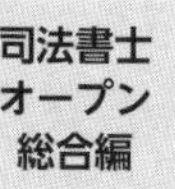

司法書士オープン総合編

全国総合模試

3講座合計価格

通学部 ￥~~577,700~~

通信部 ￥~~577,700~~（WEB）

通信部 ￥~~615,980~~（DVD）

通信部 ￥~~640,920~~（WEB＋DVD）

コース価格

通学部 ￥544,592　￥33,108 のお得

通信部 ￥544,592　￥33,108 のお得（WEB）

通信部 ￥580,559　￥35,421のお得（DVD）

通信部 ￥604,034　￥36,886のお得（WEB＋DVD）

※通信部についてはオプション講座も通信部で計算

受講生フォロー

質問受付システム

受講生限定　相談無料

24時間対応。講座に関する質問なら何でもOKです。

本講座では、講義内容や勉強方法に関して、本講座専用の質問制度をご用意しています。
質問は全て自動的に松本講師宛てにも届き、松本講師も全ての質問に目を通しています。回答はスタッフからメールでお送りします。

リアリスティック中間テスト

全科目一括受講者限定　受験無料

到達度確認のためのテストを実施！

講座進行中に学習の到達度確認のためのテストを実施します。
科目の終了後に択一式35問を出題（全4回）。
成績はWEB上ですぐに確認できます。
実施方法：受講者特典マイページ上で実施（WEB限定）。
問題はPDF形式。解答はWEBのフォームに入力。

講座専用クラスマネージャー

受講生限定　相談無料

勉強内容以外でもきっちりフォローします！

本講座には「質問受付システム」を使った学習内容に関す
充実した質問制度があります。
でも、受験勉強を続ける上では学習内容以外のことについ
次のような悩みを持たれる方も多いことでしょう。

「LIVE講義全部に出席するのは難しいけれど、どうすれ
いいだろう」
「仕事をしながら勉強時間を確保するにはどうしたらいい
ろう」
「通信部で一人で勉強していると、他の人がどれくらい勉
しているのか気になる」
「7月の筆記試験後にも念のため勉強を継続したいので、
験後の講座のことが知りたい」etc.

このような受験環境に関する様々な悩みについて辰已スタ
フがご相談に応じます。

対　象　者：リアリスティック一発合格松本基礎講座受講
（通学部または通信部（DVD・WEB）受講者。科目別受
者を含む。）
ご利用方法：質問受付システムからご相談ください。折り
し、クラスマネージャーから回答いたします。

**スケジュール・受講料等の詳細は
右記より資料をご請求ください。** https://service.tatsumi.co.jp/pamphlet/

すぐ無料で視聴できる！松本基礎講座ガイダンス

司法書士の“リアルな”仕事・就職・収入（60分）
これが司法書士試験だ！ - データで徹底解剖（60分）
合格者を多数輩出するリアリスティック勉強法とは？（60分）

→ 受験勉強を始めるにあたって知っておきたい情報を提供しています。

オリエンテーション講義～効果的な授業の受け方～（90分）
リアリスティック導入講義　民法の全体像①②（各90分）
リアリスティック導入講義　不動産登記法の全体像（180分）
リアリスティック導入講義　会社法・商業登記法の全体像（180分）

→ 講座の申込を決めた方は、こちらのオリエンテーション講義と導入講義を必ず受講して下さい。

WEBでの視聴（無料）

辰巳司法書士チャンネルにてYouTube無料配信中です。

右の二次元バーコードを読み取ると、動画視聴ページへアクセスできます。

DVDでの視聴（無料）

通信部DVDのお申込みは、辰巳HPからが便利です。

辰巳HP＞オンラインストア＞CATEGORY＞司法書士試験＞ガイダンス

※ガイダンスDVDのお申込みは上記HP受付の他、本校の窓口、電話（代表）、郵送のいずれかに限ります。デリバリーサービスでのお申込はできません。

WEBスクールのご案内

PC、スマホ視聴可

EBスクールのお申込みにはオンライン決済をご利用いただけます。
急ぎの場合は、クレジット決済をお勧めいたします。

上でのクレジット決済
払い。JCB、VISA、MasterCardのご利用のみとなります。
ビニエンスストアを利用した決済
上でのお申し込み後、お客様番号・確認番号を取得し、コニエンスストアにてお支払い。ご利用金額の上限がありま30万円まで）。
ATM（ペイジー対応）による決済

Web上でのお申し込み後、収納機関番号、お客様番号、確認番号を取得し、銀行でのお支払い。ご利用金額の上限があります（キャッシュカードは100万円、現金は10万円まで）。

●辰巳法律研究所本校の窓口でのお支払い
辰巳法律研究所本校のみでのお申込みとなります。

Bスクール視聴画面

チャプターを管理
で重要と思うところ(も度聴きたいところ）等ャプターとして自由にし、自由な名前をつ管理できます。削除もです。
ボタンで任意のチャーから再生できます。

再生スピード自由自在

【速聴き】
標準速度1.0を基準として▲クリックで1.1～2.0へと段階的に速く再生できます。
【遅聴き】
▼クリックで0.8～0.2へと段階的に遅くできます。
＊0.2及び0.4では音声は再生されません。

WEBスクールはこちらから

辰巳法律研究所ホームページ

司法書士試験リアリスティックシリーズ完結！

民法Ⅰ・Ⅱ・Ⅲ、不動産登記法Ⅰ・Ⅱ、会社法・商法・商業登記法Ⅰ・Ⅱ、民訴・民執・民保、供託法・司法書士法、刑法、憲法、記述式問題集 基本編・応用編

辰巳の人気講師、松本雅典による新教科書。

リアリスティック
専用サイトからも
ご購入できます↑

NEW

ネットで検索!! 手間をかけずにご自宅で楽々購入!!

辰巳の Online-Store オンライン・ストア

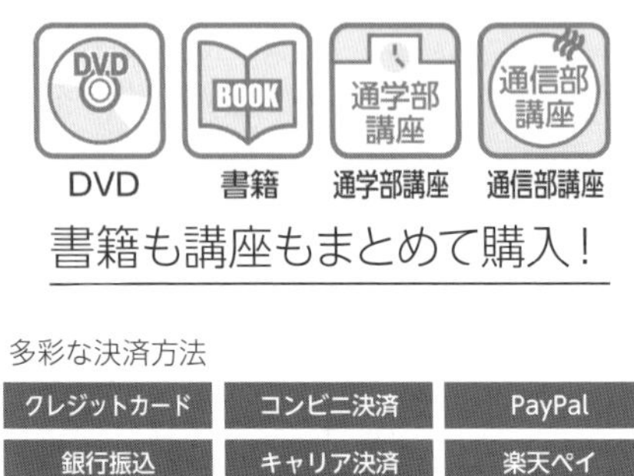

書籍も講座もまとめて購入！

多彩な決済方法

クレジットカード	コンビニ決済	PayPal
銀行振込	キャリア決済	楽天ペイ

※入金確認後、1週間程度で商品をお届け致します。

https://tatsumionline.stores.jp

●辰巳刊行書籍は、辰巳オンライン販売の他、辰巳事務局窓口・提携書店・大学生協でもお取扱いしております。

辰已法律研究所・BOOK GUIDE

全国有名書店
大学生協
辰已各本校にて
取扱中

司法書士試験
本試験問題&解説
Newスタンダード本
令和6年 単年度版

定価 ¥1,925（税込）

速くて・安くて・分かりやすい！

令和6年度司法書士試験本試験の、択一式全70問（午前の部35問・午後の部35問）と記述式全2問の、問題文と詳細かつ正確な解説を完全掲載。
また、データ編として、399件の辰已独自の出口調査に基づく受験生の肢別解答率を掲載。これで「絶対に正解すべき問題」「合否を分ける問題」「捨て問」等の属性を客観的に知ることができるでしょう。

B5判並製

辰巳法律研究所
書籍出版グループ

辰巳法律研究所
書籍出版グループ
オリジナルブログ

ブログ稼働中!!

辰巳刊行書籍のことなら“ここ”！

受験生のみなさんこんにちは。
辰巳法律研究所出版グループです。
出版ブログでは，辰巳法律研究所が刊行する書籍・雑誌について，新刊情報や誤植のお知らせなど，受験生のみなさんに役立ついろいろな情報を随時発信しています。
辰巳法律研究所は受験生のみなさんを全力で応援します。

辰巳新刊情報 辰巳の刊行書籍を一早くお知らせ！ちょい読みコーナーもあります。

お役立ち情報 書籍の使い方が分からない…そんな方はこちらをチェック！先輩方のアンケートから役立つ情報を掲載しています。

フェア・セールの情報はこちらをチェック！刊行書籍をお得にご購入できます。

誤植のお知らせ 辰巳法律研究所刊行書籍について，誤植が発見された場合には，こちらで随時公開していきます。→

ベストセラー紹介（辰巳・他社） いまどんな本が売れているのか？売れ筋動向が確認できます。

↓出版ブログのアドレスはこちら　　右のコードからURLが読み取れます→
http://blog.livedoor.jp/accstatsumi/

辰巳WEBサイトがより見やすく・使いやすくなりました！

辰巳のWEBサイトは司法試験をはじめ、予備試験・法科大学院・司法書士試験・行政書士試験・社会保険労務士試験などの法律系各種試験情報を網羅。ガイダンス・講座情報も満載です。メールマガジンや辰巳 YouTube チャンネルといった手法も織り交ぜて、情報を発信中です。

辰巳オリジナルコンテンツ満載！各種情報も随時更新中！
〈辰巳新アドレス〉**https://service.tatsumi.co.jp/**

郵便はがき

料金受取人払郵便

新宿北局承認

4129

差出有効期間
2026年8月
14日まで
(切手不要)

169-8790

115

東京都新宿区高田馬場 4-3-6
辰巳法律研究所
リアリスティック
会社法・商法・商業登記法
読者プレゼント係行

辰巳法律研究所は、個人情報の保護に関する法令、規範を遵守します。
個人情報の取り扱いはホームページ(https://service.tatsumi.co.jp)
をご覧ください。

読者プレゼント請求用ハガキ　K241105

本書の読者限定で、著者である松本雅典講師によるガイダンス「リアリスティック会社法・商法・商業登記法を使った学習法」をご視聴いただけます。

ガイダンスはWEB上で配信いたします。
ガイダンス視聴をご希望の方は、本ハガキの下記記入欄にご記入の上、辰已法律研究所宛てにお送りください。ハガキをお送りいただいた皆様に漏れなく、ガイダンス視聴用のURLを書面にてお送りいたします。

※プレゼントはリアリスティック会社法・商法・商業登記法ⅠⅡ共通ですので、ⅠⅡ両方の書籍を購入された方も、ハガキは1枚のみお送りください。

※プレゼントの請求期限は2026年8月14日（消印有効）とさせていただきます。

司法書士試験リアリスティックのうち購入されたものを○で囲んでください。	民法Ⅰ　民法Ⅱ　民法Ⅲ 不動産登記法Ⅰ　不動産登記法Ⅱ 会社法・商法・商登法Ⅰ　会社法・商法・商登法Ⅱ 民事訴訟法・民事執行法・民事保全法 供託法・司法書士法　刑法　憲法 記述式問題集基本編　記述式問題集応用編
フリガナ 氏名	ご職業・学校名など
生年月日　　年　月　日　歳	性別　男　女
〒 住所	
電話番号　（　　　）	
e-mail address